Rebeca Piñeiro Mosquera

# EDUCACIÓN FÍSICA DE CALIDAD
## PROPUESTA PARA SECUNDARIA Y BACHILLERATO

| | |
|---|---|
| Título: | EDUCACIÓN FÍSICA DE CALIDAD. PROPUESTA PARA SECUNDARIA Y BACHILLERATO. |
| Autor: | REBECA PIÑEIRO MOSQUERA |
| Diseño de cubierta: | FERNANDO G. MANCHA |
| Editorial: | WANCEULEN EDITORIAL DEPORTIVA, S.L. C/ Cristo del Desamparo y Abandono, 56  41006 SEVILLA Tfno 954656661  y  954921511 - Fax: 954921059 www.wanceulen.com   infoeditorial@wanceulen.com |
| ISBN: | 978-84-9993-138-8 |
| Dep. Legal: | |
| ©Copyright: | WANCEULEN EDITORIAL DEPORTIVA, S.L. |
| Primera Edición: | Año 2011 |
| Impreso en España: | Publidisa |

Reservados todos los derechos. Queda prohibido reproducir, almacenar en sistemas de recuperación de la información y transmitir parte alguna de esta publicación, cualquiera que sea el medio empleado (electrónico, mecánico, fotocopia, impresión, grabación, etc), sin el permiso de los titulares de los derechos de propiedad intelectual. Cualquier forma de reproducción, distribución, comunicación pública o transformación de esta obra solo puede ser realizada con la autorización de sus titulares, salvo excepción prevista por la ley. Diríjase a CEDRO (Centro Español de Derechos Reprográficos, www.cedro.org) si necesita fotocopiar o escanear algún fragmento de esta obra.

A todas las personas que piensan que la Educación Física es una materia de gran calidad.

# ÍNDICE

**INTRODUCCIÓN** ...................................................................................... 11

**PARTE I. ASPECTOS GENERALES DE LA MATERIA DE EDUCACIÓN FÍSICA** .... 15

### Capítulo 1. EL CURRÍCULO DE LA EDUCACIÓN FÍSICA EN LA ENSEÑANZA SECUNDARIA OBLIGATORIA Y EN BACHILLERATO .................. 17

1.1. El currículo de la educación física en la ESO ............................................. 17
1.2. Las competencias básicas en educación física ........................................... 18
1.3. El currículo de educación física en bachillerato ......................................... 20
1.4. Criterios de evaluación para los cursos de la ESO y bachillerato ....... 21
1.5. Temporización de las unidades didácticas para secundaria y bachillerato ................................................................................................. 23

**PARTE II. DESARROLLO DE LAS UNIDADES DIDÁCTICAS PARA SECUNDARIA Y BACHILLERATO** ................................................................................ 29

### Capítulo 2. UNIDADES DIDÁCTICAS PARA 1º ESO .............................. 31

2.1. UD1. Condición física I ................................................................................. 31
2.2. UD 2. Baloncesto I ........................................................................................ 38
2.3. UD 3. Deportes alternativos I: malabares, disco volador, mazas y diábolo ............................................................................................................ 49
2.4. UD 4. Habilidades gimnásticas I .................................................................. 58
2.5. UD 5. Expresión corporal I ........................................................................... 69
2.6. UD 6. Actividades en el medio natural I: tirolina, BTT, senderismo y esquí ............................................................................................................ 74
2.7. UD 7. Bádminton I ........................................................................................ 79
2.8. UD 8. Atletismo I: carreras y marcha ......................................................... 87
2.9. UD 9. Acrosport I .......................................................................................... 94
2.10 UD 10. Actividades con patines ................................................................. 98

### Capítulo 3. UNIDADES DIDÁCTICAS PARA 2º ESO ............................ 106

3.1. UD 1. Condición física II ............................................................................. 106
3.2. UD 2. Voleibol I ............................................................................................ 111
3.3. UD 3. Expresión corporal II ....................................................................... 119
3.4. UD 4. Fútbol I .............................................................................................. 124
3.5. UD 5. Bádminton II ..................................................................................... 135
3.6. UD 6. Juegos y deportes tradicionales ..................................................... 143
3.7. UD 7. Actividades en la naturaleza II: acampada y escalada ............... 150
3.8. UD 8. Atletismo II: vallas ........................................................................... 151
3.9. UD 9. Balonmano I ..................................................................................... 160
3.10. UD 10. Capoeira ....................................................................................... 168

## Capítulo 4. UNIDADES DIDÁCTICAS PARA 3º ESO ..................................................169

4.1. UD 1. Condición física III ........................................................................ 169
4.2. UD 2. Baloncesto II .................................................................................. 176
4.3. UD 3. Habilidades coordinativas. ........................................................... 186
4.4. UD 4. Hockey sala I ................................................................................. 192
4.5. UD 5. Judo ............................................................................................... 199
4.6. UD 6. Palas .............................................................................................. 205
4.7. UD 7. Esgrima ......................................................................................... 212
4.8. UD 8. Atletismo III: saltos ....................................................................... 217
4.9. UD 9. "Vamos a bailar" ........................................................................... 228
4.10. UD 10. Orientación ............................................................................... 229

## Capítulo 5. UNIDADES DIDÁCTICAS PARA 4º ESO ..................................................232

5.1. UD 1. Condición física IV ....................................................................... 232
5.2. UD 2. Balonmano II ................................................................................ 239
5.3. UD 3. "Vamos al gimnasio: Pilates y Aerobic" ...................................... 248
5.4. UD 4. Rugby ............................................................................................ 254
5.5. UD 5. Habilidades gimnásticas II ........................................................... 262
5.6. UD 6. Atletismo IV: lanzamientos .......................................................... 269
5.7. UD 7. Unihockey o floorball ................................................................... 275
5.8. UD 8. Acrosport II ................................................................................... 285
5.9. UD 9. Deportes del mundo .................................................................... 286
5.10. UD 10. Danzas urbanas ........................................................................ 287

## Capítulo 6. UNIDADES DIDÁCTICAS PARA 1º BACHILLERATO ....................289

6.1. UD 1. Condición física V ........................................................................ 289
6.2. UD 2. Fútbol II ......................................................................................... 298
6.3. UD 3. Deportes alternativos II: Lacrosse, suavicesto, indiaca,
 tetrapalas, balonkorf ............................................................................. 306
6.4. UD 4. Deportes de raqueta .................................................................... 307
6.5. UD 5. Ajedrez .......................................................................................... 309
6.6. UD 6. Deporte adaptado ........................................................................ 310
6.7. UD 7. Voleibol II ...................................................................................... 311
6.8. UD 8. Béisbol .......................................................................................... 319
6.9. UD 9. Hockey sala II ............................................................................... 324
6.10. UD 10. Actividades acuáticas ............................................................... 329

## PARTE III. APARTADO CONCEPTUAL ..................................................................335

## Capítulo 7. TRABAJOS DE BÚSQUEDA DE LA INFORMACIÓN ......................337

7.1. Trabajo de búsqueda de información para 1º ESO .............................. 338
7.2. Trabajo de búsqueda de información para 2º ESO .............................. 347
7.3. Trabajo de búsqueda de información para 3º ESO .............................. 355
7.4. Trabajo de búsqueda de información para 4º ESO .............................. 361
7.5. Trabajo de búsqueda de información para 1º de Bachillerato. .......... 367

**Capítulo 8. TRABAJOS POR EVALUACIÓN Y EXÁMENES GLOBALES ............... 374**

    8.1. Trabajos por evaluación para Secundaria y Bachillerato. ................... 374
    8.2. Criterios de calificación de los trabajos teóricos por evaluación. .... 380
    8.3. Propuestas de exámenes globales para Secundaria y Bachillerato. 381

**PARTE IV. RECURSOS DEL PROFESORADO ............................................................ 391**

**PARTE V. BIBLIOGRAFÍA ..................................................................................... 407**

**PARTE VI. ANEXOS ............................................................................................. 409**

    Anexo 1. Juego de adivinar palabras mediante gestos. 1º y 2º ESO ................... 409
    Anexo 2. Solución de la búsqueda de información para 1º ESO ...................... 411
    Anexo 3. Solución de la búsqueda de información para 2º ESO ...................... 423
    Anexo 4. Solución de la búsqueda de información para 3º ESO ...................... 432
    Anexo 5. Solución de la búsqueda de información para 4º ESO ...................... 442
    Anexo 6. Solución de la búsqueda de información para 1º de bachillerato ..... 450
    Anexo 7. Ejercicios con escalera ............................................................................ 459
    Anexo 8. Test físicos de evaluación para secundaria y bachillerato ................. 460
    Anexo 9. Planillas de evaluación práctica ............................................................ 470

# INTRODUCCIÓN

Según OCDE (2001) *"la calidad en la educación asegura a todos los jóvenes la adquisición de los conocimientos, capacidades, destrezas y actitudes necesarias para equipararles para la vida adulta".*

Marqués (2002) comenta que los principios de la calidad total de la educación son:

- La satisfacción del cliente: alumnos y padres.
- La detección de problemas y deficiencias y la propuesta de determinadas soluciones.
- Desarrollo de planes integrales.
- Tomar decisiones a partir de datos y evidencias.
- La calidad depende de la participación, compromiso, implicación voluntaria, colaboración, trabajo en equipo y la formación de las personas.
- La calidad total implica a toda la organización.
- En todo sistema de calidad se debe planear, ejecutar, evaluar y ajustar.

Los factores que determinan la calidad en los centros de enseñanza son:

- Los recursos materiales: instalaciones y equipamientos disponibles.
- Los recursos humanos: el conocimiento y la capacidad de transmitir este conocimiento el profesorado, las actitudes y la capacidad para organizar los aprendizajes del profesorado hacia los estudiantes, el contenido y organización de la programación y el sistema de seguimiento y evaluación.

En el ámbito de la educación física existen constantemente cambios en los planteamientos didácticos, debido a las diferentes corrientes que incorporan nuevas actividades que enriquecen el currículo. Por lo cuál, los docentes pueden tener libertad a la hora de diseñar la programación. La posibilidad de incorporar nuevas actividades debe atender a satisfacer las motivaciones de los alumnos, lo que obliga a una constante revisión de la programación y una formación continua del profesorado.

La eficacia educativa se conseguirá al hacer progresar a todos los alumnos a partir de sus circunstancias personales.

Gutiérrez Sanmartín, (1997) comenta que *"las clases de educación física persiguen, a través de la actividad física y el deporte, educar a los alumnos y permitir que adquieran, además de una formación física que les permita practicar y disfrutar del ejercicio de una forma adecuada y saludable, una serie de valores y de comportamientos que les ayuden y enseñen a vivir".*

Según Chadwick, y Rivera, (1990) *"los profesores de educación física, partiendo de las bases pedagógicas y didácticas establecidas, tenemos que plantear nuestro trabajo adaptándolo al alumnado, a los recursos disponibles, contenidos a trabajar y sobre todo a las necesidades educativas que nos vayamos encontrando en el aula".*

El planteamiento didáctico que propongo resulta muy interesante y adecuado para trabajar una serie de contenidos que podrían abordarse de muy diversas formas por el ya comentado carácter flexible del currículo establecido. El alumno de educación física debe desarrollar una serie de capacidades y trabajar una serie de contenidos de la forma más activa y participativa, favoreciendo la interacción y socialización en el aula.

La enseñanza en la educación física pretende tratar de conseguir la creación de hábitos físico-deportivos entre nuestros alumnos para que aprendan a disfrutar del deporte y a utilizarlo como una forma activa y saludable de ocupar su tiempo de ocio.

El libro "Educación física de calidad. Una propuesta para secundaria y bachillerato" está recomendado a todas las personas que estén interesadas en el Deporte y la Actividad Física, ya sean técnicos deportivos, monitores, diplomados en Educación Física, o licenciados en Ciencias de la Actividad Física y el Deporte.

Se pretende hacer de la educación física una materia de calidad, para que con nuestro trabajo y esfuerzo sea una materia respetada y apreciada en el mundo laboral.

Este libro presenta de una forma sencilla una manera de organizar la materia de educación física en secundaria y bachillerato llegando a alcanzar la calidad que se merece en nuestro ámbito profesional educativo.

Una parte del libro está dedicado a la temporización, desarrollo de las diferentes unidades didácticas con sus sesiones y los criterios de calificación y evaluación para todos los cursos de la ESO y Bachillerato. Existe una gran variedad de contenidos para que el lector pueda hacerse con diferentes ideas para crear sus propias sesiones. Todos los cursos de la ESO y Bachillerato tendrán dos horas semanales de educación física. Las sesiones tendrán una duración de 1 hora. En el primer trimestre se imparten 3 unidades didácticas, en el segundo trimestre 4 unidades didácticas y en el tercer trimestre 3 unidades didácticas. Al finalizar cada unidad didáctica se realizan las pruebas de evaluación. Se presenta en el anexo las diferentes planillas de evaluación práctica para todos los cursos. Estas planillas en formato "Excel" con sus diferentes fórmulas nos proporcionarán al profesorado una herramienta fundamental a la hora de poner la nota final de los alumnos.

Otra parte del libro abarca la parte teórica de la materia, donde se propone valorar la carga de trabajo (tiempo que se dedica en casa a la búsqueda de la información y a la elaboración de las fichas, creación de material o trabajos de evaluación). Se propone en cada curso 12 fichas (4 fichas por evaluación) sobre búsqueda de la información donde el alumno tendrá que contestar a diversas preguntas sobre un tema del ámbito deportivo haciendo uso de internet. Se exponen todos los modelos de fichas de búsqueda de la información y en el anexo se presenta la solución de las mismas. En cada curso el alumno tendrá que presentar dos trabajos teóricos y realizar un examen global teórico sobre todos los contenidos impartidos. Se exponen los trabajos y los modelos de examen dentro del bloque conceptual del libro.

# PARTE I.
# ASPECTOS GENERALES DE LA MATERIA DE EDUCACIÓN FÍSICA

# Capítulo 1.
# EL CURRÍCULO DE LA EDUCACIÓN FÍSICA EN LA ENSEÑANZA SECUNDARIA OBLIGATORIA Y EN BACHILLERATO.

## 1.1. EL CURRÍCULO DE LA EDUCACIÓN FÍSICA EN LA ESO.

La educación física en la educación secundaria obligatoria está compuesta de 4 cursos y está dividida en dos ciclos. En el primer ciclo están los alumnos de 1º y 2º de la ESO y en el segundo ciclo los de 3º y 4º de la ESO. Los alumnos comienzan a estudiar la ESO una vez finalizado la educación primaria. Así que los alumnos que cursan esta enseñanza tienen edades entre 12 y 16 años.

El decreto 23/2007, de 10 de mayo, establece que la finalidad de la Educación Secundaria Obligatoria es *"transmitir a los alumnos los elementos esenciales de la cultura, especialmente en sus aspectos humanístico, artístico, científico y tecnológico; afianzar en ellos hábitos de estudio y de trabajo que les permitan aprender por sí mismos; favorecer el trabajo en equipo; formarlos para que asuman sus deberes y ejerzan sus derechos como ciudadanos responsables y prepararlos, con las debidas garantías, para su incorporación a estudios posteriores y para su inserción laboral".*

La enseñanza de la educación física en esta etapa tendrá como finalidad el desarrollo de las siguientes capacidades (decreto 23/2007, de 10 de mayo):

1. Participar y colaborar de manera activa, con regularidad y eficiencia, en las actividades programadas, con independencia del nivel de habilidad y capacidad personal y valorando los aspectos de relación que fomentan; mostrando una actitud de respeto y tolerancia hacia todos los miembros de la comunidad educativa.
2. Conocer y valorar los efectos beneficiosos, riesgos y contradicciones que presenta la práctica habitual y sistemática de la actividad física a lo largo de la vida, en el desarrollo personal y en la mejora de las condiciones de calidad de vida y salud, individual y colectiva.
3. Aumentar las propias posibilidades de rendimiento motor mediante la mejora de las capacidades, tanto físicas como motrices, desarrollando actitudes de autoexigencia y superación personal.
4. Mejorar las capacidades de adaptación motriz a las exigencias del entorno y a su variabilidad.

5. Planificar actividades que permitan satisfacer, las necesidades personales en relación a las capacidades físicas y habilidades específicas a partir de la valoración del nivel inicial.
6. Conocer el cuerpo y sus necesidades, adoptando una actitud crítica y consecuente frente a las actividades dirigidas a la mejora de la condición física, la salud y la calidad de vida, haciendo un tratamiento diferenciado de cada capacidad.
7. Reconocer, valorar y utilizar el cuerpo, como medio de comunicación y expresión creativa, diseñando y practicando actividades rítmicas con y sin una base musical adecuada.
8. Reconocer el medio natural como espacio idóneo para la actividad física, y discriminar aquellas prácticas que pueden causarle cualquier tipo de deterioro.
9. Recuperar y comprender el valor cultural de los juegos y deportes populares y recreativos, como elementos característicos de nuestra cultura que hace falta preservar; practicarlos con independencia del nivel de habilidad personal y colaborar con la organización de campeonatos y actividades de divulgación.
10. Mostrar habilidades y actitudes sociales de respeto, trabajo en equipo y deportividad en la participación en actividades, juegos y deportes, independientemente de las diferencias culturales, sociales y de habilidad.
11. Conocer las posibilidades que el entorno ofrece (espacios, equipamientos e instalaciones) para la práctica de actividad física- deportiva.
12. Conocer y utilizar técnicas básicas de respiración y relajación como medio para reducir desequilibrios y aliviar tensiones producidas durante la actividad cotidiana y/o en la práctica de actividades físicas deportivas.
13. Conocer y practicar actividades y modalidades deportivas individuales, colectivas y de adversario, aplicando los fundamentos reglamentarios, técnicos y tácticos en situaciones de juego, con progresiva autonomía en su ejecución.

Los contenidos para la los 4 cursos se dividen en 4 bloques:

- Bloque 1. Condición física y salud.
- Bloque 2. Juegos y deportes. Cualidades motrices personales.
- Bloque 3. Expresión corporal.
- Bloque 4. Actividades en el medio natural.

## 1.2. LAS COMPETENCIAS BÁSICAS EN EDUCACIÓN FÍSICA.

La Ley Orgánica de la Educación (LOE) de 2006 establece las competencias básicas como un nuevo componente del currículo y define una serie de competencias básicas a las que cada una de las materias escolares debe contribuir a su desarrollo y adquisición (Molina y Antolín, 2008).

**Siguiendo el Real Decreto 1631/2006** *"la incorporación de competencias básicas al currículo permite poner el acento en aquellos aprendizajes que se consideran imprescindibles, desde un planteamiento integrador y orientado a la aplicación de los saberes adquiridos. De ahí su carácter básico. Son aquellas competencias que debe haber desarrollado un joven o una joven al finalizar la enseñanza obligatoria para poder lograr su realización personal, ejercer la ciudadanía activa, incorporarse a la vida adulta de manera satisfactoria y ser capaz de desarrollar un aprendizaje permanente a lo largo de la vida".*

**Actividades para desarrollar las competencias básicas en educación física.**

1. ***Conocimiento e interacción con el mundo físico:*** hábitos saludables, mantenimiento y mejora de la condición física y uso responsable del medio natural a través de actividades físicas realizadas en la naturaleza.
2. ***Social y ciudadana:*** integración en el grupo, respeto, desarrollo de la cooperación, igualdad y trabajo en equipo, organización de actividades deportivas, aceptación de las diferencias y limitaciones de los participantes, cumplimiento de las normas y reglamentos.
3. ***Autonomía e iniciativa personal:*** organización de actividades físicas o de ritmo, planificación para la mejora de su condición física, autosuperación, ante tareas de dificultad técnica o en la mejora de su condición física, responsabilidad y honestidad ante la aplicación de reglas y capacidad de aceptación de diferentes niveles de condición física y de ejecución motriz dentro del grupo.
4. ***Cultural y artística:*** valoración de manifestaciones culturales de la motricidad humana, como los deportes y juegos tradicionales, deportes del mundo, deportes alternativos, actividades expresivas y de danza, recursos expresivos del cuerpo y del movimiento, realizar salidas extraescolares para ver o participar en actividades culturales, artísticas o deportivas.
5. ***Aprender a aprender:*** planificación de actividades físicas, ocupación de su tiempo libre de forma activa, aprendizaje de aspectos técnicos, tácticos y estratégicos generalizables a varios deportes.
6. ***Comunicación lingüística:*** hacer lecturas (libros de texto, revistas y diccionarios especializados, prensa deportiva y educativa, material proporcionado por el profesor, etc...), realizar textos escritos (exámenes, trabajos teóricos, fichas teóricas, cuaderno de clase, resúmenes o esquemas de las sesiones o temas, etc...), exposiciones orales, debates, realizar entrevistas o encuestas, crear una revista mensual sobre aspectos deportivos destacables, realización de murales, vocabulario en inglés sobre deporte, etc...
7. ***Matemática:*** cálculo de zona de actividad cardiaca, operaciones de gasto calórico, etc...
8. ***Digital y tratamiento de la información:*** crear presentaciones en power point, realizar composiciones fotográficas con música, grabar en video,

utilizar internet para buscar revistas de educación física digitales, blogs deportivos, periódicos deportivos, vídeos deportivos, etc...

## 1.3. EL CURRÍCULO DE EDUCACIÓN FÍSICA EN BACHILLERATO.

La materia de educación física en bachillerato sólo se cursa en el primer curso.

Siguiendo en decreto 67/2008, del 19 de junio, *"la Educación Física en Bachillerato es la culminación de la progresión de los aprendizajes iniciados en etapas anteriores, que deben conducir al desarrollo de los procesos de planificación de la propia actividad física, favoreciendo de esta manera la autogestión y la autonomía. Asimismo, esta materia puede orientar al alumnado en la dirección de futuros estudios superiores, universitarios y profesionales relacionados con las ciencias de la actividad física, el deporte y la salud".*

La enseñanza de la Educación Física en Bachillerato tendrá como objetivo el desarrollo de las siguientes capacidades (decreto 67/2008, del 19 de junio):

1. Conocer y valorar los efectos positivos de la práctica regular de la actividad física en el desarrollo personal y social, facilitando la mejora de la salud y la calidad de vida.
2. Planificar, elaborar, y poner en práctica programas de actividad física y salud, incrementando las cualidades físicas implicadas, a partir de la evaluación del estado inicial.
3. Diseñar, organizar y participar en actividades físicas como recurso para ocupar el tiempo libre y de ocio, valorando los aspectos sociales y culturales que llevan asociadas.
4. Incrementar la eficacia motriz en la resolución de situaciones motrices deportivas, dando prioridad a la toma de decisiones, perfeccionando la ejecución de los elementos técnicos aprendidos en la etapa anterior.
5. Diseñar y realizar actividades físico-deportivas en el medio natural que constituyan una forma de disfrute del tiempo libre y una consolidación de hábitos y actitudes de conservación y protección del medio ambiente.
6. Facilitar la consolidación de actitudes de interés, disfrute, respeto, esfuerzo y cooperación mediante la práctica regular de la actividad física.
7. Adoptar una actitud crítica ante las prácticas sociales que tienen efectos negativos para la salud individual y colectiva, así como ante los fenómenos socioculturales derivados de las manifestaciones físico-deportivas.
8. Diseñar y practicar, individualmente o en pequeños grupos, composiciones con o sin base musical, como medio de expresión y comunicación.

9. Emplear de forma autónoma la actividad física y las técnicas de relajación como medio de conocimiento personal y como recurso para aliviar tensiones y reducir desequilibrios producidos en la vida diaria.

Los contenidos en 1º de bachillerato se dividen en:

- Actividad física y salud.
- Actividad física, deporte y tiempo libre.

## 1.4. CRITERIOS DE EVALUACIÓN PARA LOS CURSOS DE LA ESO Y BACHILLERATO.

La evaluación será continua, realizando un seguimiento continuo del trabajo y de los conocimientos que va adquiriendo el alumno. Para superar la materia, será necesario obtener la calificación mínima de 5.

Puntuación de la materia:

- ***Procedimientos: 50%.*** La práctica diaria de las sesiones y los exámenes prácticos.
- ***Conceptos: 40%.*** 20% el trabajo de evaluación o el examen teórico y 5% la ficha 1, 5% la ficha 2, 5% la ficha 3 y 5% la ficha 4 de búsqueda de la información. Si no se realizan los exámenes teóricos, o no se entregan los trabajos correspondientes, será imposible aprobar la asignatura. Los alumnos deberán realizar los trabajos que se indiquen y presentarlos el día y a la hora señalada.
- ***Actitud: 10%.*** Uniformidad, retrasos, participación, interés por la materia, utilización adecuada del material e instalaciones de Educación Física, actitud correcta en las clases, esfuerzo realizado, etc. Cada falta de vestuario injustificada resta en el apartado actitudinal 0,2 puntos. Con 4 faltas de vestuario injustificadas se suspenderá la evaluación. Cada tres retrasos en la evaluación, restará 0,1 sobre la nota actitudinal. Los retrasos se cuentan tanto al empezar la clase como al terminar la misma.

Al ser una materia práctica, será muy importante la asistencia a clase debiendo justificar las faltas cuando éstas se produzcan. En caso de tener reiteradas faltas de asistencia sin justificar en una evaluación, no se podrá aprobar la materia. En caso de no realizar el 50% de las sesiones de una unidad (aunque exista justificación por escrito), deberá realizar un trabajo teórico de dicha unidad. Igualmente si no se asiste a clase y no tiene justificación suspenderá la materia.

Cuando un alumno no puede realizar la actividad por estar lesionado o tener alguna enfermedad deberá traer un justificante médico. Si el alumno tiene una lesión ligera deberá participar en la sesión en la medida de lo posible. Si el alumno tiene una lesión grave (exento anual) participará en clase apuntando conceptos y colaborando con los profesores cuando se lo soliciten. Tendrá una evaluación adaptada.

<u>Sistema de recuperación:</u>

La evaluación es continua, de tal manera que aprobando una evaluación se recupera la inmediatamente anterior (el alumno presentará al profesor los trabajos no entregados de la evaluación suspensa). Con una evaluación suspensa, el alumno deberá presentar un trabajo, a determinar por el departamento de Educación Física. Con dos evaluaciones suspensas, el alumno deberá sacar un 8 en la evaluación como mínimo, para recuperar las anteriores.

En Septiembre, los alumnos con la materia suspensa, deberán realizar las siguientes tareas:

- Entrega de todos los trabajos teóricos de la búsqueda de la información y de los trabajos de evaluación (sin entregar esta parte, no se podrá realizar las posteriores).
- Lectura de dos libros recomendados por el departamento de educación física y su ficha.
- Realización de un examen teórico de los contenidos del curso.
- Realización de una prueba práctica (por cada unidad didáctica) que determine el departamento.

Para aprobar en septiembre se debe obtener la calificación de 5 en los cuatro apartados anteriores.

Los alumnos con la materia suspensa de cursos anteriores, tendrán trabajos teóricos-prácticos y examen teórico de los contenidos explicados en ese curso.

# 1.5. TEMPORIZACIÓN DE LAS UNIDADES DIDÁCTICAS DE SECUNDARIA Y BACHILLERATO

| | 1º ESO | Nº Sesiones | Desarrollo UD |
|---|---|---|---|
| 1 | Condición física I | 9 | 1ª Evaluación |
| 2 | Baloncesto I | 8 | 1ª Evaluación |
| 3 | Deportes alternativos I | 8 | 1ª Evaluación |
| 4 | Habilidades gimnásticas I | 10 | 2ª Evaluación |
| 5 | Expresión corporal I | 6 | 2ª Evaluación |
| 6 | Actividades Naturaleza I | 4 | 2ª Evaluación |
| 7 | Bádminton I | 7 | 2ª Evaluación |
| 8 | Atletismo I: Carreras y Marcha | 6 | 3ª Evaluación |
| 9 | Acrosport I | 4 | 3ª Evaluación |
| 10 | Actividades con patines | 6 | 3ª Evaluación |

| | 2º ESO | Nº Sesiones | Desarrollo UD |
|---|---|---|---|
| 1 | Condición física II | 7 | 1ª Evaluación |
| 2 | Voleibol I | 10 | 1ª Evaluación |
| 3 | Expresión corporal II | 8 | 1ª Evaluación |
| 4 | Fútbol I | 10 | 2ª Evaluación |
| 5 | Bádminton II | 9 | 2ª Evaluación |
| 6 | J y dep tradicionales | 6 | 2ª Evaluación |
| 7 | Actividades Naturaleza II | 1 | 2ª Evaluación |
| 8 | Atletismo II: Vallas | 8 | 3ª Evaluación |
| 9 | Balonmano I | 7 | 3ª Evaluación |
| 10 | Capoeira | 2 | 3ª Evaluación |

| | 3º ESO | Nº Sesiones | Desarrollo UD |
|---|---|---|---|
| 1 | Condición física III | 9 | 1ª Evaluación |
| 2 | Baloncesto II | 9 | 1ª Evaluación |
| 3 | Habilidades coordinativas | 6 | 1ª Evaluación |
| 4 | Hockey sala I | 8 | 2ª Evaluación |
| 5 | Judo | 8 | 2ª Evaluación |
| 6 | Palas | 6 | 2ª Evaluación |
| 7 | Esgrima | 5 | 2ª Evaluación |
| 8 | Atletismo III: Saltos | 9 | 3ª Evaluación |
| 9 | Vamos a bailar | 6 | 3ª Evaluación |
| 10 | Orientación | 5 | 3ª Evaluación |

| | 4º ESO | Nº Sesiones | Desarrollo UD |
|---|---|---|---|
| 1 | Condición física IV | 9 | 1ª Evaluación |
| 2 | Balonmano II | 8 | 1ª Evaluación |
| 3 | Vamos al gimnasio: Pilates y Aerobic | 5 | 1ª Evaluación |
| 4 | Rugby | 7 | 2ª Evaluación |
| 5 | Habilidades gimnásticas II | 6 | 2ª Evaluación |
| 6 | Atletismo IV: Lanzamientos | 8 | 2ª Evaluación |
| 7 | Unihockey o floorball | 9 | 2ª Evaluación |
| 8 | Acrosport II | 7 | 3ª Evaluación |
| 9 | Deportes del mundo | 8 | 3ª Evaluación |
| 10 | Danzas urbanas | 4 | 3ª Evaluación |

| | 1º BACHILLERATO | Nº Sesiones | Desarrollo UD |
|---|---|---|---|
| 1 | Condición física V | 8 | 1ª Evaluación |
| 2 | Fútbol II | 8 | 1ª Evaluación |
| 3 | Deportes alternativos II | 5 | 1ª Evaluación |
| 4 | Deportes de raqueta | 8 | 2ª Evaluación |
| 5 | Ajedrez | 6 | 2ª Evaluación |
| 6 | Deporte adaptado | 5 | 2ª Evaluación |
| 7 | Voleibol II | 8 | 2ª Evaluación |
| 8 | Béisbol | 6 | 3ª Evaluación |
| 9 | Hockey sala II | 5 | 3ª Evaluación |
| 10 | Actividades acuáticas | 7 | 3ª Evaluación |

| Días de EF a la semana | Total sesiones | CURSO |
|---|---|---|
| Lunes y miércoles | 68 | 1º ESO |
| Lunes y miércoles | 68 | 2º ESO |
| Martes y jueves | 70 | 3º ESO |
| Martes y jueves | 70 | 4º ESO |
| Lunes y viernes | 66 | 1º BACHILLERATO |

| CURSO | SALIDAS EXTRAESCOLARES |
|---|---|
| 1º ESO | De pino a pino (tirolinas) + Bicicleta de montaña + Senderismo. |
| 2º ESO | Acampada + Escalada+Rapel+Tiro con arco |
| 3º ESO | Visita al museo del INEF (UPM). Práctica de hockey hierba |
| 4º ESO | Raids de aventura |
| 1º BACHILLERATO | Visita a un gimnasio |
| TODOS LOS CURSOS | Senderismo al comenzar el curso. |

## CALENDARIO SOBRE LA TEMPORIZACIÓN DE LAS UNIDADES DIDÁCTICAS Y SESIONES PARA 1º ESO — CURSO 2010-2011

| | Septiembre | | Octubre | | Noviembre | | Diciembre | | Enero | | Febrero | | Marzo | | Abril | | Mayo | | Junio | |
|---|---|---|---|---|---|---|---|---|---|---|---|---|---|---|---|---|---|---|---|---|
| L | | | | | 1 | | | | | | | | 1 | | | | | | | |
| M | | | | | 2 | | | | | | 1 | | 2 | UD5. Sesión 6 | | | | | 1 | UD10. Sesión 1 |
| X | 1 | | | | 3 | UD2. Sesión 4 | 1 | UD3. Sesión 4 | | | 2 | UD4. Sesión 8 | 3 | | | | | | 2 | |
| J | 2 | | | | 4 | | 2 | | | | 3 | | 4 | | | | | | 3 | |
| V | 3 | | 1 | | 5 | | 3 | | | | 4 | | 5 | | 1 | | | | 4 | |
| S | 4 | | 2 | | 6 | | 4 | | 1 | | 5 | | 6 | | 2 | | | | 5 | |
| D | 5 | | 3 | | 7 | | 5 | | 2 | | 6 | | 7 | | 3 | | 1 | | | |
| L | 6 | | 4 | UD1. Sesión 6 | 8 | UD2. Sesión 5 | 6 | | 3 | | 7 | UD4. Sesión 9 | | | 4 | UD7. Sesión 5 | 2 | | 6 | UD10. Sesión 2 |
| M | 7 | | 5 | | 9 | | 7 | | 4 | | 8 | | | | 5 | | 3 | | 7 | |
| X | 8 | | 6 | UD1. Sesión 7 | 10 | UD2. Sesión 6 | 8 | | 5 | | 9 | UD4. Sesión 10 | | | 6 | UD7. Sesión 6 | 4 | UD8. Sesión 3 | 8 | UD10. Sesión 3 |
| J | 9 | | 7 | | 11 | | 9 | | 6 | | 10 | | | | 7 | | 5 | | 9 | |
| V | 10 | Inicio del curso | 8 | | 12 | | 10 | | 7 | | 11 | | 8 | | | | 6 | | 10 | |
| S | 11 | | 9 | | 13 | | 11 | | 8 | | 12 | | 9 | | | | 7 | | 11 | |
| D | 12 | | 10 | | 14 | | 12 | | 9 | Navidades | 13 | | 10 | | | | 8 | | 12 | |
| L | 13 | UD1. Sesión 1 | 11 | | 15 | UD2. Sesión 7 | 13 | UD3. Sesión 5 | 10 | UD4. Sesión 1 | 14 | UD5. Sesión 1 | | | 11 | UD7. Sesión 7 | 9 | UD8. Sesión 4 | 13 | UD10. Sesión 4 |
| M | 14 | | 12 | | 16 | | 14 | | 11 | | 15 | | | | 12 | | 10 | | 14 | |
| X | 15 | UD1. Sesión 2 | 13 | UD1. Sesión 8 | 17 | UD2. Sesión 8 | 15 | UD3. Sesión 6 | 12 | UD4. Sesión 2 | 16 | UD5. Sesión 4 | | | 13 | UD8. Sesión 1 | 11 | UD8. Sesión 5 | 15 | UD10. Sesión 5 |
| J | 16 | | 14 | | 18 | | 16 | | 13 | | 17 | | | | 14 | | 12 | | 16 | |
| V | 17 | | 15 | Semana Santa | | | 17 | | 14 | | 18 | | | | 15 | Semana Santa | 13 | | 17 | |
| S | 18 | | 16 | | 20 | | 18 | | 15 | | 19 | | | | 16 | | 14 | | 18 | |
| D | 19 | | 17 | | 21 | | 19 | | 16 | | 20 | | | | 17 | | 15 | | 19 | |
| L | 20 | UD1. Sesión 3 | 18 | UD1. Sesión 9 | 22 | UD3. Sesión 1 | 20 | UD3. Sesión 7 | 17 | UD4. Sesión 3 | 21 | UD5. Sesión 3 | | | 18 | | 16 | UD8. Sesión 6 | 20 | UD10. Sesión 6 |
| M | 21 | | 19 | | 23 | | 21 | | 18 | | 22 | | | | 19 | | 17 | | 21 | |
| X | 22 | UD1. Sesión 4 | 20 | UD2. Sesión 1 | 24 | UD3. Sesión 2 | 22 | UD3. Sesión 8 | 19 | UD4. Sesión 4 | 23 | UD5. Sesión 4 | | | 20 | UD9. Sesión 1 | 18 | | 22 | Examen final |
| J | 23 | | 21 | | 25 | | 23 | | 20 | | 24 | | | | 21 | | 19 | | 23 | Fin del curso |
| V | 24 | | 22 | | 26 | | 24 | Navidades | 21 | | 25 | | | | 22 | | 20 | | 24 | |
| S | 25 | | 23 | | 27 | | 25 | | 22 | | 26 | | | | 23 | | 21 | | 25 | |
| D | 26 | | 24 | | 28 | | 26 | | 23 | | 27 | | | | 24 | | 22 | | 26 | |
| L | 27 | UD1. Sesión 5 | 25 | UD2. Sesión 2 | 29 | UD3. Sesión 3 | 27 | | 24 | UD4. Sesión 5 | 28 | UD5. Sesión 2 | | | 25 | Semana Santa | 23 | UD9. Sesión 2 | 27 | |
| M | 28 | | 26 | | 30 | | 28 | | 25 | | | | | | 26 | | 24 | | 28 | |
| X | 29 | | 27 | UD2. Sesión 3 | | | 29 | | 26 | UD4. Sesión 6 | | | 30 | UD7. Sesión 4 | 27 | UD8. Sesión 2 | 25 | UD9. Sesión 3 | 29 | |
| J | 30 | | 28 | | | | 30 | | 27 | | | | 31 | | 28 | | 26 | | 30 | |
| V | | | 29 | | | | 31 | | 28 | | | | | | 29 | | 27 | | | |
| S | | | 30 | | | | | | 29 | | | | | | 30 | | 28 | | | |
| D | | | 31 | | | | | | 30 | | | | | | | | 29 | | | |
| L | | | | | | | | | 31 | UD4. Sesión 7 | | | | | | | 30 | UD9. Sesión 4 | | |
| M | | | | | | | | | | | | | | | | | 31 | | | |

## CALENDARIO SOBRE LA TEMPORIZACIÓN DE LAS UNIDADES DIDÁCTICAS Y SESIONES PARA 2º ESO — CURSO 2010-2011

| | Septiembre | | Octubre | | Noviembre | | Diciembre | | Enero | | Febrero | | Marzo | | Abril | | Mayo | | Junio | |
|---|---|---|---|---|---|---|---|---|---|---|---|---|---|---|---|---|---|---|---|---|
| L | | | | | 1 | | | | | | | | 1 | | | | | | | |
| M | | | | | 2 | | | | | | 1 | | 2 | UD5. Sesión 6 | | | | | 1 | UD9. Sesión 4 |
| X | 1 | | | | 3 | UD2. Sesión 6 | 1 | UD3. Sesión 4 | | | 2 | UD4. Sesión 8 | 3 | | | | | | 2 | |
| J | 2 | | | | 4 | | 2 | | | | 3 | | 4 | | | | | | 3 | |
| V | 3 | | 1 | | 5 | | 3 | | | | 4 | | 5 | | 1 | | | | 4 | |
| S | 4 | | 2 | | 6 | | 4 | | 1 | | 5 | | 6 | | 2 | | | | 5 | |
| D | 5 | | 3 | | 7 | | 5 | | 2 | | 6 | | 7 | | 3 | | | | 6 | UD9. Sesión 5 |
| L | 6 | | 4 | UD1. Sesión 6 | 8 | UD2. Sesión 7 | 6 | | 3 | | 7 | UD4. Sesión 9 | 8 | | 4 | UD6. Sesión 6 | 2 | | 7 | |
| M | 7 | | 5 | | 9 | | 7 | | 4 | | 8 | | 9 | UD5. Sesión 8 | 5 | | 3 | | 8 | UD9. Sesión 6 |
| X | 8 | | 6 | UD1. Sesión 7 | 10 | UD2. Sesión 8 | 8 | | 5 | | 9 | UD4. Sesión 10 | 10 | | 6 | UD7. Sesión 1 | 4 | UD8. Sesión 4 | 9 | |
| J | 9 | | 7 | | 11 | | 9 | | 6 | | 10 | | 11 | | 7 | | 5 | | 10 | |
| V | 10 | Inicio del curso | 8 | | 12 | | 10 | | 7 | | 11 | | 12 | | 8 | | 6 | | 11 | |
| S | 11 | | 9 | | 13 | | 11 | | 8 | | 12 | | 13 | | 9 | | 7 | | 12 | |
| D | 12 | | 10 | | 14 | | 12 | | 9 | Navidades | 13 | | | | 10 | | 8 | | | |
| L | 13 | UD1. Sesión 1 | 11 | | 15 | UD2. Sesión 9 | 13 | UD3. Sesión 5 | 10 | UD4. Sesión 1 | 14 | UD5. Sesión 1 | 14 | UD5. Sesión 9 | 11 | UD8. Sesión 1 | 9 | UD8. Sesión 5 | 13 | UD9. Sesión 7 |
| M | 14 | | 12 | | 16 | | 14 | | 11 | | 15 | | 15 | | 12 | | 10 | | 14 | |
| X | 15 | UD1. Sesión 2 | 13 | UD2. Sesión 1 | 17 | UD2. Sesión 10 | 15 | UD3. Sesión 6 | 12 | UD4. Sesión 2 | 16 | UD5. Sesión 2 | 16 | UD6. Sesión 1 | 13 | UD8. Sesión 2 | 11 | UD8. Sesión 6 | 15 | UD10. Sesión 1 |
| J | 16 | | 14 | | 18 | | 16 | | 13 | | 17 | | 17 | | 14 | | 12 | | 16 | |
| V | 17 | | 15 | | 19 | | 17 | | 14 | | 18 | | 18 | | 15 | Semana Santa | 13 | | 17 | |
| S | 18 | | 16 | | 20 | | 18 | | 15 | | 19 | | 19 | | 16 | | 14 | | 18 | |
| D | 19 | | 17 | | 21 | | 19 | | 16 | | 20 | | 20 | | 17 | | 15 | | 19 | |
| L | 20 | UD1. Sesión 3 | 18 | UD2. Sesión 2 | 22 | UD3. Sesión 1 | 20 | UD3. Sesión 7 | 17 | UD4. Sesión 3 | 21 | UD5. Sesión 3 | 21 | UD6. Sesión 2 | 18 | | 16 | UD8. Sesión 7 | 20 | UD10. Sesión 2 |
| M | 21 | | 19 | | 23 | | 21 | | 18 | | 22 | | 22 | | 19 | | 17 | | 21 | |
| X | 22 | UD1. Sesión 4 | 20 | UD2. Sesión 3 | 24 | UD3. Sesión 2 | 22 | UD3. Sesión 8 | 19 | UD4. Sesión 4 | 23 | UD5. Sesión 4 | 23 | UD6. Sesión 3 | 20 | | 18 | UD8. Sesión 8 | 22 | Examen final |
| J | 23 | | 21 | | 25 | | 23 | | 20 | | 24 | | 24 | | 21 | | 19 | | 23 | Fin del curso |
| V | 24 | | 22 | | 26 | | 24 | Navidades | 21 | | 25 | | 25 | | 22 | | 20 | | 24 | |
| S | 25 | | 23 | | 27 | | 25 | | 22 | | 26 | | 26 | | 23 | | 21 | | 25 | |
| D | 26 | | 24 | | 28 | | 26 | | 23 | | 27 | | 27 | | 24 | | 22 | | 26 | |
| L | 27 | UD1. Sesión 5 | 25 | UD2. Sesión 4 | 29 | UD3. Sesión 3 | 27 | | 24 | UD4. Sesión 5 | 28 | UD5. Sesión 5 | 28 | UD6. Sesión 4 | 25 | Semana Santa | 23 | UD9. Sesión 1 | 27 | |
| M | 28 | | 26 | | 30 | | 28 | | 25 | | | | 29 | | 26 | | 24 | | 28 | |
| X | 29 | | 27 | UD2. Sesión 5 | | | 29 | | 26 | UD4. Sesión 6 | | | 30 | UD6. Sesión 5 | 27 | UD8. Sesión 3 | 25 | UD9. Sesión 2 | 29 | |
| J | 30 | | 28 | | | | 30 | | 27 | | | | 31 | | 28 | | 26 | | 30 | |
| V | | | 29 | | | | 31 | | 28 | | | | | | 29 | | 27 | | | |
| S | | | 30 | | | | | | 29 | | | | | | 30 | | 28 | | | |
| D | | | 31 | | | | | | 30 | | | | | | | | 29 | | | |
| L | | | | | | | | | 31 | UD4. Sesión 7 | | | | | | | 30 | UD9. Sesión 3 | | |
| M | | | | | | | | | | | | | | | | | 31 | | | |

## CALENDARIO SOBRE LA TEMPORIZACIÓN DE LAS UNIDADES DIDÁCTICAS Y SESIONES PARA 3º ESO — CURSO 2010-2011

| | Septiembre | | Octubre | | Noviembre | | Diciembre | | Enero | | Febrero | | Marzo | | Abril | | Mayo | | Junio | |
|---|---|---|---|---|---|---|---|---|---|---|---|---|---|---|---|---|---|---|---|---|---|
| L | | | | | 1 | | | | | | | | 1 | UD6. Sesión 3 | | | | | | | L |
| M | | | | | 2 | UD2. Sesión 5 | | | | | 1 | UD5. Sesión 3 | 2 | UD6. Sesión 4 | | | | | 1 | | M |
| X | | 1 | | | 3 | | 1 | | | | 2 | | 3 | | | | | | 2 | UD10. Sesión 1 | J |
| J | | 2 | | | 4 | UD2. Sesión 6 | 2 | UD3. Sesión 5 | | | 3 | UD5. Sesión 4 | 4 | | | | | | 3 | | V |
| V | | 3 | | 1 | 5 | | 3 | | | | 4 | | 5 | | 1 | | | | 4 | | S |
| S | | 4 | | 2 | 6 | | 4 | | 1 | | 5 | | 6 | | 2 | | 1 | | 5 | | D |
| D | | 5 | | 3 | 7 | | 5 | | 2 | | 6 | | 7 | | 3 | | 2 | | 6 | | L |
| L | | 6 | | 4 | 8 | | 6 | | 3 | | 7 | | 8 | UD6. Sesión 5 | 4 | | 3 | | 7 | UD10. Sesión 2 | M |
| M | | 7 | UD1. Sesión 7 | 9 | UD2. Sesión 7 | 7 | | 4 | | 8 | UD5. Sesión 5 | 9 | | 5 | UD8. Sesión 2 | 4 | | 8 | | X |
| X | | 8 | | 6 | 10 | | 8 | | 5 | | 9 | | 10 | UD6. Sesión 6 | 6 | | 5 | UD8. Sesión 8 | 9 | UD10. Sesión 3 | J |
| J | | 9 | | 7 | UD1. Sesión 8 | 11 | UD2. Sesión 8 | 9 | UD3. Sesión 6 | 6 | | 10 | | 11 | UD6. Sesión 7 | 7 | UD8. Sesión 3 | 5 | | 10 | | V |
| V | | 10 | Inicio del curso | 8 | 12 | | 10 | | 7 | | 11 | | 12 | | 8 | | 6 | | 11 | | S |
| S | | 11 | | 9 | 13 | | 11 | | 8 | | 12 | | 13 | | 9 | | 7 | | 12 | | D |
| D | | 12 | | 10 | 14 | | 12 | | 9 | Navidades | 13 | | 14 | | 10 | | 8 | | 13 | | L |
| L | | 13 | | 11 | 15 | | 13 | | 10 | | 14 | | 15 | UD7. Sesión 1 | 11 | | 9 | | 14 | UD10. Sesión 4 | M |
| M | | 14 | UD1. Sesión 1 | 12 | UD2. Sesión 9 | 14 | UD4. Sesión 1 | 11 | UD4. Sesión 5 | 15 | UD5. Sesión 7 | 16 | | 12 | UD8. Sesión 4 | 10 | UD8. Sesión 9 | 15 | | X |
| X | | 15 | | 13 | 16 | | 15 | | 12 | | 16 | | 17 | UD7. Sesión 2 | 13 | | 11 | | 16 | UD10. Sesión 5 | J |
| J | | 16 | UD1. Sesión 2 | 14 | UD3. Sesión 1 | 16 | UD4. Sesión 2 | 13 | UD4. Sesión 6 | 17 | UD5. Sesión 8 | 18 | | 14 | UD8. Sesión 5 | 12 | UD9. Sesión 1 | 17 | | V |
| V | | 17 | | 15 | 18 | | 17 | | 14 | | 18 | | 19 | | 15 | Semana Santa | 13 | | 18 | | S |
| S | | 18 | | 16 | 19 | | 18 | | 15 | | 19 | | 20 | | 16 | | 14 | | 19 | | D |
| D | | 19 | | 17 | 20 | | 19 | | 16 | | 20 | | 21 | | 17 | | 15 | | 20 | | L |
| L | | 20 | | 18 | 21 | | 20 | | 17 | | 21 | | 22 | UD7. Sesión 3 | 18 | | 16 | | 21 | Examen final | M |
| M | | 21 | UD1. Sesión 3 | 19 | UD2. Sesión 2 | 22 | UD3. Sesión 2 | 21 | UD4. Sesión 7 | 22 | UD6. Sesión 1 | 23 | | 19 | | 17 | UD9. Sesión 2 | 22 | | X |
| X | | 22 | | 20 | 23 | | 22 | | 19 | | 23 | | 24 | UD7. Sesión 4 | 20 | | 18 | | 23 | Fin del curso | J |
| J | | 23 | UD1. Sesión 4 | 21 | UD2. Sesión 3 | 24 | UD3. Sesión 3 | 23 | UD4. Sesión 8 | 24 | UD6. Sesión 2 | 25 | | 21 | | 19 | UD9. Sesión 3 | 24 | | V |
| V | | 24 | | 22 | 25 | | 23 | | 20 | | 25 | | 26 | | 22 | | 20 | | 24 | | S |
| S | | 25 | | 23 | 26 | | 24 | Navidades | 21 | | 26 | | 27 | | 23 | | 21 | | 25 | | D |
| D | | 26 | | 24 | 27 | | 25 | | 22 | | 27 | | 28 | | 24 | | 22 | | 26 | | L |
| L | | 27 | | 25 | 28 | | 27 | | 23 | | 28 | | 25 | Semana Santa | 23 | UD9. Sesión 4 | 27 | | M |
| M | | 28 | UD1. Sesión 5 | 26 | UD2. Sesión 4 | 29 | UD3. Sesión 4 | 28 | UD5. Sesión 1 | 24 | UD9. Sesión 5 | 28 | | X |
| X | | 29 | | 27 | 30 | | 29 | | 26 | | 29 | UD7. Sesión 5 | 26 | UD8. Sesión 6 | 25 | | 29 | | J |
| J | | 30 | UD1. Sesión 6 | 28 | 30 | | 27 | UD5. Sesión 2 | 30 | | 27 | UD8. Sesión 7 | 26 | UD9. Sesión 6 | 30 | | V |
| V | | | | 29 | | | 31 | | 28 | | 31 | UD8. Sesión 1 | 28 | | 27 | | | | S |
| S | | | | 30 | | | | | 29 | | | | | | 28 | | | D |
| D | | | | 31 | | | | | 30 | | | | | | 29 | | | L |
| L | | | | | | | | | 31 | | | | | | 30 | | | M |
| M | | | | | | | | | | | | | | | 31 | UD9. Sesión 6 | | |

## CALENDARIO SOBRE LA TEMPORIZACIÓN DE LAS UNIDADES DIDÁCTICAS Y SESIONES PARA 4º ESO — CURSO 2010-2011

| | Septiembre | | Octubre | | Noviembre | | Diciembre | | Enero | | Febrero | | Marzo | | Abril | | Mayo | | Junio | |
|---|---|---|---|---|---|---|---|---|---|---|---|---|---|---|---|---|---|---|---|---|---|
| L | | | | | | 1 | | | | | | | | | | | | | | | |
| M | | | | | UD2. Sesión 5 | 2 | | | | | UD5. Sesión 6 | 1 | UD6. Sesión 8 | 1 | | | | | | 1 | X |
| X | | 1 | | | | 3 | | 1 | | | | 2 | UD7. Sesión 1 | 2 | | | | | | 2 | J |
| J | | 2 | | | | 4 | UD4. Sesión 1 | 2 | | | UD6. Sesión 1 | 3 | | 3 | | | | | UD9. Sesión 8 | 3 | V |
| V | | 3 | | 1 | | 5 | | 3 | | | | 4 | | 4 | | 1 | | | | 4 | S |
| S | | 4 | | 2 | | 6 | | 4 | | 1 | | 5 | | 5 | | 2 | | | | 5 | D |
| D | | 5 | | 3 | | 7 | | 5 | | 2 | | 6 | | 6 | | 3 | | | | 6 | L |
| L | | 6 | | 4 | | 8 | | 6 | | 3 | | 7 | | 7 | | 4 | | | UD10. Sesión 1 | 7 | M |
| M | | 7 | UD1. Sesión 7 | 5 | UD2. Sesión 7 | 9 | | 7 | | 4 | UD6. Sesión 2 | 8 | UD7. Sesión 2 | 8 | UD8. Sesión 1 | 5 | | | | 8 | X |
| X | | 8 | | 6 | | 10 | | 8 | | 5 | | 9 | | 9 | | 6 | | | UD10. Sesión 2 | 9 | J |
| J | | 9 | UD1. Sesión 8 | 7 | UD2. Sesión 8 | 11 | UD4. Sesión 2 | 9 | | 6 | UD6. Sesión 3 | 10 | UD7. Sesión 3 | 10 | UD8. Sesión 2 | 7 | UD8. Sesión 7 | | | 10 | V |
| V | Inicio del curso | 10 | | 8 | | 12 | | 10 | | 7 | | 11 | | 11 | | 8 | | | | 11 | S |
| S | | 11 | | 9 | | 13 | | 11 | | 8 | | 12 | | 12 | | 9 | | | | 12 | D |
| D | | 12 | | 10 | | 14 | | 12 | Navidades | 9 | | 13 | | 13 | | 10 | | | | 13 | L |
| L | | 13 | | 11 | | 15 | | 13 | | 10 | | 14 | | 14 | | 11 | | | UD10. Sesión 3 | 14 | M |
| M | UD1. Sesión 1 | 14 | UD1. Sesión 9 | 12 | UD3. Sesión 1 | 16 | UD4. Sesión 3 | 14 | UD4. Sesión 7 | 11 | UD6. Sesión 4 | 15 | UD7. Sesión 4 | 15 | UD8. Sesión 3 | 12 | UD9. Sesión 1 | | | 15 | X |
| X | | 15 | | 13 | | 17 | | 15 | | 12 | | 16 | | 16 | | 13 | | | UD10. Sesión 4 | 16 | J |
| J | UD1. Sesión 2 | 16 | | 14 | UD3. Sesión 2 | 18 | UD4. Sesión 4 | 16 | UD5. Sesión 1 | 13 | UD6. Sesión 5 | 17 | UD7. Sesión 5 | 17 | UD8. Sesión 4 | 14 | UD9. Sesión 2 | | | 17 | V |
| V | | 17 | | 15 | | 19 | | 17 | | 14 | | 18 | | 18 | Semana Santa | 15 | | | | 18 | S |
| S | | 18 | | 16 | | 20 | | 18 | | 15 | | 19 | | 19 | | 16 | | | | 19 | D |
| D | | 19 | | 17 | | 21 | | 19 | | 16 | | 20 | | 20 | | 17 | | | | 20 | L |
| L | | 20 | | 18 | | 22 | | 20 | | 17 | | 21 | | 21 | | 18 | | | Examen final | 21 | M |
| M | UD1. Sesión 3 | 21 | UD2. Sesión 1 | 19 | UD3. Sesión 3 | 23 | UD4. Sesión 5 | 21 | UD5. Sesión 2 | 18 | UD6. Sesión 6 | 22 | UD7. Sesión 6 | 22 | | 19 | UD9. Sesión 3 | | | 22 | X |
| X | | 22 | | 20 | | 24 | | 22 | | 19 | | 23 | | 23 | | 20 | | | Fin del curso | 23 | J |
| J | UD1. Sesión 4 | 23 | UD2. Sesión 2 | 21 | UD3. Sesión 4 | 25 | UD4. Sesión 6 | 23 | UD5. Sesión 3 | 20 | UD6. Sesión 7 | 24 | UD7. Sesión 7 | 24 | | 21 | UD9. Sesión 4 | | | 24 | V |
| V | | 24 | | 22 | | 26 | Navidades | 24 | | 21 | | 25 | | 25 | | 22 | | | | 25 | S |
| S | | 25 | | 23 | | 27 | | 25 | | 22 | | 26 | | 26 | | 23 | | | | 26 | D |
| D | | 26 | | 24 | | 28 | | 26 | | 23 | | 27 | | 27 | Semana Santa | 24 | | | | 27 | L |
| L | UD1. Sesión 5 | 27 | | 25 | | 29 | | 27 | | 24 | | 28 | | 28 | | 25 | | | UD9. Sesión 5 | 28 | M |
| M | | 28 | UD2. Sesión 3 | 26 | UD3. Sesión 5 | 30 | UD4. Sesión 8 | 28 | UD5. Sesión 4 | 25 | | | UD7. Sesión 8 | 29 | UD8. Sesión 5 | 26 | | | | 29 | X |
| X | | 29 | | 27 | | | | 29 | | 26 | | | | 30 | | 27 | | | | 30 | J |
| J | UD1. Sesión 6 | 30 | UD2. Sesión 4 | 28 | | | | 30 | UD5. Sesión 5 | 27 | | | UD7. Sesión 9 | 31 | UD8. Sesión 6 | 28 | UD9. Sesión 6 | | | | V |
| V | | | | 29 | | | | 31 | | 28 | | | | | | 29 | | | | | S |
| S | | | | 30 | | | | | | 29 | | | | | | 30 | | | | | D |
| D | | | | 31 | | | | | | 30 | | | | | | | | | | | L |
| M | | | | | | | | | | 31 | | | | | | | UD9. Sesión 7 | | | | M |

EDUCACIÓN FÍSICA DE CALIDAD PROPUESTA PARA SECUNDARIA Y BACHILLERATO

# PARTE II.

# DESARROLLO DE LAS UNIDADES DIDÁCTICAS PARA SECUNDARIA Y BACHILLERATO

# Capítulo 2.
# UNIDADES DIDÁCTICAS PARA 1º ESO

## 2.1. UNIDAD DIDÁCTICA 1: CONDICIÓN FÍSICA I

### a) Introducción

Esta unidad didáctica se encuentra dentro del bloque de contenidos de condición física y salud. Se pretende desarrollar las diferentes cualidades físicas, por lo cuál haremos una evaluación inicial mediante diferentes test físicos para comprobar el estado del alumnado y ver cuál es la situación de partida.

Al final del curso haremos una repetición de los test de condición física para comparar los resultados y conocer si existen mejoras.

### b) Objetivos didácticos
- Valorar el calentamiento como parte imprescindible dentro del inicio de cualquier actividad física.
- Saber tomar e interpretar la frecuencia cardiaca estableciendo los ritmos e intensidades adecuados al ejercicio.
- Adquirir una buena condición física
- Tomar conciencia de los beneficios que aporta una buena condición física para la práctica de todos los deportes.
- Distinguir entre las distintas cualidades físicas y los ejercicios específicos que potencian cada una de ellas.
- Aprender métodos y técnicas de respiración y relajación mediante el yoga.

### c) Contenidos
- Condición física y capacidades físicas. Conceptos, principios y sistemas para su desarrollo.
- Test de valoración de la condición física.
- Acondicionamiento físico general. Desarrollo de las capacidades físicas.
- Juegos donde se trabaja la condición física (fuerza, velocidad y resistencia)
- Aplicación de los sistemas específicos de entrenamiento y desarrollo de las distintas capacidades físicas y valoración de sus efectos.
- Toma de conciencia de la propia condición física y responsabilidad en el desarrollo de la misma.
- Técnicas de respiración y relajación.
- Valoración del hecho de alcanzar una buena condición física como base de unas mejores condiciones de salud.

- Disposición positiva hacia la práctica habitual de actividad física sistemática como medio de mejora de las capacidades físicas, la salud y la calidad de vida.

### d) Distribución temporal
- Sesión 1: El calentamiento, carrera continua y flexibilidad.
- Sesión 2: El calentamiento, movilidad articular más juegos de resistencia y carrera continua (frecuencia cardiaca).
- Sesión 3: El calentamiento, elasticidad por parejas, carrera continua y fuerza del tren inferior (frecuencia cardiaca).
- Sesión 4: Fuerza de tren inferior y velocidad de reacción.
- Sesión 5: Fuerza del tren superior.
- Sesión 6, 7, y 8: Test físicos.
- Sesión 9: Yoga

### e) Metodología
- Enseñanza mediante la búsqueda.
- Instrucción directa.

### f) Recursos didácticos
- Course Navette en formato mp3.
- DVD yoga.

### g) Criterios de evaluación
- Analizar el grado de implicación de las diferentes capacidades físicas.
- Valorar las diferencias en la ejecución técnica de acuerdo con las distintas capacidades motoras de los alumnos y alumnas.
- Valoración objetiva en función de los baremos de condición física.
- Incrementar las capacidades físicas de acuerdo con las posibilidades motoras de los alumnos.

### h) Criterios de calificación
La puntuación de todos los test se compara con los baremos de condición física según cada curso (ver anexo). Se hace media entre los resultados de cada test.

### i) Pruebas de aptitud física
Se realizarán los siguientes test físicos en 1º ESO (ver anexo):

- Course Navette.
- Abdominales en 1 minuto.
- Test de 55 m.
- Salto horizontal.
- Carrera de obstáculos.
- Flexión de tronco hacía delante.

| | |
|---|---|
| **UD 1: Condición física I** | **Nº Sesión: 1** |
| **Duración:** 40 min (20 min bajar/cambiarse-cambiarse/subir). **Curso: 1º ESO** | |
| **Recursos materiales:** Ninguno. | |
| **Instalaciones:** Pista exterior. | |
| **Contenido:** El calentamiento, carrera continua y flexibilidad. | |

### Tareas

### Calentamiento 12'

**a) Explicación del calentamiento. Concepto y fases.**
**b) Realización de un calentamiento:**
Correr 5 minutos realizando las siguientes tareas: 1 minuto de carrera + 20 m elevando los brazos alternativamente + 20 m realizando círculos con los brazos + 20 m giros laterales de tronco + 20 m pasos laterales + 20 m pasos laterales cruzando pies + 20 m skipping + 20 m talones al glúteo + 20 m pata coja alternando cada 3 pasos la pierna derecha con la izquierda + 20 m trotando hacia atrás + 20 m de 3 pasos rápidos-3 lentos-3 rápidos.
Juego de las momias, abuelitos, metro y charco. Cuando el profesor dice una de esas 4 palabras el alumno debe realizar lo siguiente: (momias=estáticos, abuelitos=andar despacio, metro=correr rápido, charco=dar un salto amplio).
Movilidad articular: tobillos, rodillas, caderas, tronco, hombro, muñeca y cuello.

### Parte principal 20'

**a)** Explicación de la carrera continua y de la frecuencia cardiaca.
**b)** Realización de una carrera continua 10 minutos y toma de frecuencia cardiaca.

### Vuelta a la calma 8'

### Estiramientos del tren inferior: (de izquierda a derecha).

1º fila: Gemelos (1), tendón de Aquiles (2), psoas (3), cuadriceps (4).
2º fila: Isquiotibiales (5), cintilla iliotibial (6), adductores (7).
3º fila: Piramidal (8), bíceps femoral (9), glúteo mayor (10).

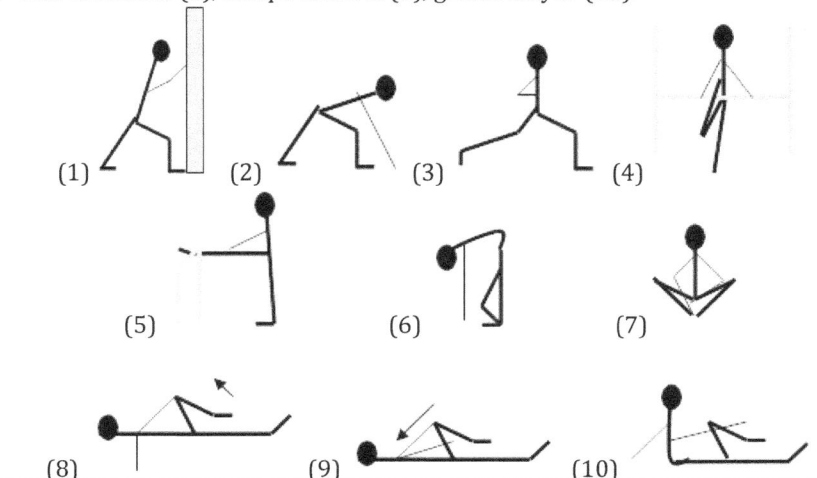

| | |
|---|---|
| **UD 1: Condición física I** | **Nº Sesión: 2** |
| **Duración:** 40 min (20 min bajar/cambiarse-cambiarse/subir). | **Curso: 1º ESO** |

**Recursos materiales:** Ninguno.

**Instalaciones:** Pista exterior.

**Contenido:** El calentamiento, movilidad articular, juegos de resistencia y carrera continua (FC).

### Tareas

### Calentamiento 10'

**a)** El profesor elige a un alumno para que dirija el calentamiento y a otro alumno para que realice la movilidad articular.

### Parte principal 25'

**a) Agrupamientos.** El profesor dice números y los alumnos se agrupan según el número que dice el profesor. Si dice el 0 los alumnos deben agacharse en cuclillas.

**b) Bulldog.** Un alumno se la liga en medio campo y tiene que coger al resto de los alumnos que intentan atravesar el campo de un lado a otro. A los alumnos que pille se quedarán con él en medio campo formando una cadena, así hasta que no quede ninguno.

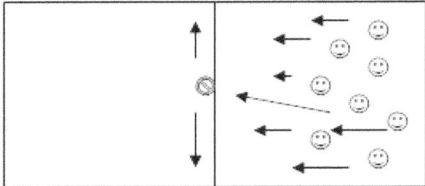

**c) Circulo asesino.** Todos los alumnos se colocan en círculo dándose la mano, excepto uno que se la liga (fuera del circulo), el cual elige a un candidato (diciendo su nombre en alto) para perseguirle y tocarle la espalda, el círculo deberá girar (hacia la derecha o hacia la izquierda) evitando que toquen al alumno nombrado.

**d) Persecución en círculo.** Todos los alumnos se colocan en círculo dándose la mano, excepto uno que se la liga (fuera del círculo), el cual toca la espalda de uno de los componentes del círculo que deberá perseguirle antes de que el que estaba fuera ocupe su lugar en el círculo. Variante: el alumno que toca la espalda corre hacia la derecha y el que es tocado corre hacia la izquierda intentando llegar al espacio libre.

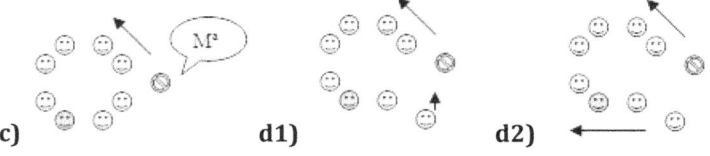

c)                d1)              d2)

**e)** Realización de una carrera continua 10 minutos y toma de frecuencia cardiaca.

### Vuelta a la calma 5'

El profesor solicita que cada alumno proponga un estiramiento del tren inferior.

| UD 1: Condición física I | Nº Sesión: 3 |
|---|---|
| **Duración:** 40 min (20 min bajar/cambiarse-cambiarse/subir). | **Curso: 1º ESO** |

**Recursos materiales:** Balón pequeño, 4 conos, petos.

**Instalaciones:** Pista exterior.

**Contenido:** El calentamiento, elasticidad por parejas, carrera continua, fuerza del tren inferior (FC).

### Tareas

### Calentamiento 10'

**a)** Movilidad articular dinámica en carrera.
**b)** Carrera continua 5 minutos y toma de FC.

### Parte principal 25'

**a) Las ranitas futboleras**. Hay dos equipos en un terreno de juego reducido. Unos conos hacen de porterías. Los dos equipos se colocan en posición de rana y tratan de hacer gol pasando la pelota con las manos sin cogerla. Coger la pelota supone 1 minuto de expulsión. La pelota debe estar en contacto con el suelo, pero se permite hacer vaselinas con la mano y las personas que reciban la vaselina deben recepcionar el balón y colocarlo de nuevo en el suelo. Para iniciar el partido, los dos equipos se colocan en su portería y el profesor tira la pelota en el centro del campo. Solo puedes descansar sentándote, pero no podrás participar en el juego.

**b) Pisa la mina.** Se forman equipos de 8 personas. Los equipos se colocarán alrededor del espacio denominado "mina", formando un círculo y cogidos de las manos y mezclados, uno de un equipo cogido a uno del otro equipo. A la señal del profesor, comenzarán a arrastrarse unos a otros hacia la "mina" y el que la pise pierde un punto. El equipo que llegue a 10 puntos perderá.

**c) Lucha de cangrejos.** Por parejas, dándose la espalda sentados en el suelo. A la voz del profesor, deberán intentar arrastrar al compañero solo con el empuje de sus piernas y el apoyo de las manos en el suelo. Ganará el que arrastre al otro hacia su espalda.

**d) Lucha lateral.** Se colocarán las parejas en el suelo dándose la espalda, con los brazos entrelazados y con las piernas abiertas. A la voz del profesor, intentarán llevar a tocar el suelo al otro componente de la pareja haciendo fuerza hacia un lado teniendo en cuenta que si se decide tirar hacia la izquierda cada uno habrá de tirar a su izquierda para realizar el esfuerzo.

### Vuelta a la calma 5'

**Estiramientos por parejas del tren inferior en el suelo.**
Tendido en el suelo con una pierna levantada. El compañero agarra con una mano el talón del pie levantado y colocando la mano opuesta debajo de los dedos de los pies y de la planta delantera del pie. Flexionar el pie mientras su compañero mantiene la pierna extendida.

| | |
|---|---|
| **UD 1: Condición física I** | **Nº Sesión: 4** |
| **Duración:** 40 min (20 min bajar/cambiarse-cambiarse/subir). | **Curso: 1º ESO** |
| **Recursos materiales:** 30 aros de colores, silbato. | |
| **Instalaciones:** Pista exterior. | |
| **Contenido:** Fuerza de tren inferior y velocidad de reacción. | |

| Tareas |
|---|
| **Calentamiento 10'** |
| **a)** Carrera continua 3 minutos y movilidad articular dinámica.<br>**b) Círculo de reacción.** Los alumnos forman un círculo y van trotando, si el profesor dice "1" los alumnos deben saltar, si dice "2" deben cambiar de dirección, y si dice "3" los alumnos deben tocar el suelo con una mano. |
| **Parte principal 27'** |
| **a) Velocidad entre aros:** Colocamos dos filas de aros con 8 aros en cada una. A la señal del profesor, van saliendo todos los alumnos y realizarán los siguientes ejercicios dentro de los aros.<br>- Corren entre los aros metiendo un pie en cada aro.<br>- Corren entre los aros metiendo los dos pies en cada aro (primero el derecho y luego el izquierdo).<br>- Saltar con los dos pies a la vez (como un canguro).<br>- Saltar a pata coja con la pierna izquierda.<br>- Saltar a pata coja con la pierna derecha.<br><br>Los alumnos van a realizar cada ejercicio tres veces.<br><br>**b) Velocidad entre aros más separados (zancada de amplitud).** Los alumnos se colocan en una fila y a la señal del profesor, sale uno corriendo entre los aros hasta el final de la pista (20 m) donde realiza 5 sentadillas y espera allí, seguidamente se da la salida al 2º alumno que realiza lo mismo y al llegar a donde estaba el 1º, éste vuelve corriendo hasta el punto de inicio del ejercicio y el 2º realiza 5 sentadillas y espera allí, así sucesivamente. Variante: colocar los aros en zig-zag.<br><br>**c) Cara o cruz.** 2 equipos (cara y cruz) se colocan en 2 filas. Deben estar de espaldas colocados en la línea de medio campo, a la voz de (cara o cruz), el equipo nombrado debe salir corriendo lo más rápido posible hacia la línea de fondo que esta mirando, si consigue atravesarla sin ser tocado por el adversario se le dará un punto.<br><br>**d) Corramos a casa.** En un espacio delimitado el profesor coloca aros de tres colores diferentes (verdes, rojos y azules). Los aros rojos son la casa, donde puedes permanecer 10 sg para descansar. Los verdes son para cambiar de pierna en el salto de la pata coja. Los azules son para poder saltar con dos piernas. Los alumnos van avanzando por el espacio o saltando a pata coja o a pies juntos y el que pilla también. Todos deben pasar por los aros de correspondiente color si quieren desplazarse por el terreno de juego de diferente forma. El que pilla intercambia los papeles con el pillado. |
| **Vuelta a la calma 3'** |
| Entre dos o tres alumnos, intentan levantar a un compañero que está en el suelo y se siente muy pesado. |

| UD 1: Condición física I | Nº Sesión: 5 |
|---|---|
| **Duración:** 40 min (20 min bajar/cambiarse-cambiarse/subir). | **Curso: 1º ESO** |

| |
|---|
| **Recursos materiales:** Cuerdas, 3 balones medicinales. |
| **Instalaciones:** Pista exterior. |
| **Contenido:** Fuerza de tren superior. |
| Tareas |
| Calentamiento 10' |
| **a)** Todos los alumnos se encuentran corriendo y cuando el profesor dice un número realizarán el ejercicio que corresponda con ese número (1=skipping, 2=tocar el suelo, 3=medio giro, 4=correr hacia atrás). |
| **b)** De pie con los brazos extendidos en cruz realizar círculos hacia atrás simultáneamente con ambos brazos, (7 sg hacia delante otros 7 sg hacia atrás). El profesor da la señal para cambiar. |
| Parte principal 27' |
| **a) Trabajo de fuerza tren superior:**<br>- **Carrera de carretillas y competición en la silla de la reina.**<br>- **Pase del balón ida y vuelta**: En grupos de 6 alumnos, separados a 3 m y colocados en fila. El primero de la fila tiene el balón y se lo pasa a su compañero, éste gira sobre si mismo y se lo pasa al siguiente, así sucesivamente hasta que el balón llegue al último, que debe de tocar con el balón en el suelo y volverlo a pasar hasta que el balón llegue al inicio. Primero realizamos el pase de pecho, después por encima de la cabeza y por último un pase lateral.<br>- **Soga-tira.** Dos equipos situados uno enfrente de otro en fila agarrando un extremo de una cuerda. Deben tirar de la cuerda para atraer al oponente más allá de la línea divisoria que separa el terreno correspondiente. En el centro de la cuerda se colocará un pañuelo que sirve para observar al ganador. Se hacen dos líneas paralelas en el terreno y el pañuelo en medio de ambas. A la señal del profesor, se comienza a tirar de la cuerda. Gana el equipo que consiga llevar el pañuelo hasta su línea.<br>- Abdominales 2x20, tríceps 2x20, flexiones 2x10, lumbares 2x20 lumbares. |
| Vuelta a la calma 3' |
| Estiramientos del tren superior: (de izquierda a derecha) |
| 1º fila: Flexores de las muñecas (1), bíceps braquial (2), pectoral (3), tríceps braquial (4).<br>2º fila: Parte superior de la espalda (5), región lumbar (6), abdominal (7). |

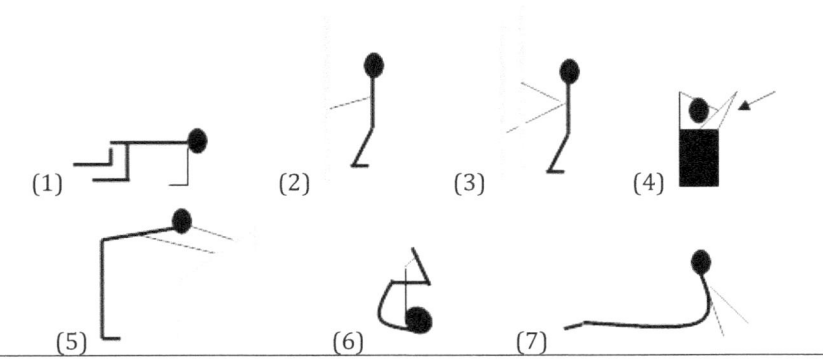

**Nº Sesión 6:** Realizar el test de la Course Navette y el test de abdominales en 1 minuto.
**Nº Sesión 7:** Realizar el test de 55 m y el test de salto horizontal.
**Nº Sesión 8:** Realizar el circuito de obstáculos y el test de flexión de tronco hacía delante.
**Nº Sesión 9:** Relajación mediante el yoga con un dvd.

*La explicación de los test de las pruebas físicas y sus baremos se encuentran en el anexo.

## 2.2. UNIDAD DIDÁCTICA 2: BALONCESTO I

### a) Introducción

El baloncesto forma parte del bloque juegos y deportes. Con esta unidad didáctica se pretende seguir desarrollando las cualidades físicas básicas y fomentar en nuestros alumnos el trabajo de equipo y el "juego limpio".

### b) Objetivos didácticos
- Conocer y desarrollar la técnica básica del juego del baloncesto.
- Desarrollar la coordinación óculo-manual.
- Participar en actividades relacionadas con el baloncesto, valorando su función de integración social y desarrollando actitudes de colaboración y respeto.

### c) Contenidos
- La técnica, táctica y el reglamento del baloncesto.
- Capacidades físicas y coordinativas del baloncesto.
- Conocimiento del efecto sociocultural del baloncesto.
- Historia y procedencia del baloncesto.
- Realización de la ficha de búsqueda de información sobre baloncesto.
- Material específico del baloncesto y el mantenimiento de éste.
- Realización de calentamientos específicos de baloncesto.
- Utilización de los recursos técnicos integrándolos dentro de situaciones de juego real como medio de superación del rival.
- Ajuste de la respuesta tanto individual como colectiva al modo de juego del adversario.
- Realización de competiciones (2x2, 3x3, 5x5).
- Utilización del juego del baloncesto como medio de mejora de la condición física.
- Aceptación de las reglas.
- Desarrollar un espíritu crítico hacia prácticas violentas en el juego del baloncesto.
- Aceptar la derrota con deportividad y aprender de ella.
- Participación en el montaje y recogida de material necesario para la realización de las clases.

- Capacidad de superación.

**d) Distribución temporal**
- Sesión 1: Familiarización con material de juego.
- Sesión 2: Nociones básicas del reglamento.
- Sesión 3: Manejo del balón.
- Sesión 4: Agarre del balón y posición de triple amenaza.
- Sesión 5: Técnica individual: pivotar en la posición de triple amenaza
- Sesión 6: Técnica individual: dribling.
- Sesión 7: Técnica individual: cambios de ritmo.
- Sesión 8: Evaluación práctica

**e) Metodología**
- Instrucción directa.
- Enseñanza recíproca.
- Enseñanza mediante la búsqueda.

**f) Recursos didácticos**
- Ficha de búsqueda de información sobre baloncesto.

**g) Criterios de evaluación**
- Superación de las pruebas prácticas.
- Valoración de la técnica tanto individual como colectiva
- Valoración de los conceptos técnicos y tácticos básicos en situaciones reales de juego
- Valorar las diferencias en la ejecución técnica teniendo presente las diferentes capacidades motoras de los alumnos.
- Valorar el esfuerzo, interés y motivación de los alumnos durante el desarrollo de las sesiones así como el grado de mejora en la calidad de juego de todos y cada uno de ellos.
- Valorar si el alumno cuida debidamente el material empleado en clase.
- Evaluar la ficha de baloncesto.

**h) Criterios de calificación**

Examen práctico realizado por observación directa del profesor sobre el alumno de las diferentes acciones técnicas y tácticas vistas en las sesiones y las combinaciones individuales y colectivas.

- **Individualmente:**
    1. Bote de velocidad y bote de protección (en el ancho del campo de balonmano). Ida hasta medio campo con bote velocidad, de medio campo hasta la línea de banda contrario bote de protección. Idem la vuelta.
    2. Botes entre piernas (en estático).

3. Circuito: bote de velocidad + entrada a canasta + zig-zag entre conos trabajando los cambios de dirección. (Hacer la entrada a canasta por la derecha y por la izquierda).

- **Parejas:**
    4. Juego 1x1.
    5. Pases de todo tipo (de pecho, por encima de la cabeza, picado, de béisbol, por la espalda, etc...).

**Puntuación de la ejecución de cada ejercicio:** del 1 (nota más baja) al 10 (nota más alta). Se hace media entre las variables.

| UD 2: Baloncesto I | Nº Sesión 1 |
|---|---|
| **Duración:** 40 min (20 min bajar/cambiarse-cambiarse/subir). | **Curso:** 1º ESO |

**Recursos materiales:** 30 balones de baloncesto y 2 conos.

**Instalaciones:** Pista de baloncesto interior o exterior.

**Contenido:** Familiarización con material de juego.

### Tareas

### Calentamiento 5'

**a)** Cada alumno con un balón en sus manos, van corriendo y realizan los siguientes ejercicios:
- Lanzan y recogen el balón,
- lo pasan alrededor de la cintura,
- lo intercambian con sus compañeros y
- lo botan combinando diferentes movimientos.

### Parte principal 32'

**a)** Rodar el balón desde una mano a otra, (cuello y nuca) con los brazos en cruz.

**b)** Lanzar el balón y cogerlo detrás de la espalda.

**c)** Botes:
- Desde delante hacía atrás con una mano y luego con la otra mano.
- Desde de pie botando el balón debemos tumbarnos en el suelo y levantarnos. Repetirlo 5 veces.
- Por líneas del campo. Juego del comecocos (si te pillan te sientas y un compañero te salvará si te salta por encima de tu cabeza).

**d)** Relevos. Dos equipos en filas, pasan el balón de mano a mano al de detrás, y cuando llega al último viene botando a ocupar el primer lugar.

**e)** Relevos. Dos filas, salen los primeros de cada fila botando el balón para intentar encestar en la misma canasta. Si encestan a la primera obtienen dos puntos si encestan a la segunda oportunidad tienen un punto. Volverán al inicio para pasarle el balón a su compañero. Se cuentan los puntos obtenidos.

**f)** Lo mismo pero esta vez con un pase previo de un compañero, se giran, tiran a canasta y vuelven botando por el exterior para dar un pase al compañero una vez atravesado el cono.

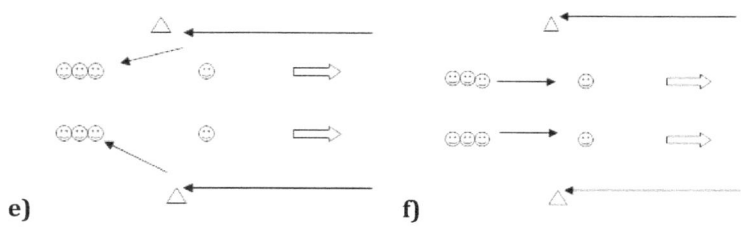

e)   f)

### Vuelta a la calma 3'

**Juego de los 21 puntos.** Se numeran los alumnos en una fila. Tira el primero que no encesta, el segundo debe recoger el balón y encesta entonces vuelve a tirar desde tiro libre. Todos los tiros valen 1 punto. Hacer el juego en 4 canastas.

| | |
|---|---|
| **UD 2: Baloncesto I** | **Nº Sesión 2** |
| **Duración:** 40 min (20 min bajar/cambiarse-cambiarse/subir). | **Curso: 1º ESO** |

**Recursos materiales:** 30 balones de baloncesto, 8 conos, 2 aros.
**Instalaciones:** Pista de baloncesto interior o exterior.
**Contenido:** Nociones básicas del reglamento.

## Tareas
### Calentamiento 10'

**a)** Conceptos a explicar: Dobles, pasos, faltas (en el salto, por contacto con brazos en la defensa y falta en ataque). 5¨ saque, 8¨ pasar de campo, 24¨ jugada, campo atrás., 3¨ en zona.

**b)** Trote con bote, bote entre piernas en estático (y cambio de la pierna adelantada), bote a distintas alturas: por encima del hombro, cadera, rodilla, tobillos, tendido supino, caminar en bote de protección.

**c)** Todos los alumnos dentro del área de fútbol, botando cada uno su balón. A la señal del profesor, todos deben proteger su balón y sacar fuera del área el balón de sus compañeros. Si pierdes el balón te eliminan.

### Parte principal 25'

**a)** En un campo de baloncesto, todos los alumnos se sitúan en una fila (lateral izquierdo del campo), el primero de la fila le da un pase (1º de pecho, variante: 2º picado) a su compañero que se encuentra en el lateral derecho del campo, éste recibe el balón, realiza conducción zig-zag y luego hace una entrada a canasta por la derecha. El alumno que pasó el balón rota a la posición del que recibe el balón. Después se práctica hacia el otro lado, realizando la entrada a canasta por la izquierda.
Intentar evitar hacer pasos (colocar dos aros para la entrada a canasta.)

**b)** A la vez dos grupos en cada canasta. Salimos desde medio campo hacia la canasta. El 1er alumno bota el balón, hace un cambio de dirección, pasa el balón a su compañero y éste lanza a canasta. El 1er alumno se queda en la posición del 2º.
**c)** Misma organización 1x1
**d)** 2x1. Sacador, defensor y receptor. (Practicar concepto 5¨ para el saque). Variantes: 2x2, dos defensores (1 sobre sacador y otro sobre receptor).
**e)** 2x3 Dos receptores y tres defensores, para finalizar en el campo contrario la jugada. Conceptos: 8¨ para pasar de campo y campo atrás.
**f)** 3 x 3. Conceptos 24" de duración de la jugada y 3" en zona.

### Vuelta a la calma 5'

Dos filas en cada canasta. Debes encestar un tiro libre antes de finalizar la clase.

| UD 2: Baloncesto I | Nº Sesión 3 |
|---|---|
| **Duración:** 40 min (20 min bajar/cambiarse-cambiarse/subir). | **Curso: 1º ESO** |

**Recursos materiales:** 30 balones de baloncesto, 9 conos

**Instalaciones:** Pista de baloncesto interior o exterior.

**Contenido:** Manejo del balón.

### Tareas

### Calentamiento 5'

**a)** Todos van botando el balón por el espacio. Uno se la queda y debe coger a los demás. Para no ser cogidos podemos rodar el balón alrededor de la cintura. De esta forma el que se la queda no nos podrá coger. Sin embargo no podremos salir botando de nuevo hasta que un compañero nos cambie el balón.

### Parte principal 30'

**a)** Manejo del balón: Pasar el balón alrededor de la cintura, alrededor de una pierna, haciendo ochos, cambiando de manos entre las piernas, entre las piernas por delante y por detrás, "bailar" el balón en los cinco dedos de la mano y bote entre las piernas.

**b)** Se colocan los alumnos formando varias parejas, cada una de las cuales tiene un balón y están separados a una distancia de cinco metros. Realizan diferentes tipos de pases.

**c)** Por parejas con un balón. Mientras uno realiza pases picados el otro los efectúa de pecho.

**d)** Se colocan los alumnos en dos filas de manera que el nº 1 pasa al dos (fila de enfrente) y ocupa su sitio. Los pases son diagonales y al finalizar tira el último de la fila. 9 alumnos en cada grupo. Hacer dos grupos. Que tiren a canastas opuestas.

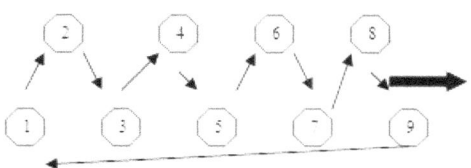

**e)** Dos cuadrados. Dos grupos de 4. Cada grupo con un balón. ¿Quién pasa más rápido?.

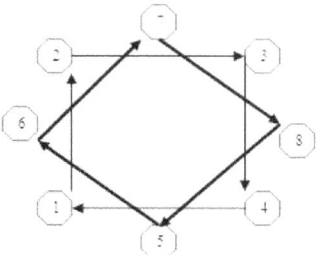

**f)** Partido 4 contra 4.

### Vuelta a la calma 5'

Corrección de la ficha de búsqueda de información sobre baloncesto.

| | |
|---|---|
| **UD 2: Baloncesto I** | **Nº Sesión 4** |
| **Duración:** 40 min  (20 min bajar/cambiarse-cambiarse/subir). | **Curso: 1º ESO** |

**Recursos materiales:** 30 balones de baloncesto, 2 conos.

**Instalaciones:** Pista de baloncesto interior o exterior.

**Contenido:** Agarre del balón. Posición de triple amenaza (disposición inmediata para poder botar, pasar o tirar).

## Tareas

### Calentamiento 10'

**a)** Pilla pilla botando, para que no te pillen puedes decir "tuli" y te tienes que sentar y sigues botando el balón. Cuando un compañero te intercambia el balón te salvas. Si hay más de 5 personas sentadas se cambia a la persona que estaba persiguiendo.

**b)** Competición entre dos equipos. ¿Quien llega 1º a 10 pases? 1º sin botar el balón, 2º botando el balón. Gana el equipo que consigue hacerlo bien 3 veces.

### Parte principal 25'

**a)** Pases en estático de distintas formas y colocarse en triple amenaza. Explicación de acción de tiro tras el agarre, y de la entrada a canasta.

**b)** Una fila en el fondo de campo, el primero de la fila con balón comienza botando, hace una pared con un compañero que le devuelve, hace un cambio de dirección y tira a canasta. Después en vez de tirar, haremos una entrada a canasta. Cambiar de lado las dos filas para lanzar desde la izquierda.

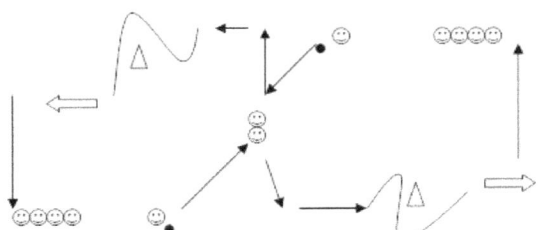

**c)** En dos filas (una fila con balón). El alumno con balón lo bota y lanza a canasta. El compañero coge el rebote y le pasa y éste vuelve a lanzar.

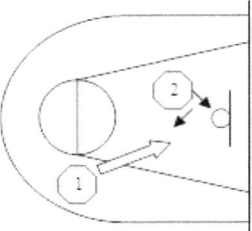

### Vuelta a la calma 5'

**Juego de la bombilla.** Encestar desde diferentes posiciones de la zona e ir avanzando hasta completar el circuito.

| UD 2: Baloncesto I | Nº Sesión 5 |
|---|---|

**Duración:** 40 min (20 min bajar/cambiarse-cambiarse/subir).
**Curso:** 1º ESO

**Recursos materiales:** 30 balones de baloncesto, 4 conos

**Instalaciones:** Pista de baloncesto interior o exterior.

**Contenido:** Técnica individual (Pivotar en la Posición de Triple Amenaza) Pie fijo: pie de pivote. Cualquiera de los dos pies puede ser el pie de pivote en caso de recibir la pelota con ambos pies en el suelo. Si al momento de recibir el balón se apoya un pie primero hay que pivotar sobre éste.

### Tareas
### Calentamiento 10'

**a) Balón-casa.** Uno se la queda y debe coger a alguien que no tenga balón. Habrá tres balones en circulación que deberán pasarse unos a otros intentando que lo tengan aquellos alumnos que van siendo perseguidos. Variante: quitar o meter más balones según queramos mayor o menor dificultad.

**b) Manejo del balón "dribling":** botar el balón de derecha a izquierda por delante; de delante hacia atrás con ambas manos; haciendo ochos entre las piernas; entre las piernas cambiando la posición de los pies; entre las piernas andando; botar dos balones simultáneamente y alternativamente; con desplazamiento; levantar el balón del suelo estando sentados y botar el balón contra la pared.

### Parte principal 25'

**a)** Repaso de la técnica de tiro.
**b)** En dos filas todos tiran desde la zona y recogen su rebote y pasan al compañero siguiente. Una fila en posición 1, rotan en dirección contraria a las agujas del reloj. 1 pasa a 2, 2 pasa 3, 3 tira y 4 coge el rebote y comienza el ejercicio. 3 va al rebote a la posición de 4.

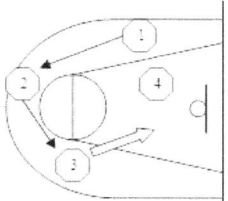

**c)** Dribling con cambio de mano, superar a un defensor y tirar desde fuera de la zona.
**d)** 2x2 en cada cuarto del campo.
**e)** 4x3 ½ campo (el que saca se convierte en otra opción de ataque). La defensa deja recibir, y una vez recibido el balón, fuerzan el bote y el posterior pivote.
**f)** 4x4 en ½ campo. Defensa exigente, lo cual llevará a pivotar. Cambio de equipos a los 4 minutos.

### Vuelta a la calma 5'

**Un caos.** Todos se colocan en fila en la línea de tiros libres. Solamente los dos primeros tienen balón. El juego consiste en encestar lo más rápido posible, porque si consigue canasta antes el alumno que va detrás elimina al que lanzó primero. Cuando se consigue canasta pasa el balón al siguiente y se coloca de nuevo en la fila. Gana el alumno que quede hasta el final.

| | |
|---|---|
| **UD 2: Baloncesto I** | **Nº Sesión 6** |
| **Duración:** 40 min (20 min bajar/cambiarse-cambiarse/subir). | **Curso: 1º ESO** |

| |
|---|
| **Recursos materiales:** 8 aros (2 verdes, 2 azules, 2 amarillos, 2 blancos), 24 conos, 30 balones de baloncesto. |
| **Instalaciones:** Pista de baloncesto interior o exterior. |
| **Contenido:** Técnica individual (Dribling: características generales del bote). Clases de bote: Bote de protección y bote de velocidad. Ejercicios de relevos practicando el bote. |
| **Tareas** |
| **Calentamiento 10'** |
| **a)** Los alumnos se colocan en fila y van botando el balón alrededor del campo hasta realizar cuatro vueltas (2 vueltas botando con la mano derecha y 2 vueltas con la mano izquierda). |
| **b)** Líneas en el campo. 6 veces a todo el campo. Trabajar el bote de velocidad. |
| **c)** Líneas en el campo. Cuando el profesor use el silbado debo de realizar bote de protección y cuando lo vuelva a usar realizo bote de velocidad. 6 veces |
| **d)** Los alumnos se colocan en la línea de salida. A la señal salgo botando el balón cuando piten vuelvo a la línea de salida y giro para terminar en el otro fondo. 6 veces. |
| **Parte principal 25'** |
| **a)** Cuadrado. 4 equipos. Cada equipo está en un aro de diferente color. A la señal del profesor, tienen que salir botando el balón los cuatro primeros participantes de cada equipo y dar una vuelta entera al cuadrado pisando en cada aro. Una vez llegado al punto de inicio deben ir al medio del cuadrado y meterse dentro de su aro correspondiente. 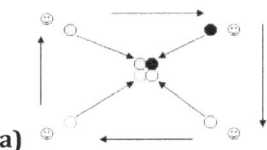 a) |
| **b)** 4 grupos. Dos grupos que se encuentran en la diagonal del cuadro comienzan el ejercicio a la vez (esos dos grupos tienen un balón cada uno). Los alumnos botan-pasan a un compañero-reciben el pase-pasan al alumno de la fila y se quedan allí. Cuatro alumnos estáticos para pasar el balón en el medio del campo. 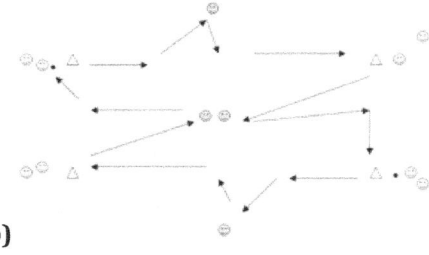 b) |
| **Vuelta a la calma 5'** |
| Estiramientos y recogida de material. |

| | |
|---|---|
| **UD 2: Baloncesto I** | **Nº Sesión 7** |
| **Duración:** 40 min (20 min bajar/cambiarse-cambiarse/subir). | **Curso: 1º ESO** |

**Recursos materiales:** 5 estrellas numeradas, 10 conos, 30 balones de baloncesto.

**Instalaciones:** Pista de baloncesto interior o exterior.

**Contenido:** Técnica individual: Cambios de ritmo (Bote de velocidad - Bote de Protección - Bote de Velocidad).

### Tareas

### Calentamiento 10'

**a) Pilla-pilla (4 aros=4 casas).** Dos alumnos se la quedan y el resto se desplaza por el espacio botando su balón, pueden meterse en un aro para descansar 5 sg. El alumno que es cogido debe dar una vuelta al campo de baloncesto para poderse meter de nuevo en el campo. Si los que se la quedan consiguen que sólo queden 4 alumnos dentro del campo ganan. Cambiar los alumnos que persiguen.

### Parte principal 25'

**a)** Tres filas. Botar, parada en un tiempo, botar, parada en dos tiempos. Ida con la mano derecha, vuelta con la mano izquierda. (Poner conos en las paradas).

**b)** Botar, parada en un tiempo sin dejar de botar, bote de protección, salida con bote de velocidad, parada en dos tiempos, etc. Ida con la mano izquierda y vuelta con la mano derecha. Se realiza en todo el campo.

**c)** Tres filas, salen botando en línea recta y vuelven haciendo zig-zag, pasan el balón a su compañero que sale. Realizar el ejercicio 3 veces y luego compitiendo a máxima velocidad.

**d)** Los alumnos se colocan según el gráfico. A la señal del profesor, salen los primeros de cada fila y realizan una finta de salida, bote, parada en un tiempo, pivote, pase hacia la derecha y seguimos el balón. Variante: Hacer el ejercicio hacia la izquierda.

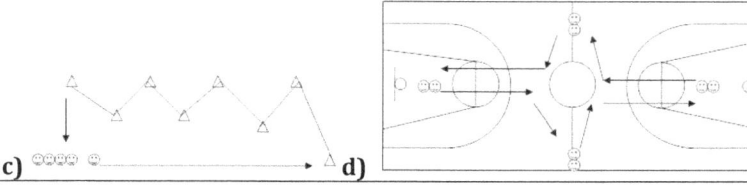

### Vuelta a la calma 5'

**Juego de las 5 estrellas.** En 45 segundos tengo que hacer el mayor número de puntos posibles. Cada estrella tiene una puntuación del 1 al 5. No vale repetir el lanzamiento desde la misma posición dos veces seguidas.

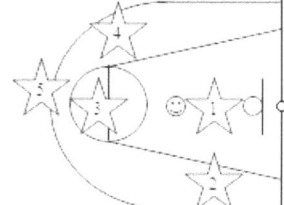

| UD 2: Baloncesto I | Nº **Sesión 8** |
|---|---|
| **Duración:** 40 min (20 min bajar/cambiarse-cambiarse/subir). | **Curso:** 1º ESO |

| |
|---|
| **Recursos materiales:** 30 balones de baloncesto, 2 conos. |
| **Instalaciones:** Pista de baloncesto interior o exterior. |
| **Contenido:** Evaluación. |
| **Tareas** |
| **Calentamiento 15'** |
| **a)** Pases la estrella. Los alumnos se colocan en círculo un alumno en medio del círculo. Un alumno que está en el círculo comienza pasando el balón al del medio y corre a su posición, el del medio pasa a otro alumno del círculo y ocupa su espacio. Así sucesivamente. Primero pase de pecho y después pase picado. 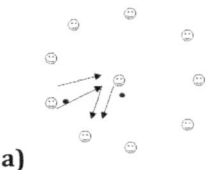 a) |
| **b)** Dos filas enfrentadas con unos conos enfrente de ellas. Los primeros de cada fila salen botando el balón y al llegar a los conos hacen un cambio de dirección hacía su derecha y pasan el balón al siguiente de la fila. Hay que coordinarse para que siempre salgan los dos alumnos a la vez. Luego cambio de dirección hacia la izquierda.  b) |
| **Parte principal 23'** |
| El profesor evalúa. Juegan 5x5 en medio campo, mientras se evalúa a una pareja:<br>• Bote de velocidad y bote de protección (ante defensa suave).<br>• 2 cambios de dirección ante conos.<br>• Botes entre piernas (en estático).<br>• Tiros y entradas a canasta (por ambos lados).<br>• Juego 1x1 (la defensa no puede tocar al atacante con las manos).<br>• Pases durante 15". |
| **Vuelta a la calma 2'** |
| Resultados de la competición. Recogida del material. |

## 2.3. UNIDAD DIDÁCTICA 3: DEPORTES ALTERNATIVOS I

### a) Introducción

Con los deportes alternativos tratamos de iniciar a los alumnos en tareas que requieren de una destreza muy aguda, donde desarrollar ciertas coordinaciones y movimientos más precisos se hacen imprescindibles para lograr una óptima educación motriz.

Según Nicolás y García (2008) *"los juegos y deportes alternativos introducen nuevos hábitos deportivos dando más énfasis a los aspectos recreativos de relación, cooperación y comunicación entre las personas, que a los aspectos relacionados con la competición".*

Barbero (2000) nos dice que los deportes alternativos *"nos permiten evaluar a nuestros alumnos partiendo de cero, debido al desconocimiento de este tipo de actividades y por lo tanto el bajo nivel práctico que poseen".*

Arraez (1995) comenta algunas razones por las cuales los deportes alternativos están incluidos dentro del currículo de educación física:

- Se pueden practicar en escasas instalaciones.
- Es fácil el aprendizaje desde su iniciación.
- Se basan en la coeducación y en la cooperación.
- La fabricación del material es fácil.

### b) Objetivos didácticos

- Familiarizarse con el material alternativo manejando los diferentes móviles.
- Crear material alternativo: malabares, diábolo y mazas.
- Conocer 30 juegos o deportes alternativos diferentes.
- Desarrollar la coordinación óculo-manual.
- Percibir y controlar el cuerpo en las distintas situaciones planteadas en las que se precise un ajuste motor.
- Explicar a sus compañeros mediante el uso de herramientas informáticas y audiovisuales un deporte alternativo.
- Progresar adecuadamente en el manejo de una, dos o tres bolas de malabares o mazas para su posterior dominio mediante ejercicios y juegos.
- Experimentar y probar ejercicios nuevos con todo tipo de material manejable (disco volador y diábolo).
- Valorar los efectos beneficiosos que tiene la práctica habitual de juegos de coordinación.

### c) Contenidos

- Juegos con todo tipo de material alternativo.

- Capacidades físicas y coordinativas de todas aquellas actividades relacionadas con los malabares, mazas, disco volador y diábolo.
- Adquisición, desarrollo y perfeccionamiento de los patrones básicos del juego.
- Realización de ejercicios y juegos con 1, 2, y 3 bolas de malabares o mazas, individual y por parejas, orientados al desarrollo de la coordinación óculo-manual.
- Exposición de un deporte alternativo en power point o cartulina.
- Creación de un material alternativo.
- Aceptación de las normas.
- Participación en el montaje y recogida de material necesario para la realización de las clases.
- Capacidad de esfuerzo y superación.

**d) Distribución temporal**
- Sesión 1: Malabares.
- Sesión 2: Disco volador.
- Sesión 3: Ultimate.
- Sesión 4: Diábolo.
- Sesión 5: Mazas.
- Sesión 6: Repaso y examen de los deportes alternativos practicados en la unidad.
- Sesión 7 y 8: Exposición del trabajo teórico de deportes alternativos.

**e) Metodología**
- Enseñanza recíproca.
- Descubrimiento guiado.
- Enseñanza mediante la búsqueda.

**f) Recursos didácticos**
- Ficha de búsqueda de información sobre deportes alternativos.

**g) Criterios de evaluación**
- Valoración de la destreza adquirida.
- Superar las pruebas prácticas.
- Valorar las diferencias en la ejecución técnica teniendo presente las diferentes capacidades motoras de los alumnos.
- Valorar la exposición y el trabajo teórico presentado por los alumnos.
- Valorar el esfuerzo, interés y motivación de los alumnos durante el desarrollo de las sesiones así como el grado de mejora.
- Valorar si el alumno cuida debidamente el material empleado en clase.
- Valorar la capacidad de esfuerzo y persistencia en los ejercicios.
- Evaluar la ficha de deportes alternativos y la creación de un material alternativo.

**h) Criterios de calificación**

Examen práctico realizado por observación directa del profesor sobre el alumno de las diferentes acciones realizadas durante las sesiones de malabares, diábolo, disco volador y mazas. Prestando especial interés a la participación, nivel de ejecución en las actividades, esfuerzo, motivación y cuidado del material.

**Puntuación de cada apartado:** del 1 (nota más baja) al 10 (nota más alta). Se hace media entre las variables.

| UD 3: Deportes alternativos I | Nº Sesión 1 |
|---|---|
| **Duración:** 40 min (20 min bajar/cambiarse-cambiarse/subir). | **Curso: 1º ESO** |

| |
|---|
| **Recursos materiales:** Malabares construidos por los alumnos. 90 bolas de malabares. |
| **Instalaciones:** Pista exterior. |
| **Contenido:** Malabares. |
| **Tareas** |
| **Calentamiento 10'** |
| a) **Pilla-pilla con pelota de tenis.** Dos personas se la quedan llevando una pelota tenis en la mano, tienen que tocar la espalda de sus compañeros. |
| **Parte principal 25'** |
| a) **Con 1 bola:**<br>1. Lanzar la bola a diferentes alturas (primero con la mano derecha y después con la mano izquierda).<br>2. Lanzar la bola por encima de nuestra cabeza de una mano a otra.<br>3. Lanzar la bola pasándola por debajo de una pierna.<br>4. Lanzar la bola, tocar el suelo y coger la pelota de pie.<br>5. Lanzar la bola a diferentes alturas y dar 1 palmada… 2 palmadas…3 palmadas…4, 5, 6 palmadas, etc…<br>6. Igual que antes pero dar una vuelta de 360º antes de volverla a coger.<br>7. Lanzar la bola por detrás de la espalda, con la mano derecha y después con la mano izquierda.<br>8. Correr por el espacio y a la señal del profesor, intercambiar la bola con un compañero.<br><br>b) **Con 2 bolas:**<br>1. Lanzar las bolas (cada bola está en una mano) alternativamente a diferentes alturas.<br>2. Lanzar las bolas (cada bola está en una mano) simultáneamente a diferentes alturas.<br>3. Con las dos bolas en una mano lanzarlas alternativamente, antes de que caiga la 1ª bola lanzamos la 2ª. Trabajarlo con la mano derecha y con la mano izquierda.<br>4. En parejas uno frente a otro. Cada uno con una bola pasársela simultáneamente.<br>5. Igual pero sentándose y levantándose con una bola.<br>6. En parejas agarrados de las manos con una bola cada uno en la mano externa, la lanzan a la vez por encima de la cabeza y la recogen.<br>7. En parejas con dos bolas cada uno pasarse las bolas simultáneamente.<br>8. Idem, pero antes de recibir hay que tocar el suelo o dar un giro de 360º.<br>9. En parejas uno con dos bolas y el otro no tiene bolas. Le pasamos las bolas a la vez, el alumno recibe y las vuelve a pasar.<br>10. Individual: lanzo la 1ª bola y me paso a la otra mano la 2ª bola.<br>11. Ejercicio de la ventana: imagino que tengo delante de la cara una ventana, lanzo la bola de la mano derecha a la esquina izquierda de la ventana y seguidamente lanzo la bola de la mano izquierda a la esquina derecha de la ventana.<br><br>c) **Con 3 bolas:**<br>1. Ejercicio de la ventana con 3 bolas. Siempre comenzamos lanzando por la mano donde hay dos bolas.<br>2. En parejas: Uno de la pareja con 1 bola y el otro con 2 bolas. Deben pasarse las bolas hacia el sentido de las agujas del reloj, después hacia el sentido contrario.<br>3. Los alumnos muestran al profesor como realizan malabares con tres bolas. |
| **Vuelta a la calma 5'** |
| Todo el grupo se coloca en círculo con una bola en su mano. En la primera señal del profesor (suena el silbato) comienzan a lanzar la bola hacia arriba y en la segunda señal del profesor dice "derecha o izquierda" deben de lanzar la bola y moverse en la dirección indicada y recoger la bola del compañero sin que ésta se caiga. Los alumnos que pierdan la bola son eliminados. Ganan los últimos 5 alumnos de la clase. |

| | |
|---|---|
| **UD 3: Deportes alternativos I** | **Nº Sesión 2** |
| **Duración:** 40 min (20 min bajar/cambiarse-cambiarse/subir). | **Curso: 1º ESO** |
| **Recursos materiales:** Un disco volador por alumno, 1disco de gomaespuma, 10 picas y 10 bases de soporte de pica. | |
| **Instalaciones:** Pista exterior. | |
| **Contenido:** Disco volador. | |
| **Tareas** | |
| **Calentamiento 5'** | |
| a) Juego de los 10 pases. | |
| **Parte principal 30'** | |
| **a) Individual:**<br>▪ Volteos con un dedo.<br>▪ Lo lanzamos al aire y tratamos de recepcionarlo sin que caiga al suelo.<br>**b) Por parejas:**<br>▪ Pasarse el disco de uno a otro mediante distintas formas.<br>▪ Igual que el anterior, pero los dos discos a la vez.<br>▪ Nos ponemos uno a cada lado, y colocamos en el centro una pica en un cono. Debemos intentar tirarla con el disco. Cada vez lanza uno.<br>**c) Por tríos:**<br>▪ Dos se pasan el disco volador y lo tienen que pasar por dentro de un aro que está sujetando una tercera persona que está en medio de los dos alumnos.<br>▪ Grupos de 5. Hacemos un concurso de triples tirando el disco a canasta.<br>▪ Por tríos, ponemos dos conos y dos picas. Tenemos que meter gol. Lanzamiento de penalti. Si meten gol en la escudra 2 puntos y si meten gol en la parte de abajo 1 punto.<br>▪ Variante: Podemos poner aros con cuerdas en la portería de fútbol.<br>**d) En grupos:**<br>▪ Achicar discos voladores. Lanzamos de un campo a otro los discos y el equipo que tenga más discos, será el equipo perdedor. (Usar discos de goma espuma).<br>▪ Disco-tenis: Partido de tenis con disco volador, si cae en campo contrario punto. (Usar discos de goma espuma).<br>▪ Disco-stick: Partido 8x8. Disco en el suelo boca abajo. Pasarlo con una pica entre compañeros, siempre tienen que estar 4 defensores y 4 atacantes en diferentes zonas delimitadas. Sólo se puede robar el disco en los pases. | |
| **Vuelta a la calma 5'** | |
| **Ringo-pica.** Formar 3 grupos. Cada grupo realiza un pase y dependiendo en que circulo del campo se quede el ringo obtendrá una puntuación (de 1 a 4 puntos dependiendo de la distancia). El ringo tiene que quedar dentro del círculo. | |

| | |
|---|---|
| **UD 3: Deportes alternativos I** | **Nº Sesión 3** |
| **Duración:** 40 min (20 min bajar/cambiarse-cambiarse/subir). | **Curso: 1º ESO** |
| **Recursos materiales:** Petos, un disco volador, 8 conos. | |
| **Instalaciones:** Pista exterior. | |
| **Contenido:** Ultimate. | |

### Tareas
### Calentamiento 5'

**a)** Juego de los 10 pases.

### Parte principal 30'

**a)** Explicación del juego del ultimate. Reglas básicas:

- 7 jugadores en cada equipo.
- Se avanza mediante pases.
- No se puede correr con el disco en la mano.
- El disco se puede tener en la mano como máximo 7 sg.
- Se puede pivotar con el disco en la mano.
- No se puede quitar el disco de la mano, debemos interceptar el volante por el aire para poder atacar.
- Cuando el disco se cae al suelo o sale por la banda saca el equipo contrario.
- Solo se puede defender 1x1.
- Se consigue un punto cuando el equipo atacante recibe el volante dentro de la zona de gol del otro equipo por un pase que le ha dado un compañero.
- Un juego dura hasta que uno de los equipos consigue 21 tantos, con una diferencia de 2.

El terreno de juego es un rectángulo dividido en 3 zonas: 1 central y 2 de gol. Medidas adaptadas para una clase de educación física.

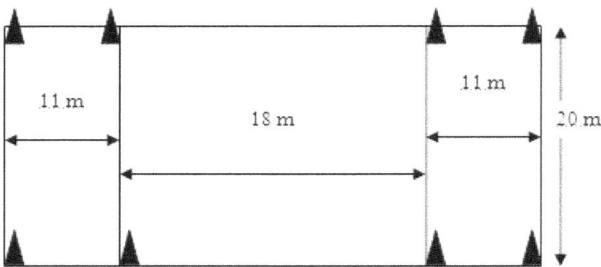

Formación de cuatro equipos para competir entre ellos.

### Vuelta a la calma 5'

Puesta en común sobre las reglas y el resultado del torneo de ultimate.

| UD 3: Deportes alternativos I | Nº Sesión 4 |
|---|---|
| **Duración:** 40 min (20 min bajar/cambiarse-cambiarse/subir). | **Curso: 1º ESO** |

**Recursos materiales:** 30 diábolos.

**Instalaciones:** Pista exterior.

**Contenido:** Diábolo.

### Tareas

#### Calentamiento 5'

**a) Pilla-pilla con la cuerda del diábolo.** Cinco alumnos se la quedan y el resto tiene que escaparse. Los alumnos que se la quedan llevan en sus manos los palos del diábolo y tienen que pillar con sus cuerdas a los demás alumnos. Al que pillan se tiene que sentar en el suelo. Los alumnos tienen un minuto para pillar al máximo número de alumnos posibles. Después se intercambian los papeles las personas que pillaban por las otras.

**b) ¿Quién es capaz de quitar más palos del diábolo?** Todos los alumnos llevan la cuerda del diábolo colgada por dentro de los pantalones en la parte de atrás y los palos del diábolo quedan a la vista. A la señal del profesor, todos los alumnos tienen que robar el mayor número de cuerdas. Gana el alumno que más cuerdas tenga.

#### Parte principal 25'

**a)** Todos los alumnos dentro del área de fútbol, manteniendo el diábolo en la cuerda. A la señal del profesor, todos deben proteger su diábolo y sacar fuera del área a sus compañeros. Si pierdes el diábolo te eliminan.

**b)** Ejercicios individuales:
- Con el diábolo en la cuerda me intento sentar y levantar sin que se caiga el diábolo.
- Conseguir que el diábolo pase de un lado a otro de la cuerda.
- Lo lanzamos al aire y lo intentamos coger a diferentes alturas.
- Lo lanzamos 2 veces a una altura media y luego 2 veces a una altura por encima de la cabeza.

**c)** Ejercicios por parejas:
- Las parejas se colocan una enfrente de la otra y se pasan un solo diábolo entre ellas.
- Lo mismo pero con dos diábolos.
- Uno de las parejas está de cuclillas y el otro de pie. El que está de pie lanza el diábolo y el otro se levanta a recepcionarlo.
- Lo mismo pero el que recepciona está de pie y tiene lo ojos cerrados y los abrirá cuando se lo indique su compañero (qué se será en el momento del lanzamiento).
- Lo mismo pero el que recibe se encuentra de espaldas al compañero y cuando este le avise se girará para recibir el volante.

#### Vuelta a la calma 5'

Competición: ¿Quién mantiene el diábolo más tiempo sin que se le caiga?

| | |
|---|---|
| **UD 3: Deportes alternativos I** | **Nº Sesión 5** |
| **Duración:** 40 min (20 min bajar/cambiarse-cambiarse/subir). | **Curso: 1º ESO** |

| |
|---|
| **Recursos materiales:** 90 mazas. |
| **Instalaciones:** Pista exterior. |
| **Contenido:** Mazas. |
| **Tareas** |
| **Calentamiento 10'** |
| a) **Pilla-pilla con una maza.** Dos personas se la quedan llevando una maza en la mano, tienen que tocar la espalda de sus compañeros. |
| **Parte principal 25'** |
| **Con 1 maza:** <br> 1. Lanzar la maza a diferentes alturas. 1º con la mano derecha y 2º con la mano izquierda. <br> 2. Lanzar la maza por encima de nuestra cabeza de una mano a otra. <br> 3. Lanzar la maza pasándola por debajo de una pierna. <br> 4. Lanzar la maza a diferentes alturas y dar 1 palmada... 2 palmadas...3 palmadas...4, 5, etc... <br> 5. Igual que antes pero dar una vuelta de 360º antes de volverla a coger. <br> 6. Lanzar la maza por detrás de la espalda, con la derecha y cogerla. Después hacer lo mismo con la izquierda. <br> 7. Correr por el espacio a la señal del profesor, intercambiar la maza con un compañero. <br> **Con 2 mazas:** <br> 1. Lanzar las mazas (cada maza esta en una mano) alternativamente a diferentes alturas. <br> 2. Lanzar las mazas (cada maza esta en una mano) simultáneamente a diferentes alturas. <br> 3. Con las dos mazas en una mano lanzarlas alternativamente, antes de que caiga la 1ª maza lanzamos la 2ª. Trabajarlo con la mano derecha y con la izquierda. <br> 4. En parejas uno frente a otro cada uno con una maza pasarse simultáneamente. <br> 5. En parejas con dos mazas cada uno pasarse las mazas simultáneamente. <br> 6. Idem, pero antes de recibir hay que tocar el suelo o dar un giro de 360º. <br> 7. En parejas uno con dos mazas y el otro no tiene mazas. Le pasamos las mazas a la vez, el alumno recibe y las vuelve a pasar. <br> 8. Ejercicio de la ventana: imagino que tengo delante de la cara una ventana, lanzo la maza de la mano derecha a la esquina izquierda de la ventana y seguidamente lanzo la maza de la mano izquierda a la esquina derecha de la ventana. <br> **Con 3 mazas:** <br> 1. Ejercicio de la ventana con 3 mazas. Siempre comenzamos lanzando por la mano donde hay dos mazas. <br> En parejas: Uno de la pareja con 1 maza y el otro con 2 mazas. Deben pasarse las mazas en sentido de las agujas del reloj, después hacia el lado contrario. |
| **Vuelta a la calma 5'** |
| ¿Quién es capaz de lanzar las tres mazas para hacer malabares con ellas? |

| | |
|---|---|
| **UD 3: Deportes alternativos I** | **Nº Sesión 6** |
| **Duración:** 40 min (20 min bajar/cambiarse-cambiarse/subir). | **Curso: 1º ESO** |
| **Recursos materiales:** Malabares, mazas, diábolos y discos voladores. | |
| **Instalaciones:** Pista exterior. | |
| **Contenido:** Repaso y examen de los deportes alternativos practicados en la unidad. | |
| **Tareas** | |
| **Calentamiento 5'** | |
| Cada alumno practica individualmente las diferentes habilidades aprendidas con las mazas, malabares, disco volador y diábolo. | |
| **Parte principal 30'** | |
| <ul><li>Examen de malabares con tres bolas.</li><li>Examen de pases de disco volador.</li><li>Examen de manejo de diábolo (lanzamientos y recepciones).</li><li>Examen de mazas (lanzamientos y recepciones).</li></ul> | |
| **Vuelta a la calma 5'** | |
| El profesor comenta con sus alumnos el resultado de las pruebas. | |

**Nº Sesión 7 y 8:** Exposición del trabajo teórico de deportes alternativos.

## 2.4. UNIDAD DIDÁCTICA 4: HABILIDADES GIMNÁSTICAS I

### a) Introducción

En la unidad de habilidades gimnásticas I pretendemos que el alumno adquiera un buen dominio de su cuerpo desarrollando una buena coordinación motriz, un buen ajuste del cuerpo a través del equilibrio, rapidez y precisión de los movimientos a través de agilidad.

### b) Objetivos didácticos
- Desarrollo de las cualidades motrices (agilidad, equilibrio y coordinación).
- Utilizar las cualidades motrices como vehículo para realizar las diferentes habilidades específicas.
- Ser consciente del nivel de cada uno a la hora de realizar las habilidades gimnásticas y poder superarse.
- Realizar equilibrio invertido con apoyo de manos y en apoyo de cabeza con las ayudas necesarias.
- Realizar giros y volteos con algún punto de apoyo en los diferentes ejes y planos.
- Participar en las actividades con total desinhibición respetando a los compañeros.
- Aprender a realizar las correctas ayudas necesarias para cada ejercicio.
- Desarrollo de las cualidades motrices y las cualidades físicas básicas.
- Dominar el cuerpo en el espacio y el tiempo.

### c) Contenidos
- Las cualidades motrices, equilibrio, agilidad y coordinación.
- Las cualidades físicas que intervienen en la gimnasia.
- Los diferentes aparatos de la gimnasia artística femenina y masculina.
- Ejercicios en suelo, saltos, equilibrios, suspensiones…
- Adaptación de las habilidades específicas en función del nivel de ejecución del ejercicio.
- Asimilación e interpretación de instrucciones y correcciones al término de cada ejercicio para poder corregir al instante.
- Valoración de la propia habilidad como punto de partida para la superación personal.
- Valoración de la existencia de diferentes niveles de destrezas evaluando en todo momento sus posibilidades y sus límites.
- Realización de la ficha de búsqueda de la información sobre gimnasia artística.

### d) Distribución temporal
- Sesión 1: Volteretas hacia delante en plano inclinado. Piernas agrupadas y piernas abiertas.

- Sesión 2: Volteretas hacia atrás en plano inclinado. Piernas agrupadas y piernas abiertas.
- Sesión 3: Saltos y familiarización en el minitramp.
- Sesión 4: Salto del león con el minitramp.
- Sesión 5: Rueda lateral.
- Sesión 6: Equilibrio de cabeza.
- Sesión 7: Repaso e iniciación al equilibrio invertido con apoyo de manos.
- Sesión 8: Equilibrio invertido con apoyo de manos.
- Sesión 9: Encadenamiento de habilidades.
- Sesión 10: Evaluación.

### e) Metodología
- Instrucción directa.
- Enseñanza recíproca.
- Asignación de tareas.

### f) Recursos didácticos
- Ficha de búsqueda de información sobre gimnasia artística.

### g) Criterios de evaluación
- Dominar los elementos técnicos vistos en clase.
- Ajustar las ejecuciones al nivel y posibilidades de cada alumno.
- Superar las pruebas prácticas y teóricas propuestas para cada curso.
- Ser respetuoso con los compañeros y sus ejecuciones así como guardar las normas de seguridad necesarias.
- Esforzarse por realizar las actividades de forma correcta sin la presencia continua del profesor con autonomía y rigor.
- Valorar el cuidado del alumno por el material así como el mantenimiento de este.
- Evaluar la ficha de gimnasia artística.

### h) Criterios de calificación

Examen práctico realizado por observación directa del profesor sobre el alumno de las diferentes acciones realizadas durante las sesiones. Prestando especial interés en los siguientes apartados: voltereta hacia delante, voltereta hacia atrás, equilibrio invertido y salto del león. Material: Hileras de colchonetas.

**Puntuación de la ejecución de cada ejercicio:** del 1 (nota más baja) al 10 (nota más alta). Se hace media entre las variables.

| UD 4: Habilidades gimnásticas I | Nº Sesión 1 |
|---|---|
| **Duración:** 40 min (20 min bajar/cambiarse-cambiarse/subir). | **Curso:** 1º ESO |

**Recursos materiales:** 2 colchonetas de caída, espalderas, 6 colchonetas, 6 bancos suecos, 1 cuerda.

**Instalaciones:** Polideportivo.

**Contenido:** Volteretas hacia delante en plano inclinado. Piernas agrupadas y piernas abiertas.

### Tareas

#### Calentamiento 5'

a) Pilla pilla por parejas.

b) Cada dos alumnos en una colchoneta. Los alumnos están de pie y la colchoneta se encuentra detrás de ellos. Tienen que rodar la espalda hacia atrás y hacia adelante en la colchoneta. Idem a levantarse.

c) Rodar atrás a tocar con los pies en el suelo y levantarse adelante. Idem rodar a tocar atrás con las piernas abiertas.

d) Explicación de las volteretas hacia delante.

#### Parte principal 30'

a) Ponemos un plano inclinado en las espalderas (30º aproximadamente) con una colchoneta de caída. Realizamos voltereta hacia adelante con piernas agrupadas y luego con piernas abiertas.

b) Desde la posición de firmes, hacer la voltereta en plano horizontal a levantarse.

c) Desde un banco sueco, hacer voltereta hacia delante en la colchoneta.

d) Juego del pañuelo. Dos filas de 4 colchonetas. Cuando el profesor dice un número salen los dos alumnos que tienen ese número y tienen que hacer una voltereta en la colchoneta, llegar hasta el otro lado del campo tocar la línea del suelo y volver por la colchoneta donde tienen que hacer de nuevo otra voltereta y llegar a tocar con sus manos la línea de fondo de su campo.

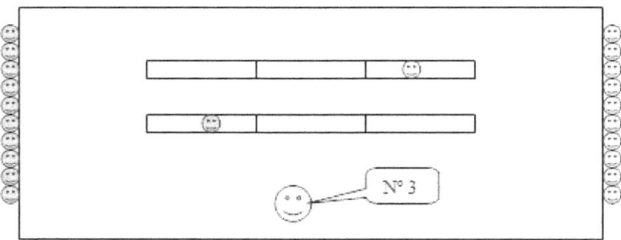

e) Los alumnos se colocan en fila. El primer alumno de la fila coge un poco de carrerilla y hace una voltereta hacia delante en carrera sobre una colchoneta de caída. Cada vez iremos saltando más alto hasta llegar a hacer el salto del león.

#### Vuelta a la calma 5'

Corrección de la ficha de búsqueda de la información sobre gimnasia artística.

| | |
|---|---|
| **UD 4: Habilidades gimnásticas I** | **Nº Sesión 2** |
| **Duración:** 40 min (20 min bajar/cambiarse-cambiarse/subir). | **Curso: 1º ESO** |

**Recursos materiales:** 2 colchonetas de caída, espalderas, 6 colchonetas, 2 bancos suecos, trampolín.

**Instalaciones:** Polideportivo.

**Contenido:** Volteretas hacia atrás en plano inclinado. Piernas agrupadas y piernas abiertas.

## Tareas

### Calentamiento 5'

**a)** Calentamiento general con movilidad articular (muñecas). Corremos 3 vueltas alrededor del campo. Hacemos skipping, talones al glúteo, pasos laterales, pasos laterales cruzando piernas, agacharse a tocar el suelo y saltar arriba.

**b)** Juego del tulipán.

**c)** Rodar la espalda hacia atrás (apoyar las manos en la colchoneta) y hacia adelante en las colchonetas.

**d)** Estiramientos del tren inferior.

**e)** Explicación de las volteretas hacia atrás, cómo hay que agruparse y la posición del cuerpo.

### Parte principal 30'

**a)** Voltereta hacia adelante en el suelo con piernas agrupadas y piernas abiertas (8 veces).

**b)** Ponemos un plano inclinado en las espalderas (20º aproximadamente) con una colchoneta de caída. Realizamos voltereta hacia atrás con piernas agrupadas y luego con piernas abiertas.

**c)** Utilizamos un trampolín y una colchoneta sobre éste. Nos colocamos en la posición de cuclillas y hacemos una voltereta hacia atrás.

**d)** Desde la posición de firmes, hacer la voltereta atrás y levantarse.

**e)** Encadenamiento de habilidades:
Balanza+voltereta adelante+voltereta adelante con piernas abiertas+medio giro+voltereta atrás+voltereta atrás con piernas abiertas.
Competición. ¿Quién realiza mejor la serie?

**f)** Cogemos un poco de carrerilla y seguimos con la progresión del salto del león que empezamos el día anterior. Vamos subiendo de altura. Podemos poner una cuerda para que salten por encima.

### Vuelta a la calma 5'

Estiramientos tren inferior.

| | |
|---|---|
| **UD 4: Habilidades gimnásticas I** | **Nº Sesión 3** |
| **Duración:** 40 min (20 min bajar/cambiarse-cambiarse/subir). | **Curso: 1º ESO** |

| |
|---|
| **Recursos materiales:** 1 colchoneta de caída, minitramp, 8 colchonetas en hilera, trampolín. |
| **Instalaciones:** Polideportivo. |
| **Contenido:** Saltos y familiarización en el minitramp. |
| **Tareas** |
| **Calentamiento 5'** |
| **a)** Calentamiento general con movilidad articular (muñecas). <br> **b)** Rodar la espalda hacia atrás y hacia adelante en las colchonetas. <br> **c)** Estiramientos del tren inferior. <br> **d)** Explicación de los giros de 180º y 360º. |
| **Parte principal 30'** |
| **a)** Todos en una línea, en el sitio, a la voz de ¡ya!, se salta para hacer medio giro sobre el eje longitudinal. Lo mismo pero giro entero. Siempre brazos arriba y extendidos. Luego con competición a eliminar diciendo el profesor "medio giro" o "giro entero". <br><br> **b)** Los alumnos se colocan en una fila y van saliendo de uno en uno a realizar una carrera con salto en el trampolín con giro de 180º ó de 360º y tienen que caer en la colchoneta de caída y finalizar de pie en la colchoneta. <br><br> **c)** Serie de saltos en el minitramp: <ul><li>Salto de palillo.</li><li>Salto agrupado.</li><li>Salto de carpa abierta.</li><li>Salto de carpa cerrada.</li><li>Salto 180º.</li><li>Salto 360º.</li><li>Salto del león.</li></ul> Repetimos la serie 6 veces. <br> Después de cada salto volvemos a la fila haciendo en la hilera de colchonetas: voltereta hacia delante+medio giro+voltereta hacia atrás. <br><br> **d)** Encadenamiento de habilidades: <ul><li>Desde firmes+hacer la voltereta adelante+salto con medio giro+voltereta atrás.</li><li>Desde firmes+hacer la voltereta adelante+salto con giro entero+voltereta adelante.</li><li>Competición ¿Quién realiza mejor las dos series?</li></ul> **e)** Los alumnos preparan un encadenamiento de habilidades sincronizado por parejas. Cada pareja tiene dos hileras de colchonetas y deben de realizar la serie a la vez. |
| **Vuelta a la calma 5'** |
| Resultados de la competición de las dos series realizadas. <br> Resultados del encadenamiento de habilidades sincronizado por parejas. |

| | |
|---|---|
| **UD 4: Habilidades gimnásticas I** | **Nº Sesión 4** |
| **Duración:** 40 min (20 min bajar/cambiarse-cambiarse/subir). **Curso: 1º ESO** ||
| **Recursos materiales:** 3 pelotas de goma espuma, 2 minitramp, dos colchonetas de caída, 8 colchonetas. ||
| **Instalaciones:** Polideportivo. ||
| **Contenido:** Salto del león con el minitramp. ||
| **Tareas** ||
| **Calentamiento 5'** ||

**a)** Pilla-pilla con pelota. Los que se la ligan que son 3 alumnos llevan una pelota en la mano y deberán tocar con su pelota en la espalda de los que se escapan. Si les tocan intercambian papeles.

**b)** Movilidad articular: (primero sobre colchonetas y después sobre bancos suecos).
- Realizar saltos verticales de puntillas con los brazos verticales agarrándose las manos por encima de la cabeza.
- Hacer skipping alto con los brazos en cruz.
- Realizar 3 pasos y elevamos una pierna. Cada 3 pasos cambiamos de pierna.
- Realizar 3 pasos y nos quedarnos estáticos con los brazos en cruz y una de las piernas elevadas 90º en la posición de balanza. Mantenemos 3 sg.
- Realizar 3 pasos y adoptamos la posición de plancha facial con brazos en cruz estiramientos. Mantenemos 3 sg.

**c)** Nos tumbamos en el suelo lateralmente y levantamos la pierna derecha 20 veces y luego con la pierna izquierda otras 20 veces.

**d)** Realizamos abdominales de tijera 20 veces. 4 repeticiones.

**Parte principal 30'**

**a)** Serie de saltos en el minitramp: salto de palillo, salto agrupado, carpa abierta, carpa cerrada, medio giro, giro entero y salto del león. Repetimos la serie 6 veces. Después de cada salto volvemos a la fila haciendo voltereta hacia delante+medio giro+voltereta hacia atrás.
**b)** Encestamos a canasta usando el minitramp.

**Vuelta a la calma 5'**

1. Posición de la barca. 3 veces. Mantener 10 segundos.
2. Posición de la vela. 3 veces. Mantener 10 segundos.

1.   2.

| | |
|---|---|
| **UD 4: Habilidades gimnásticas I** | **Nº Sesión 5** |
| **Duración:** 40 min (20 min bajar/cambiarse-cambiarse/subir). | **Curso: 1º ESO** |

**Recursos materiales:** 3 cuerdas atadas, colchonetas, colchonetas de caída, minitramp, trampolín, plinton, espaldera.

**Instalaciones:** Polideportivo.

**Contenido:** Rueda lateral.

### Tareas

#### Calentamiento 5'

**a)** Pilla-pilla en alturas. El que está pillado debe hacer la posición de vela y aguantar 10 sg, después se salva.

**b)** Los alumnos hacen un círculo, y hay un alumno en medio del círculo que tiene una cuerda muy larga y comenzará a girar la cuerda para que los demás la salten.

#### Parte principal 30'

**a)** Por parejas, realización de la rueda lateral.

**b)** Por tríos, con una cuerda estirada, el tercer alumno debe pasar de un lado al otro la cuerda mediante una rueda lateral.

**c)** Relevos. 4 grupos.
- Salir corriendo, hago una croqueta en una colchoneta, corro hacia la espaldera, subirla, tocar el techo, volver a bajar la espaldera y dar el relevo.
- Igual pero en la colchoneta hago una voltereta adelante.
- Igual pero en la colchoneta hago una voltereta atrás.
- Igual pero en la colchoneta hago una rueda lateral.

**d)** Serie de saltos en el minitramp: palillo, agrupado, carpa abierta y cerrada, medio giro, giro entero y salto del león.

**e)** Mini-circuito de habilidades:
Balanza, voltereta adelante, medio giro, voltereta hacia atrás, medio giro y rueda lateral. Pino en espaldera. Salto en el trampolín y subo al plinto y caigo de pie. Salto del león.

**f)** Competición del mini-circuito con puntuación.

#### Vuelta a la calma 5'

Murciélago. Idem con las piernas abiertas.

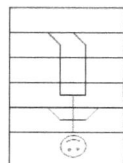 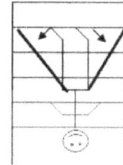

| | |
|---|---|
| **UD 4: Habilidades gimnásticas I** | **Nº Sesión 6** |
| **Duración:** 40 min (20 min bajar/cambiarse-cambiarse/subir). | **Curso: 1º ESO** |
| **Recursos materiales:** 30 picas, 10 bancos suecos. | |
| **Instalaciones:** Polideportivo. | |
| **Contenido:** Equilibrio de cabeza. | |

### Tareas

### Calentamiento 5'

a) Explicación de lo que es el "cuerpo relajado" y el "cuerpo tenso" (músculos de las piernas y abdominales apretados).

b) Por parejas, uno frente a otro. Uno se queda de pie para sujetar y el otro con el cuerpo en tensión se deja caer (no puede doblarse). Idem de espaldas. Tronco bloqueado.

### Parte principal 30'

a) Por parejas, en un banco sueco, pasar a cruzarse en diferentes posiciones.

b) En un banco, dos agarran de los extremos, y uno va sentado en el medio; los de los lados trasladarán el banco de un extremo a otro. El alumno que está en medio irá tumbado boca abajo, boca arriba, sentado y de pie.

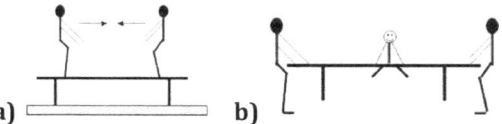

c) Transporte mediante picas. Cuatro compañeros agarran los extremos de cada pica. **c1)** El alumno apoya sus dos rodillas por encima de la pica y agarra sus manos a la otra pica. **c2)** El alumno apoya el brazo y la rodilla derecha en una pica y el brazo y rodilla izquierda en la otra.

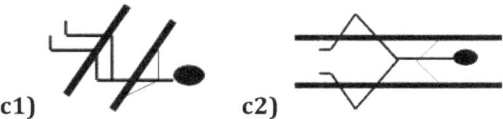

d) Equilibrio de cabeza.

### Vuelta a la calma 5'

¿Quién cruza mejor el puente colgante? Se hace un puente mediante picas y los compañeros tendrán que pasar.

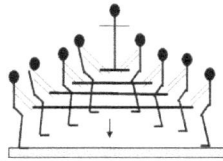

| | |
|---|---|
| **UD 4: Habilidades gimnásticas I** | **Nº Sesión 7** |
| **Duración:** 40 min (20 min bajar/cambiarse-cambiarse/subir). | **Curso: 1º ESO** |

| |
|---|
| **Recursos materiales** 8 colchonetas, minitramp, colchoneta de caída. |
| **Instalaciones:** Polideportivo. |
| **Contenido:** Repaso e iniciación al equilibrio invertido con apoyo de manos. |
| **Tareas** |
| **Calentamiento 5'** |
| **a)** Tulipán, al que le pillan se coloca en pídola y hay que saltarle para salvarle.<br><br>**b)** Calentamiento específico de muñecas.<br>**c)** Estiramientos del tren inferior. |
| **Parte principal 30'** |
| **a)** Repaso pino tres apoyos.<br>**b)** Explicación equilibrio invertido con apoyo de manos.<br>**c)** Partimos desde cuclillas, con una pierna adelantada y con las manos apoyadas simétricamente. Intentar elevar las piernas (juntarlas a unos 45º).<br>**d)** Lo mismo pero ahora, hacen una tijera, suben con una y caen con la otra.<br>**e)** Los mismos 2 ejercicios anteriores, pero ahora lo hacen desde de pie.<br>**f)** Explicación de las ayudas de pino. Hacer el pino para juntar las piernas en la vertical (las ayudas, son dos compañeros que estarán al lado del que ejecuta y sujetarán las piernas). |
| **Vuelta a la calma 5'** |
| Saltar el muro (colchoneta de caída colocada verticalmente) con el minitramp.<br><br>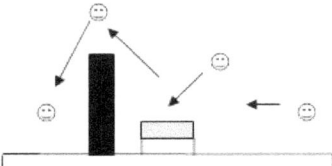 |

| UD 4: Habilidades gimnásticas I | Nº Sesión 8 |
|---|---|
| **Duración:** 40 min (20 min bajar/cambiarse-cambiarse/subir). **Curso: 1º ESO** ||
| **Recursos materiales:** 15 colchonetas, banco sueco o cajonera de un plinton. ||
| **Instalaciones:** Polideportivo. ||
| **Contenido:** Equilibrio invertido con apoyo de manos. ||
| Tareas ||
| Calentamiento 5' ||
| **a)** Por parejas, forman un círculo todos los alumnos. A la señal del profesor, las parejas adoptan la posición de caballito y cuando vuelve a dar la señal el alumno que estaba encima de su compañero sale corriendo hacia su derecha para dar la vuelta al círculo y al llegar a junto su compañero pasa por debajo de sus piernas. El primero en colocarse de pie obtiene un punto. Gana la pareja que obtenga 5 puntos.<br>**b)** Relevos saltando a cinco compañeros por encima de su espalda con las piernas abiertas. ||
| Parte principal 30' ||
| **a)** Partimos desde cuclillas, con una pierna adelantada y con las manos apoyadas simétricamente. Van a intentar elevar las piernas (intentan juntarlas a unos 45º)<br>**b)** Intentan hacer el pino para juntar las piernas en la vertical, apoyarán las manos en un banco sueco o cajonera de un plinton (las ayudas son dos compañeros que estarán al lado del que ejecuta y sujetarán las piernas).<br>**c)** Lo mismo, contra la colchoneta (el que pueda hacerlo sin ayuda lo hará solo).<br>**d)** Hacer el pino invertido. (Con ayuda o solo). ||
| Vuelta a la calma 5' ||
| Los alumnos preparan un encadenamiento de habilidades individualmente para mostrárselo al profesor. (5 habilidades mínimo). ||

| UD 4: Habilidades gimnásticas I | Nº Sesión 9 |
|---|---|
| **Duración:** 40 min (20 min bajar/cambiarse-cambiarse/subir). | **Curso: 1º ESO** |
| **Recursos materiales:** Colchonetas, colchonetas de caída, minitramp, trampolín, plinto, espaldera. ||
| **Instalaciones:** Polideportivo. ||
| **Contenido:** Encadenamiento de habilidades. ||
| **Tareas** ||
| **Calentamiento 5'** ||
| a) Calentamiento, movilidad articular y explicación de la sesión. ||
| **Parte principal 30'** ||
| a) Encadenamiento de habilidades:<br>- Saludo + voltereta adelante + voltereta adelante + voltereta con piernas abiertas + rodar atrás + levantarse.<br>- Saludo + balanza 3 sg voltereta adelante + medio giro + voltereta atrás + medio giro + rueda lateral.<br>- Saludo + plancha facial 3 sg + rueda lateral + rueda lateral + pino.<br><br>b) Preparación del examen:<br>- Voltereta adelante y voltereta atrás levantándose.<br>- Salto en el trampolín y subirse al plinto.<br>- Saltas al suelo desde el plinto para caer de pie.<br>- Salto del león con el minitramp.<br>- Equilibrio 3 apoyos.<br>- Equilibrio invertido o pino.<br>- Rueda lateral. ||
| **Vuelta a la calma 5'** ||
| Competición del encadenamiento de habilidades preparado por los alumnos en la sesión anterior. ||

**Nº Sesión 10:** Evaluación.

## 2.5. UNIDAD DIDÁCTICA 5: EXPRESIÓN CORPORAL I

### a) Introducción

La expresión corporal es un contenido muy versátil para trabajar con los alumnos de secundaria, ya que, nos permite conocer a los alumnos desde otras miras, vemos como se desinhiben y expresan sus sentimientos y su forma de ser. Podemos trabajar diferentes aspectos muy enriquecedores como el ritmo, lenguaje corporal, mímica, dramatización, danzas y bailes…

### b) Objetivos didácticos
- Aprender diferentes técnicas del lenguaje corporal.
- Aprender a realizar movimientos con distintas trayectorias e intensidades.
- Expresar diferentes estados de ánimo a través del cuerpo y del gesto.
- Realizar coreografías con una base musical, adaptando el movimiento al ritmo de la música.
- Conocer el lenguaje corporal que se produce en el deporte actual.
- Ser capaz de interpretar el lenguaje musical, adaptando los movimientos al ritmo de la música.
- Combinar movimientos de los distintos segmentos corporales.
- Desinhibirse e involucrarse en las diferentes actividades investigando y descubriendo las diferentes manifestaciones del lenguaje corporal.

### c) Contenidos
- Experimentación con diferentes objetos a diferentes ritmos e intensidades.
- Trabajo de desinhibición a través de dinámicas de grupo.
- Aceptación de las diferencias individuales y el respeto hacia los demás.
- Combinación de movimientos con diferentes segmentos corporales siguiendo una secuencia rítmica.
- Realización de tareas trabajando ritmo, intensidad y tiempo.
- Pasos sencillos de diferentes danzas y bailes.
- Pasos a seguir para diseñar una historia gestual.
- Creación de una historia gestual grupal.
- Aportación de ideas al trabajo de grupo.
- Realización de la ficha de búsqueda de la información sobre la expresión corporal

### d) Distribución temporal
- Sesión 1: El lenguaje corporal.
- Sesión 2: Expresión corporal y comunicación gestual.
- Sesión 3: Ritmo e intensidad.
- Sesión 4: Ballet.
- Sesión 5: Batuka.
- Sesión 6: Elaboración de historia gestual.

### e) Metodología
- Descubrimiento guiado.
- Enseñanza mediante la búsqueda.

### f) Recursos didácticos
- **Canciones:** El Danubio Azul (Johann Strauss), We Will Rock You (Queen).
- Música relajante.
- DVD: Attitude Ballet & Pilates Fusion Bernadette Giorgi Just B Method (2009).
- DVD: Batuka.
- Video y proyector.
- Ficha de búsqueda de información sobre expresión corporal.

### g) Criterios de evaluación
- Analizar el grado de implicación de los alumnos así como el interés por buscar elementos de exploración y vivencia personal.
- Superar las pruebas prácticas, coreografías, composiciones, y demás pruebas.
- Interiorizar sensaciones mediante los diferentes ritmos, intensidades, músicas…
- Expresar y poner en común con claridad las experiencias vividas.
- Trabajar en grupo aportando ideas y respetando a los demás.
- Desinhibirse y experimentar individualmente sensaciones propias.
- Mejora de la coordinación y adaptación a la música.
- Realizar una historia gestual siguiendo las directrices marcadas.
- Evaluar la ficha de expresión corporal.

### h) Criterios de calificación
Examen práctico realizado por observación directa del profesor sobre el alumno de las diferentes acciones realizadas durante las sesiones. A su vez los alumnos por grupos, deberán realizar una improvisación teatral sobre algún deporte, utilizando el material que elijan. En dicho examen, valoraremos los siguientes apartados: participación, originalidad, expresividad, conjunto y utilización espacial.

**Puntuación de cada apartado:** del 1 (nota más baja) al 10 (nota más alta). Se hace media entre las variables.

| UD 5: Expresión corporal I | Nº Sesión 1 |
|---|---|
| **Duración:** 40 min (20 min bajar/cambiarse-cambiarse/subir). **Curso: 1º ESO** ||
| **Recursos materiales:** 20 aros. ||
| **Instalaciones:** Pabellón interior. ||
| **Contenido:** El lenguaje corporal ||
| **Tareas** ||
| **Calentamiento 15'** ||
| a) Hacer la ficha de búsqueda de la información sobre la expresión corporal. ||
| **Parte principal 20'** ||
| a) Por parejas. Un compañero delante y otro detrás. El de atrás deberá guiar verbalmente al de delante que lleva ojos vendados indicando la dirección.<br>b) Idem pero sin hablar:<ul><li>Al tocarle el hombro izquierdo: se mueve hacia la izquierda.</li><li>Al tocarle el hombro derecho: se mueve hacia la derecha.</li><li>Al tocarle la espalda: se frena.</li></ul>c) Igual: grupos de 3. El último hace de guía.<br>d) Obra de arte: Grupos de 4 deberán realizar un cuadro adoptando una posición estática. El resto de la clase deberá apreciar la obra y ponerle un nombre.<br>e) Cuadro en movimiento. El cuadro toma vida y deberá representar una acción de 2'.<br>f) Adivina oficios. Adivina deportes. ||
| **Vuelta a la calma 5'** ||
| Corrección de la ficha de búsqueda de la información sobre expresión corporal. ||

| UD 5: Expresión corporal I | Nº Sesión 2 |
|---|---|
| **Duración:** 40 min (20 min bajar/cambiarse-cambiarse/subir). **Curso: 1º ESO** ||
| **Recursos materiales:** Música, tabla excel para adivinar palabras. ||
| **Instalaciones:** Pabellón interior. ||
| **Contenido:** Expresión corporal y comunicación gestual. ||
| **Tareas** ||
| **Calentamiento 5'** ||
| a) **El espejo.** Imitar al compañero que realizará movimientos reales o imaginarios.<br>b) **Copiamos los gestos de los demás y añadimos el nuestro.** Todos los alumnos en círculo. Un alumno realiza un gesto y el siguiente le imita y luego realiza él un nuevo gesto así sucesivamente. ||
| **Parte principal 30'** ||
| a) **Juego de adivinar mediante gestos:** Chicos contra Chicas.<br>El profesor les va diciendo palabras y los alumnos mediante gestos las representan.<br>Comienza un chico haciendo gestos y tienen que adivinar los chicos. Si las chicas adivinan antes la palabra ya no será punto para ellos. Se puntúan tanto si aciertas las palabras que te tocan como las del contrario. Utilizar la tabla de excel para contabilizar los puntos de los dos equipos (ver anexo). ||
| **Vuelta a la calma 5'** ||
| En círculo cada uno comenta sensaciones, sentimientos,…Decir: "He observado que…" ||

| | |
|---|---|
| **UD 5: Expresión corporal I** | **Nº Sesión 3** |
| **Duración:** 40 min (20 min bajar/cambiarse-cambiarse/subir). **Curso: 1º ESO** ||
| **Recursos materiales:** Música, 30 aros. ||
| **Instalaciones:** Pabellón interior. ||
| **Contenido:** Ritmo e intensidad. ||
| **Tareas** ||
| **Calentamiento 5'** ||
| **a) Música y quitamos un aro.**<br>Los alumnos se colocan en círculo, cada uno de pie dentro de un aro. Cuando suena la música empiezan a correr alrededor del círculo formado por los aros. El profesor irá diciéndoles correr hacia vuestra derecha o hacia vuestra izquierda. Cuando la música deja de sonar debemos sentarnos dentro de un aro. Siempre habrá un aro de menos y entonces alguno no se podrá sentar y será eliminado.<br><br>**b) ¿Cuántos contactos debo tener en el suelo?**<br>Los alumnos corren por el espacio oyendo la música cuando esta se para el profesor dice un número y el alumno debe tener ese número de contactos en el suelo (pueden agruparse en parejas o en tríos también). ||
| **Parte principal 30'** ||
| **a)** Andar al ritmo de la música: marcar con las manos, con los pies o con manos y pies.<br><br>**b)** Órdenes: Andar por un espacio delimitado sin chocarse con los compañeros.<br>*Música lenta*:<br>- Andar a cámara lenta.<br>- Andar como si nos empujase una fuerte ola de aire.<br>- Andar como personas mayores con bastón.<br>- Agachándose porque el techo es cada vez más pequeño.<br><br>*Música + intensidad:*<br>- Como si fuéramos persiguiendo a alguien.<br>- Reptando y evitando obstáculos.<br>- Ir como si hubiera muchos charcos.<br><br>*Música ++ intensidad:*<br>- Trabajo de estrés en oficina.<br>- Reponer cajas en una tienda (como si fuera Navidad).<br>- Ordenar la habitación muy rápido porque viene una visita a casa.<br><br>**c)** Escuchar la canción y marcar el ritmo con el chasquido de los dedos o mediante palmas. Canciones: El Danubio Azul (Johann Strauss), We Will Rock You (Queen).<br><br>**d)** Crear una composición: con sonidos propios (palmear, pies, sonidos bucales, con material,…) Grupos 4. ||
| **Vuelta a la calma 5'** ||
| El grupo se sienta formando un círculo. Un alumno comienza el juego, puede realizar las siguientes acciones: ||

- 1 palmada: le toca actuar al compañero de su derecha.
- 2 palmadas: le toca actuar al compañero de su izquierda.
- 1 chasquido con los dedos: se salta el turno del alumno de la derecha.
- 2 chasquidos con los dedos: se salta el turno del alumno de la izquierda.
- Si te equivocas en el turno de actuación o tardas más de 3 segundos pierdes un punto (te arrodillas), si pierdes dos puntos (te colocas de pie), si pierdes los tres puntos estas eliminado.
- Ganan los 5 últimos que queden en el juego.

**Nº Sesión 4:** DVD Attitude Ballet & Pilates Fusion Bernadette Giorgi Just B Method.

**Nº Sesión 5:** DVD batuka.

| UD 5: Expresión corporal I | Nº Sesión 6 |
|---|---|
| **Duración:** 40 min (20 min bajar/cambiarse-cambiarse/subir). | **Curso: 1º ESO** |
| **Recursos materiales:** 30 aros. | |
| **Instalaciones:** Pabellón interior. | |
| **Contenido:** Elaboración de historia gestual y su evaluación | |
| Tareas | |
| Calentamiento 5' | |
| a) "Fresa, Limón, Fresón" <br> Los alumnos se colocan en círculo, sentados dentro de un aro cada uno. <br> Un alumno comienza el juego hablando, puede decir: <ul><li>Fresa: le toca hablar al compañero de su derecha.</li><li>Limón: le toca hablar al compañero de su izquierda.</li><li>Fresón: lo puede decir cuando participa como 2º en hablar y al oír esta palabra todos los alumnos se cambian de aro.</li></ul> Si te equivocas en el turno de palabra (fresa o limón) o tardas más de 3 segundos estás eliminado. <br> Si te sientas último después de un fresón estás eliminado. <br> Ganan los tres últimos que queden en el juego. | |
| Parte principal 30' | |
| <ul><li>Grupos de 4. Realizar una historia gestual deportiva acompañada de música que será la misma para todos los grupos.</li><li>Tiempo de preparación: 20'.</li><li>Tiempo de ejecución: 1 a 2'.</li><li>Evaluación de la historia gestual.</li></ul> | |
| Vuelta a la calma 5' | |
| Resultados de la evaluación de la historia gestual. | |

## 2.6. UNIDAD DIDÁCTICA 6: ACTIVIDADES EN LA NATURALEZA I

### a) Introducción

Dentro de la unidad didáctica "actividades en la naturaleza I" se realizarán actividades de cabuyería, tirolina, bicicleta de montaña, senderismo y esquí alpino.

Nieto (2007) comenta que *"el simple hecho de realizar algunas de estas actividades en un entorno distinto del habitual, tiene más importancia que la realización de la actividad motriz en si misma, ya que nos permite conocer el medio que nos rodea y desarrollar aspectos relacionados y convivenciales a la vez que podemos inculcar a nuestros alumnos el amor y el respeto a nuestro patrimonio natural y cultural, lo que hace que estas actividades tengan unas posibilidades educativas y limitadas".*

En la actividad "de Pino a Pino" se les dará un curso de formación sobre el equipo de seguridad (arnés, mosquetones, cuerdas y poleas) y se les explicará las normas fundamentales para realizar los diferentes circuitos que propone el parque. En los recorridos el alumno se encontrará con lianas, puentes, pasarelas, tirolinas y muchos obstáculos que creará un reto para poder pasar de un árbol a otro. Una vez finalizada la primera actividad pasaremos a realizar senderismo para llevar a los alumnos al lugar donde recogeremos las bicicletas de montañas.

Romero (1999) dice que *"el senderismo puede ser practicado por personas y alumnos de cualquier condición física, siempre y cuando el recorrido esté adaptado a sus posibilidades; además dentro de las actividades deportivas en la naturaleza, es considerada una modalidad con bajo nivel de riesgo".*

Cerro (2006) nos comenta tres aspectos fundamentales en el senderismo:

- La práctica frecuente del senderismo proporciona una espléndida condición física y ayuda a mantener un buen estado de salud.
- Es una de las mejores formas de recorrer, ver y conocer los parajes que nos rodean, ayudándonos a ser conscientes de la protección y respeto que se debe tener con la naturaleza.
- Fomenta la participación y las relaciones entre las personas que se encuentran en dicho medio, impulsando la convivencia.

Según Zabala y cols. (2003) *"la bicicleta de montaña es provechosa para trabajar aspectos fundamentales como la educación vial, el respeto al medio ambiente, la igualdad entre sexos, etc., y es una manera especialmente motivante para los alumnos".*

Gómez, M y Sanz, E. (2003) destacan que *"el esquí alpino es un deporte cada vez más popularizado. En los últimos años ha pasado a ser una de las prácticas más utilizadas por el público en general en el tiempo de ocio y descanso de las épocas invernales".*

### b) Objetivos didácticos
- Conocer la cabuyería.
- Realizar diferentes tipos de nudos.
- Conocer para que sirven y donde se utiliza cada nudo estudiado.
- Conocer las posibilidades que brinda el medio natural como lugar para realizar actividades recreativas y deportivas.
- Valorar la conservación del medio natural.
- Provocar el interés del alumno en el uso de actividades en la naturaleza.
- Familiarizarse con la estación de esquí y el material utilizado para dicha práctica.
- Conocer las medidas de seguridad que se han de llevar a cabo a la hora de realizar la práctica deportiva en la nieve.
- Aprender y mejorar los aspectos básicos del esquí alpino.
- Mejorar la capacidad de equilibrio sobre un objeto en movimiento, así como desarrollar habilidades y destrezas necesarias para la práctica del esquí.
- Fomentar confianza en sí mismo.

### c) Contenidos
- Conocimiento de los diferentes nudos.
- Realización de nudos básicos y avanzados.
- Practica de tirolina, senderismo, bicicleta de montaña y esquí.
- Realización de la ficha de búsqueda de la información sobre mountain bike.

### d) Distribución temporal
- Sesión 1: Cabuyería I. Nudos básicos.
- Sesión 2: Cabuyería II. Nudos avanzados.
- Sesión 3: Actividad extraescolar "de pino a pino", bicicleta de montaña y senderismo.
- Sesión 4: Actividad extraescolar de esquí.

### e) Metodología
- Reproducción de modelos y asignación de tareas.

### f) Recursos didácticos
- Ficha de búsqueda de información sobre mountain bike.

## g) Criterios de evaluación

- Ser respetuoso con el medio ambiente así como respetar las normas de seguridad de las actividades en la naturaleza.
- Esforzarse por realizar las actividades de forma correcta sin la presencia continua del profesor con autonomía y rigor.
- Valorar el esfuerzo, interés y motivación de los alumnos durante el desarrollo de las sesiones.
- Valorar el cuidado del alumno por el material así como el mantenimiento de este.

## h) Criterios de calificación

Examen práctico realizado por observación directa del profesor sobre el alumno de las diferentes acciones realizadas durante las sesiones de cabuyería, "de pino a pino", BTT, senderismo y esquí. Prestando especial interés a la participación, nivel de ejecución en las actividades, esfuerzo, motivación y cuidado del material.

**Puntuación de cada apartado:** del 1 (nota más baja) al 10 (nota más alta). Se hace media entre las variables.

| UD 6: Actividades en la naturaleza I | Nº Sesión 1 |
|---|---|
| **Duración:** 60 min | **Curso:** 1º ESO |
| **Recursos materiales:** Cabos de cuerda, cordines o cuerdas de gimnasia rítmica. ||
| **Instalaciones:** En el aula. ||
| **Contenido:** Cabuyería I. Nudos básicos. ||
| **Tareas** ||
| **Parte teórica 5'** ||
| a) Explicación de las partes de una cuerda. b) Explicación de cómo se hacen los siguientes nudos: el ocho, el tejedor, el rizo y el gaza. Para que sirven y en donde se utilizan. ||
| **Parte principal 30'** ||
| a) Los alumnos practican los siguientes nudos: el ocho, el tejedor, el rizo y el gaza. ||
| **Vuelta a la calma 5'** ||
| Competición de quién es capaz de hacer el nudo "ocho" más rápido. ||

| UD 6: Actividades en la naturaleza I | Nº Sesión 2 |
|---|---|
| **Duración:** 60 min | **Curso:** 1º ESO |
| **Recursos materiales:** Cabos de cuerda, cordines o cuerdas de gimnasia rítmica. | |
| **Instalaciones:** En el aula. | |
| **Contenido:** Cabuyería I. Nudos avanzados. | |
| **Tareas** | |
| **Parte teórica 5'** | |
| **a)** Repaso de los nudos básicos vistos en la sesión anterior.<br>**b)** Explicación de cómo se hacen los siguientes nudos: el pescador, el as de guía, el ocho doble, el ocho por chicote y mariposa. Para que sirven y en donde se utilizan. | |
| **Parte principal 30'** | |
| **a)** Los alumnos practican los siguientes nudos: el pescador, el as de guía, el ocho doble, el ocho por chicote y mariposa. | |
| **Vuelta a la calma 5'** | |
| Competición de quién es capaz de hacer el nudo "ocho" más rápido. | |


| UD 6: Actividades en la naturaleza I | Nº Sesión 3 |
|---|---|
| **Duración:** 60 min | **Curso:** 1º ESO |
| **Recursos materiales:** Arnés, mosquetones, bicicleta de montaña, casco. | |
| **Instalaciones:** Salida extraescolar a la sierra. | |
| **Contenido:** De pino a pino, senderismo y bicicleta de montaña. | |
| **Tareas** | |
| ▪ De pino a pino 2 h: Explicación de de las medidas de seguridad por parte de los monitores. Realización de la actividad por diferentes niveles de tirolinas.<br>▪ Senderismo 1 h<br>▪ Comida 1 h<br>▪ Descanso 45 min.<br>▪ Recorrido en bicicleta de montaña 1 h.<br>\*\*Corrección de la ficha de la búsqueda de la información sobre mountain bike. | |

| | |
|---|---|
| **UD 6: Actividades en la naturaleza I** | **Nº Sesión 4** |
| **Duración:** 3 h | **Curso:** 1º ESO |
| **Recursos materiales:** Botas, bastones, esquís. | |
| **Instalaciones:** Pista de esquí. Salida extraescolar. | |
| **Contenido:** Actividad extraescolar de esquí. | |
| **Tareas** | |
| **Calentamiento 1 hora** | |
| a) Movilidad articular de muñecas, codos, hombros, caderas, rodillas y tobillos.<br>b) Aprendizaje de la colocación de botas, esquís, bastones.<br>c) Familiarización con el material.<br>d) El profesor explica cuáles son las medidas de seguridad, la forma de tomar los remontes (telesilla y percha), como transportar de forma correcta el material, la posición fundamental de un esquiador, el giro y descenso en cuña y giro y descenso en parelelo. | |
| **Parte principal 1 h y 45 min** | |
| **Nivel inicial:**<br>Ejercicios realizados en llano y ligera pendiente:<br>  1. Impulsarse con los bastones intentando mantener el equilibrio.<br>  2. Deslizarse por la pendiente con la ayuda de los bastones en posición de cuña.<br>  3. Aprender a frenar en posición de cuña.<br>  4. Comenzar a realizar pequeños giros hacia izquierda y derecha, en posición de cuña, ayudándonos de los bastones.<br>  5. Descenso en posición de cuña, cogiendo velocidad gracias al impulso de los bastones.<br>  6. Realizar giros completos en posición de cuña hacia la izquierda y la derecha.<br>Ejercicios realizados en pendiente suave:<br>  7. Realizar varios descensos en la posición de cuña, haciendo giros hacia los lados e incrementando la velocidad paulatinamente, una vez hayamos conseguido suficiente destreza, pasaremos a realizar el viraje en paralelo.<br>**Nivel medio:**<br>Ejercicios realizados en llano y ligera pendiente:<br>  1. Deslizarse por la pendiente con los esquís en paralelo.<br>  2. Con las rodillas semiflexionadas, aprender a realizar pequeños giros a izquierda y derecha en posición paralela, ayudándonos de los bastones.<br>  3. Aprender a frenar en esa posición.<br>  4. Descenso en posición paralela, realizando a la vez giros completos de izquierda a derecha.<br>Ejercicios realizados en pendiente suave:<br>  5. Realizaremos varios descensos en paralelo, haciendo giros hacia los lados e incrementando la velocidad paulatinamente. | |
| **Vuelta a la calma 15 min** | |
| Recoger el material. | |

## 2.7. UNIDAD DIDÁCTICA 7: BÁDMINTON I

### a) Introducción

El bádminton se adapta fácilmente a espacios pequeños tanto al aire libre como a interiores. Se trata de un deporte apto para todo el mundo y en especial para centros escolares debido a que el volante es fácil de controlar por su trayectoria y tiempo de vuelo.

### b) Objetivos didácticos

- Conocer las técnicas básicas del juego del bádminton.
- Desarrollar la coordinación óculo-manual mediante el manejo de implementos.
- Relacionarse mediante las diferentes modalidades del juego con el resto de compañeros participando con independencia del nivel alcanzado.
- Valorar los efectos beneficiosos que tiene la práctica habitual del bádminton.
- Percibir y controlar su cuerpo en las distintas situaciones de juego en las que se precise un ajuste motor.
- Utilizar los diferentes golpeos para adaptarlos al juego real en situaciones de máxima exigencia.
- Conocer el reglamento en las diferentes modalidades del juego.

### c) Contenidos

- La técnica, táctica y el reglamento del bádminton
- Capacidades físicas y coordinativas del bádminton.
- Conocimiento del efecto sociocultural del bádminton.
- Historia y procedencia del bádminton.
- Material específico del bádminton y el mantenimiento de este.
- Modalidades de juego.
- Realización de calentamientos específicos de bádminton.
- Adquisición desarrollo y perfeccionamiento de los patrones básicos del bádminton y de sus diferentes modalidades.
- Utilización de los recursos técnicos integrándolos dentro del juego real como medio de superación del rival.
- Ajuste de la respuesta individual al modo de juego del adversario.
- Realización de competiciones (individuales, dobles y mixtas).
- Aceptación de las reglas del juego así como de la derrota en los momentos en los que ésta se produzca.
- Participación en el montaje y recogida de material necesario para la realización de las clases.
- Superación en el día a día para mejorar la calidad de juego aumentando el rendimiento.
- Realización de la ficha de búsqueda de la información sobre bádminton.

### d) Distribución temporal
- Sesión 1: Familiarización con raqueta y material de juego.
- Sesión 2: Golpeo de derecho y de revés. Desplazamientos laterales y diagonales.
- Sesión 3: Saque corto y largo
- Sesión 4: Golpeo de mano alta. Golpes en la red.
- Sesión 5: DVD bádminton.
- Sesión 6: Tipos de golpeos.
- Sesión 7: Evaluación.

### e) Metodología
- Instrucción directa.
- Enseñanza recíproca.
- Descubrimiento guiado.
- Enseñanza mediante la búsqueda.

### f) Recursos didácticos
- Documental audiovisual sobre el "Bádminton" de la dirección general de promoción deportiva de la Consejería de Cultura y Deportes de la Comunidad de Madrid.
- Ficha de búsqueda de información sobre bádminton.

### g) Criterios de evaluación
- Valorar la técnica de ejecución de los siguientes gestos: golpeos defensivos y ofensivos, saques y desplazamientos.
- Valorar los conceptos técnicos y tácticos básicos en situaciones reales de juego.
- Valorar las diferencias en la ejecución técnica de acuerdo con las diferentes capacidades motoras de los alumnos.
- Valorar el esfuerzo, interés y motivación de los alumnos durante el desarrollo de las sesiones así como de la mejora en la calidad de juego.
- Valorar el cuidado del alumno por el material así como el mantenimiento de este.
- Evaluar la ficha de bádminton.

### h) Criterios de calificación
- Se evaluará por parejas mientras juegan.

- Se evalúa:
    1. Saque.
    2. Golpeo de derecha.
    3. Golpeo de revés.
    4. Remate.
    5. Juego real.

- Se dejarán dos intentos para cada ejercicio.

- En el juego real se dejará el tiempo suficiente para hacer un análisis global del nivel de juego.

**Puntuación de la ejecución de cada ejercicio:** del 1 (nota más baja) al 10 (nota más alta). Se hace media entre las variables.

| UD 7: Bádminton I | Nº Sesión 1 |
|---|---|
| **Duración:** 60 min | **Curso: 1º ESO** |
| **Recursos materiales:** Raquetas de bádminton, volantes, conos. ||
| **Instalaciones:** Polideportivo interior. ||
| **Contenido:** Familiarización con la raqueta y el material de juego. ||
| **Tareas** ||
| **Calentamiento 5'** ||
| a) Explicación reglas básicas del bádminton. Agarre de raqueta.<br>b) Calentamiento. Todos en círculo. Circunducción de hombro con la raqueta y con la otra mano, movemos codos y muñecas. Desplazamientos en el sitio. ||
| **Parte principal 30'** ||
| Vamos a comenzar a golpear el volante, colocamos la raqueta a la atura de la cintura, con el antebrazo mirando hacia arriba.<br><br>a) Ponemos el volante sobre la raqueta e intentamos realizar golpes verticales individualmente. A ver quien realiza más seguidos.<br>b) Lo mismo de revés.<br>c) Alternando derecho y revés.<br>d) Lo mismo intentando lanzarlo muy arriba.<br>e) Tocamos el suelo antes de recepcionarlo.<br>f) Nos movemos por todo el espacio intentando no chocarnos con los demás.<br>g) Por parejas nos pasamos el volante, alejándonos cada vez un poco más.<br>h) Relevos por equipos con un volante sobre la raqueta. Girar en el cono para dar la vuelta y pasar al compañero al llegar a la línea de salida. ||
| **Vuelta a la calma 5'** ||
| Los alumnos se colocan en círculo, ponemos la raqueta vertical apoyada en el suelo, a la de tres soltamos la nuestra y agarramos la de nuestra derecha antes de que se caiga. Al alumno que se le caiga queda eliminado. ||

| | |
|---|---|
| **UD 7: Bádminton I** | **Nº Sesión 2** |
| **Duración:** 40 min (20 min bajar/cambiarse-cambiarse/subir). **Curso: 1º ESO** ||
| **Recursos materiales:** Raquetas de bádminton, volantes, goma elástica. ||
| **Instalaciones:** Polideportivo interior. ||
| **Contenido:** Golpeo de derecho y de revés. Desplazamientos laterales y diagonales. ||
| **Tareas** ||
| **Calentamiento 5'** ||
| **a)** Corremos por el espacio golpeando nuestro volante y pasándoselo a los compañeros que no tienen cuando el profesor haga sonar el silbato.<br>**b)** Relevos por equipos con un volante sobre la raqueta. Girar en el cono para dar la vuelta y pasar al compañero al llegar a la línea de salida.<br>**c)** Reglamento. Dibujo y explicación del terreno de juego, líneas y dimensiones. ||
| **Parte principal 30'** ||
| **a).** Explicación de la posición fundamental y los golpeos de derecha y de revés.<br>b) En parejas, golpeo de derecho y de revés.<br>c) Desde la posición fundamental, el compañero le pasa el volante a derecha e izquierda. Una vez que golpeo el volante debo recuperar la posición fundamental.<br>**d)** Desplazamientos laterales y diagonales. En bádminton, los desplazamientos deben hacerse sin cruzarse en ningún momento y acabando con una flexión acentuada de la última pierna (pie de la raqueta), al tiempo que estiro el brazo para alcanzar el volante. El brazo contrario a la raqueta se quedará atrasado para equilibrarnos. Cuando vamos hacia la izquierda (para los diestros), damos un paso con el izquierdo y luego adelantamos el derecho.<br>**e)** Desde la posición fundamental, el compañero le tira el volante lejos para que el otro se desplace hasta llegar a darle. Una vez que consigo llegar y darle, debo volver enseguida al centro del campo. ||
| **Vuelta a la calma 5'** ||
| Juego libre 1x1 ||

| UD 7: Bádminton I | Nº Sesión 3 |
|---|---|
| **Duración:** 40 min (20 min bajar/cambiarse-cambiarse/subir). | **Curso: 1º ESO** |

**Recursos materiales:** Raquetas de bádminton, volantes, goma elástica.

**Instalaciones:** Polideportivo interior.

**Contenido:** Saque corto y largo.

### Tareas

### Calentamiento 5'

**a)** Movilización de articulaciones con la raqueta y estiramiento de los músculos de las piernas.

**b)** Reglamento:
En el saque, el golpeo al volante debe efectuarse por debajo de la cintura.
La cabeza de la raqueta debe estar por debajo de la mano.
El jugador que gane el intercambio de golpes sumará un punto en el marcador, además de conseguir el servicio para el próximo punto.
Todas las modalidades se disputan al mejor de 3 sets de 21 puntos cada uno.
Si se llega al 20-20, el jugador que consiga dos puntos de ventaja en el marcador gana el set. En caso de llegar a 29-29, el ganador del set es el primero en llegar a 30.
El jugador que gane 2 de los 3 sets, se adjudica el partido.
El jugador que saque deberá estar en el recuadro correspondiente al saque y el que recibe en el cuadrado opuesto. La ubicación en el servicio y la recepción resulta muy sencilla: cuando el jugador que saca tiene un número par de puntos realiza el servicio desde la derecha, mientras que si el número de puntos es impar lo hace desde la izquierda. El jugador que recibe debe situarse en su diagonal, ya que el saque se debe hacer cruzado.

### Parte principal 30'

**Por parejas:**
Saque corto y largo. El pie de raqueta atrasado, el peso del cuerpo en ese pie, la raqueta atrás, con el brazo estirado, el volante sujeto con la otra mano a la altura de la cadera en línea con la trayectoria ascendente de la raqueta. Dejo caer el volante y llevo la raqueta hacia delante acompañándola con el peso de mi cuerpo, que cambia del pie de raqueta al otro. La diferencia entre el saque largo y el corto lo da el golpe de muñeca, llevando la raqueta hacia arriba en el saque largo y hacia delante en el saque corto.
- Practican el saque con el compañero sin red en medio.
- Practican el saque con el compañero y con red en medio.
- Practican el saque con red y cruzado.
- Practican el saque corto y largo.
- Practican el saque dirigiéndolo hacia unos aros.

### Vuelta a la calma 5'

Juego libre 1x1, rotamos hacia la izquierda cuando lo indica el profesor, así cambiamos de pareja.

| UD 7: Bádminton I | Nº Sesión 4 |
|---|---|
| **Duración:** 40 min (20 min bajar/cambiarse-cambiarse/subir). | **Curso:** 1º ESO |

**Recursos materiales:** Raquetas de bádminton, volantes, goma elástica.

**Instalaciones:** Polideportivo interior.

**Contenido:** Golpeo de mano alta. Golpes en la red.

## Tareas

### Calentamiento 5'

**a)** Reglamento. No se permite:
- Tocar la red con el cuerpo ni con la raqueta.
- Dar dos veces seguidas al volante.
- Pasárselo al compañero.
- Retener el volante con la raqueta.

**b)** Con volante andamos hacia la red con autopases y al llegar nos lanzamos el volante alto y golpeamos, debemos correr a ver si conseguimos cazar el volante con la raqueta antes de que caiga.

### Parte principal 30'

<u>Golpeo de mano alta:</u> Es un golpe de largo alcance, por lo que se realiza desde la mitad trasera del campo, con el pie de la raqueta por detrás, la raqueta detrás de la cabeza, el codo a la altura del hombro, el otro brazo se mantiene delante de la cabeza, extendido, como indicando la trayectoria del volante. Desplazamos el peso del cuerpo hacia atrás, el tronco se gira hacia el lado de la raqueta (derecha para diestros). Iniciamos el golpeo, extensión brusca del brazo de raqueta de manera que en el momento del golpeo esté lo más arriba posible, al mismo tiempo están girando el cuerpo, el antebrazo y la muñeca, cambio de peso y acabo con un paso del pie de la raqueta, que mantendrá todo el peso.

**a)** Individualmente, sobre una línea.
- Realizamos el gesto varias veces sin volante, luego con volante, todos a la vez en una línea a ver quién llega más lejos. Cada uno va a por su volante. (5 veces).

**b)** Por parejas con la red en medio.
- Nos pasamos el volante de golpeo de mano alta. Al principio cerca, luego nos vamos alejando. Para desplazarse hacia atrás, siempre comienza el pie de raqueta con pasos largos, le sigue el otro con pasos más cortos, no se cruzan.

**c)** Grupos de ocho, cuatro en una fila y cuatro en otra.
- Enfrentados con tres metros de separación. Tratan de que no se caiga el volante de la siguiente manera: el que golpea (mano alta) pasa a la fila de enfrente, corriendo. El golpe debe ser hacia arriba y suave, controlando la distancia.

**d)** Grupos de cuatro formando un cuadrado, dos volantes. En una diagonal se pasan con golpeo de mano baja y en otra de golpeo de mano alta. Luego se cambian.

<u>Golpeos en la red:</u> Cuando nos hacen una dejada (volante cerca de la red), no podemos darle con un golpeo normal, para esto es necesario aprender un golpeo

especial. El alumno parte de una posición de recepción, con la raqueta a la altura del hombro. Estiramos el brazo al tiempo que damos un gran paso en diagonal con la pierna derecha, la raqueta queda a la altura del hombro, la palma de la mano queda mirando al techo, inclinamos un poco el tronco. La raqueta como una prolongación del antebrazo.

**a) Individual:**
- Todos en posición de espera a la voz de ya hacemos el gesto. Lo mismo avanzando un par de pasos. (Recordamos como era el desplazamiento en diagonal).
- Para realizarlo en el lado izquierdo, avanzo con la pierna derecha hacia el lado izquierdo, ahora la palma de la mano mirará al suelo.
- Lo realizamos ahora con la izquierda, lo mismo con desplazamientos.

**b) Por parejas:**
- Uno detrás de la red le pasa el volante cerca de ésta y el compañero golpea como acaba de aprender. Cambio.
- Alternamos golpeo en red y golpeo de mano alta.

**c) Subgrupos:**
- Se trata de pasar al otro campo el volante, que no caiga, los alumnos nada más golpear se van al otro campo, si fallan se van al campo libre a practicar saques. De manera que cada vez quedan menos, tienen que correr más para llegar a darle. Cuando quedan dos, se echan un partido a cinco puntos.

**Vuelta a la calma 5'**

Partido 2x2

**Nº Sesión 5:** DVD Bádminton.

| UD 7: Bádminton I | Nº Sesión 6 |
|---|---|
| **Duración:** 40 min (20 min bajar/cambiarse-cambiarse/subir). | **Curso:** 1º ESO |

**Recursos materiales:** Raquetas de bádminton, volantes, goma elástica.

**Instalaciones:** Polideportivo interior.

**Contenido:** Tipos de golpeo.

### Tareas

#### Calentamiento 5'

Pases en parejas.

#### Parte principal 30'

Tipos de golpeos: Podemos diferenciar los siguientes tipos de golpeos según su trayectoria:
- El lob, cuya trayectoria es bombeada y va a llegar al final del campo contrario.
- La dejada que dejará el volante muy cerca de la red.
- El drive es un golpeo recto a medio campo.
- El remate, cuyo golpeo es hacia abajo y fuerte.

#### Vuelta a la calma 5'

Juego libre, pero, siempre que caiga el volante se comienza el juego con:

1. Saque corto + dejada
2. Saque largo + remate
3. Saque corto + lob
4. Saque largo + drive

| UD 7: Bádminton I | Nº Sesión 7 |
|---|---|
| **Duración:** 40 min (20 min bajar/cambiarse-cambiarse/subir). | **Curso:** 1º ESO |

**Recursos materiales:** Raquetas de bádminton, volantes, goma elástica.

**Instalaciones:** Polideportivo interior.

**Contenido:** Evaluación.

### Tareas

#### Calentamiento 5'

Calientan por parejas libremente.

#### Parte principal 30'

El profesor evalúa por parejas:
- Saque.
- Golpeo de derecha.
- Golpeo de revés.
- Remate.
- Juego real.

Evaluación del saque corto y saque largo. Valorando si realizan bien el gesto y si la trayectoria es adecuada.

Evaluación de la jugada que elijan. La jugada deben realizarla empezando cada vez con un alumno distinto.

Mientras tanto los demás practican la jugada que quieran hacer y el juego libre.

#### Vuelta a la calma 5'

El profesor comenta los resultados de la evaluación.

## 2.8. UNIDAD DIDÁCTICA 8. ATLETISMO I: CARRERAS Y MARCHA ATLÉTICA

### a) Introducción

En la presente unidad pretendemos que el alumno adquiera una buena técnica de carrera y mejore su condición física. Se practicarán las diferentes entregas y recogidas del testigo. Se tratarán las pruebas del 4x100 y del 4x400. Por último nos introduciremos dentro del mundo de la marcha atlética.

### b) Objetivos didácticos

- Conocer, desarrollar y perfeccionar las técnicas básicas de entrega y recepción del testigo.
- Conocer las diferentes pruebas de relevos que existen en el atletismo.
- Relacionarse mediante las diferentes modalidades del juego con el resto de compañeros participando con independencia del nivel alcanzado.
- Realizar la salida de tacos de forma eficiente.
- Dominar la técnica de carrera.
- Conocer las características técnicas de la marcha atlética.
- Conocer los aspectos más destacados sobre el reglamento de la marcha atlética.
- Ejecutar las habilidades básicas del atletismo: marcha atlética.
- Adquirir hábitos de higiene personal, antes y después de la práctica deportiva.

### c) Contenidos

- Nociones de reglamento de relevos.
- Técnica de carrera.
- La entrega y recepción del testigo (diferentes tipos).
- El 4x100 y el 4x400.
- La salida de tacos.
- Realización de calentamientos específicos de atletismo.
- Juegos de carreras y velocidad de reacción.
- Diferentes zonas del estadio de atletismo.
- Conocimiento de las posiciones básicas de brazos y piernas en la marcha atlética.
- Ejecución de diversos ejercicios aplicados a las diferentes fases de la marcha atlética.
- Ejecución de la marcha atlética.
- Respeto por las normas atléticas y las de la propia sesión.
- Respeto por los compañeros en el momento de ejecutar los diferentes ejercicios.
- Participación activa durante la sesión.
- Realización de la ficha de búsqueda de la información sobre atletismo: carreras.

### d) Distribución temporal
- Sesión 1: Calentamiento específico de atletismo.
- Sesión 2: Técnica de carrera lisa y juegos de velocidad de reacción. Nociones básicas del reglamento en relevos así como de las diferentes partes de un estadio de atletismo.
- Sesión 3: Explicación y práctica de las diferentes entregas.
- Sesión 4: Carreras adaptadas al 4x100 en recta y recta curva. Carreras adaptadas al 4x400.
- Sesión 5: La marcha atlética.
- Sesión 6: Evaluación.

### e) Metodología
- Instrucción directa.
- Enseñanza recíproca.
- Descubrimiento guiado.
- Enseñanza mediante la búsqueda.

### f) Recursos didácticos
- Ficha de búsqueda de información sobre atletismo: carreras.

### g) Criterios de evaluación
- Dominar los elementos técnicos vistos en clase (técnica de carrera, entregas y recepciones y salida de tacos).
- Mejorar el estado de las cualidades físicas básicas (fuerza, resistencia y velocidad).
- Ser autónomos a la hora de elaborar calentamientos específicos para realizar carreras de velocidad.
- Valorar el esfuerzo interés y motivación de los alumnos durante el desarrollo de las sesiones.
- Valorar el cuidado del alumno por el material así como el mantenimiento de este.
- Evaluar la ficha de atletismo: carreras.

### h) Criterios de calificación
Examen práctico realizado por observación directa del profesor sobre el alumno de las diferentes acciones realizadas durante las sesiones. Prestando especial interés en los siguientes apartados:

- **Relevos:** Entrega y recepción del testigo.
- **Técnica de Carrera:** Salida de tacos, piernas y coordinación de brazos.
- **Marcha atlética:** Ejecución. El pie nunca pierde contacto con el suelo.

**Puntuación de la ejecución de cada ejercicio:** del 1 (nota más baja) al 10 (nota más alta). Se hace media entre las variables.

| | |
|---|---|
| **UD 8: Atletismo I: Carrera y marcha atlética** | **Nº Sesión 1** |
| **Duración:** 40 min (20 min bajar/cambiarse-cambiarse/subir). | **Curso: 1º ESO** |

| |
|---|
| **Recursos materiales:** Tacos de salida, 16 aros, pañuelo. |
| **Instalaciones:** Pista exterior. |
| **Contenido:** Calentamiento específico de atletismo. |
| **Tareas** |
| **Calentamiento 5'** |
| **a)** Explicamos a los alumnos que la carrera se basa en cómo se realice la zancada, que depende de la frecuencia y de la amplitud.<br>**b)** Juego de persecución. Rescate. |
| **Parte principal 30'** |
| **a)** Técnica de carrera. Hacerles ver cuál es la técnica más idónea y eficaz para correr:<ul><li>Caderas altas. Rodillas elevadas y haciendo un moviendo circular.</li><li>Movimiento alternativo de los brazos.</li><li>Apoyo de la mitad anterior del pie.</li><li>Tronco inclinado hacia delante.</li></ul>**b)** Realizaremos los siguientes ejercicios a la ida y trotamos a la vuelta (dos filas y dos hileras de aros):<ul><li>Los alumnos corren elevando rodillas, skipping.</li><li>Los alumnos llevan los talones al glúteo.</li><li>Carrera lateral.</li><li>Carrera lateral cruzando piernas.</li><li>Carrera moviendo los brazos.</li><li>Movimientos laterales por parejas chocando las manos cuando dan el salto.</li><li>Agarrados a la barandilla:</li></ul><ul><li>Subir la rodilla hasta la altura de la cadera y bajar la pierna al suelo. (10 veces cada pierna).</li><li>Balanceo de la pierna derecha (10 veces). Idem con la pierna izquierda.</li></ul>**c)** Relevos entre aros 1,5 m de distancia (8 aros). Primero lo harán en línea recta y después con los aros colocados en diagonal.<br>**d)** Los alumnos prueban los tacos de salida individualmente. Recordar la salida de tacos:<ul><li>Colocación de tacos de salida, pierna fuerte en el taco delantero.</li><li>Línea de salida al primer bloque: 1 pie y medio.</li><li>Entre bloques: 1 pie</li></ul>**e)** Competición individual corriendo a la vez:<br>2 series alumnos, 2 series alumnas y 2 series todos corren a la vez.<br>**f)** Competición por parejas, desde diferentes posiciones:<ul><li>El 1º sale desde la línea de fondo y el 2º espera en medio campo, cada uno corre 20 m.</li><li>El 1º tumbado boca arriba y el 2º de rodillas.</li><li>El 1º tumbado boca abajo y el 2º sentado.</li><li>El 1º de pie y el 2º tumbado boca arriba.</li></ul>**g)** Juego del pañuelo (con salida de tacos). |
| **Vuelta a la calma 5'** |
| Puesta en común sobre la importancia de la técnica de carrera. Estiramientos. |

| | |
|---|---|
| **UD 8: Atletismo I: Carrera y marcha atlética** | **Nº Sesión 2** |
| **Duración:** 40 min (20 min bajar/cambiarse-cambiarse/subir). | **Curso: 1º ESO** |

**Recursos materiales:** Tacos de salida, conos, testigos, aros: 2 verdes, 2 blancos, 2 rosas, y 2 azules.

**Instalaciones:** Pista exterior.

**Contenido:** Técnica de carrera lisa y juegos de velocidad de reacción. Nociones básicas de reglamento en relevos así como de las diferentes partes de un estadio de atletismo.

### Tareas

### Calentamiento 10'

**a)** Explicación de las diferentes partes que tiene una pista de atletismo. Hablarles sobre las diferentes pruebas de relevos que existen.

**b)** Correr 5 minutos. Movilidad articular.

**c)** Los alumnos están colocados en 4 filas y realizan salidas desde distintas posiciones hasta un cono que se encuentra a 20 m (el profesor da la señal mediante diferentes estímulos: silbato, palmada, "ya"). Realizan salidas desde cada posición.
- De pie, estático.
- De pie saltando.
- De pie haciendo skipping.
- De pie llevando talones al glúteo.
- De espaldas saltando, hay que girarse.
- De rodillas.
- Decúbito prono y decúbito supino.

### Parte principal 25'

**a)** Cuadrado. 4 equipos. Cada equipo está en un aro de diferente color. A la señal del profesor, tienen que salir corriendo los cuatro primeros participantes y dar una vuelta entera al cuadrado pisando en cada aro, una vez llegado al punto de inicio deben ir al medio del cuadrado y meterse dentro de su aro correspondiente.

**b)** 4 equipos. Los primeros cuatro alumnos de cada equipo se colocan en la esquina del campo de fútbol sala detrás de la línea de salida. A la señal del profesor, salen corriendo dando una vuelta completa al campo y llevando en su mano un testigo, cuando llegan al inicio deben de pasar el testigo a sus compañeros que le esperan en la línea de salida, así sucesivamente hasta que todos los alumnos hayan participado y corrido una vuelta al campo. (No se pueden pisar las líneas del campo de fútbol, los alumnos deben de correr por fuera de estas).

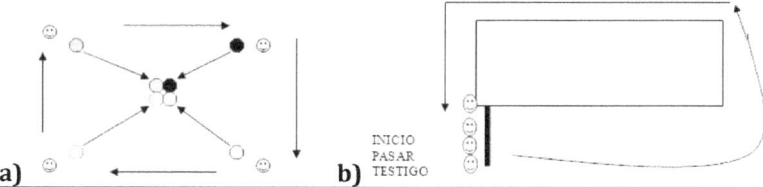

### Vuelta a la calma 5'

Corrección de la ficha de búsqueda de la información sobre atletismo: carreras.

| | |
|---|---|
| **UD 8: Atletismo I: Carrera y marcha atlética** | **Nº Sesión 3** |
| **Duración:** 40 min (20 min bajar/cambiarse-cambiarse/subir). | **Curso: 1º ESO** |

**Recursos materiales:** Tacos de salida, conos, testigos, 16 aros.

**Instalaciones:** Pista exterior.

**Contenido:** Explicación y práctica de las diferentes entregas.

## Tareas

### Calentamiento 5'

a) Juego del bulldog.

b) Juego de las esquinas numeradas. A cada esquina del terreno de juego se le da un nº: 1, 2, 3, 4 (habrá 4 aros en cada esquina). Todos los alumnos se situarán en el centro del espacio y estarán sentados en el suelo. El profesor dirá un nº y todos los alumnos deberán dirigirse a esa esquina y meterse dentro del aro. El último que llegue queda eliminado.

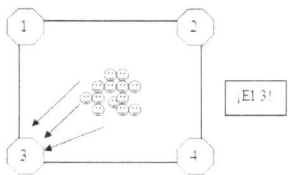

c) Explicarles las dos formas más comunes de entregar el testigo: de arriba hacia abajo (la más usada) y de abajo hacia arriba.

### Parte principal 30'

a) Por grupos de 3 ó 4 personas una detrás de otra van pasando el testigo de atrás hacia delante. (A la voz de ¡ya! el receptor del testigo saca la mano para recibirlo). Primero lo hacen parados y luego en movimiento.

b) Explicación de la zona de entrega y la pre-zona.

c) Por parejas lo van practicando. Van cambiando.

d) Competición por parejas con una entrega de por medio.

e) 4x100 en recta. Competición en una recta de varios equipos con cuatro relevistas y cuatro entregas. (Van rotando de puestos, el primer relevista sale desde el inicio).

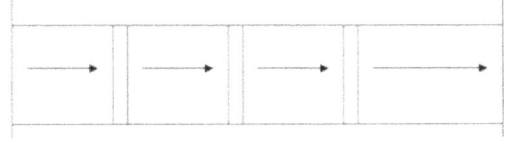

### Vuelta a la calma 5'

Estiramiento individual y puesta en común sobre la entrega del testigo.

| | |
|---|---|
| **UD 8: Atletismo I: Carrera y marcha atlética** | **Nº Sesión 4** |
| **Duración:** 40 min (20 min bajar/cambiarse-cambiarse/subir). | **Curso: 1º ESO** |
| **Recursos materiales:** Tacos de salida, conos, testigos. ||
| **Instalaciones:** Pista exterior. ||
| **Contenido:** Carreras adaptadas al 4x100 en recta y recta curva. Carreras adaptadas al 4x400. ||
| **Tareas** ||
| **Calentamiento 5'** ||
| **a)** Calentamiento con técnica de carrera en curva. Trazamos una línea curva grande con conos y van haciendo curvas a diferentes intensidades: 1ª curva: lenta. 2ª curva: lenta-rápida, 3ª curva: rápida-lenta, 4ª curva: rápida. Volvemos al punto de inicio andando.<br>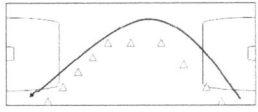 ||
| **b)** Nos colocamos en círculo mirando hacía fuera del círculo, con las palmas de la mano hacía arriba. Un alumno corre con un testigo en la mano y debe depositárselo a alguien y éste saldrá corriendo a pillarle antes de que se siente en el espacio vacío. ||
| **Parte principal 30'** ||
| **a) 4X100 m:** (Todo el campo de fútbol). En cada vuelta corren 4 relevistas y hacen 4 cambios. Van cambiando los lugares.<br> ||
| **b) 4X400 m:** Lo mismo que en el ejercicio anterior pero los corredores harán una vuelta cada uno.<br> ||
| **Vuelta a la calma 5'** ||
| **Competición de relevos.** Por parejas, con 20 m de aceleración, 5 m de pre-zona y 20 m de zona, se hará una entrega y una recepción. Se saldrá de tacos. ||

| UD 8: Atletismo I: Carrera y marcha atlética | Nº Sesión 5 |
|---|---|
| **Duración:** 40 min (20 min bajar/cambiarse-cambiarse/subir). | **Curso:** 1º ESO |

**Recursos materiales:** Ninguno.

**Instalaciones:** Pista exterior.

**Contenido:** La marcha atlética.

### Tareas

#### Calentamiento 5'

a) Carrera continúa 3 minutos, movilidad articular y estiramientos.
b) Explicación de la técnica de la marcha (el pie nunca pierde contacto con el suelo).
c) La marcha tiene 4 fases: impulso, doble apoyo, tracción y relajación.

#### Parte principal 30'

a) De pie, realizamos el moviendo de braceo, adelantando hombro y brazo con una flexión de 90º en los codos.
b) Caminar de forma natural 2 minutos. Después caminar acentuando la acción de los brazos.
c) Los alumnos deben de hacer la marcha por una línea recta.
d) El mismo ejercicio, pero fijándose en el contacto con el suelo del talón del pie, planta y punta para la posterior impulsión.
e) Juego del "come cocos". Consiste en un pilla pilla por las líneas del campo, pero sólo se pueden desplazar con marcha atlética.
f) Competición. Marchar por la pista durante 5 minutos. Recordamos la importancia de que en la marcha no existe la fase aérea. En cada paso el pie que avanza apoya antes de que el pie atrasado se haya levantado.

#### Vuelta a la calma 5'

Estiramientos y resultados de la competición.


| UD 8: Atletismo I: Carrera y marcha atlética | Nº Sesión 6 |
|---|---|
| **Duración:** 40 min (20 min bajar/cambiarse-cambiarse/subir). | **Curso:** 1º ESO |

**Recursos materiales:** Tacos de salida, conos, testigos.

**Instalaciones:** Pista exterior.

**Contenido:** Evaluación.

### Tareas

#### Calentamiento 5'

Los alumnos calientan individualmente para las pruebas.

#### Parte principal 30'

Evaluación práctica:
- Técnica de carrera: salida de tacos, movimientos de las piernas y coordinación de brazos.
- Relevos: Entrega de testigo y recepción del testigo.
- La marcha atlética (el pie nunca pierde contacto con el suelo).

#### Vuelta a la calma 5'

El profesor da los resultados de la evaluación.

## 2.9. UNIDAD DIDÁCTICA 9: ACROSPORT I

### a) Introducción

El acrosport o gimnasia acrobática es un deporte que consiste en realizar figuras humanas con los compañeros. Es un vehículo muy útil para el desarrollo de las habilidades motrices como el equilibrio, la agilidad y la coordinación.

### b) Objetivos didácticos

- Tomar conciencia del propio cuerpo analizando estados de tensión y relajación.
- Desarrollar las habilidades motrices (agilidad, equilibrio y coordinación).
- Cooperar con los compañeros por lograr objetivos comunes.
- Trabajar la elasticidad como medio para mejorar la calidad de los movimientos.
- Inventar figuras y descubrir distintas posibilidades de movimientos.

### c) Contenidos

- Introducción de lo que es el deporte del acrosport.
- Ejercicios de base para las figuras.
- Trabajo de fuerza.
- Trabajo de la elasticidad.
- Cooperación en equipo.
- Realización de la ficha de búsqueda de la información sobre acrosport.

### d) Distribución temporal

- Sesión 1: Calentamiento específico y juegos de fuerza.
- Sesión 2: Posiciones de base.
- Sesión 3: Creación de figuras de dos y tres personas por ordenador.
- Sesión 4: Elaboración libre de figuras (figuras de dos o tres personas). Evaluación

### e) Metodología: Enseñanza mediante la búsqueda.

### f) Recursos didácticos

- Videos de coreografías de acrosport.
- Powerpoint con las figuras que irán realizando los alumnos en clases (proyector y ordenador).
- Creación de figuras de acrosport en el ordenador utilizando la siguiente página web: http://tice-eps.roudneff.com/acrosport.html
- Ficha de búsqueda de información sobre acrosport.

### g) Criterios de evaluación

- Analizar el grado de implicación de los alumnos así como el interés por buscar las posiciones correctas.

- Realizar las figuras pedidas con un mínimo de elegancia y corrección así como el mantenimiento de estas por un tiempo establecido.
- Realizar figuras inventadas con originalidad y dificultad.
- Trabajar en equipo.
- Evaluar la ficha de acrosport.

### h) Criterios de calificación

A la hora de calificar a los alumnos, seguiremos un procedimiento de observación directa. Los alumnos deben de inventar 5 figuras de parejas y 5 figuras de tríos. El profesor evaluará cada figura basándose en la originalidad, complejidad y la cooperación de los alumnos.

**Puntuación de cada apartado:** del 1 (nota más baja) al 10 (nota más alta). Se hace media entre las variables.

| UD 9: Acrosport I | Nº Sesión 1 |
|---|---|
| **Duración:** 40 min (20 min bajar/cambiarse-cambiarse/subir). **Curso:** 1º ESO ||
| **Recursos materiales:** Tapiz o colchonetas. Videos de coreografías de acrosport. ||
| **Instalaciones:** Tatami o polideportivo con tapiz o colchonetas. ||
| **Contenido:** Calentamiento específico y juegos de fuerza. ||
| Tareas ||
| Calentamiento 15' ||
| **a)** Introducimos la unidad presentándoles un vídeo donde se realizan diferentes estructuras. De esta manera le quitamos dificultad a la unidad y también les mostramos la importancia de las ayudas y de la cooperación entre todos los miembros del grupo. **b)** Corremos por el espacio a la señal del profesor, pisamos el mayor nº de pies posibles, después tocamos el mayor nº de rodillas posibles, y posteriormente jugamos a peleas de gallos. **c)** Sacar al compañero de la colchoneta. Los alumnos están de pie y cada uno apoya sus manos en el hombro del compañero. (Contra 5 adversarios). **d)** Dos alumnos en el suelo sentados espalda contra espalda, debes de llevar a tu compañero fuera de la colchoneta empujándolo con tus manos y pies. (Contra 5 adversarios). ||
| Parte principal 20' ||
| **a)** Breve explicación de lo que es el control postural (conjunto de acciones que se llevan a cabo para mantener una adecuada postura). **b)** Explicación de la posición de banco en sus dos posibilidades (banco dorsal y banco facial). **c)** De forma individual, experimentación y toma de sensaciones en ambas posiciones. **d)** Experimentar diferentes equilibrios, estando uno de los compañeros en apoyo facial primero y después en apoyo dorsal, el otro, se puede colocar de pie, tumbado, en cuadrupedia... ||
| Vuelta a la calma 5' ||
| **a)** Botella borracha. Uno se coloca en el centro y los demás le balancearán. Debe centrar el peso en las piernas. **b)** El ascensor loco. Cogemos a un compañero que estará tumbado entre todos, y le subimos. A la voz del profesor, le bajamos muy rápido sin que llegue a tocar el suelo y sin soltarle. **c)** Formamos grupos de 8 alumnos. Uno se sube a una colchoneta del tatami y los demás deben levantar la colchoneta y girarla. ||

| | |
|---|---|
| **UD 9: Acrosport I** | **Nº Sesión 2** |
| **Duración:** 40 min (20 min bajar/cambiarse-cambiarse/subir). | **Curso: 1º ESO** |

**Recursos materiales:** Tapiz o colchonetas.

**Instalaciones:** Tatami o polideportivo con tapiz o colchonetas.

**Contenido:** Posiciones de base.

### Tareas

### Calentamiento 5'

a) ¿Qué equipo de troncos llega antes al otro lado del aula? A la señal del profesor, todos los troncos se mueven intentando llegar al otro lado del aula.

### Parte principal 20'

a) **Explicación de los roles de la formación en el acrosport:**
- Portor: aquellos que soportan el peso de la pirámide.
- Ágil: aquellos que se suben sobre los portores.
- Ayuda: aquellos que facilitan la formación de la pirámide.

b) **Explicación de las presas:** dan seguridad y estabilidad a las pirámides. **Tipos de presas:**
- Presa mano a mano: las manos se juntan en una posición estrechada como de saludo (darse la mano).
- Presa de pinza: se utiliza para sostener las figuras o posiciones adoptadas.
- Presa Mano-Muñeca: su utilización es igual que en la presa anterior de pinza.
- Presa Brazo-Brazo: esta presa es usada principalmente para sujetar una posición invertida. El que hace de base (portor) sujeta al que se sitúa encima en la unión del deltoides (hombros) y bíceps (brazos), mientras que el ejecutante de arriba (ágil) sujeta el brazo (tríceps) del portor.
- Plataforma: para trepar y sujetar en algunas pirámides y para lanzar en acrobacias al alumno ágil.
- Presa Mano-Pie: utilizada por el portor para sostener al ágil situado en la cúpula en una posición de equilibrio estático. El agarre debe realizarse en la parte trasera del pie.

c) Los alumnos crean por parejas diferentes figuras sobre balanzas. Ejemplos:

d) ¿Quiénes hacen mejor la torre humana, los chicos o las chicas?

### Vuelta a la calma 15'

Corrección de la ficha de búsqueda de la información sobre acrosport.
Explicación del examen de la unidad.

| UD 9: Acrosport I | Nº Sesión 3 |
|---|---|
| **Duración:** 40 min  (20 min bajar/cambiarse-cambiarse/subir). | **Curso: 1º ESO** |

**Recursos materiales:** Ordenadores.
**Instalaciones:** Sala de ordenadores.
**Contenido:** Creación de figuras de dos y tres personas por ordenador.

### Tareas
### Parte principal 30'

Los alumnos van a sala de ordenadores y allí por parejas crean 20 figuras de dos y tres personas utilizando la siguiente página:
http://tice-eps.roudneff.com/acrosport.html
Los alumnos presentan al profesor en folios las diferentes figuras creadas en ordenador.

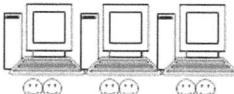

| UD 9: Acrosport I | Nº Sesión 4 |
|---|---|
| **Duración:** 40 min  (20 min bajar/cambiarse-cambiarse/subir). | **Curso: 1º ESO** |

**Recursos materiales:** Tapiz o colchonetas.
**Instalaciones:** Tatami o polideportivo con tapiz o colchonetas.
**Contenido:** Evaluación.

### Tareas
### Calentamiento 5'

Preparación del examen.

### Parte principal 30'

Evaluación:
- Por parejas deben realizar 5 figuras.
- En tríos deben realizar 5 figuras.

### Vuelta a la calma 5'

Juego del bloqueo. Nos ponemos por parejas y nos entrelazamos las manos en fila, un voluntario se lanza bloqueando su cuerpo, y lo vamos pasando hacia delante. También podemos elevarle entre todos y mantenerle.

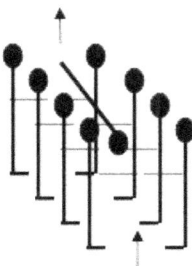

## 2.10. UNIDAD DIDÁCTICA 10: ACTIVIDADES CON PATINES

### a) Introducción

El patinaje se ha convertido en una actividad de tiempo libre para nuestros alumnos, debido a su alto valor lúdico, recreativo y educativo, siendo una actividad idónea para desarrollar en nuestras clases de educación física.

El patinaje destaca por la capacidad motriz de deslizamiento que depende del equilibrio. Por lo cuál el control del equilibrio permitirá mantener al patinador en una posición erguida, segura y confiada.

El patinaje nos permitirá desarrollar todas las cualidades físicas, sobretodo las aeróbicas. También nos permite desarrollar la expresividad de movimiento mediante coreografías rítmicas sobre los patines y practicar deportes colectivos como el hockey patines.

Winter (1986) habla de las "fases sensibles" para el desarrollo de las capacidades de equilibrio, indicando que a los 10, 11 y 12 años es la etapa óptima para el trabajo del equilibrio.

### b) Objetivos didácticos

- Mantenerse en una posición base, equilibrada, segura y que permita la consecución de las actividades planteadas.
- Distinguir las diferentes capacidades básicas de las que depende la técnica del patinaje.
- Dominar las acciones de empuje y deslizamiento.
- Controlar la velocidad y la frenada.
- Demostrar seguridad en las acciones de giro simple.
- Conocer y diferenciar los componentes básicos del patín.
- Aceptar las caídas como un componente más del proceso de aprendizaje, conociendo la manera más adecuada y menos peligrosa de realizarlas sin que esto suponga ningún daño.
- Disociar y coordinar diferentes segmentos corporales de manera que puedan realizar diferentes acciones a la vez que patinan.
- Ejecutar de manera fluida y equilibrada el moviendo básico del patinaje, enlazando esta acción con giros en ambos sentidos, sorteando obstáculos y patinando cada vez distancias más largas.

### c) Contenidos

- El patinaje. Origen y modalidades.
- Los componentes del patín. Partes y elementos.
- Normas básicas de seguridad. Protecciones y normas de circulación.
- Conceptos básicos. Equilibrio y coordinación.
- Capacidades funcionales. Posición base. Frenada. Giro. Salto. Deslizamiento.

- Adquisición y práctica del correcto calzado del patín y protecciones.
- Adquisición, desarrollo y control de la posición base.
- Adquisición y práctica del empuje.
- Adquisición y práctica de la frenada.
- Realización de la ficha de búsqueda de la información sobre deportes con patines.
- Realización de juegos y ejercicios para el desarrollo y la mejora de la posición de base, del empuje y de la frenada.
- Realización e interiorización de las caídas.
- Adquisición y práctica del deslizamiento.
- Realización de juegos y ejercicios para la mejora del patinaje.
- Adquisición y práctica del giro simple.
- Manipulación de objetos mientras se deslizan.
- Realización de juegos para desarrollar la coordinación a la hora de manipular objetos.
- Valoración del patinaje como actividad excelente para la mejora de nuestra condición física y salud.
- Valoración del patinaje como actividad lúdica y de ocupación de tiempo libre.

**d) Distribución temporal**
- Sesión 1: Familiarización con los patines. Posición base. La búsqueda del equilibrio.
- Sesión 2: Aprendizaje de caídas y juegos con patines.
- Sesión 3: Técnicas de frenar y juegos con patines.
- Sesión 4: Circuito de habilidades y evaluación.
- Sesión 5: Hockey patines.
- Sesión 6: Coreografía de patinaje artístico.

**e) Metodología**
- Música para las coreografías.
- Vídeo sobre diferentes modalidades de patinaje + ejercicios de iniciación.

**f) Recursos didácticos**
- Ficha de búsqueda de la información sobre deportes con patines.
- Video explicando las diferencias entre hockey sobre patines, hockey sobre hielo, patinaje velocidad, patinaje en pista, patinaje artístico.

**g) Criterios de evaluación**
- Analizar el grado de implicación de los alumnos así como el interés por buscar las posiciones correctas.
- Realizar una coreografía inventada con originalidad.
- Trabajar en grupo aportando ideas y respetando a los demás.
- Desinhibirse y experimentar individualmente sensaciones propias.
- Mejora de la coordinación y adaptación a la música.

- Comprender y aplicar el reglamento básico de juego del hockey patines.
- Evaluar la ficha de deportes con patines.

**h) Criterios de calificación:** A la hora de calificar a los alumnos, seguiremos un procedimiento de observación directa. Se evaluará:
- Habilidad en el circuito: desplazamientos y frenadas.
- Coreografía: basándose en la originalidad, complejidad y la cooperación de los alumnos.
- Partido hockey patines. Desplazamiento + ejecución de habilidades técnicas.

**Puntuación de cada apartado:** del 1 (nota más baja) al 10 (nota más alta). Se hace media entre las variables.

| UD 10: Actividades con patines | Nº Sesión 1 |
|---|---|
| **Duración:** 40 min (20 min bajar/cambiarse-cambiarse/subir). | **Curso:** 1º ESO |

**Recursos materiales:** Cada alumno con sus patines y protecciones.

**Instalaciones:** Pista exterior con campo de fútbol sala.

**Contenido:** Familiarización con los patines. Posición base. La búsqueda del equilibrio.

### Tareas

### Calentamiento 5'

**a)** Se presentará la unidad mediante un vídeo para que los alumnos conozcan las diferentes modalidades de patinaje. El vídeo contendrá ejercicios que hace un patinador en iniciación.

**b)** El profesor explicará las diferencias entre el patín en línea y el de ruedas paralelas.

**c)** El profesor explicará normas para realizar la actividad correctamente:
- Abrochar los patines y poner las protecciones correctamente.
- Usar casco siempre.
- No empujar a los compañeros.
- Utilizar los patines solo en las clases de educación física.

**d)** El profesor entregará la ficha de búsqueda de información.

### Parte principal 30'

**a)** Los alumnos se colocan el patín derecho en un pie y empiezan a deslizar. Al mismo tiempo que deslizan pueden elevar la rodilla o extender la pierna atrás que no tiene el patín...). Después realizar el mismo ejercicio cambiando el patín al pie izquierdo.

**b)** Los alumnos se colocan por parejas. Uno de los alumnos lleva los patines puestos en los dos pies y su compañero (que no lleva patines), le desplazará dándole las manos.

**c)** Se colocan todos los patines en sus pies. Y los alumnos forman parejas. En cada pareja habrá un alumno de nivel inicial y un alumno de nivel medio-alto. Los dos alumnos se darán la mano y patinarán libremente.

**d)** Las mismas parejas. El alumno medio-alto se coloca detrás de su compañero y le indicará al alumno de nivel inicial hacia donde se debe de mover mediante toques de la siguiente manera.
- Al tocar el hombro derecho=girará hacia la derecha.
- Al tocar el hombro izquierdo=girará hacia la izquierda.
- Al tocar la cabeza=frenará.
- Al llevar la mano tocando la espalda=avanzará.

**e)** Juego del espejo. Imitar los movimientos de mi compañero.

**f)** Carrera de velocidad. Los alumnos se colocan en la línea de fondo del campo de fútbol y realizarán una distancia de 20 m a máxima velocidad y en los siguientes 20 m frenarán. Gana el alumno que pase antes la línea de medio campo.

**g)** Carrera de velocidad cogiendo dos conos cada alumno (un cono situado en el lado derecho y otro cono situado en su lado izquierdo).

**h)** Los alumnos se moverán libremente por el espacio realizando diferentes desplazamientos.

### Vuelta a la calma 5'

Corrección de la ficha de búsqueda de la información sobre deportes con patines.

| UD 10: Actividades con patines | Nº Sesión 2 |
|---|---|
| **Duración:** 40 min (20 min bajar/cambiarse-cambiarse/subir). | **Curso: 1º ESO** |

| |
|---|
| **Recursos materiales:** Cada alumno con sus patines y protecciones. Colchonetas. 3 pelotas de gomaespuma. |
| **Instalaciones:** Pista exterior con campo de fútbol sala. |
| **Contenido:** Aprendizaje de caídas y juegos con patines. |
| <div align="center">Tareas</div> |
| <div align="center">Calentamiento 5'</div> |
| a) **"Pilla pilla aprende a caerte en la colchoneta".** Uno se la queda y los demás se escapan por el espacio de juego cuando veas que te van a pillar déjate caer de forma correcta en una colchoneta. Para seguir jugando tus compañeros te deben de salvar.<br>b) **Juego de los 10 pases con una pelota.** Dos equipos compiten por conseguir darse entre los compañeros 10 pases seguidos. Si pierden el balón empiezan a darse pases el equipo contrario.<br>c) El profesor recuerda los puntos clave de la posición base:<ul><li>Cuerpo recto de cintura para arriba y rodillas ligeramente flexionadas.</li><li>Mirada hacia delante, clavada en un punto fijo.</li><li>El cuerpo ligeramente inclinado hacia delante.</li><li>Brazo contrario a la pierna que patina a la hora de desplazarse.</li></ul>d) El profesor explica cómo se deben de realizar las caídas:<br>Cuando el alumno pierde el equilibrio debe de evitar caerse hacia atrás, ya que es mejor caerse hacía delante apoyando muñecas y flexionando las rodillas. Para levantarse del suelo el alumno debe a cuatro patas, levantar el tronco, apoyarse sobre una rodilla y la otra levantarla a 90º. Nunca debemos agarrarnos a un compañero para levantarnos. |
| <div align="center">Parte principal 30'</div> |
| a) El profesor dirá tres números y los alumnos realizarán una actividad:<br>Nº 1 = agacharse y tocar el suelo, se levantarán y seguirán patinando.<br>Nº 2 = frenar y volver a desplazarse.<br>Nº 3 = se tirarán en las colchonetas despacio, se levantarán y seguirán patinando.<br>b) **Agrupamientos.** El profesor dice números y los alumnos se agrupan según número que dice el profesor. Si dice el 0 los alumnos deben agacharse en cuclillas.<br>c) **Bulldog.** Un alumno se la liga en medio campo y tiene que coger al resto de alumnos que intentan atravesar el campo de un lado a otro. Los alumnos que pilla se quedarán con él en medio campo formando una cadena, así hasta que no quede ninguno.<br>d) **Juego de la pelota sentada.** Tres alumnos empiezan ligándosela y llevan en su mano una pelota. Deben de lanzar la pelota a los demás alumnos y si le dan éstos se caen hacia delante y para salvarse deben esperar a coger una pelota en el suelo y lanzársela a alguien y darle. Ganan el juego los tres últimos alumnos que consigan no ser eliminados. |
| <div align="center">Vuelta a la calma 5'</div> |
| Dos grupos se colocan en hilera y se agarran a la cadera del compañero de delante. Los primeros de la fila son las cabezas del dragón y el último de cada fila es la cola. Las colas deben de escapar porque las cabezas los van a atrapar. Gana el equipo que toque la cola del rival 5 veces. Si la cadena se rompe, se para el juego para que la fila se vuelva a formar. Cuando la cabeza atrapa a la cola, ese alumno pasa a la última posición de la fila. |

| UD 10: Actividades con patines | Nº Sesión 3 |
|---|---|
| **Duración:** 40 min (20 min bajar/cambiarse-cambiarse/subir). | **Curso: 1º ESO** |

**Recursos materiales:** Cada alumno con sus patines y protecciones. 4 aros. Material diverso: pelotas de tenis, de hockey, cuerdas, indiacas, discos voladores...

**Instalaciones:** Pista exterior con campo de fútbol sala.

**Contenido:** Técnicas de frenar y juegos con patines.

### Tareas

### Calentamiento 10'

**a)** El profesor explica las diferentes formas de frenar: en cuña, derrapando, en "T", con un freno de atrás y con dos frenos.

**b)** Los alumnos practican las diferentes formas de frenado y desplazamiento.

**c)** Todos los alumnos en la línea de fondo del campo de fútbol. A la señal del profesor, salen con rapidez y tienen que frenar antes de la línea de medio campo.

### Parte principal 25'

**a)** Juego del pañuelo.

**b)** Tres alumnos la ligan. Los demás se escapan. Cuando uno de los que se la ligan te va a pillar dices "Antártida" y te quedas estático con lo brazos en cruz. Otro compañero se puede unir al que está congelado dándole la mano y un tercero los puede salvar pasando por debajo de sus brazos.

**c)** Los alumnos forman tríos. El primero de la fila es el nº 1, el del medio es el nº 2 y el último es el nº 3. Los grupos se moverán por el espacio. Cuando el profesor diga en alto uno de esos números, ese alumno tendrá que perseguir a alguno de sus compañeros. Se repite 6 veces el ejercicio. Los alumnos cambian de posición.

**d)** Relevos. Cuatro grupos. Cada grupo estará situado en la línea de fondo y tiene que ir hasta el círculo que se encuentra en mitad de campo para coger material y llevarlo de nuevo a su punto de partida y dejarlo dentro de su aro.

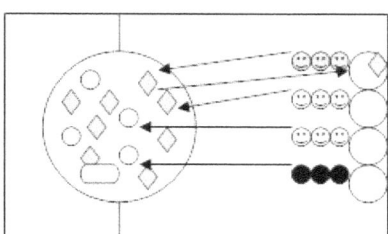

**e)** Competición de velocidad. Desde línea de fondo hasta medio campo.

**f)** Competición de patines a cámara lenta. Es una carrera en la que el que llegue tarde gana. Si el patín no se mueve o te caes estarás descalificado.

### Vuelta a la calma 5'

**Juego del escondite inglés.** Un niño se la queda (se colocará enfrente de una pared) y los demás se situarán a 15 m de distancia desde donde esta él. Los demás deben de llegar a tocar la pared sin ser vistos por el que se la queda. Cuando el alumno que se la queda se apoya en la pared y dice "uno, dos, tres, escondite inglés" se girará y si ve a alguno moviéndose lo manda otra vez al lugar de inicio del juego y desde allí comenzará ese alumno. El que se la queda sigue contando.

| | |
|---|---|
| **UD 10: Actividades con patines** | **Nº Sesión 4** |
| **Duración:** 40 min (20 min bajar/cambiarse-cambiarse/subir). | **Curso: 1º ESO** |
| **Recursos materiales:** Cada alumno con sus patines y protecciones. ||
| **Instalaciones:** Pista exterior con campo de fútbol sala. ||
| **Contenido:** Circuito de habilidades y evaluación. ||
| **Tareas** ||
| **Calentamiento 5'** ||
| a) Calentamiento individual mientras el profesor explica el circuito de habilidades. ||
| **Parte principal 30'** ||
| b) Circuito de habilidades:<br>1. En el primer cono giro 360º y me freno en "T". 2. Sobre un pie. 3. Slalom. 4. Sprint. 5. Caída en la colchoneta. 6. Salto sobre tres aros. 7. Abrir y cerrar piernas entre conos.<br>8. Frenar. 9. Recoger 4 pelotas de tenis y meterlas en el cesto. 10. Slalom. 11. Círculo rodeado cruzando el pie izquierdo por delante. 12. Círculo rodeado cruzando el pie derecho por delante. 13. Pasar agachado por debajo de las dos vallas. 14. Patinar hacia atrás.<br>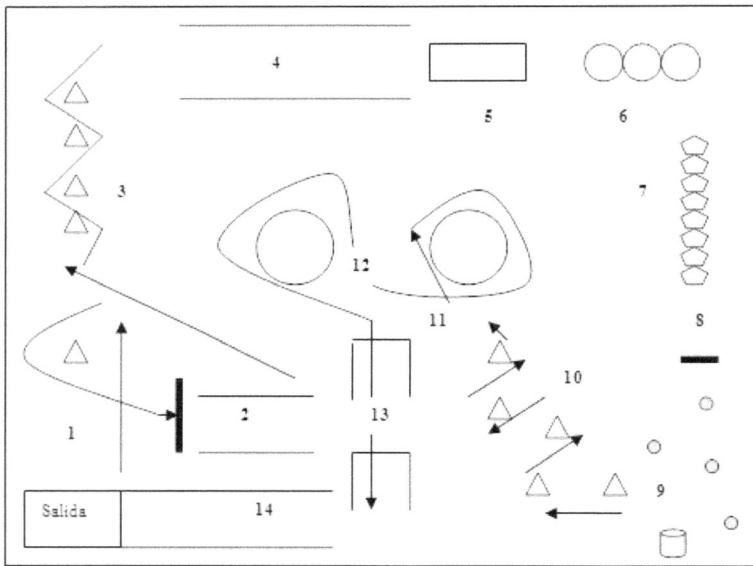 ||
| **Vuelta a la calma 5'** ||
| Por parejas. Un alumno lleva los ojos vendados y es guiado por su compañero, que le lleva por el espacio cogido de la mano. Después realiza el ejercicio el compañero. ||

| UD 10: Actividades con patines | Nº Sesión 5 |
|---|---|
| **Duración:** 40 min (20 min bajar/cambiarse-cambiarse/subir). | **Curso: 1º ESO** |

| **Recursos materiales:** Cada alumno con sus patines y protecciones. |
|---|
| **Instalaciones:** Pista exterior con campo de fútbol sala. |
| **Contenido:** Hockey patines. |
| **Tareas** |
| **Calentamiento 12'** |
| **a)** Juego del "come cocos". Uno se la liga y persigue a los demás por las líneas del campo. Cuando pilla a uno cambian de rol.<br>**b)** Pilla pilla hasta formar una cadena grande. Uno se la liga y debe pillar a los demás. A los que pilla se van uniendo hasta formar una cadena enorme y pillar a todos.<br>**c)** Juego de cara o cruz. |
| **Parte principal 25'** |
| Partidos de hockey patines. |
| **Vuelta a la calma 3'** |
| Resultados de la competición y recogida del material. |

| UD 10: Actividades con patines | Nº Sesión 6 |
|---|---|
| **Duración:** 40 min (20 min bajar/cambiarse-cambiarse/subir). | **Curso: 1º ESO** |

| **Recursos materiales:** Cada alumno con sus patines y protecciones. |
|---|
| **Instalaciones:** Pista exterior con campo de fútbol sala. |
| **Contenido:** Coreografía de patinaje artístico. |
| **Tareas** |
| **Calentamiento 8'** |
| El profesor explica las siguientes figuras para la coreografía: ángel, ancora, canadiense, cañon, cochecito, águila de 4, 6 y 8 ruedas, baile ruso y el equilibrio de un pie por parejas. |
| **Parte principal 30'** |
| Coreografía libre. Con todos los ejercicios que han aprendido tendrán que montar una coreografía de 2 minutos, en el que tendrán que conjugar el baile con el patinaje. Se harán grupos mixtos. Pondremos una música común para todos. |
| **Vuelta a la calma 2'** |
| El profesor comenta los resultados de las coreografías. |

# Capítulo 3.
# UNIDADES DIDÁCTICAS PARA 2º ESO

## 3.1. UNIDAD DIDÁCTICA 1: CONDICIÓN FÍSICA II

**a) Introducción**

Esta unidad didáctica se encuentra dentro del bloque de contenidos de condición física y salud. Se pretende desarrollar las diferentes cualidades físicas, por lo cuál haremos una evaluación inicial mediante diferentes test físicos para comprobar el estado del alumnado y ver cuál es la situación de partida.

Al final del curso haremos una repetición de los test de condición física para comparar los resultados y conocer si existen mejoras.

**b) Objetivos didácticos**
- Valorar el calentamiento como parte imprescindible dentro del inicio de cualquier actividad física.
- Saber tomar e interpretar la frecuencia cardiaca estableciendo los ritmos e intensidades adecuados al ejercicio.
- Adquirir una buena condición física.
- Tomar conciencia de los beneficios que aporta una buena condición física para la práctica de todos los deportes.
- Distinguir entre las distintas cualidades físicas y los ejercicios específicos que potencian cada una de ellas.
- Aprender métodos y técnicas de respiración y relajación mediante el taichi.

**c) Contenidos**
- Condición física y capacidades físicas. Conceptos, principios y sistemas para su desarrollo.
- Test de valoración de la condición física.
- Acondicionamiento físico general. Desarrollo de las capacidades físicas.
- Juegos donde se trabaja la condición física (fuerza, velocidad y resistencia).
- Aplicación de los sistemas específicos de entrenamiento, desarrollo de las distintas capacidades físicas y valoración de sus efectos.
- Toma de conciencia de la propia condición física y responsabilidad en el desarrollo de la misma.
- Valoración y toma de conciencia de la propia imagen corporal, de sus límites y capacidades.

- Técnicas de respiración y relajación.
- Valoración del hecho de alcanzar una buena condición física como base de unas mejores condiciones de salud.
- Disposición positiva hacia la práctica habitual de actividad física sistemática como medio de mejora de las capacidades físicas, la salud y la calidad de vida.

### d) Distribución temporal
- Sesión 1: Carrera continua y entrenamiento total.
- Sesión 2: Circuito de fuerza.
- Sesión 3: Velocidad de reacción y aceleraciones.
- Sesión 4, 5, y 6: Test físicos.
- Sesión 7: Taichi.

### e) Metodología
- Enseñanza mediante la búsqueda.
- Instrucción directa.

### f) Recursos didácticos
- Course navette en formato mp3.
- DVD taichi.

### g) Criterios de evaluación
- Analizar el grado de implicación de las diferentes capacidades físicas.
- Valorar las diferencias en la ejecución técnica de acuerdo con las distintas capacidades motoras de los alumnos.
- Valoración objetiva en función de los baremos de condición física.
- Incrementar las capacidades físicas de acuerdo con las posibilidades motoras de los alumnos.

### h) Criterios de calificación
La puntuación de todos los test se compara con los baremos de condición física según cada curso (ver anexo). Se hace media entre los resultados de cada test.

### i) Pruebas de aptitud física
Se realizarán los siguientes test físicos en 2º ESO (ver anexo):

- Course Navette.
- Abdominales en 1 minuto.
- Test de 55 m.
- Lanzamiento de balón medicinal.
- Carrera de obstáculos.
- Flexión de tronco hacía delante.

| | |
|---|---|
| **UD 1. Condición física II** | **Nº Sesión: 1** |
| **Duración:** 40 min (20 min bajar/cambiarse-cambiarse/subir). | **Curso: 2º ESO** |

| |
|---|
| **Recursos materiales:** 2 conos rojos, 2 conos azules y 2 conos amarillos, 12 conos para hacer zig-zag. |
| **Instalaciones:** Pista exterior. |
| **Contenido:** Carrera continua y entrenamiento total. |
| **Tareas** |
| **Calentamiento 12'** |
| **a)** Carrera continua 10 minutos. Frecuencia cardiaca.<br>**b)** Explicación del entrenamiento total. |
| **Parte principal 20'** |
| **a) Entrenamiento total:** es un entrenamiento que sirve para desarrollar la carrera continua y potenciar, todas las cualidades físicas. Consiste en realizar una carrera continua de manera suave intercalando ejercicios. La carrera continua entre ejercicio y ejercicio será de 1' aproximadamente. Los ejercicios a intercalar serán:<br>• 1º vuelta al campo: zig-zag en la zona indicada.<br>• 2º vuelta: sprint en los anchos del campo.<br>• 3º vuelta: en las esquinas donde hay conos negros hago 5 sentadillas.<br>• 4º vuelta: en las esquinas donde hay conos blancos hago 30 sg de skipping estático.<br>• 5º vuelta: donde hay aros (medio campo) hago 30 sg de talones al glúteo estático.<br>• 6º vuelta: subo y bajo las gradas corriendo.<br>• 7º vuelta: subo a pata coja la grada y bajo normal.<br>• 8º vuelta: sprint en la recta de inicio.<br>• 9º vuelta: 20 abdominales en el inicio.<br>• 10º vuelta: en los dos anchos, pasos laterales cruzando. 2 vueltas de recuperación.<br>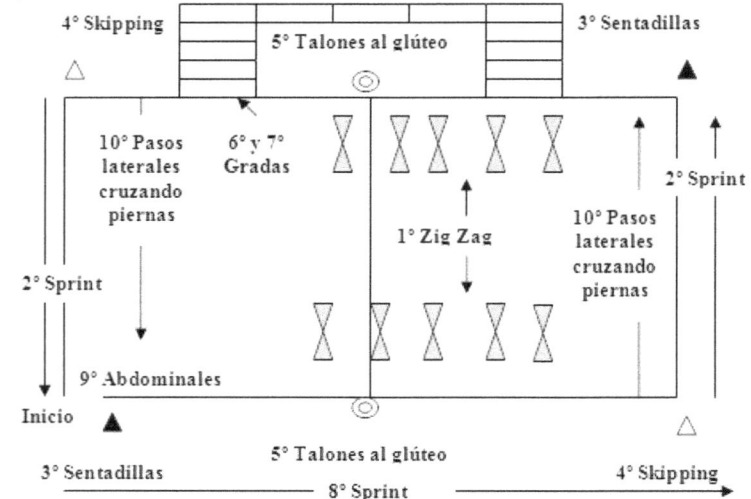 |
| **Vuelta a la calma 8'** |
| Un alumno dirige los estiramientos. |

| UD 1: Condición física II | Nº Sesión: 2 |
|---|---|
| **Duración:** 40 min (20 min bajar/cambiarse-cambiarse/subir). | **Curso: 1º ESO** |

**Recursos materiales:** 2 combas, 10 aros, balón medicinal.

**Instalaciones:** Polideportivo.

**Contenido:** Circuito de fuerza.

## Tareas

### Calentamiento 5'

**Stop. Sálvame con tres saltos.** Todos los alumnos corren por un espacio reducido y uno de ellos es el que se la liga. Para evitar ser tocado, puede decir "stop", a la vez que el alumno se queda quieto con los brazos abiertos en cruz. Un compañero puede salvarlo, si realiza 3 saltos con los pies juntos cogiéndole la mano al que estaba quieto.

### Parte principal 32'

**1º vuelta circuito de fuerza por parejas (30 sg cada estación):**
1. Saltar a la pata coja 10 aros, cambiar de pierna.
2. Pasarse el balón medicinal con pase de pecho (a 1m de distancia).
3. Abdominales.
4. Sentadilla.
5. Fondos de brazos con banco sueco.
6. Salto a la comba.
7. Tumbados en el suelo en posición decúbito prono elevar el brazo y pierna contraria.
8. Piernas abiertas y el banco sueco en medio, saltar encima del banco y bajar.

### Descanso 3 minutos

**2º vuelta circuito de fuerza por parejas (30 sg cada estación):**
1. A la ida saltar con los dos pies en 10 aros y a la vuelta correr rápido entre los aros.
2. Pasarse el balón medicinal con pase por encima de la cabeza.
3. Abdominales oblicuos.
4. Sentarse con la espalda apoyada en la pared.
5. Tríceps en banco sueco.
6. Saltar a la comba de espaldas.
7. Multisaltos en vallas (o conos con picas).
8. En banco sueco apoyar las manos y pasar las dos piernas a la vez de un lado a otro.

### Vuelta a la calma 3'

Los alumnos dirigen los estiramientos.

| UD 1. Condición física II | Nº Sesión: 3 |
|---|---|
| **Duración:** 40 min (20 min bajar/cambiarse-cambiarse/subir). | **Curso: 2º ESO** |

| |
|---|
| **Recursos materiales:** 2x4 conos diferentes colores, 2 conos. |
| **Instalaciones:** Pista exterior. |
| **Contenido:** Velocidad de reacción y aceleraciones. |
| **Tareas** |
| **Calentamiento 10'** |
| a) Los alumnos trotan en círculo y si el profesor da un pitido los alumnos corren a tocar la espalda al compañero que tienen delante, si el profesor da dos pitidos corren a tocar la espalda del compañero que está detrás.<br>b) Los alumnos se colocan todos detrás de línea de fondo del campo y deben realizar una carrera progresiva hasta el otro lado del campo. Descansan un minuto y lo realizan de nuevo. |
| **Parte principal 25'** |
| a) Los alumnos están colocados en dos filas y realizan salidas desde distintas posiciones hasta un cono situado a 10 m (el profesor da la señal mediante diferentes estímulos: silbato, palmada, "ya"). Realizan tres salidas desde cada posición.<br>▪ De pie, estático.<br>▪ De pie saltando.<br>▪ De pie haciendo skipping.<br>▪ De pie llevando talones al glúteo.<br>▪ De espaldas saltando, hay que girarse.<br>▪ De rodillas.<br>▪ Decúbito prono y decúbito supino. |
| b) Los alumnos se distribuyen en tres grupos diferentes y se colocan en fila. En frente de cada fila hay cuatro conos (de 4 colores diferentes) colocados en forma de rombo, la distancia entre cada cono es de 2 metros. Los tres primeros de cada fila van a competir a ver quien es el que hace el ejercicio más rápido y posteriormente saldrán los demás alumnos. El alumno que le toca competir se coloca en el centro del rombo. |
| Primero corren tocando el cono de la derecha-izquierda-adelante-atrás y van al cono del final. Se da la señal con un silbato. |
| Después el profesor va diciendo el nombre del color de los conos rojo-amarillo-azul-blanco o de forma alternativa esas cuatro palabras y entonces, el alumno rápidamente debe tocar con la mano los conos que se encuentran en esa dirección que estableció el profesor. Una vez finalizadas esas indicaciones salen del rombo corriendo lo más rápido posible a tocar otro cono que se encuentra a seis metros en frente de la fila y el primero que llega allí es el que gana. Se le da un punto a los alumnos que lo hagan más rápido y posteriormente se contará los puntos totales que ha conseguido cada fila. Ganará la competición la fila que más puntos obtenga. El ejercicio comienza cuando el profesor dice los cuatro colores. Variante: El profesor puede aumentar el número de indicaciones o decir los colores en inglés. Se puede cambiar de posición los conos para que el alumno no recuerde donde estaban. |
| 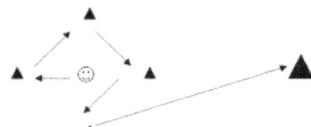 |
| **Vuelta a la calma 5'** |
| Todos los alumnos tumbados en el suelo, mueven o sacuden sus brazos y piernas. Respiran controladamente, inspiración-espiración. |

**Nº Sesión 4:** Realizar el test de la Course Navette y el test de abdominales en 1 minuto.
**Nº Sesión 5:** Realizar el test de 55 m y el test de lanzamiento de balón medicinal.
**Nº Sesión 6:** Realizar el circuito de obstáculos y el test de flexión de tronco hacía delante.
**Nº Sesión 7:** Relajación mediante el taichi con un dvd.

*La explicación de los test de las pruebas físicas y sus baremos se encuentran en el anexo.

### 3.2. UNIDAD DIDÁCTICA 2: VOLEIBOL I

**a) Introducción**

Los contenidos fundamentales del voleibol se enseñarán en 2º ESO y en 1º de Bachillerato se pretende perfeccionar todas las técnicas aprendidas en este curso.

**b) Objetivos didácticos**
- Conocer y desarrollar la técnica básica del juego del voleibol.
- Desarrollar la coordinación óculo-manual.
- Valorar los efectos beneficiosos que tiene la práctica habitual del voleibol.
- Percibir y controlar el cuerpo en las distintas situaciones de juego en las que se precise un ajuste motor.
- Utilizar los diferentes golpeos para adaptarlos al juego real en situaciones de máxima exigencia.
- Conocer los aspectos tácticos del juego del voleibol.
- Elaborar calentamientos específicos de voleibol.
- Conocer el reglamento de juego.

**c) Contenidos**
- La técnica, táctica y el reglamento del voleibol.
- Capacidades físicas y coordinativas del voleibol.
- Historia y procedencia del voleibol.
- Material específico del voleibol y el mantenimiento de éste.
- Realización de calentamientos específicos de voleibol.
- Realización de la ficha de búsqueda de la información sobre el voleibol.
- Adquisición y desarrollo de los patrones básicos del voleibol y de sus diferentes modalidades.
- Utilización de los recursos técnicos integrándolos dentro de situaciones de juego real como medio de superación del rival.
- Ajuste de la respuesta tanto individual como colectiva al modo de juego del adversario.

- Realización de competiciones (6x6, 3x3 y 2x2).
- Utilización del juego del voleibol como medio de mejora de la condición física.
- Aceptación de las reglas.
- Aceptar la derrota con deportividad y aprender de ella.
- Participación en el montaje y recogida de material necesario para la realización de las clases.
- Capacidad de superación con la esperanza de que día a día mejoremos la calidad de juego.

**d) Distribución temporal**
- Sesión 1: Familiarización con el material de juego.
- Sesión 2: Teoría del reglamento de voleibol en el aula.
- Sesión 3: Técnica individual (manejo de balón, saque de abajo y saque de tenis).
- Sesión 4: Técnica individual toque de dedos.
- Sesión 5: Técnica individual antebrazos.
- Sesión 6: Técnica individual recepción y combinación toques.
- Sesión 7: Técnica colectiva (recepción y colocación). Tipos de colocación.
- Sesión 8: Técnica colectiva (colocación y remate). Tipos de ataque (golpeo y fintado). Movimientos defensivos: Bloqueo.
- Sesión 9: Evaluación práctica. Técnica colectiva. Sistema de recepción en W.
- Sesión 10: Competición.

**e) Metodología**
- Instrucción directa.
- Enseñanza recíproca.
- Descubrimiento guiado.
- Enseñanza mediante la búsqueda.

**f) Recursos didácticos**
- Ficha de búsqueda de información sobre el voleibol.

**g) Criterios de evaluación**
- Valoración de la técnica tanto individual como colectiva.
- Conocer el reglamento así como los conceptos técnico-tácticos en situaciones de juego real.
- Valoración de la progresión de la ejecución técnica en el alumnado teniendo en cuenta sus diferencias motoras.
- Valorar la actitud del alumnado durante el desarrollo de las sesiones así como el grado de mejora.
- Reconocer la participación activa del alumnado así como el cuidado del material y colaboración en el transporte del mismo.
- Evaluar la ficha de voleibol.

## h) Criterios de calificación

Examen práctico realizado por observación directa del profesor sobre el alumno de los diferentes golpeos y combinaciones de manera individual y colectiva.

- 10 autopases de dedos.
- 10 autopases de antebrazo.
- Combinación de toque por parejas (coordinación y ejecución del gesto técnico de antebrazos y dedos).
- Saque-recepción: valorar la técnica de saque tanto de tenis como de abajo desde una distancia real. Recepción valorada de igual modo pero tras un saque, deberán amortiguar el balón de antebrazos y cogerlo sin que bote.
- Juego real: la situación en el campo, trabajo en equipo, buena ejecución, pases a los compañeros,...

**Puntuación de la ejecución de cada ejercicio:** del 1 (nota más baja) al 10 (nota más alta). Se hace media entre las variables.

| UD 2: Voleibol I | Nº Sesión 1 |
|---|---|
| **Duración:** 40 min (20 min bajar/cambiarse-cambiarse/subir). **Curso:** 2º ESO ||
| **Recursos materiales:** 30 balones de voleibol. ||
| **Instalaciones:** Polideportivo. ||
| **Contenido:** Familiarización con el material de juego. ||
| **Tareas** ||
| **Calentamiento 5'** ||
| a) Uno la liga con un balón en la mano y tiene que pillar a otro compañero tocándole con el balón en su cuerpo. Si le da, la ligará. ||
| **Parte principal 32'** ||
| Ejercicios de control: <br> a) Mantener el balón en el aire golpeándolo con las yemas de las manos. <br> b) "Mareo": grupos de 4. Sólo lanzamientos por encima de la cabeza. <br> c) 4 personas y 2 balones: A pasa el balón a B por el aire y B se lo pasa a A rodando por el suelo y cambian de fila; C pasa el balón por el aire a D y D se lo pasa a C rodando y cambian de fila. Idem pero un balón con toque dedos y el otro rodando. Idem pero los dos balones con toque de dedos. <br> 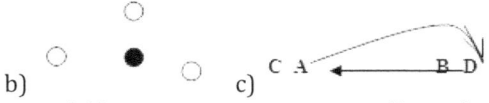 <br> d) Realizar una competición para ver que grupo realiza más número de toques sin que el balón caiga al suelo. ||
| **Vuelta a la calma 3'** ||
| Balón prisionero. ||

| UD 2: Voleibol I | Nº Sesión 2 |
|---|---|
| **Duración:** 60 minutos | **Curso:** 2º ESO |
| **Recursos materiales:** Fotocopias de las fichas. ||
| **Instalaciones:** En un aula. ||
| **Contenido:** Teoría del reglamento de voleibol en el aula. ||
| Tareas ||
| Calentamiento 10' ||
| El profesor explica la teoría sobre voleibol. ||
| Parte principal 25' ||
| Los alumnos realizan la ficha de búsqueda de la información sobre voleibol. ||
| Vuelta a la calma 5' ||
| Corrección de la ficha de búsqueda de la información de voleibol. ||

| UD 2: Voleibol I | Nº Sesión 3 |
|---|---|
| **Duración:** 40 min (20 min bajar/cambiarse-cambiarse/subir). | **Curso:** 2º ESO |
| **Recursos materiales:** Balones de voleibol, red, 10 aros. ||
| **Instalaciones:** Polideportivo. ||
| **Contenido:** Técnica individual (manejo de balón, saque de abajo y saque de tenis). ||
| Tareas ||
| Calentamiento 5' ||
| **a) Juego de los 10 pases.** Varios grupos. Un mismo equipo tiene que pasarse el balón 10 veces sin que caiga al suelo. Si lo consiguen suman 1 punto. Gana el equipo que consigue 3 puntos. ||
| Parte principal 33' ||

Todos los alumnos se distribuyen en parejas con un balón y con una red en medio.
Los siguientes ejercicios se hacen a 2 metros de distancia de la red.
**a)** Un alumno hace 10 toques de dedos le pasa el balón a su compañero que también realiza 10 toques de dedos.
**b)** Pases de toque de dedos.
**c)** ¿Quién consigue hacer 10 toques de dedos seguidos?
**d)** ¿Quién es la pareja que consigue darse 10 pases de toques de dedos seguidos?
**e)** Uno pasa el balón de toque de dedos y devuelve el balón de toque de antebrazos. Repetir la serie 10 veces y cambiar de roles.
**f)** ¿A qué pareja le sale mejor la serie?
**g)** Uno pasa el balón de toque de dedos y el otro recibe el balón de antebrazos haciéndose un autopase y devuelve el balón de dedos a su compañero. Repetir la serie 10 veces y cambiar de roles.
**h)** ¿A qué pareja le sale mejor la serie?

Los saques se realizan a 9 metros de de distancia de la red.
**a)** Todos los alumnos del lado derecho del campo comienzan haciendo 10 saques de mano baja y el compañero recibe el balón en las manos y lo rueda por el suelo para devolvérselo al sacador.
**b)** Después realizan el mismo saque, pero el compañero debe recibir el balón y mandarlo al campo contrario de antebrazos.

c) Después realizan el mismo saque, pero el compañero debe recibir el balón de antebrazos haciéndose un autopase y mandando el balón de dedos a su compañero.
d) Realizan los mismos ejercicios, pero con saque de mano alta.
e) Cambiar de roles.
f) Cada pareja debe realizar un saque de mano alta y otro de baja. ¿Qué parejas consiguen realizar mejor los saques?

### Vuelta a la calma 2'
Colocar aros grandes en un campo. El equipo que más saques meta dentro de los aros gana.

| UD 2: Voleibol I | Nº Sesión 4 |
|---|---|
| **Duración:** 40 min (20 min bajar/cambiarse-cambiarse/subir). **Curso:** 2º ESO ||
| **Recursos materiales:** Balones de voleibol, red. ||
| **Instalaciones:** Polideportivo. ||
| **Contenido:** Técnica individual toque de dedos ||
| **Tareas** ||
| **Calentamiento 10'** ||
| "**Rugby**". 2 equipos, los pases siempre se realizan hacia atrás y el que tiene el balón no puede desplazarse con él. Será gol tocar con el balón la línea de fondo del campo. Gana el mejor de cinco puntos. ||
| **Parte principal 25'** ||
| a) Pases de dedos y antebrazos en parejas.<br>b) 2 autopases y pase de dedos en parejas.<br>c) Bote contra el suelo + 2 autopases + pase de dedos en parejas.<br>d) Pase de dedos. Competición: ¿Qué pareja realiza más toques de dedos?<br>e) Partidos: 2x2 sólo con toque de dedos y máximo de 3 toques por equipo. 7 puntos. Igual pero se puede iniciar con saque de abajo o tenis el partido. ||
| **Vuelta a la calma 5'** ||
| Competición: 4x4. ||

| UD 2: Voleibol I | Nº Sesión 5 |
|---|---|
| **Duración:** 40 min  (20 min bajar/cambiarse-cambiarse/subir). | **Curso: 2º ESO** |

**Recursos materiales:** Balones, red voleibol, conos.
**Instalaciones:** Polideportivo.
**Contenido** Técnica individual antebrazos.

### Tareas
### Calentamiento 10'

**Carreras de velocidad.** Filas de 4. Ir hasta un cono y girar.
- Golpeos de balón con el antebrazo alternativamente.
- Sólo golpear con un brazo. Viceversa.
- Realiza un toque de dedos y uno de antebrazo.

### Parte principal 25'

a) Parejas con 1 balón. Realizar toque de antebrazos contra la pared. 3 intentos y ver cuál realiza más toques.
b) Igual pero alternando toque de dedos y toque de antebrazos.
c) Realizar 2 autopases + pase de antebrazos.
d) Saque por encima de la red y el compañero tiene que amortiguar el balón de antebrazos. 10 veces cada uno.

### Vuelta a la calma 5'

**Tríos.** Desde un campo se realiza un saque, en el otro campo un compañero preparado para recibir el balón de antebrazos y un tercero coloca el balón. Repetir la secuencia 5 veces y cambiar de posiciones.

---

| UD 2: Voleibol I | Nº Sesión 6 |
|---|---|
| **Duración:** 40 min  (20 min bajar/cambiarse-cambiarse/subir). | **Curso: 2º ESO** |

**Recursos materiales:** Balones de voleibol, red de voleibol, dos conos grandes.
**Instalaciones:** Polideportivo.
**Contenido:** Técnica individual recepción y combinación toques.

### Tareas
### Calentamiento 10'

a) **Pañuelo adaptado.** Dos conos altos. En cada cono colocado un balón, al decir el número cada equipo viene a por su balón, vuelve a su campo y realiza saque. Quien meta el saque gana un punto.

 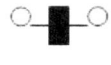 

### Parte principal 25'

a) Grupos de cuatro. Dos filas enfrentadas. Toque de dedos y cambio de fila. Idem antebrazos.
b) Dos filas enfrentadas. En una se hace toque de dedos y en otra toque de antebrazos. Ir cambiando de fila.
c) Cuatro equipos en fila. Desplazarse hacia la canasta haciendo autopases de toque de dedos y meter canasta en 1'. Ver que equipo mete más canastas. Igual de antebrazos.
d) Grupos de cuatro. A saca – B recibe de dedos o antebrazos – C coge el balón

que manda B y se lo pasa a D. D en espera de saque. Rotar hacia donde va el balón.

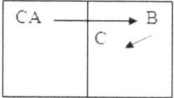

| **Vuelta a la calma 5'** |
|---|
| Competición 4 x 4. |

| UD 2: Voleibol I | Nº Sesión 7 |
|---|---|
| **Duración:** 40 min (20 min bajar/cambiarse-cambiarse/subir). | **Curso:** 2º ESO |
| **Recursos materiales:** Balones de voleibol, red de voleibol. ||
| **Instalaciones:** Polideportivo. ||
| **Contenido:** Técnica colectiva (recepción y colocación). Tipos de colocación. ||
| **Tareas** ||
| **Calentamiento 10'** ||
| **a)** Parejas: lanzamientos de balón, golpeos, bote contra el suelo,… ||
| **b)** Saque mano baja y de mano alta. El compañero amortigua el balón y lo devuelve rodando por el suelo. 10 veces. ||
| **Parte principal 25'** ||
| **a)** Tríos colocados en fila y separados 2 metros cada uno. A realiza autopase y pase – B en el centro autopase y pase de espaldas – C pase hasta A. Los alumnos rotan por todos los puestos. ||
| **b)** Igual que el anterior pero de antebrazos excepto B que golpea de dedos. ||
| c) 3x3. Intentar mantener el balón en el aire realizando cada equipo tres toques. Primero toque de dedos, después toque de antebrazos y por último toque de dedos. ||
| **Vuelta a la calma 5'** ||
| 3x3. Partido con saque y realizar 3 toques. *Si un equipo realiza tres toques, vale doble el punto.* ||

| | |
|---|---|
| **UD 2: Voleibol I** | **Nº Sesión 8** |
| **Duración:** 40 min (20 min bajar/cambiarse-cambiarse/subir). | **Curso: 2º ESO** |

| |
|---|
| **Recursos materiales:** Balones de voleibol, red de voleibol. |
| **Instalaciones:** Polideportivo. |
| **Contenido:** Técnica colectiva (colocación y remate). Tipos de ataque (golpeo y fintado). Movimientos defensivos: Bloqueo. |
| **Tareas** |
| **Calentamiento 10'** |
| **Frontón**. Equipos de 4. Cada equipo con 1 balón. Tienen que golpear uno tras otro el balón contra el suelo y luego contra pared intentando mantenerlo sin perder el ritmo. |
| **Parte principal 25'** |
| **a)** Un alumno en zona 5 pasa el balón de toque de dedos al colocador (zona 3) y remata en zona 4. Del otro lado del campo se encuentran otros dos alumnos que intentan realizar un bloqueo. Cambio de posiciones cada 5 veces que realice el ejercicio el mismo alumno. Variante: Colocamos a un tercer alumno para rematar que entra por zona 2. |
| 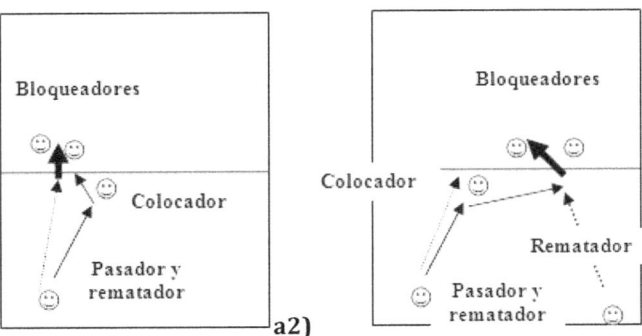 |
| **b)** 4x4. Partido. Se colocan en rombo. 3 es colocador, 2 y 4 atacantes y bloqueadores y 1 sacador y receptor. |
| **Vuelta a la calma 5'** |
| Estiramientos. Recogida del material. |

**Nº Sesión 9:** Evaluación práctica. Técnica colectiva. Sistema de recepción en W.

**Nº Sesión 10:** Competición.

## 3.3. UNIDAD DIDÁCTICA 3: EXPRESIÓN CORPORAL II

### a) Introducción
La expresión corporal es un contenido muy versátil para trabajar con los alumnos de secundaria, ya que nos permite conocer a los alumnos desde otras miras, vemos como se desinhiben y expresan sus sentimientos y su forma de ser. Podemos trabajar diferentes aspectos muy enriquecedores como el ritmo, lenguaje corporal, mímica, dramatización, danzas y bailes...

### b) Objetivos didácticos
- Aprender diferentes técnicas de lenguaje corporal.
- Aprender a realizar movimientos con distintas trayectorias e intensidades.
- Expresar diferentes estados de ánimo a través del cuerpo y del gesto.
- Realizar coreografías con una base musical, adaptando el movimiento al ritmo de la música.
- Conocer el lenguaje corporal que se produce en el deporte actual.
- Ser capaz de interpretar el lenguaje musical, adaptando los movimientos al ritmo de la música.
- Combinar movimientos de los distintos segmentos corporales.
- Desinhibirse e involucrarse en las diferentes actividades investigando y descubriendo las diferentes manifestaciones del lenguaje corporal.

### c) Contenidos
- Trabajo de desinhibición a través de dinámicas de grupo.
- Aceptación de las diferencias individuales y el respeto hacia los demás.
- Combinación de movimientos con diferentes segmentos corporales siguiendo una secuencia rítmica.
- Realización de tareas trabajando ritmo, intensidad y tiempo.
- Pasos sencillos de diferentes danzas y bailes.
- Pasos a seguir para diseñar una historia gestual.
- Creación de una coreografía.
- Aportación de ideas al trabajo de grupo.

### d) Distribución temporal
- Sesión 1: El lenguaje corporal.
- Sesión 2: Expresión corporal y comunicación gestual.
- Sesión 3: Ritmo e intensidad.
- Sesión 4: Belly dance.
- Sesión 5: Coreografía.
- Sesión 6: Examen.

### e) Metodología
- Descubrimiento guiado.
- Enseñanza mediante la búsqueda.

## f) Recursos didácticos
- Música relajante.
- DVD: Belly dance.
- Video y proyector.

## g) Criterios de evaluación
- Analizar el grado de implicación así como la propia búsqueda de elementos de exploración y vivencia personal.
- Superar las pruebas prácticas, coreografías,…
- Interiorizar sensaciones a través del ritmo, intensidades, sonidos,…
- Trabajar en grupo y aportar ideas.
- Desinhibirse y aprender a controlar tu cuerpo y sus capacidades y limitaciones.
- Analizar el nivel de coordinación y adaptación a la música.

## h) Criterios de calificación
Realizar una coreografía en grupos de 5 personas. Los grupos traerán su propia música.

Se evaluará la originalidad tanto en la realización como en el vestuario, la formación grupal, la colaboración, expresividad, ritmo y trabajo en diferentes planos.

Los grupos serán mixtos y deberán organizarse ellos, buscar material y disfrazarse.

La puntuación será del 1 al 10 en cada uno de estos apartados. Se hace media entre los apartados.

| | |
|---|---|
| **UD 3. Expresión corporal II** | **Nº Sesión 1** |
| **Duración:** 40 min (20 min bajar/cambiarse-cambiarse/subir). **Curso: 2º ESO** ||
| **Recursos materiales:** Malabares, aros, picas, cuerdas... ||
| **Instalaciones:** Polideportivo. ||
| **Contenido:** El lenguaje corporal. ||

### Tareas

### Calentamiento 10'

**a) De tres en tres.** En grupos de tres se numerarán y se desplazarán por la sala. Al decir un número, el que tenga ese número cambiará su posición con otro grupo. Sin hablar sólo mediante señales.

### Parte principal 25'

**a) Presentarse a la clase mediante un saludo (gesto).** Se colocan en círculo, con cierta separación unos de otros y a ser posible, de pie. Crear e imitar gestos. Cada persona tiene que decir su nombre y hacer un gesto. A continuación, el siguiente tiene que decir como se llamaba el anterior alumno, y repetir su gesto. Él también dice su nombre y realiza un gesto distinto y así sucesivamente hasta la última persona. El último alumno tiene que decir todo lo que han dicho los anteriores (los nombres de cada persona y sus gestos).

**b) El orden de las edades.** Todos en fila. No se puede hablar mientras dure el juego, sólo pueden hacer señas. El objetivo del grupo es ordenarse por fechas de nacimiento por orden descendente, de mayor a menor, pero sin hablar. Ganará el grupo cuando esté ordenado. Al final se contrasta el orden conseguido sin hablar, con las fechas reales que cada cual nos cuente.

**c) Reconóceme.** Todos los alumnos sentados en círculo. El profesor dice quién sale al medio y éste debe de elegir cualidades de un compañero y representarlas. Adivinar qué compañero es. Puesta en común de algunos ejemplos.

**d) El espejo.** Consiste en imitar las acciones del compañero. Por parejas, desde la posición de sentados uno dirige y el otro hace de espejo. Luego desde de pie. Cambiar de papeles.

**e) El chicle.** Grupos de 4. Un compañero imagina que tiene un chicle y ha de moldearlo y construir una figura y sus compañeros han de adivinarla. Quien la acierte pasará a tener el chicle.

**g) Reflejo de deporte.** En grupos de 4. Uno elige algo relacionado con el deporte. Deberá representarlo con gestos y los compañeros adivinar que es. Se realiza concurso para ver que grupo adivina más acciones.

**h) El circo.** Se asigna un papel a cada grupo y hay un presentador. 1: domador y leones. 2. equilibristas. 3. payasos. 4. malabares. El presentador irá presentando a los diferentes grupos que irán representando su papel.

### Vuelta a la calma 5'

**Formar la palabra.** Se dividirá el grupo principal en subgrupos, de manera que en cada subgrupo exista el mismo número de alumnos. El profesor dice una palabra y los subgrupos tendrán que representar dichas letras tumbados en el suelo, siguiendo un orden para que de esta manera se forme la palabra asignada.

| | |
|---|---|
| **UD 3. Expresión corporal II** | **Nº Sesión 2** |
| **Duración:** 40 min (20 min bajar/cambiarse-cambiarse/subir). | **Curso: 2º ESO** |

| |
|---|
| **Recursos materiales:** Tabla de excel sobre adivinar palabras. |
| **Instalaciones:** Polideportivo. |
| **Contenido:** Expresión corporal y comunicación gestual. |
| <div align="center">Tareas</div> |
| <div align="center">Calentamiento 5'</div> |
| **a) Pelota imaginaria.**<br>Los alumnos se sitúan en corro cogidos por las manos. Nos soltamos. El profesor pasa la pelota imaginaria a uno de los alumnos, quien tendrá que hacer algo con ella (botar con la mano derecha, izquierda, lanzarla al aire y recogerla, mantenerla en equilibrio en la cabeza, recorrer con ella el cuerpo, darnos un masaje,...). Todos los alumnos imitan esta acción. El alumno pasa esta pelota al siguiente compañero y continuamos el juego hasta pasar todos.<br><br>**b) El inquilino.**<br>Se trata de que una persona que está sola consiga entrar a formar parte de apartamentos formados por tríos.<br>Todos se colocan por tríos formando apartamentos. Para ello una persona se coloca frente a otra agarrándose de las manos, y la tercera se meterá en medio, rodeada por los brazos de las anteriores. La que está en el interior será el inquilino y las que están a sus lados serán la pared izquierda y derecha respectivamente.<br>La persona que queda sin apartamento para buscar sitio, puede decir una de estas cosas: pared derecha, pared izquierda, inquilino, casa o terremoto. En los tres primeros casos, las personas que están haciendo el rol nombrado tienen que cambiar de apartamento, momento que debe aprovechar la que no tiene sitio para ocupar uno. En el caso de que diga "casa" serán las dos paredes y si dice "terremoto", serán todos los que tienen que cambiar y formarse nuevos apartamentos. Continúa el juego la persona que quedó sin sitio. |
| <div align="center">Parte principal 30'</div> |
| **a) Juego de adivinar mediante gestos.** "Chicos contra Chicas".<br>El profesor les va diciendo palabras y los alumnos mediante gestos las representan.<br>Utilizar la tabla de excel para contabilizar los puntos de los dos equipos (ver anexo).<br>Comienza un chico haciendo gestos y tienen que adivinar los chicos. Si las chicas adivinan antes la palabra ya no será punto para ellos.<br>Se puntúan tanto si aciertas las palabras que te tocan como las del contrario. |
| <div align="center">Vuelta a la calma 5'</div> |
| En círculo cada uno comenta sensaciones, sentimientos,...Decir: "He observado que..." |

| UD 3. Expresión corporal II | Nº Sesión 3 |
|---|---|
| **Duración:** 40 min (20 min bajar/cambiarse-cambiarse/subir). 2º ESO | **Curso:** |
| **Recursos materiales:** Diferentes estilos de música. Periódicos. ||
| **Instalaciones:** Polideportivo. ||
| **Contenido:** Ritmo e intensidad. ||
| Tareas ||
| Calentamiento 5' ||
| a) **Entre hojas.** Tirar varias hojas de periódico por el suelo. Los desplazamientos sólo se realizarán sobre éstas. Poco a poco se irán retirando hojas hasta que ya no quepa más gente en los periódicos. ||
| Parte principal 30' ||
| a) **¿Qué canción es?** Grupos de 4 se dividen en dos eligen una canción y deberán:<br>• Realizar el ritmo de la canción.<br>• Ritmo y cantando<br>• Ritmo, cantar y movimiento.<br>• Puesta en común.<br><br>b) Los mismos grupos tienen que inventar una pequeña **composición** en la que existan ritmos, sonidos y movimiento. ¿Cuál es la mejor canción?<br><br>c) **La pasarela.** Se colocan 2 hileras de esterillas. Se forman dos filas y se desfilará como se quiera. Desfilar por parejas.<br><br>d) **Noticias.** Elegir una noticia de una hoja de periódico, leerla e intentar representarla ante la clase.<br><br>e) Cada alumno con una **hoja de periódico**. Realizar las siguientes acciones:<br>• Hacerla volar soplándola, con golpeos,...<br>• Llevarla sujeta con una parte del cuerpo. Variar de posición: tumbados, sentados de puntillas,...<br>• Realizar una bola de papel y se hará un concurso de toques con diferentes partes del cuerpo.<br>• Estirar la hoja de papel y darle un uso o una acción y representarla. ||
| Vuelta a la calma 5' ||
| Relajación mediante el **saludo al sol:** (Música relajante). Seguir 12 pasos:<br>1. De pie, con los pies juntos y la espalda recta, espire uniendo las palmas de las manos en el centro del pecho.<br>2. Inspire y estire los brazos, arqueando el cuerpo hacia atrás.<br>3. Espire y coloque las manos planas en el suelo, con las rodillas rectas.<br>4. Inspire y estire al máximo una de las piernas.<br>5. Estire las dos piernas y aguante la respiración.<br>6. Espire y flexione las rodillas hasta tocar el suelo.<br>7. Inspire, baje la cadera e incline la cabeza hacia atrás.<br>8. Espire y levante las caderas.<br>9. Inspire y sitúe una pierna entre las manos. Baje la otra rodilla al suelo.<br>10. Espire con los pies juntos, estirando las piernas. ||

11. Inspire arqueando la espalda hacia atrás.
12. Vuelva a la posición inicial.

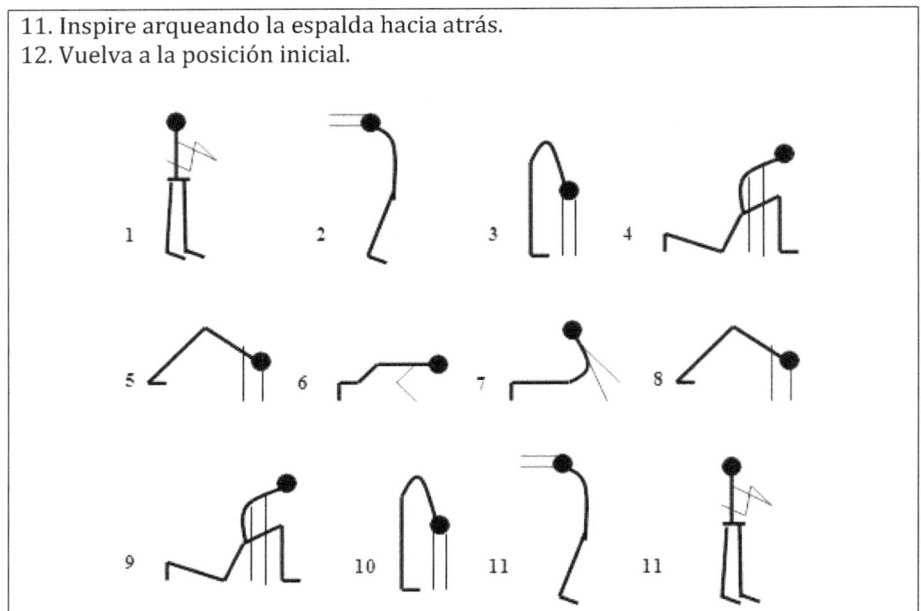

**Nº Sesión 4:** Belly dance DVD.
**Nº Sesión 5:** Coreografía.
**Nº Sesión 6:** Examen.

### 3.4. UNIDAD DIDÁCTICA 4: FÚTBOL I

**a) Introducción**

Los contenidos fundamentales del fútbol se enseñarán en 2º ESO y en 1º de Bachillerato se pretende perfeccionar todas las técnicas aprendidas en este curso.

**b) Objetivos didácticos**
- Conocer y desarrollar la técnica básica del juego del fútbol (regate, tiro, pase, recepciones, etc…)
- Conocer y experimentar las habilidades del portero (despejes, salidas, paradas, etc…).
- Desarrollar la coordinación óculo-manual y óculo pie.
- Valorar los efectos beneficiosos que tiene la práctica habitual del fútbol.
- Percibir y controlar el cuerpo en las distintas situaciones de juego en las que se precise un ajuste motor.
- Promover la integración de la mujer en un juego tradicionalmente practicado por hombres.

## c) Contenidos
- La técnica, táctica y el reglamento del fútbol.
- Capacidades físicas y coordinativas del fútbol.
- Conocimiento del efecto sociocultural del fútbol.
- Historia y procedencia del fútbol.
- Material específico del fútbol y el mantenimiento de éste.
- Realización de calentamientos específicos de fútbol.
- Realización de la ficha de búsqueda de la información sobre fútbol.
- Adquisición y desarrollo de los patrones básicos del fútbol.
- Utilización de los recursos técnicos integrándolos dentro de situaciones de juego real como medio de superación del rival.
- Ajuste de la respuesta tanto individual como colectiva al modo de juego del adversario.
- Utilización del juego del fútbol como medio de mejora de la condición física.
- Aceptación de las reglas.
- Desarrollar un espíritu crítico hacia prácticas violentas en el juego del fútbol.
- Aceptar la derrota con deportividad y aprender de ella.
- Participación en el montaje y recogida de material necesario para la realización de las clases.
- Capacidad de superación.

## d) Distribución temporal
- Sesión 1: Nociones básicas del reglamento.
- Sesión 2: El portero.
- Sesión 3: Manejo del balón (pequeños toques, conducción, cambios de dirección con balón controlado, regate etc.).
- Sesión 4: Técnica individual: lanzamiento a portería: a balón parado, control orientado y lanzamiento, regate en carrera y lanzamiento, finta y lanzamiento, etc…
- Sesión 5: Técnica colectiva: Recepción y apoyo: pase corto, pase largo. Recepción y búsqueda de asociaciones: "paredes", "puerta atrás"; desmarques, pases al hueco, etc.…
- Sesión 6: Situaciones de 1x1, regate, remate a portería, y balance defensivo. 1x1 contra el portero.
- Sesión 7: Técnica del golpeo de cabeza, y remates a portería.
- Sesión 8: Situaciones de superioridad numérica. El contraataque.
- Sesión 9: Competición.
- Sesión 10: Evaluación

## e) Metodología
Instrucción directa. Enseñanza recíproca. Descubrimiento guiado. Enseñanza mediante la búsqueda.

## f) Recursos didácticos
- Ficha de búsqueda de información sobre fútbol sala.

## g) Criterios de evaluación
- Valoración de la técnica individual y colectiva.
- Valoración de las diferencias en la ejecución técnica teniendo en cuenta las capacidades motoras de cada alumno.
- Valorar el esfuerzo, interés y motivación de los alumnos durante las sesiones así como el grado de mejora.
- Respetar y mostrar trato de igualdad entre sexos.
- Valorar el correcto cuidado y respeto por el material.
- Valorar la ficha de fútbol sala.

## h) Criterios de calificación:
Se realizará un examen práctico donde se calificará el grado de ejecución, progresión y rendimiento del alumnado y otro teórico-práctico donde el alumno pondrá a prueba su conocimiento sobre algunos aspectos del reglamento del fútbol.
- 5 toques con balón.
- Pases por parejas. Diferentes tipos de pase: raso, elevado, lateral interior...
- Realizar el siguiente circuito donde trabajamos: pase, tiro, conducción en zig-zag, recepción. También realizaremos un ejercicio de 1x1, y valoraremos una situación real de juego.

**Descripción gráfica de los ejercicios:** (Los alumnos realizan el circuito 3 veces).

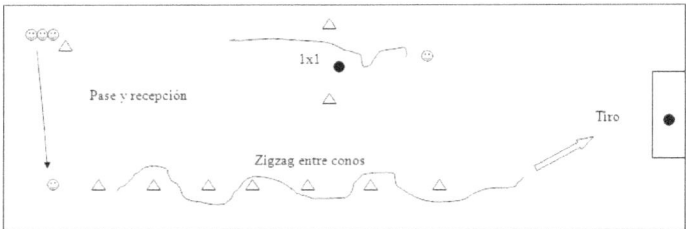

**Puntuación de la ejecución de cada ejercicio:** del 1 (nota más baja) al 10 (nota más alta). Se hace media entre las variables.

| | |
|---|---|
| **UD 4: Fútbol I** | **Nº Sesión 1** |
| **Duración:** 40 min (20 min bajar/cambiarse-cambiarse/subir). | **Curso: 2º ESO** |

**Recursos materiales**: 30 conos y balones de fútbol.

**Instalaciones:** Pistas exteriores.

**Contenido:** Nociones básicas del reglamento.

### Tareas

### Calentamiento 15'

**a)** Todos en un espacio delimitado. La mitad de los alumnos con balón, la otra mitad sin balón. Los alumnos se empiezan a mover por el espacio desplazándose con el balón y a la señal del profesor, deben de pasar el balón a un compañero que se desplaza sin balón. Debe existir un entendimiento entre el que lo tiene y el que lo va a recibir.

### Parte principal 20'

**a)** 8 filas. 10 conos en fila separados 1 m cada uno. Realizar los siguientes ejercicios:
*Conducir en línea recta con el interior, ida con pie dr, vuelta con pie izq. 4 veces
*Conducir en línea recta con el exterior, ida con pie dr, vuelta con pie izq. 4 veces
*Conducir en línea recta con el empeine, ida con pie dr, vuelta con pie izq. 4 veces
*Conducir en zig-zag ida y vuelta. 4 veces
*Conduzco en línea recta al lado de los conos y debo hacer tres regates metiendo el balón en la línea de conos. Ida y vuelta.

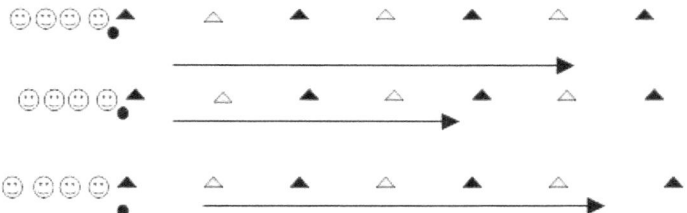

**b)** 1x1. Dos grupos, uno con balón y el otro sin balón, los alumnos con balón pasan a los que no lo tienen, éstos deben controlarlo y regatear al compañero intentando meter gol.

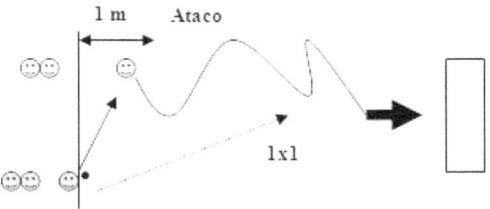

### Vuelta a la calma 5'

Corrección de la ficha de búsqueda de la información sobre fútbol sala.

| | |
|---|---|
| **UD 4: Fútbol I** | **Nº Sesión 2** |
| **Duración:** 40 min (20 min bajar/cambiarse-cambiarse/subir). | **Curso: 2º ESO** |

**Recursos materiales:** Balón de gomaespuma, balones de fútbol, 14 conos altos, petos.

**Instalaciones:** Pistas exteriores.

**Contenido:** El portero (gestoforma, movimientos y particularidades de este componente tan importante del equipo).

### Tareas

### Calentamiento 5'

a) Balón prisionero con dos balones de gomaespuma. Podemos golpear el balón con el pie y lanzarlo con las manos.

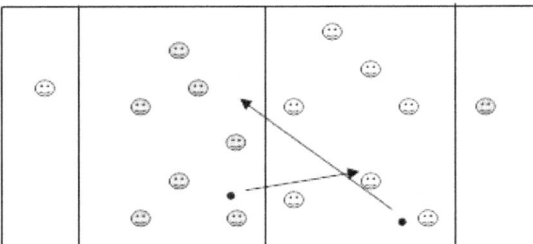

### Parte principal 30'

Ejercicios específicos del portero.

a) Por parejas:
- Lanzar el balón y pararlo con el pecho.
- Lanzar el balón hacia arriba y recogerlo con la rodilla arriba e inmediatamente después llevarlo al pecho.
- Lanzarlo rodando y el portero recibe con la rodilla de lado, por si fallaran las manos.

b) Juegos de portero:
- Por parejas, hacemos una portería, uno lanza y el otro debe parar todos los balones.
- Uno con balón y el otro de espaldas, lanzamos el balón y decimos su nombre, el que está de espaldas se da la vuelta y debe parar el balón (trabajamos los reflejos).
- El portero en medio de la portería, le decimos ¡ya! y se desplaza al poste derecho y cuando llega a ese poste lanzamos el balón al poste contrario para que pare el balón. Cinco veces se desplaza al lado derecho y otras cinco al lado izquierdo.

c) Ejercicios con colchoneta (por parejas):
- Uno sentado en la colchoneta, le tiramos el balón a un lado y debe estirarse y parar el balón.
- Igual, pero realizamos el ejercicio desde de pie.

d) Realizar un uno contra portero.

### Vuelta a la calma 5'

Partido en el que todos se pongan de portero al menos una vez.

| UD 4: Fútbol I | Nº Sesión 3 |
|---|---|
| **Duración:** 40 min (20 min bajar/cambiarse-cambiarse/subir). | **Curso:** 2º ESO |

**Recursos materiales:** Balones, petos, conos.

**Instalaciones:** Pistas exteriores.

**Contenido:** Manejo del balón (pequeños toques, conducción, cambios de dirección con balón controlado, regate, etc..).

### Tareas
### Calentamiento 5'

**a)** Comecocos con balón en los pies. Cuatro alumnos conducen el balón y empiezan a perseguir a los alumnos que no tienen balón por las líneas del campo, cuando se encuentren a menos de 1 metro les pueden lanzar el balón y si éste les golpea el cuerpo, se la quedan y pasan a ser los perseguidores.

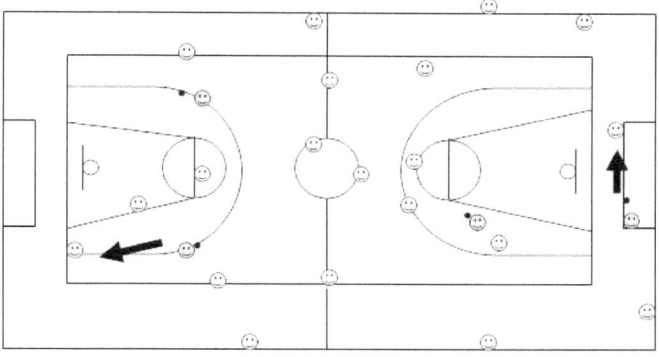

### Parte principal 30'

**a)** Dar diez toques al balón. Competición ¿Quién aguanta más dando toques al balón sin que éste se caiga al suelo?

**b)** Pases por parejas:
• En el sitio: Con el interior, con el exterior, con el empeine, con la puntera y pase elevando balón.
• En movimiento: Uno conduce el balón y el otro le pasa al compañero. Con el interior, con el exterior, pisando el balón...

**c)** Tiros a portería con pases previos, por parejas: Nos colocamos en paralelo y vamos pasándonos entre los dos compañeros, hasta llegar a posición de golpeo. Idem, regateando conos.

**d)** Partido. Para que el gol sea válido hay que dar 5 pases antes de tirar a portería.

### Vuelta a la calma 5'

Estiramientos y recogida del material.

| | |
|---|---|
| **UD 4: Fútbol I** | **Nº Sesión 4** |
| **Duración:** 40 min (20 min bajar/cambiarse-cambiarse/subir). | **Curso: 2º ESO** |

**Recursos materiales:** Balones, petos, conos.

**Instalaciones:** Pistas exteriores.

**Contenido:** Técnica individual. Lanzamiento a portería: a balón parado, control orientado y lanzamiento, regate en carrera y lanzamiento, finta y lanzamiento.

### Tareas

### Calentamiento 5'

**a)** Rondo. Cinco alumnos en cada grupo forman un corro amplio y el sexto se sitúa en el medio, los alumnos del corro se pasan el balón entre ellos sin que sea interceptado por el que está en el medio, si se intercepta se cambia la posición.

### Parte principal 30'

Lanzamientos a portería:

**a)** Por parejas, nos colocamos en paralelo y vamos realizando pases hasta llegar al borde del área, será allí donde realizamos el lanzamiento.

**b)** Por parejas, conduce uno y el otro va detrás, cuando lleguemos al borde del área, el que lleva el balón pisa y el de detrás golpea a portería. Variante: El alumno que va delante pisa y el compañero debe realizar un pequeño regate al que pisó el balón, y lanzar a portería (el que pisa el balón hace una oposición pasiva, no roba el balón).

**c)** Lanzamientos a portería, tras zig-zag entre conos.

**d)** Pañuelo de tiros. Es como el juego del pañuelo pero el que llega antes al balón es el que hará de atacante y el otro defenderá. Tiene que intentar meter gol a un portero que se encuentra en la portería. Cada gol es un punto para el equipo que lo consiga. Variante: El profesor puede decir, 2 ó 3 números, o decir números pares o impares, o decir chicas o chicos....

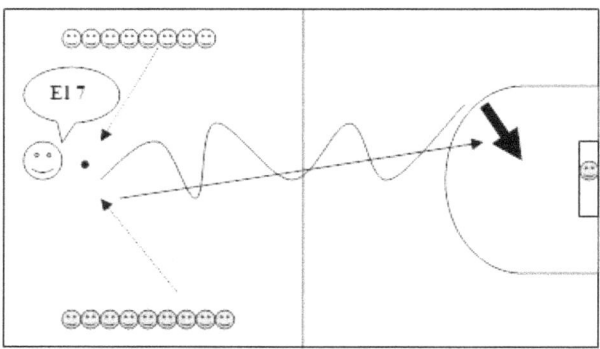

### Vuelta a la calma 5'

Lanzamientos de penalti.

| UD 4: Fútbol I | Nº Sesión 5 |
|---|---|

**Duración:** 40 min (20 min bajar/cambiarse-cambiarse/subir).    **Curso:** 2º ESO

**Recursos materiales:** Balones, petos, conos.

**Instalaciones:** Pistas exteriores.

**Contenido:** Técnica colectiva. Recepción y apoyo: pase corto y pase largo. Recepción y búsqueda de asociaciones: paredes, puerta atrás, desmarques, pases al hueco, etc.

### Tareas

### Calentamiento 5'

**a)** Béisbol bateando con el pie.

### Parte principal 30'

Ejercicios de control de balón:

**a)** Cada uno con un balón, tenemos que lanzarlo con la mano hacia arriba y controlarlo con: el empeine, el interior, el exterior y la planta del pie.

**b)** Cada uno con un balón intentamos dar toques con las siguientes partes del cuerpo: el muslo derecho e izquierdo, la pierna derecha e izquierda, con ambas piernas, con la cabeza y con todas las partes del cuerpo posibles, menos con los brazos.

**c)** Por parejas:
- Uno lanza el balón con las manos y el otro realiza un control con el muslo y lo deja muerto.
- Igual, pero con el pecho.
- Uno se sienta, el que está de pie lanza el balón y el compañero debe levantarse y debe controlar el balón antes de que caiga.
- Entre los dos, intentar que no caiga el balón al suelo, utilizando cualquier parte del cuerpo.

**d)** Circuito:

Una fila de alumnos en el lado derecho del campo. El primer alumno de la fila pasa el balón al de la banda izquierda. Este alumno para el balón y hace una pared con un compañero. Cuando vuelve a recibir, pasa a un compañero que se desmarca por la línea de fondo al lado derecho o izquierdo del campo y que le devuelve el balón al borde del área para que el alumno que le había pasado tire a portería. El que se desmarca, el que hace la pared y el portero se quedan fijos en su puesto hasta que le cambia el profesor.

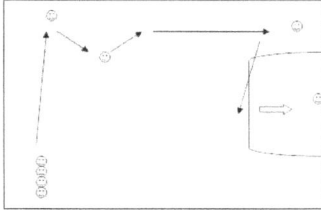

### Vuelta a la calma 5'

¿Quién es capaz de hacer el mayor número de toques posibles con el balón sin que se caiga al suelo?

| | |
|---|---|
| **UD 4: Fútbol I** | **Nº Sesión 6** |
| **Duración:** 40 min (20 min bajar/cambiarse-cambiarse/subir). | **Curso: 2º ESO** |

| |
|---|
| **Recursos materiales:** Balones, petos, conos. |
| **Instalaciones:** Pistas exteriores. |
| **Contenido:** Situaciones de 1x1, regate, remate a portería y balance defensivo, 1x1 contra el portero. |
| **Tareas** |
| **Calentamiento 5'** |
| **a)** 4x4 posesiones del balón. |
| **Parte principal 30'** |
| **a)** Cortar los pases. Se forman grupos de 4 y se colocan en un cuadrado de 6 m de lado. Una pareja intenta hacerse pases y la otra pareja intenta evitarlo con su propio balón. Hay que intentar dar 10 pases seguidos. |
| **b)** 1x1 cada uno defiende un cono. Idem 2x2. 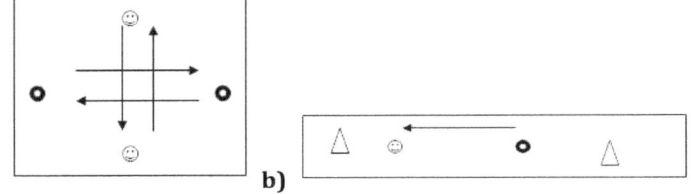 a)  b) |
| **c)** 2x2. Dos alumnos atacan a una portería y luego a la otra ¿Cuántos goles puedo conseguir con el balón controlado en un minuto? 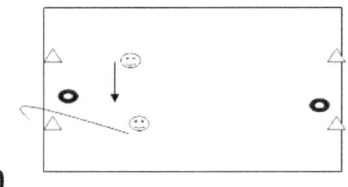 c) |
| **d)** Tú contra el portero. A la señal del profesor, el alumno conduce el balón hacia portería con intención de marcar gol, puede tirar o driblar, si no marca gol se coloca de portero. |
| **Vuelta a la calma 5'** |
| Bombardear el balón. Se marca un pasillo de 5 m de ancho por 20 m de largo, un alumno se encuentra en el inicio del pasillo y debe llegar a final conduciendo el balón con el pie. Durante el trayecto, sus compañeros le lanzarán sus balones golpeándolos con el pie con la intención de que pierda el control y se salga de los límites del campo.<br>Todos los balones deben ir a ras de suelo. |

| UD 4: Fútbol I | Nº Sesión 7 |
|---|---|
| **Duración:** 40 min (20 min bajar/cambiarse-cambiarse/subir). | **Curso:** 2º ESO |

**Recursos materiales:** Balones, petos, conos.

**Instalaciones:** Pistas exteriores.

**Contenido:** Técnica de golpeo de cabeza y remates a portería.

### Tareas

### Calentamiento 5'

**a)** Un alumno dirige el calentamiento con balón.
**b)** Explicación del golpeo de cabeza.

### Parte principal 30'

**a)** Ejercicios de golpeo de cabeza por parejas:
- Los dos alumnos de pie. Uno tiene el balón en las manos y va a lanzarlo alto y el compañero debe realizar un salto y tocar el balón con la cabeza. (Variante: el compañero inica el ejercicio desde sentado, desde rodillas o tumbado...)
- Por parejas pases con el balón de cabeza.

**b)** Un alumno centra balones al área elevados y dos alumnos entran a rematar al área.

**c)** Circuito. El alumno hace 10 toques al balón con todas las partes del cuerpo sin que éste se caiga. Después realiza zig-zag y da un pase a un compañero que está situado en la línea de fondo y se queda en el cono de fondo. El que estaba en el fondo da un pase al que está en el centro del campo y va a su cono. El que está en el centro del campo da un pase al que está en el fondo contrario y se queda en esa zona. El que estaba en el fondo contrario avanza con el balón y hace una pared con un compañero, vuelve a recibir el balón y hace un 1x1 (defensa no muy activa) y se dirige hacia el corner para realizar un centro a portería donde dos compañeros estarán esperando el balón para rematarlo. Las posiciones de 1x1, pared y portero se quedan fijas y el profesor las irá rotando. Los demás alumnos hacen el circuito y lo repiten constantemente.

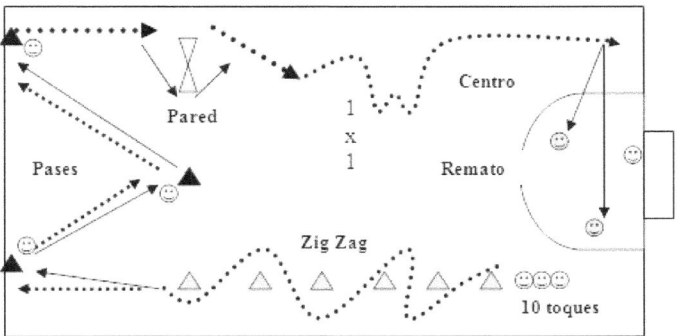

### Vuelta a la calma 5'

Partido en el que los goles de cabeza valen doble.

| | |
|---|---|
| **UD 4: Fútbol I** | **Nº Sesión 8** |
| **Duración:** 40 min (20 min bajar/cambiarse-cambiarse/subir). | **Curso: 2º ESO** |
| **Recursos materiales:** Balones, petos, conos, goma elástica. ||
| **Instalaciones:** Pistas exteriores. ||
| **Contenido:** Situaciones de superioridad numérica, contraataque. ||
| **Tareas** ||
| **Calentamiento 5'** ||
| a) Pases la estrella. Los alumnos se colocan en círculo, un alumno en medio del círculo. Un alumno que está en el círculo comienza pasando el balón al del medio y corre a su posición, el del medio pasa a otro alumno del círculo y ocupa su espacio. Así sucesivamente. 1º pase de pecho y 2º pase picado. 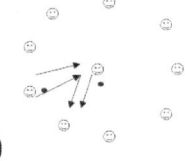 a) ||
| b) Dos filas enfrentadas con unos conos enfrente de ellas. Los primeros de cada fila salen conduciendo el balón y al llegar a los conos hacen un cambio de dirección hacía su derecha y pasan el balón a la siguiente de la fila. Hay que coordinarse para que siempre salgan los dos alumnos a la vez. Luego cambio de dirección hacia la izquierda.  b) ||
| **Parte principal 30'** ||
| a) Juego de los 10 pases con dos alumnos neutrales. **b) El gran ataque**. Se juega un partido de fútbol en el que haya tres alumnos neutrales que jugaran a favor del equipo poseedor del balón. ||
| **Vuelta a la calma 5'** ||
| **Tenis-pie**. Se forman 2 equipos de 6 alumnos cada uno, cada equipo se sitúa a un lado de la red. Los puntos se consiguen cuando el balón toca el campo contrario más de una vez o sale fuera del campo. ||

**Nº Sesión 9:** Competición.
**Nº Sesión 10:** Evaluación.

## 3.5. UNIDAD DIDÁCTICA 5: BÁDMINTON II

### a) Introducción
En la unidad didáctica bádminton II se pretende perfeccionar los contenidos desarrollados en el curso anterior.

### b) Objetivos didácticos
- Conocer las técnicas básicas del juego del bádminton.
- Desarrollar la coordinación óculo-manual mediante el manejo de implementos.
- Relacionarse mediante las diferentes modalidades del juego con el resto de compañeros participando con independencia del nivel alcanzado.
- Valorar los efectos beneficiosos que tiene la práctica habitual del bádminton.
- Percibir y controlar su cuerpo en las distintas situaciones de juego en las que se precise un ajuste motor.
- Utilizar los diferentes golpeos para adaptarlos al juego real en situaciones de máxima exigencia.
- Conocer el reglamento en las diferentes modalidades del juego.

### c) Contenidos
- La técnica, táctica y el reglamento del bádminton.
- Capacidades físicas y coordinativas del bádminton.
- Material específico del bádminton y el mantenimiento de este.
- Modalidades de juego.
- Realización de calentamientos específicos de bádminton.
- Adquisición, desarrollo y perfeccionamiento de los patrones básicos del bádminton y de sus diferentes modalidades.
- Utilización de los recursos técnicos integrándolos dentro del juego real como medio de superación del rival.
- Ajuste de la respuesta individual al modo de juego del adversario.
- Realización de competiciones (individuales, dobles y mixtas).
- Aceptación de las reglas del juego así como de la derrota en los momentos en los que ésta se produzca.
- Participación en el montaje y recogida de material necesario para la realización de las clases.
- Superación en el día a día para mejorar la calidad de juego aumentando el rendimiento.

### d) Distribución temporal
- Sesión 1: Repaso del saque corto y del saque largo.
- Sesión 2: Saque corto de revés y saque tendido drive.
- Sesión 3: Lob ofensivo.
- Sesión 4: Lob defensivo.
- Sesión 5: Golpeo en red: derecho e izquierdo.

- Sesión 6: Repaso de los golpeos visto anteriormente.
- Sesión 7: Dejada larga y dejada corta.
- Sesión 8: Remate fuerte y remate suave.
- Sesión 9: Evaluación.

**e) Metodología**
- Instrucción directa.
- Enseñanza recíproca.
- Descubrimiento guiado.
- Enseñanza mediante la búsqueda.

**f) Criterios de evaluación**
- Valorar la ejecución técnica de los diferentes elementos técnicos como el saque, golpeos, drive, remate,…
- Valorar la progresión del alumnado y tener en cuenta sus capacidades motoras y físicas.
- Valorar el esfuerzo, interés y motivación del alumnado durante el desarrollo de las sesiones.

**g) Criterios de calificación**

Se evaluará por parejas mientras juegan. Se evalúan:

➢ Saque: corto y largo. Valorar si realizan bien el gesto y si la trayectoria es adecuada.

➢ Jugada:
- Saque corto + dejada + dejada
- Saque corto + dejada + lob
- Saque largo + lob + lob
- Saque largo + lob + remate
- Saque largo + lob + dejada

➢ Juego libre: se valorará la ejecución técnica y la puntuación.

**Puntuación de la ejecución de cada ejercicio:** del 1 (nota más baja) al 10 (nota más alta). Se hace media entre las variables.

| UD 5: Bádminton II | Nº Sesión 1 |
|---|---|
| **Duración:** 40 min (20 min bajar/cambiarse-cambiarse/subir). | **Curso:** 2º ESO |

**Recursos materiales:** Raquetas de bádminton, volantes, aros, bancos suecos.

**Instalaciones:** Polideportivo.

**Contenido:** Repaso del saque corto y del saque largo.

### Tareas

### Calentamiento 5'

**a)** Todos en círculo realizamos circunducciones de hombro con la raqueta, movemos codos y muñecas.

**b)** Relevos por equipos con un volante sobre la raqueta. Ida y vuelta, giramos en un cono. Idem, pero en el transcurso del camino tienen que caminar por encima de dos bancos suecos. Idem, pero en el transcurso del camino tiene que saltar a la pata coja en 4 aros.

### Parte principal 30'

**a)** Golpeo del volante:
- Vamos a comenzar a golpear el volante, colocamos la raqueta a la altura de la cintura, con el antebrazo mirando hacia arriba.
- Ponemos el volante sobre la raqueta para empezar e intentamos realizar golpes verticales individualmente. A ver quien realiza más seguidos en 30 sg. Si se cae el volante tienes que empezar a contar desde el principio. Variante: de revés, alternando derecho y revés, lanzándolo muy arriba o tocando el suelo antes de recepcionarlo.
- Nos movemos por todo el espacio intentando no chocarnos con los demás y vamos intercambiando volantes a la señal del profesor.
- Por parejas nos colocamos a 1 m de distancia, nos pasamos el volante, alejándonos cada vez un poco más. Cuando se nos caiga volvemos a comenzar.

**b)** Por parejas practicamos el saque corto y el saque largo con red.

**c)** En grupos de 6 realizamos una competición a ver quién realiza saques cortos y largos consiguiendo que el volante se caiga dentro de uno de los 4 aros situados en el campo. Cada vez que cae en el aro consigues 1 punto. Tienes 4 lanzamientos. (Recordamos que el saque debe ser en diagonal).

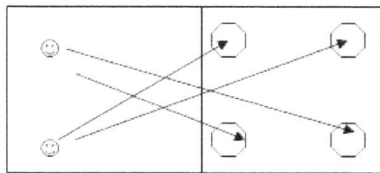

### Vuelta a la calma 5'

En círculo, ponemos la raqueta vertical apoyada en el suelo, a la de tres soltamos la nuestra y agarramos la de nuestra derecha o izquierda según nos indique nuestro profesor antes de que se caiga.

| UD 5: Bádminton II | Nº Sesión 2 |
|---|---|
| **Duración:** 40 min  (20 min bajar/cambiarse-cambiarse/subir). | **Curso: 2º ESO** |

**Recursos materiales:** Raquetas de bádminton, volantes, goma elástica.
**Instalaciones:** Polideportivo.
**Contenido:** Saque corto de revés y saque tendido drive.

### Tareas

#### Calentamiento 5'

**a)** La batalla de los volantes. La clase se divide en dos grupos de igual número de alumnos; un grupo a cada lado de la red. Disponen de diez volantes cada equipo. A la señal, comienzan a lanzarse volantes los dos equipos, intentando devolver todos los que caigan en su campo. Cuando se dé la señal de finalizar el juego, gana la batalla el equipo que tenga menos volantes en su campo.

#### Parte principal 30'

**a)** 4 grupos. Dos filas enfrentadas (2 m de distancia), con un volante, se van pasando el volante los de una fila a los de la otra y se van a la fila donde han pasado.
**b)** Dos filas enfrentadas (15 m) a la señal del profesor, salen los primeros alumnos de cada fila golpeando el volante hacia arriba y al llegar al medio del camino intercambian el volante con su compañero.
**c)** Por parejas: Saque corto de derecho, de revés y tendido drive.
**d)** Juego 1x1.

#### Vuelta a la calma 5'

Concurso: ¿Quién manda el volante más lejos tras un saque largo?


| UD 5: Bádminton II | Nº Sesión 3 |
|---|---|
| **Duración:** 40 min  (20 min bajar/cambiarse-cambiarse/subir). | **Curso: 2º ESO** |

**Recursos materiales:** Raquetas de badminton, volantes, red, portería de fútbol.
**Instalaciones:** Polideportivo.
**Contenido:** Lob ofensivo.

### Tareas

#### Calentamiento 5'

**a)** Por parejas. Un alumno siempre manda el volante a la derecha e izquierda el otro sólo puede mandar el volante a la derecha. Cambio de papeles.
**b)** Por parejas. Jugamos con dos volantes a la vez. Si se cae un volante seguimos el juego hasta que se cae el otro.

#### Parte principal 30'

**El Lob.** Es un golpe de trayectoria alta y dirigido al fondo del campo del adversario.
**Practicamos las siguientes jugadas:**
a) Saque corto+dejada+lob.   b) Saque largo+lob+lob
c) Saque largo+lob+remate.   d) Saque largo+lob+dejada.

#### Vuelta a la calma 5'

**Bádminton-penalti.** Uno se coloca de portero y sólo puede parar el tiro con su raqueta. El lanzador se coloca el punto de penalti y lanza el volante con su raqueta.

| UD 5: Bádminton II | Nº Sesión 4 |
|---|---|
| **Duración:** 40 min (20 min bajar/cambiarse-cambiarse/subir). **Curso: 2º ESO** ||
| **Recursos materiales:** Raquetas de badminton, volantes, red, 6 bancos suecos, 6 aros. ||
| **Instalaciones:** Polideportivo. ||
| **Contenido:** Lob defensivo. ||
| Tareas ||
| Calentamiento 5' ||
| a) Relevos golpeando el volante. Saltando 3 bancos suecos (debes golpear el volante lo más alto posible en el momento del salto), tocando un cono al final para girar, volver a saltar tres bancos suecos. Idem, pero después del salto deben sentarse en el banco y levantarse para seguir haciendo el mismo ejercicio anterior, la vuelta del ejercicio es una carrera lineal hacia la fila sin golpear el volante. <br> b) Relevos-pasando 3 aros. Los alumnos salen golpeando el volante y en su camino se encuentran a tres compañeros que están sujetando un aro verticalmente, debo de lanzar el volante atravesando el aro y seguir al siguiente aro, así hasta pasar los tres aros, toco el cono y vuelvo a repetir el ejercicio. Los alumnos que han realizado el ejercicio cambian con los que están sujetando el aro. ||
| Parte principal 30' ||
| a) Por parejas, golpean de lob y tras el golpeo, deben sentarse o dar una vuelta. <br> b) Partido 2x2 utilizando siempre lob. ||
| Vuelta a la calma 5' ||
| **¿Quién ha sido?** Dos grupos. Los grupos están sentados en círculo, y un alumno en el centro que se tapa los ojos. Los de fuera pasan el volante con la raqueta y uno de ellos decide lanzarle el volante al cuerpo del alumno que está en el centro y el del centro deberá averiguar quién ha sido. ||

| UD 5: Bádminton II | Nº Sesión 5 |
|---|---|
| **Duración:** 40 min (20 min bajar/cambiarse-cambiarse/subir). **Curso: 2º ESO** ||
| **Recursos materiales:** Raquetas de bádminton, volantes, red. ||
| **Instalaciones:** Polideportivo. ||
| **Contenido:** Golpeo en red: derecho e izquierdo. ||
| Tareas ||
| Calentamiento 5' ||
| a) Pilla-pilla con el volante en la raqueta, al que se le caiga pasa a ligarla. ||
| Parte principal 30' ||
| a) Individual. Con el volante andamos hacia la red con autopases y al llegar a la red nos lanzamos el volante alto y golpeamos, debemos correr a ver si conseguimos cazar el volante con la raqueta antes de que caiga. <br> b) En grupo. Golpeos en la red del lado derecho. Todos en posición de espera a la voz de ¡ya! hacemos el gesto. Idem izquierdo. <br> c) Parejas. Uno detrás de la red le pasa el volante cerca de ésta al lado derecho y el compañero golpea de derecho. Cambio. 10 veces cada uno. Idem izquierdo. <br> d) Por parejas. Alternamos golpeo en red y golpeo por encima del hombro. <br> e) Partidos individuales. ||
| Vuelta a la calma 5' ||
| **Declaro la guerra a...** Un alumno comienza a hacerse autopases con el volante y dice declaro la guerra a... el nombre de otro alumno, mientras tira el volante lo más alto posible. El alumno nombrado debe coger el volante que han arrojado al aire (cuando lo coge todo el mundo debe quedarse inmóvil). Después da tres pasos en dirección a un compañero y lanza el volante con intención de darle. Queda eliminado el alumno al que le han dado. ||

| | |
|---|---|
| **UD 5: Bádminton II** | **Nº Sesión 6** |
| **Duración:** 40 min (20 min bajar/cambiarse-cambiarse/subir). | **Curso: 2º ESO** |

**Recursos materiales:** Raquetas de bádminton, volantes, red.

**Instalaciones:** Polideportivo.

**Contenido:** Repaso de los golpeos vistos anteriormente.

### Tareas

#### Calentamiento 5'

**a) Mareo.** Uno en el medio y los demás se pasan el volante y no se pueden mover de su sitio. El del medio se puede mover y solo puede robar el volante cuando este está en el aire. El primer saque es libre. Si el volante se cae o se lanza demasiado lejos de donde están los alumnos del cuadrado se cambia al del medio.

#### Parte principal 30'

**a) Por parejas** (uno trabaja y el otro descansa contando el nº de toques en 30 sg):
- El alumno golpea el volante el mayor nº de veces con el derecho, luego con el revés y después con el derecho-revés.
- El alumno lanza el volante lo más alto posible y da un giro de 360º.
- El alumno lanza el volante lo más alto posible y pasa la raqueta por detrás de la espalda desde la mano izquierda a la derecha.
- El alumno lanza el volante lo más alto posible y toca el suelo y da 2 toques pequeños y sigue la serie.
- El alumno con dos raquetas en la mano y un volante, debe de pasar el volante de una raqueta a otra por encima de la cabeza.

**b) Por parejas en la red.** Repaso del saque corto, saque largo y lob.

#### Vuelta a la calma 5'

**Bádminton-bomba.**

Grupos de 8 personas. Se ponen en círculo y uno en medio. Los alumnos del círculo se pasan el volante con la raqueta. Mientras, el del medio va contando hasta 10 y saca un brazo; 20, y saca el otro; 30, y levanta un brazo; 40, y levanta el otro brazo... Al llegar a 50 da una palmada y dice "bomba"...

Quien tenga el volante en su raqueta o esté realizando el pase en ese momento se sienta con las piernas estiradas y abiertas y el alumno que esté a su lado tiene que saltar por encima de sus dos piernas... así todos hasta que quede uno, que es el que se coloca en medio.

| UD 5: Bádminton II | Nº Sesión 7 |
|---|---|
| **Duración:** 40 min (20 min bajar/cambiarse-cambiarse/subir). | **Curso: 2º ESO** |

**Recursos materiales:** Tantos aros como alumnos hay en clase, conos de colores, raquetas de badminton, volantes, red

**Instalaciones:** Polideportivo.

**Contenido:** Dejada larga y dejada corta.

### Tareas

### Calentamiento 5'

**a)** Conos de colores distribuidos por el espacio. Los alumnos van golpeando el volante por el espacio y a la señal del profesor "Rojo o azul o verde o amarillo, etc..) Deben ir al cono de ese color golpeando el volante, el último en llegar queda eliminado, si se cae el volante en el camino quedas eliminado.

### Parte principal 30'

Por parejas realizamos las siguientes jugadas:
a) Saque corto+dejada+dejada.
b) Saque largo+lob+dejada.
c) Saque corto+dejada+lob.

### Vuelta a la calma 5'

**Voley-bádminton.** (Colocamos la red a la altura de la de voleibol) 6x6 colocados dentro de un aro cada uno. Sólo se pueden dar 3 toques como máximo utilizando las raquetas y el volante para hacerlo caer en el campo contrario. Los alumnos no pueden salir de sus aros. Existe rotación. Variante: introducir 2 volantes.

| | |
|---|---|
| **UD 5: Bádminton II** | **Nº Sesión 8** |
| **Duración:** 40 min (20 min bajar/cambiarse-cambiarse/subir). **Curso: 2º ESO** ||
| **Recursos materiales:** Raquetas de bádminton, volantes, red, 30 conos. ||
| **Instalaciones:** Polideportivo. ||
| **Contenido:** Remate fuerte y remate suave. ||
| **Tareas** ||
| **Calentamiento 5'** ||
| a) La liga uno con volante, y tiene que intentar dar a los compañeros, al que le da, pasará a ligársela. Los que se escapan pueden defenderse con la raqueta. Vamos introduciendo a más personas que se la liguen, 2, 3, 4… <br> b) Relevos. Hilera de 8 conos en zig-zag. A la señal del profesor, deben de tocar todos los conos con la mano izquierda mientras realizan golpeos del volante con su raqueta que está en la mano derecha. Ida y vuelta. Si se cae el volante en el recorrido vuelves a empezar. ||
| **Parte principal 30'** ||
| a) 2 contra 2. En un lado del campo se encuentra el alumno que va a rematar a seis conos esparcidos y en el otro lado del campo se encuentra detrás de los conos el alumno que va a realizar el pase alto para que su compañero remate. Una pareja hace el ejercicio y la otra descansa. ¿Cuántos conos he tocado rematando 5 PASES? Jugamos la mejor de 30 pases. Las parejas van rotando de posición cada 5 pases, el que pasa luego remata. <br><br> 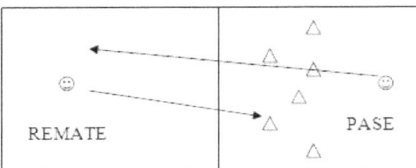 <br><br> b) Partido 2x2. Obligatoria utilizar remates. ||
| **Vuelta a la calma 5'** ||
| Ensayo del examen. ||

**Nº Sesión 9:** Evaluación.

## 3.6. UNIDAD DIDÁCTICA 6: JUEGOS Y DEPORTES TRADICIONALES

### a) Introducción

En la unidad didáctica de juegos y deportes tradicionales todos los alumnos realizarán un trabajo teórico sobre la búsqueda de información de un juego o deporte tradicional y lo expondrán mediante power point o cartulina a sus compañeros. También se practicará una gran variedad de juegos y deportes tradicionales como los bolos, chueca, lanzamiento de piedra y de barra, lucha leonesa y canaria, saltaris, sacos, etc…

Moreno (1992) define a los juegos y deportes tradicionales como *"actividades lúdicas de carácter local y ancestral que provienen de la presión de generaciones anteriores y que poseen un marcado carácter cultural desde un punto de vista antropológico. Es decir, se dan en una determinada comunidad definida por pautas propias y participan de alguna manera de dichas pautas, ayudando a su transmisión".*

### b) Objetivos didácticos
- Conocer y desarrollar diferentes juegos tradicionales.
- Desarrollar la condición física y las cualidades motrices mediante la participación en los juegos.
- Relacionarse mediante las diferentes modalidades del juego con el resto de compañeros.
- Valorar los efectos beneficiosos que tiene la práctica habitual de la actividad física.
- Percibir y controlar su cuerpo en las distintas situaciones de juego en las que se precise un ajuste motor.
- Conocer el reglamento en las diferentes modalidades del juego.

### c) Contenidos
- La técnica, táctica y el reglamento de cada juego o deporte tradicional.
- Conocimiento del efecto sociocultural de los juegos y deportes tradicionales.
- Historia y procedencia de cada uno de los juegos y deportes.
- Material específico de cada juego, deporte tradicional y el mantenimiento de este.
- Realización de competiciones.
- Utilización de los juegos y deportes tradicionales como medio de mejora de la condición física.
- Aceptación de las reglas del juego así como de la derrota en los momentos en los que esta se produzca.
- Valoración de los juegos y deportes tradicionales existentes en nuestra sociedad.
- Participación en el montaje y recogida de material necesario para la realización de las clases.

- Exposición de un juego o deporte tradicional mediante una presentación en power point o en cartulina.

**d) Distribución temporal**
- Sesión 1: Exposición de juegos y deportes tradicionales.
- Sesión 2: Bolos, petanca, chueca-choca-villorta, lanzamiento de piedra y lanzamiento de barra.
- Sesión 3: Cuádriga romana, tiro al palo, garrote aragonés, pulso aragonés, pulso gitano y griego.
- Sesión 4: Gurria, chute, herrón y rayuela.
- Sesión 5: Lucha canaria y saltaris.
- Sesión 6: Sacos, lucha leonesa y salto pasiego.

**e) Metodología:** Instrucción directa. Descubrimiento guiado. Enseñanza mediante la búsqueda.

**f) Recursos didácticos**
- Ficha de la búsqueda de la información sobre juegos y deportes tradicionales.

**g) Criterios de evaluación**
- Valorar la técnica de ejecución de las diferentes capacidades motoras en función del alumno.
- Valorar el esfuerzo interés y motivación del alumnado durante el desarrollo de las sesiones, así como la mejora y evolución.
- Valorar el cuidado del alumnado por el material, su buen uso y mantenimiento del mismo.
- Valorar la exposición de un juego o deporte tradicional.

**h) Criterios de calificación:**
La calificación de este contenido se realizará en función de tres aspectos que se irán trabajando a lo largo de la unidad didáctica.
- Nivel de ejecución: realización de la actividad desarrollada correctamente.
- Participación: iniciativa del alumnado a trabajar, así como a preparar, colocar y recoger el material.
- Esfuerzo: interés que muestra por la actividad, actitud y disposición a trabajar.

**Puntuación de la ejecución de cada ejercicio:** del 1 (nota más baja) al 10 (nota más alta). Se hace media entre las variables.

**Nº Sesión 1:** Exposición en el aula de juegos y deportes tradicionales.

| | |
|---|---|
| **UD 6: Juegos y deportes tradicionales** | **Nº Sesión 2** |
| **Duración:** 40 min (20 min bajar/cambiarse-cambiarse/subir). | **Curso: 2º ESO** |

**Recursos materiales:** Conos y pelotas de tenis, picas, bolas.

**Instalaciones:** Pista exterior.

**Contenido:** Bolos, petanca, chueca-choca-villorta, lanzamiento de piedra, lanzamiento de barra.

### Tareas

### Calentamiento 10'

a) **Caballitos.** Por parejas se suben a caballo y los que van encima deben intentar derribar a los contrarios. Si se derriban son eliminados.

b) **Recogida de mazorcas.** Se coloca un número determinado de mazorcas (pelotas de tenis dentro de conos) en el suelo, separadas metro y medio. Y una cesta delante de cada grupo. Los alumnos han de recoger las mazorcas de uno en uno, pero tendrán que hacer el trayecto de ida y vuelta, tantas veces como mazorcas. El orden es libre. Gana el equipo que las recoja antes.

### Parte principal 25'

**Explicación de:**

a) **Bolos.** Los alumnos deben derribar el mayor número de bolos. Se colocan nueve bolos en tres filas de tres. Se traza una raya a 10 m de distancia que es la línea de salida. Tras esta raya se sitúan los alumnos. Cada participante tiene tres lanzamientos. Cada bolo derribado se contabiliza con un punto. Si se derriban todos los bolos, es lo que se conoce como pleno, por lo que quien lanza tiene derecho a un turno extra y a cinco puntos adiciónales. Gana quien alcance la puntuación 50 derribos.

b) **Petanca.** El juego consiste en lanzar unas bolas metálicas intentándolas aproximar más que el contrario a una bola pequeña de madera que se encuentra a 6 m. Puntuará un punto toda bola de un equipo que quede más cercana al boliche. Gana el equipo que llegue a 15 puntos.

c) **Lanzamiento de piedra (uso de balón medicinal).**
Apoyar la piedra en un antebrazo. Gana quien mayor distancia consigue. 2 intentos.

d) **Lanzamiento de barra (uso de pica).**
Lanzamiento de barra vasca o española: a pecho o media vuelta.

e) **Chueca, Choca o Villorta.**
Dos equipos con palos (de unihockey o picas y bola). Intentan defender la línea o porterías con picas de su campo.

**Competición de:** Bolos, petanca, chueca-choca-villorta, lanzamiento de piedra, lanzamiento de barra.

### Vuelta a la calma 5'

**Palo.** Uno coge un palo o pica con las dos manos y el otro las sitúa por encima del palo. Debe intentar cogerlo antes de que caiga al suelo.

| | |
|---|---|
| **UD 6: Juegos y deportes tradicionales** | **Nº Sesión 3** |
| **Duración:** 40 min (20 min bajar/cambiarse-cambiarse/subir). | **Curso: 2º ESO** |

**Recursos materiales:** 5 cuerdas, 20 picas, 5 discos voladores de gomaespuma.

**Instalaciones:** Pista exterior.

**Contenido:** Cuádriga romana, tiro al palo, garrote aragonés, pulso aragonés, gitano, griego.

### Tareas

#### Calentamiento 5'

a) **Carrera de cangrejos.** Solo se apoyan en el suelo las con manos y los pies.

b) **Carrera de carretillas.** Por parejas uno cogerá de los pies al que hace de carretilla y éste tendrá que andar con las manos lo más rápido posible.

c) **Carrera de ciempiés.** Grupos de 6. Se colocan con las manos en el suelo y lo pies apoyados en los hombros del de atrás, menos el último que irá en cuadrupedia.

d) **Arrancar cebollas.** Todos se sientan en el suelo, uno delante de otro con las piernas abiertas y cogidos de la cintura. Uno cogerá de las muñecas a la primera cebolla e intentará arrancarla de la fila y así sucesivamente con los demás.

e) **Sogatira.** Se hacen dos equipos, cada uno coge un extremo de la soga, tirando hasta conseguir que el otro equipo pase a su campo.

f) **Lagartijas.** Por parejas se colocan en el suelo uno frente al otro, en posición fondo de brazos. Hay que intentar derribar al contrario, dándole en las manos o en los brazos.

g) **Pelea de gallos.** Por parejas y en cuclillas, manos en la espalda, se intentará derribar al contrario.

#### Parte principal 30'

Competición de:

a) **Cuadriga romana.**
Se hacen grupos de 4 alumnos. Dos hacen de caballo (de rodillas), uno de carro y uno de auriga. Se hacen carreras y se puntúa al equipo que gane.

b) **Tiro de palo.**
Por parejas, sentados uno enfrente al otro con las piernas estiradas y las plantas de los pies en contacto y sujetando los dos una pica en medio. Gana el tirador que logre hacer soltar el palo al contrario. El palo puede estar en posición vertical o paralelo.

c) **Palo arrastrado.**
Consiste en tirar un palo lo más cerca posible de la raya. La técnica de lanzamiento consiste en apoyar la pica en la punta del pié sujetando el otro extremo con la mano.

d) **Garrote aragonés.**
Por parejas, con una pica, que sujetan cada uno por un extremo, deben empujar el uno al otro hasta que uno de ellos atraviese la línea que se encuentra en medio de los dos. Variante: que se coloquen dentro de un círculo y gana el que tire fuera del cículo al compañero.

e) **Pulso desde tumbados en el suelo.**

#### Vuelta a la calma 5'

**Lanzar la boina.**
Consiste en lanzar la boina (disco volador de gomaespuma) lo más lejos posible, el alumno se colocará de pie detrás de la línea de tiro. Debe inclinar el cuerpo hacia delante y con la boina en una mano lo lanzará pasando primero entre sus piernas.

| UD 6: Juegos y deportes tradicionales | Nº Sesión 4 |
|---|---|
| **Duración:** 40 min (20 min bajar/cambiarse-cambiarse/subir). | **Curso: 2º ESO** |

**Recursos materiales:** 20 picas y pelota gomaespuma, conos altos, tiza y piedras, aros, conos altos, pesos

**Instalaciones:** Pista exterior.

**Contenido:** Gurria, chute, herrón, rayuela.

### Tareas

### Calentamiento 5'

**Las 4 esquinas.** Grupos de 5 alumnos. Se colocan 4 conos formando un cuadro y en cada uno se sitúa 1 alumno. El alumno restante se pondrá en el centro y cuando de la orden los demás se han de cambiar de cono y éste tiene que intentar llegar a uno. Variantes: Los alumnos pueden moverse a la pata coja, dando saltos con los pies juntos, andando hacia atrás, etc.

### Parte principal 30'

**a) Gurria**
Grupos de 6. Los grupos están sentados en el suelo cada uno con una pica en la mano y una persona se colocará en el centro. La persona del centro debe evitar que entre la pelota en el círculo. Los de fuera deben intentar que entre.

**b) Chute**
Sobre una piedra se pone un cuerno de carnero y cerca de él (2 m) un alumno que es el guardián. Los demás alumnos (que están a 7 m) han de lanzar una piedra por turno con la intención de derribar el cuerno. A medida que van tirando, si fallan, se irán colocando en el lugar donde cayó la piedra. Si todos fallan deben correr hasta un lugar preestablecido para que el guardián no les coja. Si alguno es cogido pasará a ser guardián. Si alguien tira el cuerno, todos han de perseguir al guardián que podrá salvarse porque también tiene su zona preestablecida.

**c) Herrón**
Consiste en lanzar aros de metal e insertarlos en un clavo fijados en el suelo. El clavo mide poco más de un metro y está a dos metros de la línea de tiro. Cada alumno lanza 10 veces.

**d) Rayuela**
Los alumnos se sitúan a tres metros de la línea donde lanzarán una moneda y intentarán dejarla encima de la línea. Gana un punto el que lo consigue. (Se repite y se van sumando puntos, gana quién más tenga).

**Competición de:** Gurria, chute, herrón, rayuela.

### Vuelta a la calma 5'

**Rayar.** El alumno se sitúa detrás de una línea con un palo en la mano y lo apoya en su hombro. Debe inclinar el cuerpo adelante y alcanzar con el palo el punto más lejano haciendo una línea en el suelo.

| | |
|---|---|
| **UD 6: Juegos y deportes tradicionales** | **Nº Sesión 5** |
| **Duración:** 40 min (20 min bajar/cambiarse-cambiarse/subir). | **Curso: 2º ESO** |
| **Recursos materiales:** Cinta métrica, chapas, conos, cuerdas. | |
| **Instalaciones:** Polideportivo. | |
| **Contenido:** Lucha canaria y saltaris. | |

| Tareas |
|---|
| **Calentamiento 5'** |
| **a) Súbete al caballo.**<br>Tres alumnos de la mano, que han de perseguir a los demás. El resto si se suben a caballo de otro no pueden ser dados. Si cogen a alguien se unirá al grupo perseguidor. |
| **Parte principal 30'** |
| Explicación de:<br>**a) Saltaris**: Salto a pies juntos detrás de una línea. Mide desde la línea hasta pie retrasado.<br><br>**b) Lucha canaria.**<br>**Objetivo:** Derribar al contrario con cualquier parte del cuerpo menos los pies.<br>**Vestimenta:** Pantalón corto.<br>**Agarre:** Cada alumno introduce su mano izquierda, con la palma vuelta hacia arriba, en el interior de la bocapierna derecha del pantalón de su adversario, dejando fuera el dedo pulgar. Inclinan sus cuerpos hacia delante.<br><br>**Explicación de las técnicas de la lucha canaria:**<ul><li>**Cango derecho por dentro.** Introducir la pierna derecha por entre las piernas del contrincante, trabándola a la parte posterior de la pierna izquierda de éste.</li><li>**Cango derecho por dentro girado.** Igual que la técnica anterior, pero hay que realizar un impulso para levantarlo tirando hacia arriba por las bocapiernas del pantalón de éste.</li><li>**Pardelera.** Hay que cruzar la parte posterior de la pierna derecha por la parte externa de la pierna derecha del contrincante.</li><li>**Cadera izquierda y derecha.** Elevar al alumno del suelo y tirarle hacia un lado.</li><li>**Zancadilla.** Hay que hacer un giro brusco hacia la derecha, tirando al contrario hacia ese mismo lado y poniéndole nuestra pierna derecha para que tropiece.</li><li>**Virada.** Es una técnica parecida a la de la zancadilla, pero el ejecutante solo realiza el giro brusco en sentido circular.</li><li>**Dobladilla.** El ataque comienza colocando la mano derecha en la rodilla del contrincante, dando un paso hacia delante, haciendo un giro rápido, empujando hacia atrás y hacia arriba la rodilla derecha.</li></ul>**c)** Competición de saltaris.<br>**d)** Competición de lucha canaria. |
| **Vuelta a la calma 5'** |
| Juego de las chapas. Crear un circuito. |

| UD 6: Juegos y deportes tradicionales | Nº Sesión 6 |
|---|---|
| **Duración:** 40 min (20 min bajar/cambiarse-cambiarse/subir). | **Curso: 2º ESO** |

**Recursos materiales:** Bolsas grandes de plástico, 30 conos, cinta métrica, picas de madera.

**Instalaciones:** Polideportivo.

**Contenido:** Sacos, lucha leonesa, salto pasiego.

### Tareas

### Calentamiento 5'

**a) Carrera de sacos.**
Cada alumno deberá desplazarse a saltos con un saco hasta una línea preestablecida.

**b) Salto pasiego.**
La medición se hace desde la línea a los pies en la caída. Tomar carrerilla y antes de llegar a la línea saltar. Apoyar el bastón (picas de madera) más allá de dicha línea.

**c) Lucha leonesa:**
**Objetivo**: poner al contrario contra el suelo.
**Vestimenta**: cinturón y pantalón corto.
**Agarre**: se cogen las dos manos al cinto del contrario. La mano derecha coge el cinto por la espalda del contrario, con el dedo pulgar por dentro y los demás haciendo presa sobre el cinto por fuera y la mano izquierda se coloca por delante hacia el costado derecho del contrario con los cuatro dedos metidos por dentro y por debajo del cinto y el dedo pulgar cerrando la presa por fuera.

### Parte principal 30'

**a)** Competición de carrera de sacos y salto pasiego.
**b)** Explicación de las técnicas de la lucha leonesa:
- **La cadrilada**: levantar al contrario con los puños, buscando apoyo en la pierna, que sitúa entre las del oponente, girándole.
- **La dedilla**: darle un golpe plano con la pierna derecha en el pie izquierdo del contrario, girándole.
- **El garabito**: meter una de las piernas trabando por dentro la pierna del contrario, desequilibrarlo.
- **La mediana**: atacar metiendo una de las piernas y enroscar por dentro la pierna del contrario.
- **La media vuelta**: golpe de giro qué da el atacante retrasando el pie derecho y metiendo su cadera entre las piernas del contrario para aplicar la fuerza de sus puños, llevándole sobre el lado que tiene la cabeza hacia el suelo.
- **Tres pies**: barrido a sus dos pies.
- **El voleo**: eleva al contrario con los dos puños, le da varias vueltas girando sobre su cuerpo hasta conseguir marearle y derribarlo.
- **El zancajo**: trabar con la pierna derecha el talón de Aquiles del contrario.

**c)** Competición de lucha leonesa.

### Vuelta a la calma 5'

**Escondite inglés.** Uno de los alumnos se coloca mirando a la pared. A unos 15 metros del resto. Los demás alumnos tendrán que ir avanzando mientras su compañero de espaldas va diciendo; uno, dos, tres, escondite inglés. Si al terminar la frase ve a alguien moverse tendrá que volver a la línea de salida. Ganará el que primero llegue a la pared.

## 3.7. UNIDAD DIDÁCTICA 7: ACTIVIDADES EN LA NATURALEZA II

### a) Introducción
Dentro de la unidad didáctica "actividades en la naturaleza II" se realizará en una sesión de un día entero con la noche incluida actividades de acampada, escalada, rapel y tiro con arco.

### b) Objetivos didácticos
- Conocer la acampada, escalada, rapel y tiro con arco.
- Conocer las posibilidades que brinda el medio natural como lugar para realizar actividades recreativas y deportivas.
- Valorar la conservación del medio natural.
- Provocar el interés del alumno en el uso de actividades en la naturaleza.
- Mejorar la capacidad de equilibrio sobre un objeto en movimiento, así como desarrollar habilidades y destrezas necesarias para la práctica del esquí.
- Fomentar la confianza en sí mismo.

### c) Contenidos
- Practica de acampada, escalada, rapel y tiro con arco

### d) Distribución temporal
- Sesión 1: Acampada, escalada, rapel y tiro con arco

### e) Metodología
- Asignación de tareas.

### f) Criterios de evaluación
- Ser respetuoso con el medio ambiente así como respetar las normas de seguridad de las actividades en la naturaleza.
- Esforzarse por realizar las actividades de forma correcta sin la presencia continua del profesor con autonomía y rigor.
- Valorar el esfuerzo interés y motivación de los alumnos durante el desarrollo de las sesiones.
- Valorar el cuidado del alumno por el material así como el mantenimiento de este.

### g) Criterios de calificación
Examen práctico realizado por observación directa del profesor sobre el alumno de las diferentes acciones realizadas durante las sesiones de acampada, escalada, rapel y tiro con arco. Prestando especial interés a la participación, nivel de ejecución en las actividades, esfuerzo, motivación y cuidado del material.

**Puntuación de cada apartado:** del 1 (nota más baja) al 10 (nota más alta). Se hace media entre las variables.

### 3.8. UNIDAD DIDÁCTICA 8: ATLETISMO II: VALLAS

**a) Introducción**

En la presente unidad pretendemos que el alumno adquiera una buena técnica en el paso de valla y mejore su condición física. Se tratarán las pruebas de 110 vallas y de 400 vallas.

**b) Objetivos didácticos**
- Conocer y desarrollar las técnicas básicas de entrega de testigo y paso de valla.
- Relacionarse mediante las diferentes modalidades del juego con el resto de compañeros participando con independencia del nivel alcanzado.
- Pasar las vallas con seguridad utilizando ambas piernas.
- Perfeccionar la salida de tacos.
- Adquirir un ritmo constante en el paso de las vallas y optimizar la salida para entrar correctamente a la primera valla.
- Desarrollo de la resistencia mediante la puesta en práctica del 400 m vallas.

**c) Contenidos**
- Nociones de reglamento de vallas.
- Técnica de carrera.
- La salida de tacos.
- Concepto de pierna de paso y pierna de vuelo.
- Técnica de vallas estática y dinámica.
- Calentamientos específicos de atletismo.
- Juegos de carreras y velocidad de reacción.

**d) Distribución temporal**
- Sesión 1: Velocidad de reacción. Salida de tacos.
- Sesión 2: Técnica de vallas.
- Sesión 3: Técnica de vallas a distintas distancias, andando, trotando, 3, 4, 5, 6, y siete pasos.
- Sesión 4: Salida de tacos específica de la primera valla. Ritmo con vallas a diferentes distancias.
- Sesión 5: Ritmo de vallas con tres pasos.
- Sesión 6: Carreras con vallas en curva (400 m vallas). Ritmo de vallas con tres pasos.
- Sesión 7: Competiciones a 1, 2, y 3 vallas
- Sesión 8: Evaluación.

### e) Metodología
- Instrucción directa.
- Enseñanza recíproca.
- Descubrimiento guiado.
- Enseñanza mediante la búsqueda.

### f) Criterios de evaluación
- Desarrollar los elementos técnicos trabajados en clase como la técnica de carrera, salida de tacos, paso de vallas, …)
- Superar las pruebas prácticas de evaluación.
- Valorar el esfuerzo, motivación e interés del alumnado durante el desarrollo de las sesiones.
- Valorar el cuidado y uso del material así como su mantenimiento.

### g) Criterios de calificación
El examen será práctico en el que se valorará la ejecución técnica, progresión y realización de las siguientes tareas:

- <u>Salida de tacos</u>: posición de las manos, del cuerpo y los diferentes movimientos que se realizan al dar la salida.

- <u>Técnica de carrera</u>: zancada, brazada y coordinación de ambas.

- <u>Paso de vallas</u>: realización correcta de la técnica teniendo en cuenta los apoyos en la carrera, el paso de vallas tanto la pierna izquierda como la derecha y la salida de la valla.

**Puntuación de cada apartado:** del 1 (nota más baja) al 10 (nota más alta). Se hace media entre las variables.

| UD 8: Atletismo II: Vallas | Nº Sesión 1 |
|---|---|
| **Duración:** 40 min (20 min bajar/cambiarse-cambiarse/subir). | **Curso: 2º ESO** |

**Recursos materiales:** 2 aros blancos, 2 aros, verdes, 2 aros rosas, 2 aros amarillos, 4 conos, 4 testigos, 4x4 petos de diferente color, 1 cuerda.

**Instalaciones:** Pista exterior.

**Contenido:** Velocidad de reacción. Salida de tacos.

### Tareas

### Calentamiento 5'

**a)** Correr dos vueltas a la pista de fútbol. Movilidad articular.

**b)** Los alumnos están colocados en 4 filas y realizan salidas desde distintas posiciones hasta un cono situado a 20 m (el profesor da la señal mediante diferentes estímulos: silbato, palmada, "ya"). Realizan salidas desde cada posición.
- De pie, estático.
- De pie, saltando.
- De pie, haciendo skipping.
- De pie, llevando talones al glúteo.
- De espaldas saltando, hay que girarse.
- De rodillas.
- Decúbito prono y decúbito supino.
- Desde la posición de tierra inclinada.

### Parte principal 30'

**a)** Cuadrado. 4 equipos. Cada equipo está en un aro de diferente color. A la señal del profesor, tienen que salir corriendo los cuatro primeros alumnos y dar una vuelta entera al cuadrado pisando en cada aro, una vez llegado al punto de inicio deben ir al medio del cuadrado y meterse dentro de su aro correspondiente.

**b)** 4 equipos. Los primeros 4 alumnos de cada equipo se colocan en la esquina del campo de fútbol sala detrás de la línea de salida. A la señal del profesor, salen corriendo dando una vuelta completa al campo y llevando en su mano un testigo, cuando llegan al inicio deben de pasar el testigo a sus compañeros que le esperan en la línea de salida, así sucesivamente hasta que todos los alumnos hayan participado y corrido una vuelta al campo.

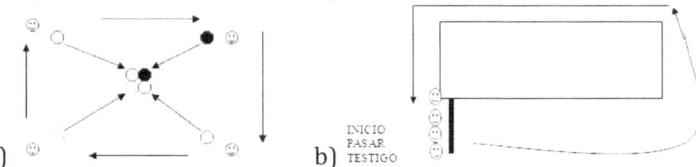

**c)** Juego del pañuelo (con salida de tacos).

### Vuelta a la calma 5'

Estiramientos por parejas.

| UD 8: Atletismo II: Vallas | Nº Sesión 2 |
|---|---|
| **Duración:** 40 min (20 min bajar/cambiarse-cambiarse/subir). | **Curso:** 2º ESO |

| **Recursos materiales:** Vallas altas y bajas. |
|---|
| **Instalaciones:** Pista exterior. |
| **Contenido:** Técnica de vallas. |

| Tareas |
|---|
| **Calentamiento 5'** |
| **a)** Carrera con desplazamientos laterales, skipping bajo, medio y alto, adelante, atrás, lateral. Estiramientos tren inferior y tronco.<br><br>**b) Explicar la diferencia entre ataque y vuelo.** Hacer ejercicios de técnica para que aprendan y elijan una u otra pierna (ataque o vuelo). La pierna de vuelo al ser la que empuja el suelo, debe ser la más fuerte de las dos (un salto a pata coja con una u otra nos servirá para determinarla).<br>• Técnica de vallas desde parado.<br>• Con las vallas a un paso de separación trabajo de pierna de ataque y vuelo por el lateral (lo hacemos con las dos piernas por los dos lados). |
| **Parte principal 30'** |
| **a) Saltar vallas:**<br>• Primero con una pierna y luego con la otra.<br>• Repetimos la misma secuencia pero las vallas separadas entre sí tres pasos grandes para hacerlo más dinámico.<br>• Con obstáculos más pequeños (por ejemplo 5 conos con una pica transversal), a una separación de 5 pasos y con algo de carrera, hacen ataque continuo (2 apoyos).<br><br>**b) Velocidad de reacción:** 3 filas y se dan el relevo. Dar la vuelta a la 1º valla, girar en la 2º valla y dar el relevo. Idem, pero saltando las vallas y dando el relevo.<br><br>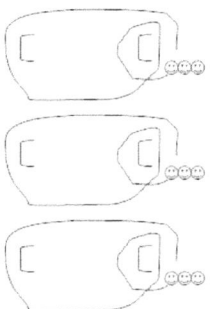<br><br>**c) Competición vallas bajas.** |
| **Vuelta a la calma 5'** |
| Estiramientos tren inferior y tronco. Resultados de la competición de vallas bajas. |

| UD 8: Atletismo II: Vallas | Nº Sesión 3 |
|---|---|
| **Duración:** 40 min (20 min bajar/cambiarse-cambiarse/subir). | **Curso:** 2º ESO |

**Recursos materiales:** Vallas altas y bajas.

**Instalaciones:** Pista exterior.

**Contenido:** Técnica de vallas a distintas distancias, andando, trotando, corriendo...3, 4, 5, 6, y siete pasos.

### Tareas

### Calentamiento 10'

**a)** Carrera continua 3 minutos.

**b)** Apoyados a una barandilla:
- Los alumnos de forma individual realizarán los ejercicios de subir rodilla y atrasar pierna por detrás de los glúteos.
- Balanceos de piernas lateral y frontal.

**c)** Otros ejercicios:
- Acción de zarpazo de la pierna de ataque, seguido de una acción de envolver la valla de la pierna libre. Hacer el ejercicio primero con la pierna de ataque derecha y luego con la izquierda.
- Ejecutamos la acción que realiza la pierna de batida al envolver la valla, por un exterior de la misma.
- Como el ejercicio anterior pero esta vez la acción es ejecutada por la pierna de ataque. La pierna de batida corre libre por el exterior.

  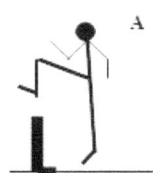

Paso de vallas: A (subir la rodilla), B (extender la pierna), C (pasar la 2ª pierna).

### Parte principal 20'

**a)** Individualmente. Colocar filas de 5 vallas y andando cada alumno pasará las vallas con la misma pierna. Alternar cambiando de pierna.

**b)** Pasamos las vallas bajas progresando en el nº de zancadas, con distancias entre vallas crecientes. Competición.

**c)** Pasamos las vallas con nº de zancadas alternadas, una, una, dos, dos, entre distancias también alternadas. Competición.

### Vuelta a la calma 5'

Estiramientos. Resultados de las competiciones.

| UD 8: Atletismo II: Vallas | Nº Sesión 4 |
|---|---|
| **Duración:** 40 min (20 min bajar/cambiarse-cambiarse/subir). | **Curso:** 2º ESO |

**Recursos materiales:** Vallas altas, tacos, 6 conos altos, 6 picas, 14 conos pequeños.

**Instalaciones:** Pista exterior.

**Contenido:** Salida de tacos específica de la primera valla. Ritmo con vallas a diferentes distancias.

### Tareas

### Calentamiento 5'

**a)** Todos los alumnos se colocan en la posición de salida de tacos. A la señal del profesor, los alumnos corren según el esquema gráfico presentado al 70%.

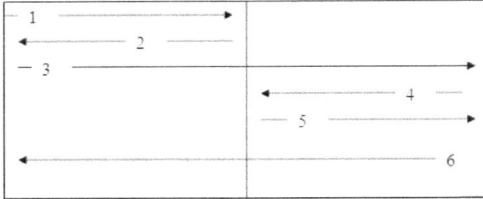

**b)** Todos en la línea de fondo. Cada uno tiene en la línea de medio campo un cono. A la señal correr a máxima velocidad y rodean de espaldas el cono dos veces y corren hasta el final de pista.

**c)** Todos en la línea de fondo, haciendo skipping bajo. A la señal del profesor, corren hasta medio campo y hacen de nuevo skipping bajo y de nuevo cuando oyen la señal corren hasta el final.

**d)** Idem, pero al llegar a mirad de campo dan tres pasos laterales a la derecha, y vuelven hasta la posición inicial y siguen el camino. (Tocar el cono que tienen a su derecha).

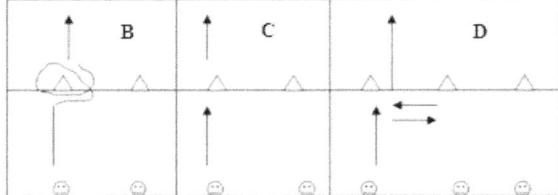

### Parte principal 30'

**a)** Triple circuito de agilidad (ver explicación del circuito en el anexo de test físicos). Competición de tres circuitos de agilidad. ¿Qué grupo consigue terminar antes en cada competición? Se suman los puntos globales.

**b)** Desde los tacos de salida, pasamos las vallas. 6 veces cada uno.

**c)** Competición de vallas desde salida de tacos.

### Vuelta a la calma 5'

Resultados de la competición del triple circuito de agilidad y de la competición de vallas desde salida de tacos.

| UD 8: Atletismo II: Vallas | Nº Sesión 5 |
|---|---|
| **Duración:** 40 min (20 min bajar/cambiarse-cambiarse/subir). **Curso: 2º ESO** ||
| **Recursos materiales:** Vallas altas y bajas, conos altos, gradas, pista de fútbol. ||
| **Instalaciones:** Pista exterior. ||
| **Contenido:** Ritmo de vallas con tres pasos ||
| **Tareas** ||
| **Calentamiento 5'** ||
| **a)** Los alumnos corren tres vueltas al campo de fútbol. Al llegar a la esquina de corner corren en diagonal saltando 6 vallas bajas y altas, después corren por el ancho del campo y suben las escaleras de las gradas saltando a pies juntos y bajan saltando a pies juntos por las gradas. Vuelven al inicio y vuelven a correr la diagonal saltando las vallas, después suben las escaleras de las gradas a pata coja con la pierna derecha. Repiten el ejercicio, pero la tercera vez suben las escaleras de las gradas con la pierna izquierda. 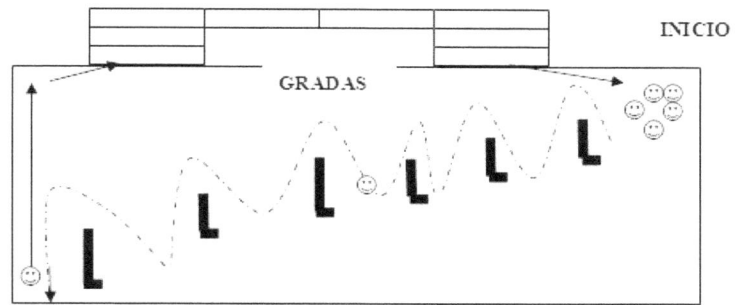 ||
| **Parte principal 30'** ||
| **a)** Los alumnos compiten en busca del mejor crono pasando las vallas según el gráfico. 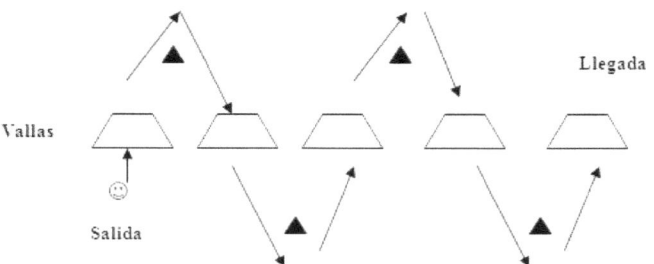 ||
| **b)** Por parejas. Uno delante del otro separados a 2 m. El que está delante mira hacia la valla y el que está detrás se encuentra de espaldas al 1º. A la señal del profesor, los dos corren hacia las vallas, el 1º debe atravesar la valla antes de que el 2º alumno le pille. ||
| **c)** Competición de vallas altas 4 vallas. 3 filas ||
| **Vuelta a la calma 5'** ||
| Estiramientos y resultados de la competición. ||

| | |
|---|---|
| **UD 8: Atletismo II: Vallas** | **Nº Sesión 6** |
| **Duración:** 40 min (20 min bajar/cambiarse-cambiarse/subir). | **Curso: 2º ESO** |
| **Recursos materiales:** Vallas altas y bajas, testigo, aros, 4x4 petos de diferente color. ||
| **Instalaciones:** Pista exterior. ||
| **Contenido:** Carreras con vallas en curva (400 metros vallas). Ritmo de vallas con tres pasos ||

| Tareas |
|---|
| **Calentamiento 5'** |
| **a)** Todos los alumnos en una línea deben hacer saltos:<br>• A pies juntos hacia delante y hacia atrás.<br>• Saltos alternativos hacia delante y hacia atrás.<br>• Luego a pata coja, 1º dr 2º izq.<br><br>**b)** Tres filas. En cada fila hay 5 vallas, 1 grande, 3 pequeñas y 1 grande, separadas cada 2 m, debemos saltar las vallas a pies juntos.<br><br>**c)** Uno se la liga y los demás alumnos corren libremente por el terreno de juego. Las vallas están colocadas en diferentes posiciones y delante de cada valla hay un aro. Si algún alumno ve que le van atrapar salta la valla y se queda dentro del aro. Si te pillan cambias de rol. Sólo se puede estar en el aro 5 sg.<br>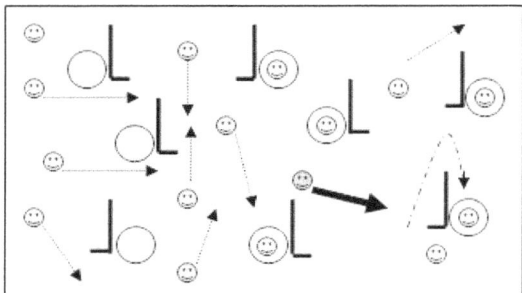 |
| **Parte principal 30'** |
| **a)** Desarrollamos el ritmo entre vallas situadas en una curva, a 5 zancadas, 6, 7...<br>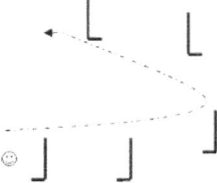<br>**b)** Competiciones de relevos con vallas (se pasan testigo). |
| **Vuelta a la calma 5'** |
| Estiramientos y resultados de la competición de relevos con vallas. |

| UD 8: Atletismo II: Vallas | Nº Sesión 7 |
|---|---|
| **Duración:** 40 min (20 min bajar/cambiarse-cambiarse/subir). | **Curso:** 2º ESO |

**Recursos materiales:** Vallas altas y bajas.

**Instalaciones:** Pista exterior.

**Contenido:** Competiciones a 1, 2, y 3 vallas.

### Tareas

#### Calentamiento 5'

**a)** Sálvate saltando la valla.
Uno se la liga y los demás alumnos corren libremente por el terreno de juego. Hay colocadas 15 vallas esparcidas por el espacio de juego y en el lateral de cada valla hay un alumno. El que se la liga comienza a perseguir a un alumno y éste se libra de la persecución saltando una valla y el alumno que está al lado de la valla pasa a ser el perseguido y si él es atrapado se la liga. El que saltó la valla se queda en ella. El que se la liga puede perseguir a quien quiera, al que salió de la valla u otro que está por el terreno de juego. Variante: poner a dos o tres alumnos que se la liguen.

#### Parte principal 30'

**a)** Trabajamos el ritmo con vallas en alturas alternadas y distancias constantes.
**b)** Pasamos las vallas a alturas crecientes.
**c)** Pasamos las vallas con alturas variables y distancias constantes.
**d)** El alumno pasa las vallas con una sola zancada entre ellas.
**e)** El alumno deberá pasar las vallas por el orden numérico lo más rápido posible. El profesor cronometra a toda la clase. ¿Quién ha sido el más rápido?

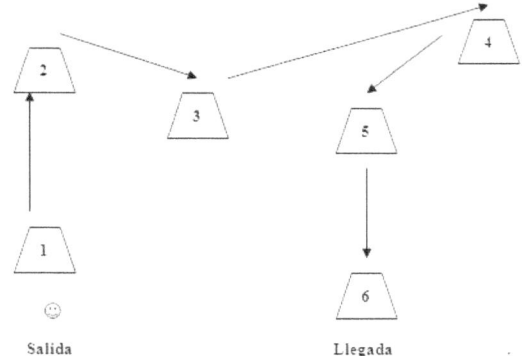

**f)** Competiciones a 1, 2, y 3 vallas.

#### Vuelta a la calma 5'

Resultados de las competiciones. Estiramientos del tren inferior.

**Nº Sesión 8:** Evaluación.

## 3.9. UNIDAD DIDÁCTICA 9: BALONMANO I

### a) Introducción
Los contenidos fundamentales del balonmano se enseñarán en 2º ESO y en 4º ESO se pretenden perfeccionar todas las técnicas aprendidas en este curso.

### b) Objetivos didácticos
- Conocer y desarrollar las técnicas básicas del balonmano.
- Desarrollar la coordinación óculo-manual.
- Participar en actividades relacionadas con el balonmano, valorando su función de integración social y desarrollando actitudes de colaboración y respeto.
- Conocer el reglamento del juego.

### c) Contenidos
- La técnica, táctica y el reglamento del balonmano.
- Capacidades físicas y coordinativas del balonmano.
- Conocimiento del efecto sociocultural del balonmano.
- Historia y procedencia del balonmano.
- Material específico del balonmano y el mantenimiento de éste.
- Realización de calentamientos específicos de balonmano.
- Utilización de los recursos técnicos integrándolos dentro de situaciones de juego real como medio de superación del rival.
- Ajuste de la respuesta tanto individual como colectiva al modo de juego del adversario.
- Realización de competiciones.
- Utilización del juego del balonmano como medio de mejora de la condición física.
- Aceptación de las reglas.
- Desarrollar un espíritu crítico hacia posibles conductas poco deportivas en el juego del balonmano.
- Aceptar la derrota con deportividad y aprender de ella.
- Realización de la ficha de búsqueda de la información sobre balonmano.

### d) Distribución temporal
- Sesión 1: Familiarización con material de juego.
- Sesión 2: Nociones básicas del reglamento. Explicación teórica del juego del balonmano. Tipo de jugadores. Ubicación en el campo de juego.
- Sesión 3: Iniciación a los desplazamientos defensivos.
- Sesión 4: Trabajando el ataque y la defensa.
- Sesión 5: Dominio del bote del balón.
- Sesión 6: Tipos de pases y recepción.
- Sesión 7: Evaluación.

### e) Metodología
- Instrucción directa.
- Enseñanza recíproca.
- Descubrimiento guiado.
- Enseñanza mediante la búsqueda.

### f) Recursos didácticos
- Ficha de búsqueda de la información sobre balonmano.

### g) Criterios de evaluación
- Valoración de la técnica tanto individual como colectiva.
- Superar las pruebas prácticas.
- Valorar los conceptos técnicos y tácticos tanto teóricos como prácticos en situación de juego real.
- Valorar el esfuerzo e interés de los alumnos durante el desarrollo de las sesiones así como el grado de mejora durante el juego.
- Valorar el cuidado del material utilizado en la clase.
- Evaluar la ficha de búsqueda de la información.

### h) Criterios de calificación:
El examen es práctico y se realizará mediante la observación directa. Las tareas a realizar son las siguientes:

- Técnica: pase, bote y recepción por parejas tanto en estático como en desplazamiento.
- Circuito: Zig-zag entre conos y tiro
- Juego real

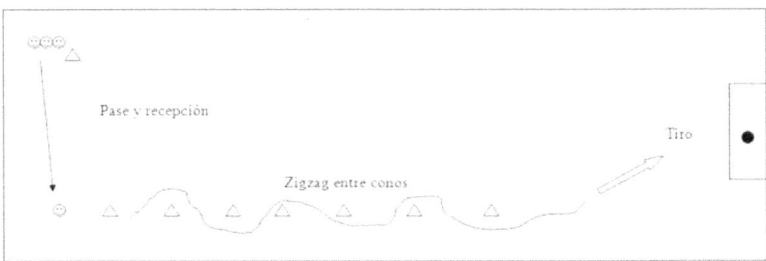

**Puntuación de cada apartado:** del 1 (nota más baja) al 10 (nota más alta). Se hace media entre las variables.

| UD 9: Balonmano I | Nº Sesión 1 |
|---|---|
| **Duración:** 40 min (20 min bajar/cambiarse-cambiarse/subir). | **Curso: 2º ESO** |

**Recursos materiales:** Balones de balonmano, conos, petos, 2 balones de gomaespuma, balones gigantes.

**Instalaciones:** Campo de balonmano.

**Contenido:** Familiarización con material de juego. Lanzamientos.

### Tareas

### Calentamiento 10'

**a)** Comecocos. Juego de persecución por encima de las líneas del campo de balonmano.

**b)** Juego de los 10 pases. El equipo que gane 3 veces gana la competición.

### Parte principal 25'

**a)** Explicar y practicar los diferentes tipos de lanzamientos que existen en balonmano:

Por su altura:
- Frontal en apoyo (a la altura del hombro).
- En salto sin caída (salto en profundidad).
- En suspensión (salto hacia arriba).

Por su forma:
- Rectificado sin caída.
- Rectificado con caída.
- Cadera.
- Vaselina.

**b)** Juego de relevos según el gráfico.

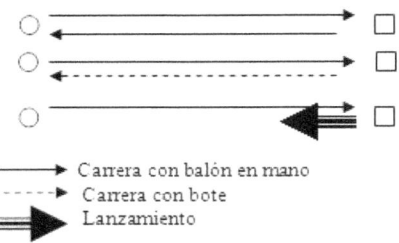

**c)** Tres filas. Entre la línea de portería y la de golpe franco colocamos 3 bancos. Hay que lanzar a portería saltando por encima de él.

**d)** Se coloca una pica y debo salir en rectificado y lanzar.

### Vuelta a la calma 5'

Balón prisionero con diferente material, (con tres balones de gomaespuma o con dos balones gigantes de fitball).

| | |
|---|---|
| **UD 9: Balonmano I** | **Nº Sesión 2** |
| **Duración:** 40 min (20 min bajar/cambiarse-cambiarse/subir). | **Curso: 2º ESO** |

**Recursos materiales:** Balones de balonmano, conos, petos.

**Instalaciones:** Campo de balonmano.

**Contenido:** Nociones básicas del reglamento. Explicación teórica del juego del balonmano. Tipo de jugadores. Ubicación en el campo de juego.

### Tareas

### Calentamiento 5'

**a)** Todo el grupo. Desplazamiento con bote por todo el espacio. A la señal del profesor, se intercambian el balón.

**b)** Rey del área.
Se sitúa todo el grupo dentro del área de portería. Cada alumno con un balón en la mano. Consiste en botar constantemente cuidando que nadie te quite el balón fuera del área y a la vez intentar desplazar los balones de los compañeros fuera de dicho espacio.

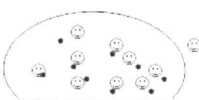

### Parte principal 30'

**a)** Por tríos, colocados en línea. Los dos alumnos más alejados viéndose el uno al otro y uno en medio. El que está en medio cada vez que recibe el balón debe dar media vuelta y pasárselo a su compañero (recibir-girar-pasar-recibir-girar-pasar).

**b)** Relevos:
- En línea recta desplazamiento con bote.
- Haciendo zig-zag entre conos.
- Haciendo un giro en el cono que nombre el profesor (1º, 2º cono, etc...).

**c)** Juego de eliminación por equipos.
Se eliminan los dos últimos. El equipo que tenga más alumnos en el campo cuando hayan realizado 10 rectas gana la competición.

**d)** Bulldog con balón. Los alumnos van botando el balón de un lado a otro del campo. Un alumno se la liga en medio campo y tiene que robar el balón al resto de los alumnos que intentan atravesar la línea de mitad del campo. A los alumnos que pille se quedarán con él en medio campo para seguir robando balones, así hasta que no quede ninguno.

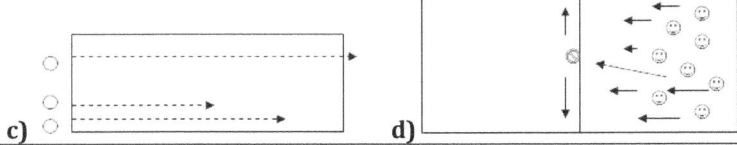

### Vuelta a la calma 5'

Corrección de la ficha teórica de balonmano.

| | |
|---|---|
| **UD 9: Balonmano I** | **Nº Sesión 3** |
| **Duración:** 40 min (20 min bajar/cambiarse-cambiarse/subir). | **Curso: 2º ESO** |

| |
|---|
| **Recursos materiales:** Balones de balonmano, conos, petos, 5 aros. |
| **Instalaciones:** Campo de balonmano. |
| **Contenido:** Iniciación a los desplazamientos defensivos. |
| **Tareas** |
| **Calentamiento 10'** |
| **a)** Pase al círculo.<br>Grupos de 6 (3 parejas forman un círculo). Cada pareja se sitúa enfrente de la otra y dentro del círculo que forman los alumnos colocamos un aro. Las parejas se van pasando su balón de forma que en cada pase, el balón bote dentro del círculo, obteniendo un punto por pase completo. Todos los grupos comienzan a la vez cuando el profesor da la señal. ¿Cuántos pases puedo realizar en un minuto?<br>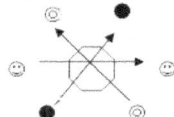 |
| **Parte principal 25'** |
| **a)** Dos filas, el profesor se encuentra detrás de ellos con todos los balones, cuando él decida lanzará un balón entre los dos alumnos (rodado, picado, o por el aire). Los alumnos van a intentar coger el balón y se produce un 1x1 y que finaliza con un lanzamiento a portería.<br><br>**b)** Tres filas. La fila de la izquierda y la del medio realizan lo mismo que el ejercicio anterior, la fila de la derecha siempre ataca. 2x1 y lanzamiento a portería.<br><br>**c)** Explicación y práctica de los movimientos defensivos dentro del área.<br><br>**d)** Ataques a una sola portería.<br>El equipo defensor se coloca cubriendo el área del portero y el equipo atacante debe conseguir un tiro a portería en menos de 1 minuto. Cada equipo tiene 5 ataques.<br>¿Quién consigue el mayor número de goles? ¿Qué equipo realiza mejor la defensa? |
| **Vuelta a la calma 5'** |
| Competición de lanzamientos de penalti. |

| | |
|---|---|
| **UD 9: Balonmano I** | **Nº Sesión 4** |
| **Duración:** 40 min (20 min bajar/cambiarse-cambiarse/subir). **Curso: 2º ESO** ||
| **Recursos materiales:** Balones de balonmano, conos, petos, 20 balones de gomaespuma. ||
| **Instalaciones:** Campo de balonmano. ||
| **Contenido:** Trabajando el ataque y la defensa. ||
| **Tareas** ||
| **Calentamiento 5'** ||
| **a)** Lluvia de pelotas. Dos equipos uno en cada mitad de un campo de balonmano. A la señal del profesor, todos los alumnos lanzan su balón a la mitad del campo donde se encuentra el equipo contrario, cuando el profesor dice basta, ganará el equipo que tenga menos balones en su campo. ||
| **Parte principal 30'** ||
| **a)** Por parejas, se van pasando el balón corriendo de un lado a otro del campo.<br><br>**b)** Por parejas, los alumnos van de área a área botando el balón y con un oponente próximo que defiende pasivamente. Debemos intentar hacer cambios de dirección.<br><br>**c)** Por parejas, trabajando en la línea del área, uno va defendiendo y el atacante va botando el balón y amaga que tira de vez en cuando, así el defensor eleva sus brazos.<br><br>**d)** 4 alumnos atacan y 6 defienden en el círculo del área.<br><br>**e)** Juego del pañuelo.<br><br>**f)** Mini-partido con robo de 5 conos. 4 equipos. Si lanzas y das a un cono te lo llevas a tu campo.<br><br>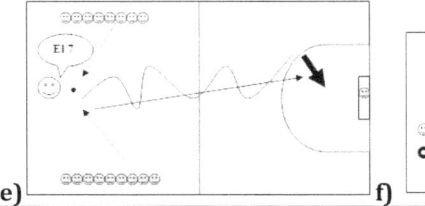 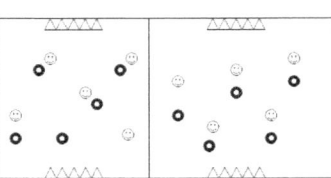<br>e)                                          f) ||
| **Vuelta a la calma 5'** ||
| Túnel peligroso. Se marca en el suelo un pasillo de 20x7m. Se forman 2 equipos. Uno de ellos a ambos lados del pasillo con una pelota de goma espuma en la mano y el otro equipo deberá atravesarlo sin ser tocados por las pelotas que les lanzarán los del otro equipo.<br><br>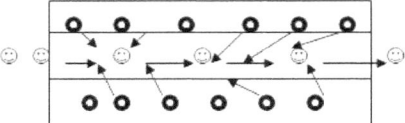 ||

165

| | |
|---|---|
| **UD 9: Balonmano I** | **Nº Sesión 5** |
| **Duración:** 40 min (20 min bajar/cambiarse-cambiarse/subir). | **Curso: 2º ESO** |

| |
|---|
| **Recursos materiales:** Balones de balonmano, conos, petos, aros: 2 azules, 2 blancos, 2 rosas, 2 verdes. |
| **Instalaciones:** Campo de balonmano. |
| **Contenido:** Dominio del bote del balón. |
| **Tareas** |
| **Calentamiento 12'** |
| **a)** Tres tipos de bote: bote alto vertical, bote alto oblicuo y bote bajo.<br>**b)** Los alumnos practican los 3 tipos de bote sin mirar el balón y protegiéndolo cuando hay un contrario cerca, colocándose en medio.<br>**c)** Cuando el profesor use el silbato debo realizar bote alto oblicuo y cuando vuelva a pitar realizo bote bajo. Desplazamientos en líneas del campo. 6 veces<br>**d)** Los alumnos se colocan en la línea de fondo del campo. A la señal salgo botando el balón cuando piten vuelvo a la línea de salida y giro para terminar en el otro fondo. 6 veces.<br>**e)** Botando el balón debo dirigirme hacia donde indica el profesor, (moverse hacia la derecha, izquierda, en diagonal, atrás, adelante, a pata coja, de cuclillas, sentarme y levantarme del suelo o dar un giro). |
| **Parte principal 25'** |
| **a)** Cuadrado. 4 equipos. Cada equipo está en un aro de diferente color. A la señal del profesor, tienen que salir botando el balón los 4 primeros participantes de cada equipo y dar una vuelta entera al cuadrado pisando en cada aro. Una vez llegado al punto de inicio deben ir al medio del cuadrado y meterse dentro de su aro correspondiente.<br><br>**b)** 4 grupos. Dos grupos que se encuentran en la diagonal del cuadro comienzan el ejercicio a la vez (esos dos grupos tienen un balón cada uno). Los alumnos botan-pasan a un compañero-reciben el pase-pasan al alumno de la fila y se quedan allí. Idem (4 alumnos estáticos para pasar el balón en el medio del campo).<br><br>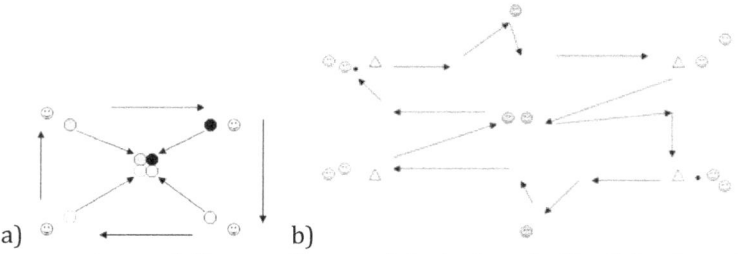<br>a)            b)<br>**c)** Relevos en zig-zag. 4 filas con 6 conos delante de cada fila. Salen los primeros de cada fila el que atraviese la línea primero consigue un punto. |
| **Vuelta a la calma 3'** |
| Dos equipos. Juego de posesión cuando he conseguido dar 5 pases a mis compañeros puedo atacar. |

| | |
|---|---|
| **UD 9: Balonmano I** | **Nº Sesión 6** |
| **Duración:** 40 min (20 min bajar/cambiarse-cambiarse/subir). | **Curso: 2º ESO** |
| **Recursos materiales:** Balones de balonmano, conos, petos. | |
| **Instalaciones:** Campo de balonmano. | |
| **Contenido:** Tipos de pases y recepción. | |

| Tareas |
|---|
| **Calentamiento 8'** |
| **a)** Practicar estos tipos de pases: pase clásico frontal, pase clásico lateral, pase picado, pase de pronación, pase en suspensión, dejada, pase por detrás de la espalda, pase de pecho, pase por encima de la cabeza.<br>**b)** Practicar las siguientes recepciones:<br> ▪ Según la forma: frontal, lateral derecha e izquierda y por detrás.<br> ▪ Según la altura: altas (encima de la cabeza), intermedias (desde la cabeza al abdomen), bajas (desde el abdomen al suelo) y rodadas (cuando toca el suelo). |
| **Parte principal 30'** |
| **a)** Por parejas. Uno enfrente del otro y separados unos 4 m. Pases de balón, sin carrera, con un paso, con dos pasos y con tres pasos.<br>**b)** Por tríos (colocados en un triangulo). Realizar pases frontales y diagonales.<br>**c)** Dos filas enfrentadas con unos conos enfrente de ellas. Los primeros de cada fila salen botando el balón y al llegar a los conos hacen un cambio de dirección hacía su derecha y pasan el balón al siguiente de la fila. Hay que coordinarse para que siempre salgan los dos alumnos a la vez. Luego cambio de dirección hacia la izquierda.<br>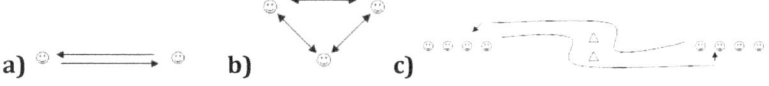<br>**d)** Tres filas. Los alumnos salen botando en línea recta y vuelven haciendo zig-zag, pasan el balón a su compañero que sale de nuevo. Realizar el ejercicio 3 veces.<br>**e)** Una fila en el fondo de campo. El primero de la fila con balón. Comienza botando, hace una pared con un compañero que le devuelve, hace un cambio de dirección y tira a portería. Cambio de lado las dos filas para lanzar desde la izquierda.<br>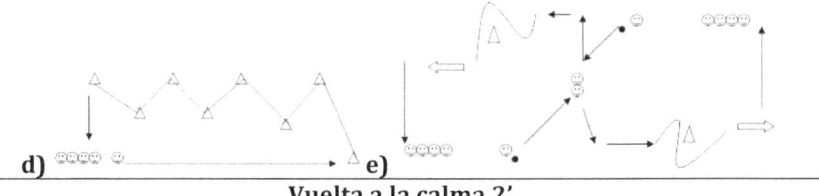 |
| **Vuelta a la calma 2'** |
| Explicación del examen práctico de evaluación. |

**Nº Sesión 7:** Evaluación.

## 3.10. UNIDAD DIDÁCTICA 10: CAPOEIRA

### a) Introducción
En la unidad didáctica de la capoeira queremos que el alumno conozca los principales aspectos de la lucha afrobrasileña y sus movimientos básicos.

Barcala (2006) comenta que la capoeira *"es un deporte muy completo, ya que en sus movimientos se requiere la participación de la mayoría de los músculos del cuerpo. Además es una actividad de bajo impacto y poco riesgo (ya que no hay contacto)".*

### b) Objetivos didácticos
- Conocer y desarrollar las técnicas básicas de la capoeira.

### c) Contenidos
- Los movimientos básicos de la capoeira: ginga, paralela, esquivas (lateral, recuada, cocorinha), patadas (bênção, pisão, martelo, meia lua de frente, meia lua de compaso, aú….).
- Historia y procedencia de la capoeira.
- Realización de la ficha de la búsqueda de la información sobre la capoeira.

### d) Distribución temporal
- Sesión 1: DVD Capoeira. Realización y corrección de la ficha de la búsqueda de la información sobre la capoeira.
- Sesión 2: Realización práctica del DVD sobre body combat.

**e) Metodología:** Instrucción directa. Enseñanza mediante la búsqueda.

### f) Recursos didácticos:
- Ficha de la búsqueda de la información sobre la capoeira.
- DVD Capoeira.
- DVD Body combat.

### g) Criterios de evaluación
- Evaluar la ficha de la capoeira.
- Valorar la realización de los movimientos básicos de la capoeira.

**h) Criterios de calificación:** Las técnicas básicas y la práctica del video.

**Puntuación de cada apartado:** del 1 (nota más baja) al 10 (nota más alta). Se hace media entre las variables.

# CAPÍTULO 4.
# UNIDADES DIDÁCTICAS PARA 3º ESO

## 4.1. UNIDAD DIDÁCTICA 1: CONDICIÓN FÍSICA III

### a) Introducción

Esta unidad didáctica se encuentra dentro del bloque de contenidos de condición física y salud. Se pretende desarrollar las diferentes cualidades físicas, por lo cuál hacemos una evaluación inicial mediante diferentes test físicos para comprobar el estado del alumnado y ver cuál es la situación de partida.

Al final del curso haremos una repetición de los test de condición física para comparar los resultados y conocer si existen mejoras.

### b) Objetivos didácticos
- Adquirir una buena condición física.
- Aplicar los principios básicos y sistemas de entrenamiento para el desarrollo de las capacidades físicas básicas.
- Saber tomar e interpretar la frecuencia cardiaca estableciendo los ritmos e intensidades adecuados al ejercicio.
- Valorar el hecho de alcanzar una buena condición física como base de unas mejores condiciones de salud.
- Habituarse a la práctica sistemática de la actividad física como medio de mejora de las capacidades físicas, de la salud y de la calidad de vida.
- Aprender el método de relajación de Jacobson.

### c) Contenidos
- Condición física y capacidades físicas: Conceptos, principios y sistemas para su desarrollo.
- Test de valoración de la condición física.
- Acondicionamiento físico general. Desarrollo de las capacidades físicas.
- Juegos donde se trabaja la condición física (fuerza, velocidad y resistencia).
- Aplicación de los sistemas específicos de entrenamiento y desarrollo de las distintas capacidades físicas y valoración de sus efectos.
- Toma de conciencia de la propia condición física y responsabilidad en el desarrollo de la misma.

- Valoración y toma de conciencia de la propia imagen corporal, de sus límites y capacidades.
- Valoración del hecho de alcanzar una buena condición física como base de unas mejores condiciones de salud.
- Disposición positiva hacia la práctica habitual de la actividad física sistemática como medio de mejora de las capacidades físicas, la salud y la calidad de vida.
- Relajación método Jacobson.

**d) Distribución temporal**
- Sesión 1: El calentamiento, movilidad articular más juegos de resistencia y carrera continua (frecuencia cardiaca).
- Sesión 2: Carrera continua variable. Elasticidad (método estático).
- Sesión 3: Ejercicios con balones medicinales más fartlek.
- Sesión 4: Interval training intensivo. Relajación.
- Sesión 5: Velocidad de reacción más ejercicios de autocargas. Flexibilidad método dinámico.
- Sesión 6: Test de la Course Navette y test de abdominales en 1 minuto.
- Sesión 7: Test 55 metros y lanzamiento de balón medicinal.
- Sesión 8: Relajación método Jacobson (mp3). Explicación y práctica.
- Sesión 9: Body Balance (DVD)

**e) Metodología**
- Enseñanza mediante la búsqueda.
- Instrucción directa.

**f) Recursos didácticos:**
- Relajación método Jacobson (mp3).
- Body Balance (DVD)

**g) Criterios de evaluación**
- Superación de las pruebas prácticas.
- Valoración de la técnica tanto individual como colectiva.
- Valoración de los conceptos técnicos y tácticos básicos en situaciones reales de juego.
- Valorar las diferencias en la ejecución técnica teniendo presente las diferentes capacidades motoras de los alumnos.
- Valorar el esfuerzo, interés y motivación de los alumnos durante el desarrollo de las sesiones, así como el grado de mejora en la calidad de juego de todos y cada uno de ellos.
- Valorar si el alumno cuida debidamente el material empleado en clase.

**h) Criterios de calificación**

La puntuación de todos los test se compara con los baremos de condición física según cada curso. Se hace media entre los resultados de cada test.

## i) Pruebas de aptitud física

Se realizarán los siguientes test físicos en 3º ESO (ver anexo):

- Course Navette.
- Abdominales en 1 minuto.
- Velocidad 55 m.
- Lanzamiento de balón medicinal.

| UD 1: Condición física III | Nº Sesión: 1 |
|---|---|
| **Duración:** 40 min (20 min bajar/cambiarse-cambiarse/subir). | **Curso: 3º ESO** |
| **Recursos materiales:** Cuerdas. ||
| **Instalaciones:** Pista exterior. ||
| **Contenido:** El calentamiento, movilidad articular más juegos de resistencia y carrera continua (frecuencia cardiaca). ||
| **Tareas** ||
| **Calentamiento 12'** ||
| **a)** Breve explicación de la condición física, objetivos de este tipo de trabajo y qué se va a trabajar a lo largo de las diferentes sesiones y para qué.<br><br>**b)** Dar un par de vueltas a la pista corriendo, ejercicios de activación (talones atrás, skipping, pasos laterales, agacharse y dar un salto...) realizando ejercicios de movilidad articular todo el grupo en círculo (brazos, cintura, piernas...). Estiramientos. ||
| **Parte principal 20'** ||
| **a)** ¿Quién aguanta más en saltar a la comba? Los cinco primeros alumnos que se paren tienen que hacer 5 abdominales. Se repite el ejercicio 5 veces.<br>Variantes: comba hacia atrás y a la pata coja.<br>**b)** Relevos. Los alumnos están colocados en dos filas. A la señal del profesor, tendrán que correr 20 m hacia delante hasta tocar con su mano un cono y volver corriendo de espaldas. Y al llegar al inicio saldrá el siguiente alumno de la fila. 2 repeticiones.<br>**c)** Carrera continua 8 minutos. ||
| **Vuelta a la calma 8'** ||
| Toma de la frecuencia cardiaca y estiramientos globales. ||

| UD 1: Condición física III | Nº Sesión: 2 |
|---|---|
| **Duración:** 40 min  (20 min bajar/cambiarse-cambiarse/subir). | **Curso:** 3º ESO |

| **Recursos materiales:** Aros. |
|---|
| **Instalaciones:** Pista exterior. |
| **Contenido:** Carrera continua variable. Elasticidad (método estático). |
| Tareas |
| Calentamiento 10' |
| a) Pilla-pilla por las líneas.<br>b) Movilidad articular. 2 Progresivos.<br>c) Relevos. 4 filas. Ejercicios con 8 aros en el suelo (saltar como un canguro, a pata coja primero con la pierna derecha y luego con la pierna izquierda y correr entre aros).<br>d) Un alumno dirige los estiramientos individuales. |
| Parte principal 25' |
| a) Carrera continua variable. Dar dos vueltas al patio, bajar por una rampa, correr en llano, después subir la rampa. Realizar continuamente el ejercicio durante 5 min.<br>b) Abdominales 4x20. Lumbares 2x20. 4x10 Flexiones de brazos. |
| Vuelta a la calma 5' |
| Estiramientos por parejas. |

| | |
|---|---|
| **UD 1: Condición física III** | **Nº Sesión: 3** |
| **Duración:** 40 min (20 min bajar/cambiarse-cambiarse/subir). | **Curso: 3º ESO** |

**Recursos materiales:** 6 balones medicinales, 6 conos.

**Instalaciones:** Pista exterior.

**Contenido:** Ejercicios con balones medicinales más fartlek.

### Tareas

### Calentamiento 10'

**a)** Pilla-Pilla con balón medicinal en las manos. Tres se la ligan y llevan en sus manos un balón medicinal. Cuando tocan con el balón medicinal a los alumnos que se estaban escapando cambian el rol.

### Parte principal 25'

**a) Relevos. Corriendo con el balón en las manos.** Grupos de 6. Sale el primero de cada grupo y va hasta un cono donde gira y vuelve a la fila donde encontrará otro cono y podrá pasar a su compañero el balón. Gana el equipo que antes termine de participar.

**b) Relevos. Saltando con el balón medicinal sujetándolo con las rodillas.** Grupos de 6. Sale el primero con el balón entre las piernas dando saltos de canguro hasta un cono donde gira y vuelve a la fila donde encontrará otro cono y podrá pasar a su compañero el balón. Gana el equipo que antes termine de participar.

**c) Pase del balón ida y vuelta.** El grupo de 6 alumnos se colocan en fila separados entre sí 2 m. El primero de la fila tiene el balón y se lo pasa a su compañero éste gira sobre si mismo y se lo pasa al siguiente así sucesivamente hasta que el balón llegue al último, que debe de tocar con el balón en el suelo y volverlo a pasar hasta que el balón llegue al inicio. Primero hacen pase de pecho, después pase por encima de la cabeza y por último pase lateral.

**d) Fartlek:** (Es un tipo de carrera continua con cambios frecuentes de ritmo).
- Alrededor del campo de fútbol. Damos una vuelta al campo al 50%.
- Largo rápido 85% (ancho, largo, ancho 50%)
- Largo y ancho rápido 85% (largo ancho y lago 50%)
- Ancho, largo, ancho 85% (1 vuelta de recuperación).
- Repito lo anterior.

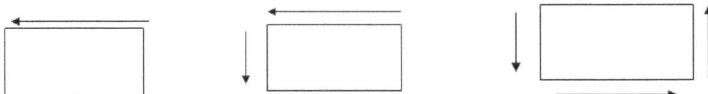

### Vuelta a la calma 5'

**El bombazo.**
Grupos de 6. Cada grupo con un balón medicinal de 3 kg. Los componentes del grupo se pasan el balón uno a uno y a la señal el que tenga el balón en las manos, o si estuviese en el aire, el que ha pasado quedará eliminado. El profesor puede cambiar la dirección del balón derecha o izquierda. Añadir 2 ó 3 balones.

| UD 1: Condición física III | Nº Sesión: 4 |
|---|---|
| **Duración:** 40 min (20 min bajar/cambiarse-cambiarse/subir). | **Curso: 3º ESO** |

**Recursos materiales:** 8 petos azules, 8 petos naranjas, 8 petos rosas, 2 conos.

**Instalaciones:** Pista exterior.

**Contenido:** Interval training intensivo. Relajación.

### Tareas

### Calentamiento 10'

**a) La cadena.** Un participante corre a por el resto del grupo, mientras el resto escapa y evita que no le cojan. Cuando el perseguidor coge a alguien se unen de la mano y van a por otra persona. Así al coger a muchas personas se van uniendo de la mano, el juego acaba cuando están todos en la cadena.

**b) Corta Hilos.** De entre todos los alumnos de la clase, se elige a un perseguidor. Este se pasea entre sus compañeros y a la señal del profesor deberá decir el nombre de alguno de sus compañeros e inmediatamente irá tras él. El alumno nombrado deberá evitar que le atrape. El resto de los alumnos intentarán salvar al alumno perseguido, cruzándose entre perseguidor y perseguido. El alumno "que corta el hilo" se convierte en perseguido. Si le coge, se cambian los papeles. Variante: Por parejas de la mano.

### Parte principal 27'

**Interval training intensivo.** Se realiza con alta intensidad, pocas repeticiones y pausas prolongadas.

**a)** Desde la línea de fondo correr al 50% hasta mitad de campo y volver a la línea de fondo y luego sprint hasta mitad de campo. 2 veces

**b)** Desde la línea de fondo correr con pasos pequeños hasta una línea situada a 10 m volver a la línea de fondo de espaldas y hacer un sprint hasta la línea de medio campo. 2 veces.

**c)** Desde el fondo al medio campo correr al 50%, volver al fondo 50% e ir al otro lado del campo 100% 2 veces.

a)　　　　　　b)　　　　　　c)

**d)** Grupos de 3. En un lado del campo se colocan dos de un grupo (nº 1 y 3) y en el otro uno de un grupo (nº 2). A la señal, sale el nº 1, llega hasta el nº 2 (y se queda allí), nº 2 corre hasta nº 3 y se queda allí, así sucesivamente hasta llegar hasta su lugar de inicio cada uno.

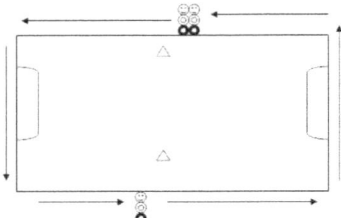

### Vuelta a la calma 3'

**Relajación.** Tumbados en el suelo decúbito supino, control de la respiración.

| UD 1: Condición física III | Nº Sesión: 5 |
|---|---|
| **Duración:** 40 min  (20 min bajar/cambiarse-cambiarse/subir). | **Curso: 3º ESO** |

| **Recursos materiales:** 10 aros, 6 vallas, 3x4 conos de diferentes colores azul, amarillo, blanco y rojo. |
|---|
| **Instalaciones:** Pista exterior. |
| **Contenido:** Velocidad de reacción más ejercicios de autocargas. Flexibilidad método dinámico. |
| **Tareas** |
| **Calentamiento 10'** |
| **a)** Carrera continua durante 5 min. |
| **Parte principal 27'** |
| **a)** Los alumnos están colocados en dos filas y realizan salidas desde distintas posiciones hasta un cono que se encuentra a 20m. |
| **b)** Dos grupos. Se colocan en medio de los conos que forman un rombo a la señal del profesor (dice los colores de los conos, azul, blanco, rojo, amarillo) el alumno debe de tocar cada cono, después hacer skipping lateral en la vallas, correr rápido entre 5 aros y llegar a un cono final. Se suman los puntos por equipo. Se hace una primera vez de prueba tocando el cono de la derecha-izquierda-adelante-atrás y el ejercicio. |
| 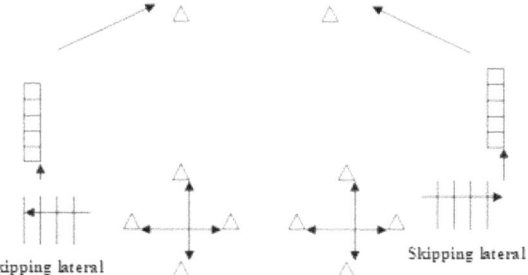 |
| **c) Ejercicios de autocargas:** trabajo de gemelos, ponerse de puntillas (1), abdominales (2), abdominales oblicuos (3), llevando codo a la rodilla (4), abdominales tocando los talones de los pies, por ejemplo con la mano derecha al pie derecho (5), abdominales extendiendo las piernas (6), lumbares (7), flexiones (8), tríceps en banco sueco (9), glúteos (10). |
| **Vuelta a la calma 3'** |
| Ejercicios de Flexibilidad del método dinámico. |

**Nº Sesión 6:** Test de la Course Navette y test de Abdominales en 1 minuto.
**Nº Sesión 7:** Test de 55 m y test de lanzamiento de balón medicinal.
**Nº Sesión 8:** Relajación método Jacobson (mp3). Explicación y práctica.
**Nº Sesión 9:** Body Balance (DVD).

*La explicación de los test de las pruebas físicas y sus baremos se encuentran en el anexo.

## 4.2. UNIDAD DIDÁCTICA 2: BALONCESTO II

**a) Introducción**

En la unidad didáctica de baloncesto II pretendemos perfeccionar las técnicas aprendidas en 1º ESO e introducir nuevos aspectos tácticos que se acerquen al juego real.

**b) Objetivos didácticos**
- Perfeccionar la técnica básica del juego del baloncesto.
- Valorar los efectos beneficiosos que tiene la práctica habitual del baloncesto.
- Percibir y controlar el cuerpo en las distintas situaciones de juego en las que se precise un ajuste motor.
- Utilizar los diferentes recursos técnico-tácticos para adaptarlos al juego real en situaciones de máxima exigencia.
- Mejorar la condición física mediante la práctica de los diferentes y variados gestos técnicos así como la puesta en escena de los recursos tácticos.
- Conocer los aspectos tácticos derivados del desarrollo del juego del baloncesto.
- Conocer el reglamento.

**c) Contenidos**
- La técnica, táctica y el reglamento del baloncesto.
- Capacidades físicas y coordinativas del baloncesto.
- Perfeccionamiento de los patrones básicos del baloncesto.
- Utilización de los recursos técnicos integrándolos dentro de situaciones de juego real como medio de superación del rival.
- Ajuste de la respuesta tanto individual como colectiva al modo de juego del adversario.
- Realización de competiciones (2x2, 3x3, 5x5).
- Utilización del juego del baloncesto como medio de mejora de la condición física.
- Aceptación de las reglas.
- Desarrollar un espíritu crítico hacia prácticas violentas en el juego del baloncesto.
- Aceptar la derrota con deportividad y aprender de ella.
- Participación en el montaje y recogida de material necesario para la realización de las clases.
- Capacidad de superación.

**d) Distribución temporal**
- Sesión 1: Técnica individual (manejo del balón, agarre del balón, posición triple amenaza, etc...) Reglamento.
- Sesión 2: Técnica individual (manejo del balón en dribling, cambio de ritmo y cambio de dirección normal).

- Sesión 3: Técnica individual (cambios de dirección: de pivote, por la espalda y entre las piernas).
- Sesión 4: Técnica colectiva: el pase. Características. Pase de pecho con dos manos, con dos manos picado, con una mano normal, picado y pase de béisbol.
- Sesión 5: Técnica colectiva: el pase. Pase con dos manos por encima de la cabeza, por la espalda y pase de entrega. Recepción del balón: parado o en carrera.
- Sesión 6: Técnica individual: movimiento de pies (la arrancada, cómo pivotar y parada en uno o dos tiempos). Desmarques o fintas de recepción: cruzando la pierna por delante del defensor y puerta atrás.
- Sesión 7: El Tiro. Características del tiro a canasta. Clases de tiro. Tiro en bandeja con la mano derecha y con la izquierda, a "aro pasado". Tiro personal.
- Sesión 8: Trabajando el ataque y la defensa.
- Sesión 9: Evaluación.

### e) Metodología
- Instrucción directa.
- Enseñanza recíproca.
- Enseñanza mediante la búsqueda.

### f) Criterios de evaluación
- Superación de las pruebas prácticas.
- Valoración de la técnica tanto individual como colectiva.
- Valoración de los conceptos técnicos y tácticos básicos en situaciones reales de juego.
- Valorar las diferencias en la ejecución técnica teniendo presente las diferentes capacidades motoras de los alumnos.
- Valorar el esfuerzo, interés y motivación de los alumnos durante el desarrollo de las sesiones así como el grado de mejora en la calidad de juego de todos y cada uno de ellos.
- Valorar si el alumno cuida debidamente el material empleado en clase.

### g) Criterios de calificación
1. Control y correcta coordinación en el bote de velocidad y bote en zig-zag.
2. Correcta posición del cuerpo.
3. Adecuar la carrera con el pase a un compañero.
4. Bote en carrera y pase.
5. Correcta coordinación de pasos en la entrada a canasta por el lado derecho e izquierdo.
6. Correcta colocación de brazos en el tiro a canasta.
7. Correcta colocación del cuerpo en la defensa.
8. Juego real: 2x2

**Puntuación de la ejecución de cada ejercicio:** del 1 (nota más baja) al 10 (nota más alta). Se hace media entre las variables.

| UD 2: Baloncesto II | Nº Sesión 1 |
|---|---|
| **Duración:** 40 min  (20 min bajar/cambiarse-cambiarse/subir).    **Curso: 3º ESO** ||
| **Recursos materiales:** 20 balones de baloncesto, conos, petos. ||
| **Instalaciones:** Campo de baloncesto. ||
| **Contenido:** Técnica individual (manejo del balón, agarre del balón, posición triple amenaza). Reglamento. ||
| **Tareas** ||
| **Calentamiento 5'** ||
| **a)** Recordar que son: dobles, manejo, pasos, faltas, 5" saque, 8" pasar de campo, 24" jugada, campo atrás, 3" en zona.<br>**b)** Combinación de desplazamientos botando con ambas manos. ||
| **Parte principal 32'** ||
| **a)** Manejo de balón:<br>• Balón de mano a mano a diferentes alturas (tocar solo con los dedos no con las palmas).<br>• Malabarismo: el alumno tiene que ir andando pasándose el balón de una mano a otra por encima de la cabeza.<br>• El baile del balón: consiste en hacer bailar el balón con un dedo.<br>• Lanzar y recoger: se lanza el balón desde delante del cuerpo por encima de la cabeza, y se recoge por la espalda.<br>• Balón alrededor de la cintura.<br>• Balón entre las piernas (movemos las piernas alternativamente).<br>• Balón alrededor de una pierna y cambiamos a la otra.<br>• Ocho entre las piernas rápido.<br>• Balón de atrás hacia delante, soltando las manos alternativamente.<br>• El espejo: por parejas se imita el manejo del balón del compañero.<br>**b)** Relevos. **1)** Dos filas. Salen los primeros de cada fila botando el balón para intentar encestar en la misma canasta. Si encestan a la primera obtienen dos puntos si encestan a la segunda oportunidad tienen un punto. Volverán al inicio para pasarle el balón a su compañero a la altura del cono. Se cuentan los puntos obtenidos. **2)** Lo mismo pero esta vez con un pase previo de un compañero, se giran, tiran a canasta y vuelven botando por el exterior para dar un pase al compañero una vez atravesado el cono.<br>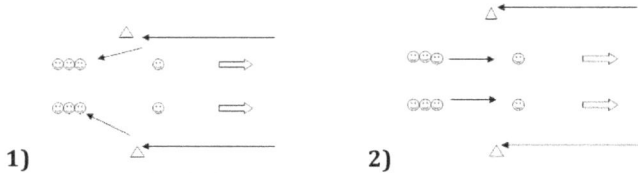<br>1)                    2)<br>**c)** Partido 10x10 con dos balones en el campo. Habrá situaciones en las que un equipo tenga dos balones en su poder y tendrán que mantener la posesión de los balones para conseguir meter canasta primero con un balón y luego otro. ||
| **Vuelta a la calma 3'** ||
| **Juego de 21 puntos**. Se numeran los alumnos en una fila, tira el 1º que no encesta. El 2º debe recoger el balón y tirar. Si encesta, entonces vuelve a tirar desde tiro libre. Todos los tiros valen 1 punto.  Hacer el juego en 4 canastas. Grupos de 8. ||

| | |
|---|---|
| **UD 2: Baloncesto II** | **Nº Sesión 2** |
| **Duración:** 40 min (20 min bajar/cambiarse-cambiarse/subir). | **Curso: 3º ESO** |

| |
|---|
| **Recursos materiales:** 20 balones de baloncesto, conos, petos. |
| **Instalaciones:** Campo de baloncesto. |
| **Contenido:** Técnica individual (manejo del balón en dribling, cambio de ritmo y cambio de dirección normal). |
| **Tareas** |
| **Calentamiento 10'** |
| **a)** Desplazamientos.<br>• En todo el campo el profesor va diciendo izquierda, derecha, adelante o atrás, y los alumnos se van desplazando por el campo.<br>• Recorriendo el campo. Avanzar por las líneas del campo.<br>• Los alumnos se desplazan por todo el campo y cuando el profesor dice ¡uno! hacen una parada en un tiempo, cuando dice ¡dos! hacen una parada en 2 tiempos y cuando dice ¡tres! hacen un cambio de dirección.<br>• La sombra: uno hace desplazamientos y el resto de la clase los imita.<br>• Cambios de dirección con defensa. |
| **Parte principal 25'** |
| **a)** Bote (No se mira al balón):<br>• Desde sentado realizar con el balón un movimiento circular alrededor del cuerpo (trabajar con las dos manos).<br>• Bote al lado del pie.<br>• Bote a diferentes alturas.<br>• Bote adelante y atrás.<br>• Bote de mano a mano.<br>• Balón con bote por detrás.<br>• Botar con 2 balones simultáneamente.<br>• Pelea de gallos botando el balón.<br>• El espejo: por parejas se imitan los botes de balón del compañero.<br><br>**b)** Relevos en zig-zag con tiro a canasta.<br><br>**c)** Cambios de dirección por delante de los conos, de frente o cruzándose.<br><br>**d)** 1X1 objetivo (sobrepasar al defensor, alcanzando línea de ½ campo).<br>• Defendiendo sin brazos y a 2m (sin quitar el balón).<br>• A 1 m.<br>• Utilizando brazos adecuadamente para robar el balón.<br>**e)** 3x2. Concepto de aclarado. Cuando un atacante se lleva a un defensor y deja un hueco, para que ataque su compañero. |
| **Vuelta a la calma 5'** |
| Un alumno se la liga y lleva los ojos vendados. Este alumno tendrá un guía que le indicará como debe ir (golpe en el hombro derecho: dirección derecha, golpe en hombro izquierdo: dirección izquierda, toco la espalda: parase). Los demás compañeros estarán botando el balón por un espacio delimitado y el alumno que no ve debe de tocarles. |

| UD 2: Baloncesto II | Nº Sesión 3 |
|---|---|
| **Duración:** 40 min (20 min bajar/cambiarse-cambiarse/subir). | **Curso:** 3º ESO |

| |
|---|
| **Recursos materiales:** 20 balones de baloncesto, conos, petos. |
| **Instalaciones:** Campo de baloncesto. |
| **Contenido:** Técnica individual (cambios de dirección: de pivote, por la espalda y entre las piernas). |
| **Tareas** |
| **Calentamiento 5'** |
| a) Bulldog botando el balón. |
| **Parte principal 33'** |
| a) Bote entre piernas con salto y cambios de agarre entre piernas (sin bote). |
| b) 1x0. Cambios de dirección pivotando y por detrás de la espalda. |
| c) Nos desplazamos botando entre las piernas y cambiamos de dirección pivotando. |
| e) En posición 1 y 2 hacemos unas filas. Combinar bote en carrera, con cambio de dirección entre las piernas o de reverso, con cambio de ritmo, y parada en uno o dos tiempos, para dar un pase al siguiente compañero. |
| 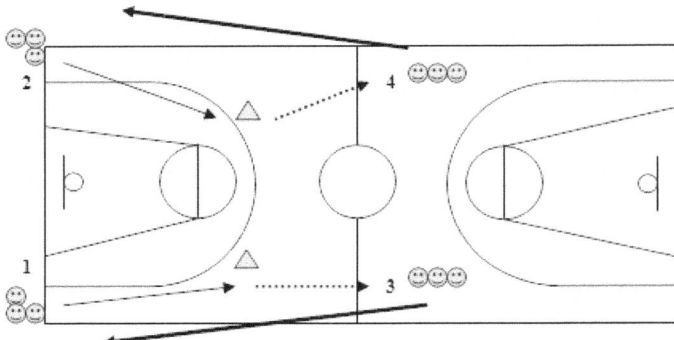 |
| f) 1x1 + 1. (Al pasar 5 segundos acude otro defensor más). Variante: desde el principio, el segundo defensor tiene que ir a tocar un cierto punto antes de ir a ayudar al 1x2 en defensa). |
| g) Partido 5x5 en medio campo sin rebote. El equipo que ataca sale desde medio del campo y tiene que dar obligatoriamente 3 pases a sus compañeros y si encesta el balón sigue atacando, sacando de nuevo desde mitad de campo. Si el balón toca el aro o el tablero pierde la posesión del balón y saca el equipo contrario desde la línea de fondo y tiene que llegar a mitad de campo para poder atacar. |
| **Vuelta a la calma 2'** |
| Competición de lanzamientos de tiro libres. |

| | |
|---|---|
| **UD 2: Baloncesto II** | **Nº Sesión 4** |

**Duración:** 40 min (20 min bajar/cambiarse-cambiarse/subir).   **Curso: 3º ESO**

**Recursos materiales:** 30 balones, petos, estrellas con números, conos.

**Instalaciones:** Campo de baloncesto.

**Contenido:** Técnica colectiva: El pase. Características generales del pase. Pase de pecho con dos manos, con dos manos picado, con una mano normal, picado y pase de béisbol.

### Tareas
### Calentamiento 10'

Pases por parejas en movimiento, cambiando la distancia de los pases.

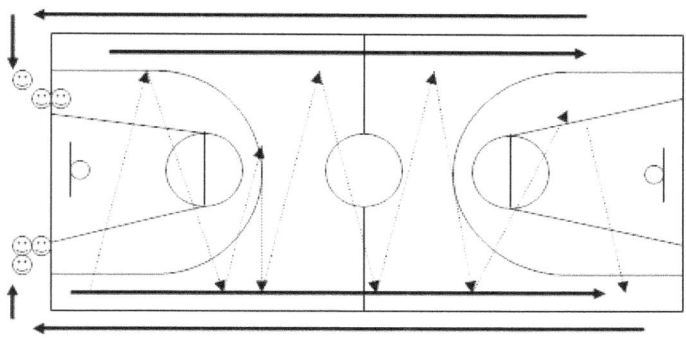

### Parte principal 25'

**a)** En parejas. Pases en estático de distintas formas y colocarse en triple amenaza.
Variante: al recibir fintar. Combinar con y sin finta, en desplazamiento.
**b)** Por tríos, pases de distintas formas: El del centro pivota repartiendo los pases.
**c)** Partido 5x5.

### Vuelta a la calma 5'

Juego de las 5 estrellas. En 45 segundos tengo que hacer el mayor nº de puntos posibles. Cada estrella tiene una puntuación del 1 al 5. No vale repetir el lanzamiento desde la misma posición dos veces seguidas.

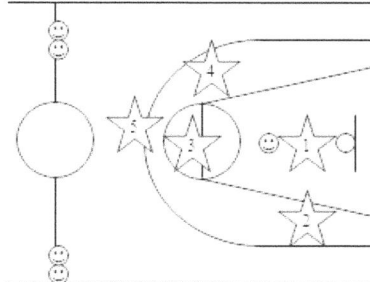

| | |
|---|---|
| **UD 2: Baloncesto II** | **Nº Sesión 5** |
| **Duración:** 40 min (20 min bajar/cambiarse-cambiarse/subir). **Curso: 3º ESO** ||
| **Recursos materiales:** 30 balones, petos, conos. ||
| **Instalaciones:** Campo de baloncesto. ||
| **Contenido** Técnica colectiva: El pase. Pase con dos manos por encima de la cabeza, por la espalda y pase de entrega. Recepción del balón: parado o en carrera. ||
| **Tareas** ||
| **Calentamiento 10'** ||
| **a)** Pases la estrella. Los alumnos se colocan en círculo y un alumno en medio del círculo. Un alumno que está en el círculo comienza pasando el balón al del medio y corre a su posición, el del medio pasa al del círculo y ocupa su espacio. Así sucesivamente. Variar los tipos de pase: 1º pase de pecho, 2º pase picado, 3º pase encima de la cabeza y 4º pase de espaldas. **b)** Dos filas enfrentadas con unos conos enfrente de ellas. Los primeros de cada fila salen botando el balón y al llegar a los conos hacen un cambio de dirección o (pase de entrega) hacía su derecha y pasan el balón al siguiente de la fila. Luego cambio de dirección hacia la izquierda. ||
| **Parte principal 25'** ||
| 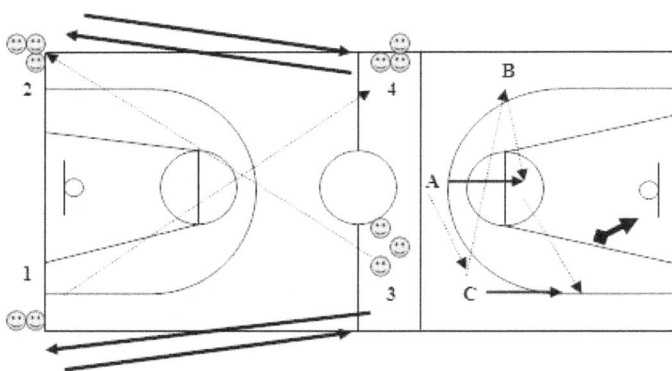<br>c) Partidos 3 x 3. ||
| **Vuelta a la calma 5'** ||
| **Un caos.** Todos se colocan en fila en la línea de tiros libres. Solamente los dos primeros tienen balón. El juego consiste en encestar lo más rápido posible, porque si consigue canasta antes el alumno que va detrás elimina a su compañero. Cuando se consigue canasta pasa el balón al siguiente y se coloca de nuevo en la fila. Gana el alumno que quede hasta el final. ||

| | |
|---|---|
| **UD 2: Baloncesto II** | **Nº Sesión 6** |
| **Duración:** 40 min (20 min bajar/cambiarse-cambiarse/subir).   **Curso: 3º ESO** ||
| **Recursos materiales:** 20 balones de baloncesto, conos, petos. ||
| **Instalaciones:** Campo de baloncesto. ||
| **Contenido:** Técnica individual: Movimiento de pies (la arrancada, cómo pivotar y parada en uno o dos tiempos). Desmarques o fintas de recepción: cruzando la pierna por delante del defensor y puerta atrás. ||
| **Tareas** ||
| **Calentamiento 10'** ||
| a) Rueda de pases y entradas. Rotación tras cada pase. Existe rebote. 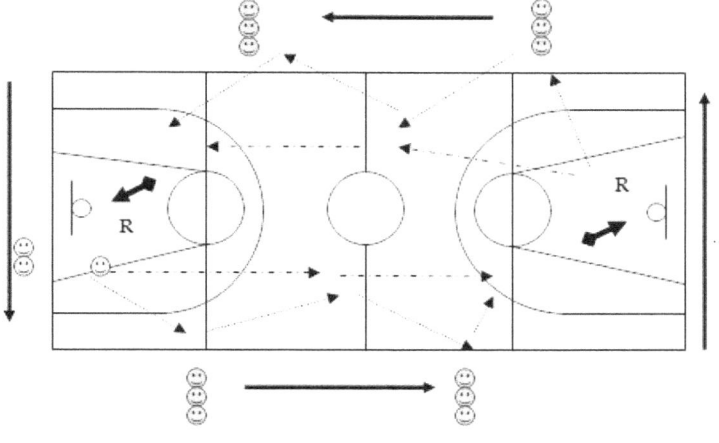 ||
| **Parte principal 25'** ||
| a) Botar, parada en un tiempo, botar, parada en dos tiempos. Ida con la mano derecha, vuelta con la mano izquierda. (Poner conos en las paradas) ||
| b) Botar, parada en un tiempo sin dejar de botar, bote de protección, salida con bote de velocidad, parada en dos tiempos, etc. Ida con mano izquierda y vuelta con la derecha. Se realiza el ejercicio en todo el campo. ||
| c) 1x1 Un alumno A pasa el balón entre sus piernas, partiendo de espaldas al otro alumno B, y B realizará una finta de penetración, tiro o pase, en función del desequilibrio del defensor. ||
| d) 2x1. Desde una línea de banda o fondo, un alumno trata de pasar a otro defendido por un tercero. (Se practica la acción de la puerta atrás, y del desmarque simple (apoyándose ligeramente en el defensor). ||
| e) 4x4 en una canasta. Obligatorio dar 5 pases antes de tirar a canasta. ||
| **Vuelta a la calma 5'** ||
| Juego de la bombilla. ||

| | |
|---|---|
| **UD 2: Baloncesto II** | **Nº Sesión 7** |
| **Duración:** 40 min (20 min bajar/cambiarse-cambiarse/subir). | **Curso: 3º ESO** |

**Recursos materiales:** 20 balones de baloncesto, conos, petos, 4 aros.

**Instalaciones:** Campo de baloncesto.

**Contenido:** El Tiro. Características del tiro a canasta. Clases de tiro. Tiro en bandeja con la mano derecha y con la izquierda y a "aro pasado". Tiro personal.

### Tareas

### Calentamiento 10'

**a)** Competición de líneas botando.

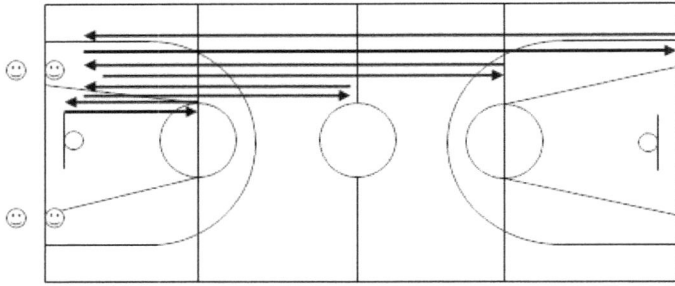

**b)** Explicación de la técnica del tiro estático y repaso de los tipos de entradas.

**c)** Práctica de diversos tipos de entradas: con pérdida de paso, doble paso lateral, tiro en extensión (normal), entrada con gancho, aro pasado y tiro por elevación.

### Parte principal 25'

**a)** En un campo de baloncesto, todos los alumnos se sitúan en una fila (en el lado izquierdo del campo). El primer alumno de la fila le da un pase (1º de pecho, 2º picado) a su compañero que se encuentra (en el lado derecho del campo), éste recibe el balón, realiza una conducción zig-zag y una entrada a canasta por la derecha. El alumno que paso el balón rota a la posición del que recibe el balón. Después se práctica hacia el otro lado, realizando la entrada a canasta por la izquierda. Intentar evitar hacer pasos (colocar dos aros para la entrada a canasta.)

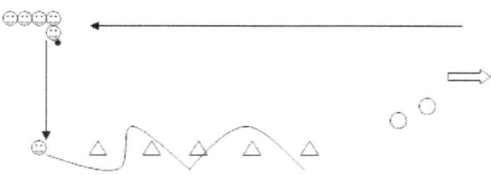

### Vuelta a la calma 5'

Competición de lanzamientos de tiro libres.

| UD 2: Baloncesto II | Nº Sesión 8 |
|---|---|
| **Duración:** 40 min (20 min bajar/cambiarse-cambiarse/subir). **Curso: 3º ESO** ||
| **Recursos materiales:** 20 balones de baloncesto, conos y petos. ||
| **Instalaciones:** Campo de baloncesto. ||
| **Contenido:** Trabajando el ataque y la defensa. ||
| **Tareas** ||
| **Calentamiento 5'** ||
| a) Los alumnos se mueven por el espacio realizando los diferentes tipos de manejo de balón que conocen. ||
| **Parte principal 30'** ||
| **a) Trabajando el 1x1 y el 2x2**. Un balón de baloncesto por parejas. Los alumnos se numeran, uno es el nº 1 y el otro el nº 2. Cada canasta tiene un número (nº 1y nº 2). Los alumnos comienzan el ejercicio en la zona de 3 metros realizando pases y moviéndose botando el balón por parejas. Cuando el profesor hace sonar su silbato el alumno que tenga la posesión del balón ataca hacia la canasta que le corresponda (por ejemplo: alumno nº 1 ataca a la canasta nº 1) y su compañero le defiende. Si en ese primer ataque se consigue obtener una canasta el ejercicio finaliza y esa pareja se va a la zona de 3 m. Si en ese ataque el compañero roba el balón ataca hacía su canasta, así sucesivamente hasta que uno de los alumnos consiga canasta. Tienen un 1 minuto como máximo para que uno de los dos haya conseguido una canasta. El ejercicio se vuelve a repetir con 10 compañeros diferentes. Variante: Por parejas se realiza un 2 contra 2. Las dos parejas se pasan el balón entre ellas, a la señal del profesor el alumno que tenga el balón debe de pasar obligatoriamente a su pareja y atacar a la canasta correspondiente. ||
| ☺ Alumnos con posesión del balón atacan a la canasta nº 1 y sin balón defienden la canasta nº 2<br>☺ Alumnos con posesión del balón atacan a la canasta nº 2 y sin balón defienden la canasta nº 1<br>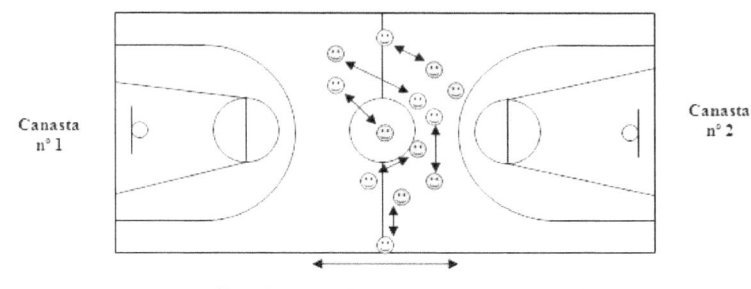 ||
| **Vuelta a la calma 5'** ||
| Dos filas en cada canasta. Debes encestar un tiro libre antes de finalizar la clase. ||

**Nº Sesión 9:** Evaluación.

## 4.3. UNIDAD DIDÁCTICA 3: HABILIDADES COORDINATIVAS

### a) Introducción

En la presente unidad didáctica queremos mejorar las habilidades coordinativas de nuestros alumnos y lo haremos realizando diferentes juegos coordinativos utilizando una gran variedad de materiales.

### b) Objetivos didácticos

- Desarrollar la coordinación óculo-manual mediante el manejo de implementos.
- Valorar los efectos beneficiosos que tiene la práctica de juegos y ejercicios de coordinación.
- Mejorar la condición física mediante el juego.
- Conducir, botar y golpear distintos objetos con seguridad.
- Mejorar las técnicas de recepción, pase y lanzamiento con la mano y con el pie.

### c) Contenidos

- Recepción, pase y lanzamientos, controlados con el pie y con la mano.
- Mejora de otras coordinaciones segmentarias.
- Mejora de los desplazamientos equilibrados con distintos apoyos.

### d) Distribución temporal

- Sesión 1: Juegos coordinativos.
- Sesión 2: Golpeos, recepciones y lanzamientos con la mano.
- Sesión 3: Golpeos, recepciones y lanzamientos con el pie.
- Sesión 4: Trabajo de giros y volteos…, con aros, pelotas, cuerdas, etc …
- Sesión 5: Ejercicios de ritmo y coordinación, mediante bailes, etc…..
- Sesión 6: Evaluación

### e) Metodología

- Instrucción directa.
- Descubrimiento guiado.
- Enseñanza mediante búsqueda.

### f) Recursos didácticos

- Batuka (DVD).

### g) Criterios de evaluación

- Valorar las habilidades coordinativas demandadas (giros, volteos, lanzamientos, ritmos, golpeos, recepciones,….).
- Valorar el esfuerzo, interés y motivación de los alumnos durante el desarrollo de las sesiones.
- Valorar el cuidado del alumno por el material.

## h) Criterios de calificación
- Control y coordinación del bote en zig-zag.
- Control y coordinación pie-balón en zig-zag.

## Se realizará el test de desplazamiento en zig-zag:

**Objetivo:** Medir la coordinación dinámica.
**Instalación y Material:** Un balón de balonmano y 5 palos de 1,70 m. colocados en línea.
**Posición inicial:** De pie detrás de la línea de salida, con el balón en las manos.
**Ejecución:** El profesor da la salida "listos-ya", y el alumno deberá realizar el circuito. El recorrido de ida deberá realizarse botando el balón, y el recorrido de vuelta se hará conduciendo el balón con el pie. El tiempo invertido se registrará en segundos y décimas de segundo. Se realizarán dos intentos, anotándose el mejor de ellos.
**Intento Nulo:** Será considerado nulo el intento en que se derribe algún obstáculo.

## Descripción gráfica y baremos del test de desplazamiento en zig-zag:

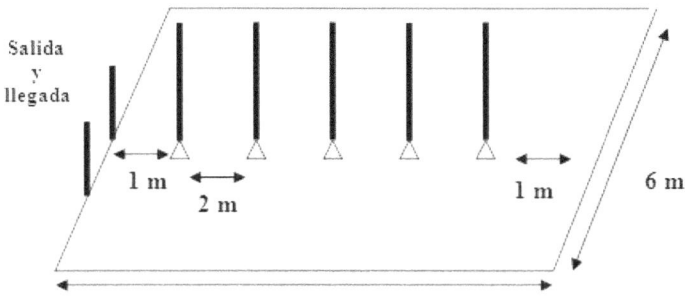

| Baremos | Coordinación Dinámica Chicos | Coordinación Dinámica Chicas |
|---|---|---|
| 10 | 8,55 | 9,7 |
| 9 | 8,85 | 10,2 |
| 8 | 9,3 | 10,4 |
| 7 | 9,8 | 10,9 |
| 6 | 10,2 | 11,4 |
| 5 | 10,6 | 11,8 |
| 4 | 11,6 | 12,5 |
| 3 | 12,5 | 13,1 |
| 2 | 13,2 | 13,6 |
| 1 | >=14,2 | >=14 |

| | |
|---|---|
| **UD 3: Habilidades coordinativas** | **Nº Sesión 1** |
| **Duración:** 40 min (20 min bajar/cambiarse-cambiarse/subir). | **Curso: 3º ESO** |
| **Recursos materiales:** 20 pelotas de balonmano, 4 aros, 4 conos. | |
| **Instalaciones:** Pista interior o exterior. | |
| **Contenido:** Juegos coordinativos. | |

| Tareas |
|---|
| **Calentamiento 10'** |
| a) Pilla-pilla con balón de balonmano:<br>• Cada uno con balón, debemos llevarlo botando con las manos y tenemos que pillar a los demás.<br>• Igual, pero llevamos el balón con el pie. |
| **Parte principal 25'** |
| Definición de capacidades coordinativas: son las cualidades basadas en el sistema nervioso central que permiten dominar gestos y adaptar las acciones motoras a situaciones determinadas, previstas o imprevistas.<br><br>Ejercicios con balón:<br>a) Por parejas, cada uno con su balón, pasamos el balón:<br>• Con la mano,<br>• Con el pie,<br>• Uno con la mano y el otro con el pie.<br><br>b) Cada alumno se desplaza llevando los dos balones de las siguientes maneras, (el otro alumno espera su turno):<br>• Con las dos manos,<br>• Con los dos pies,<br>• Uno con el pie y otro con la mano<br><br>c) Por parejas:<br>• Uno frente al otro, lanzarse el balón con las manos simultáneamente, y a diferentes distancias. El balón no debe tocar el suelo, podemos ir alejándonos, según conseguimos pases.<br>• Igual en tríos.<br><br>d) Relevos, llevando en una mano el balón botándolo, y en la otra haciendo rodar el aro.<br><br>e) Juego del balón prisionero con pelota gigante. (Podemos meter dos pelotas). |
| **Vuelta a la calma 5'** |
| Estiramientos y recogida del material. |

| | |
|---|---|
| **UD 3: Habilidades coordinativas** | **Nº Sesión 2** |
| **Duración:** 40 min (20 min bajar/cambiarse-cambiarse/subir). | **Curso: 3º ESO** |

| |
|---|
| **Recursos materiales:** 5 balones de gomaespuma, 5 discos voladores, petos, balón de balonmano. |
| **Instalaciones:** Pista exterior. |
| **Contenido:** Golpeos, recepciones y lanzamientos con la mano. |
| **Tareas** |
| **Calentamiento 5'** |
| **a)** Juego de los 10 pases con pelota de goma espuma. |
| **Parte principal 30'** |
| **a) Pases con disco volador y balón de goma espuma.** Cuatro grupos. A la señal del profesor, debemos pasarnos los dos materiales el mayor nº de veces posibles entre los miembros del equipo (contamos los pases). Si se cae alguno de los materiales empezamos a contar desde cero. Cada alumno separado 3 m de su compañero. |
| **b) Partido balonmano en un campo de baloncesto.** Juegan 5 contra 5 dentro del campo. Cada equipo tiene también 2 jugadores en la canasta de ataque y un jugador en la banda lateral derecha. El equipo debe dar 5 pases obligatorios entre ellos contando también al lateral y el 6º pase lo puede dar a los compañeros que estaban en la línea de fondo produciéndose un 7 contra 5 dentro del campo. Si el equipo que defiende recupera el balón los 2 jugadores que estaban en el fondo defienden hasta mitad de campo y si no recuperan el balón vuelven al fondo. Objetivo meter el balón en las canastas, para poder tirar un mismo equipo debe haber realizado 6 pases obligatorios. Puedo botar el balón y con el balón en las manos un máximo de tres pasos. El profesor irá cambiando el rol de los diferentes jugadores.<br>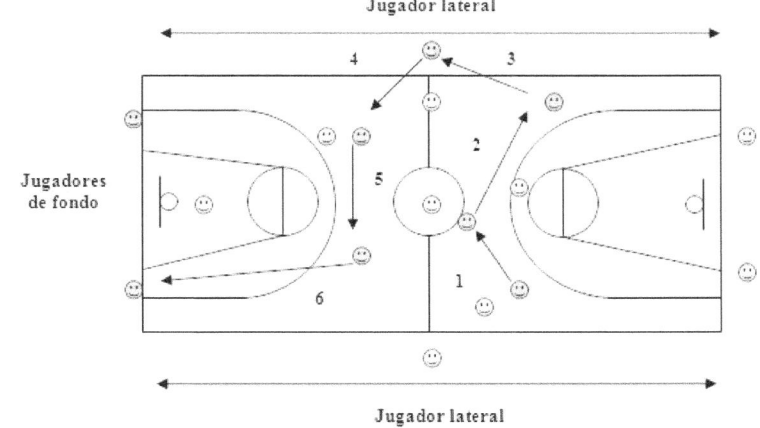 |
| **Vuelta a la calma 5'** |
| Estiramientos y resultados de la competición. |

| UD 3: Habilidades coordinativas | Nº Sesión 3 |
|---|---|
| **Duración:** 40 min (20 min bajar/cambiarse-cambiarse/subir). | **Curso:** 3º ESO |

| **Recursos materiales:** 30 balones de balonmano, conos altos, petos. |
|---|
| **Instalaciones:** Pista exterior. |
| **Contenido:** Golpeos, recepciones y lanzamientos con el pie. |
| **Tareas** |
| **Calentamiento 5'** |
| a) Cuatro grupos.<br>- Los alumnos practican conducción ida-vuelta con el pie.<br>- Los alumnos practican conducción en zig-zag entre unos conos con el pie.<br>- Los alumnos conducen el balón y tienen que dar una vuelta en el cono que le diga el profesor.<br>- Idem pero con relevos. |
| **Parte principal 30'** |
| a) El profesor explica el circuito de coordinación y los alumnos lo practican 5 veces cada uno.<br>b) Triangular de fútbol. El equipo que está fuera del campo practica el circuito de coordinación. |
| **Vuelta a la calma 5'** |
| Estiramientos y resultados de la competición. |

| UD 3: Habilidades coordinativas | Nº Sesión 4 |
|---|---|
| **Duración:** 40 min (20 min bajar/cambiarse-cambiarse/subir). | **Curso:** 3º ESO |

| **Recursos materiales:** 20 cuerdas, 20 aros, 4 balones de balonmano. |
|---|
| **Instalaciones:** Pista interior o exterior |
| **Contenido:** Trabajo de giros y volteos...., con diversos materiales (aros, cuerdas, ....) |
| **Tareas** |
| **Calentamiento 5'** |
| a) Pisar la cola. Nos colocamos una cuerda en el pantalón, de forma que caiga hasta el suelo. Tenemos que pisar otras cuerdas y evitar que nos pisen la nuestra.<br><br>b) Caza de terneros. Dos equipos. Uno con cuerdas y el otro sin cuerdas. El equipo que tiene cuerda debe atrapar a los otros en el menor tiempo posible, luego se cambian los papeles.<br><br>c) Pilla-pilla por parejas. Cogiendo los dos la cuerda. |
| **Parte principal 25'** |
| a) Coordinación con cuerdas:<br>- Cada uno con una cuerda, debe dar saltos: en el sitio, hacía delante, hacía atrás, a la pata coja, cruzando brazos por delante y descruzo.<br>- Realizar saltos en movimiento.<br>- Por parejas, uno salta y el otro se debe meter dentro en el momento preciso.<br>- Igual que el anterior, pero cada uno coge un extremo de la cuerda e intentan saltar los dos a la vez.<br>- Por tríos: dos dan cuerda y el otro intenta saltar: de un lado a otro (balanceo) y por encima de la cabeza.<br>- Unimos varias cuerdas, e intentamos saltar toda la clase unida. |

**b)** Coordinación con aros:
- Rodar el aro en la cintura, en el cuello y en el tobillo.
- Competición: ¿Quién hace rodar más tiempo un aro?
- Saltamos con el aro, ¿Quién aguanta más tiempo saltando?
- Relevos haciendo rodar el aro.
- Levantarse sin soltar el aro.
- Tríos: dos se pasan el aro y el que está en medio salta el aro.
- Por parejas. Correr los dos dentro de un aro: hacia delante y hacia atrás.
- Por parejas, pasarse dos aros: los dos por el aire, los dos por el suelo, o uno por el aire y el otro rodando.

**c)** Juegos con aros:
- Con el aro en el suelo. Empujar al compañero para sacarle del aro. Colocarse en diferentes posiciones: de espaldas, de hombros, de frente...
- Igual que el anterior, pero intentando que nuestra pareja se meta dentro del aro.

**Vuelta a la calma 10'**

**Tríos:** transportar a un compañero sobre las cuerdas.

**Limbo:** sujetamos una cuerda entre dos, y los demás deben pasar sin tocarla, a medida que la pasen vamos bajando la altura de la cuerda.

**El aro pasa por todo el grupo.** Formamos grupos de 8 alumnos. Cada grupo está en círculo, cogidos de las manos y con un aro que se encuentra entre los brazos de dos alumnos. El aro debe dar la vuelta entera a todo el grupo sin soltarse las manos de ningún componente del grupo.

**Nº Sesión 5.** Ejercicios de ritmo y coordinación, mediante desplazamientos, bailes,..... Batuka (DVD).

**Nº Sesión 6.** Evaluación. Prueba de coordinación: Desplazamiento en zig-zag

## 4.4. UNIDAD DIDÁCTICA 4: HOCKEY SALA I

### a) Introducción
Los contenidos fundamentales del hockey sala se enseñarán en 3º ESO y en 1º de Bachillerato se pretende perfeccionar todas las técnicas aprendidas en este curso.

### b) Objetivos didácticos
- Conocer las reglas generales y específicas del juego.
- Comprender la importancia y asimilar las reglas básicas de seguridad.
- Adquirir las habilidades básicas para poder realizar movimientos en situaciones complejas.
- Manejar situaciones variables en las que deban tomar decisiones y soluciones motrices constantemente.
- Colaborar con el compañero o equipo para la consecución de un objetivo.
- Valorar la importancia de la técnica individual y desarrollarla.
- Adquirir las bases de utilización del espacio.
- Conocer los distintos tipos de defensa y ataque y adecuarlos al juego.
- Participar en competiciones de hockey sala.

### c) Contenidos
- Conocimiento del reglamento.
- Técnica individual y colectiva.
- Sistemas básicos de ataque y defensa.
- Trabajo en equipo como medio para conseguir la victoria.
- Ajuste de la técnica individual al juego colectivo.
- Comprensión y aceptación de las propias habilidades como punto de partida hacia la superación personal.
- Valoración de la práctica del hockey sala en el tiempo libre como medio para una sana diversión y como un hábito de vida saludable.
- Realización de la ficha de búsqueda de la información sobre hockey hierba.

### d) Distribución temporal
- Sesión 1: El reglamento de hockey sala.
- Sesión 2: Técnica individual: conducción, dominio, pase y recepción.
- Sesión 3: Técnica individual. El tiro, el regate y el 1x1.
- Sesión 4: Situaciones de ataque-defensa.
- Sesión 5: Repaso de la técnica individual vista. Aprovechamiento de espacios: Las bandas. Juego 3x3
- Sesión 6: El deporte oficial y su competición.
- Sesión 7: DVD hockey hierba.
- Sesión 8: Evaluación

## e) Metodología
- Descubrimiento guiado.
- Enseñanza mediante la búsqueda.

## f) Recursos didácticos
- Ficha de la búsqueda de la información sobre hockey sala.
- DVD hockey hierba.

## g) Criterios de evaluación
- Superación de las pruebas prácticas.
- Analizar el grado de aprendizaje de las diversas habilidades básicas del deporte.
- Ser capaz de adaptar la técnica individual al juego en equipo.
- Saber manejarse en las diferentes posiciones de juego.
- Comprender y aplicar el reglamento básico del hockey sala.
- Saber interpretar las diversas situaciones tácticas y estratégicas propias del hockey sala.
- Trabajar en equipo.
- Respetar al resto de compañeros.
- Mejorar la condición física a través de la repetición de ejercicios y juego real.
- Evaluar la ficha de hockey hierba.

## h) Criterios de calificación
Se analizarán los siguientes aspectos técnicos valorados:
- Fluidez en el trazado de la conducción en zig-zag.
- No utilizar la parte curva del palo.
- Acompañamiento y ajuste de la bola en la recepción.
- Llevar el stick de atrás adelante, en el tiro, evitando despegar la pala de la bola.
- Dominio del stick y control de la bola, mediante dribling y fintas en el 1x1.
- Defensa utilizando tackle, pero respetando el reglamento.
- Coordinación con el compañero mediante la ejecución de los pases. 2x2.

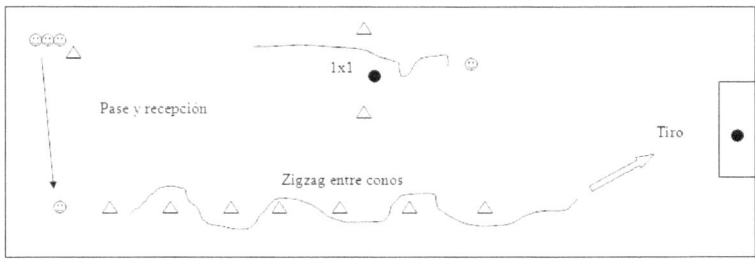

**Puntuación de cada apartado:** del 1 (nota más baja) al 10 (nota más alta). Se hace media entre las variables.

| | |
|---|---|
| **UD 4: Hockey sala I** | **Nº Sesión 1** |
| **Duración:** 40 min (20 min bajar/cambiarse-cambiarse/subir). | **Curso: 3º ESO** |
| **Recursos materiales:** Palos de hockey sala, bolas, conos, porterías, petos. ||
| **Instalaciones:** Pista de hockey sala. ||
| **Contenido:** El reglamento de hockey sala. ||
| **Tareas** ||
| **Calentamiento 15'** ||
| **a)** Trabajo de familiarización con el palo e introducción al hockey. Explicación de la posición del cuerpo, cómo hay que agarrar el palo y como se domina utilizando el derecho y el revés.<br>**b)** Carrera continua con el palo conduciendo la bola de derecho y deteniéndola de revés. **c)** Conducción dominando la bola con el derecho y el revés.<br>**d)** Todos en un espacio delimitado. La mitad de los alumnos con bola, la otra mitad sin bola. Los alumnos se empiezan a mover por el espacio desplazándose con la bola y a la señal del profesor, deben de pasar la bola a un compañero que se desplaza sin bola. Debe existir un entendimiento entre el que tiene la bola y el que la va a recibir. ||
| **Parte principal 20'** ||
| **a)** 6 filas de 4 alumnos. 6 conos en cada fila separados 2 m cada uno. Realizar los siguientes ejercicios:<br>- Conducir en línea recta, pasar al compañero de enfrente a su derecho para que pare la bola de derecho y éste realizará lo mismo a la vuelta. 8 veces cada uno.<br>- Conducir en línea recta, pasar al compañero de enfrente a su revés para que pare la bola de revés y éste realizará lo mismo a la vuelta. 8 veces cada uno.<br>- Conducir en zig-zag la ida, pasar al compañero al lado que yo quiera, éste para la bola y realiza el mismo ejercicio. 8 veces cada uno.<br>- Conduzco en línea recta por el lado derecho de los conos, y giro en 3 conos que yo decida, paso al compañero al lado que yo quiera, éste para la bola y realiza el mismo ejercicio. 8 veces cada uno.<br>- Conduzco en línea recta por el lado derecho de los conos y debo hacer 3 regates, metiendo la bola antes de un cono y saliendo hacia la derecha, al final, paso al compañero, éste para la bola y realiza el mismo ejercicio. 8 veces cada uno.<br>- Idem haciendo los regates por el lado izquierdo. 8 veces cada uno.<br><br>**b)** Dominar con las dos caras del palo.<br>**c)** Por parejas. Uno tiene las piernas abiertas y el otro debe de dominar llevando la bola desde un pie del compañero hacia otro. Cambio de persona que ejecuta el ejercicio. 1 min cada uno. Idem, pero ahora la bola tiene que pasar entre las piernas de mi compañero.<br>**d)** Un mareo. (4 conos) 3 se colocan en los conos pasándose la bola y un cuarto dentro del cuadrado que intenta robar la bola.<br>**e)** ¿De 5 situaciones de 1x1 cuántas veces soy capaz de lanzar a portería? ||
| **Vuelta a la calma 5'** ||
| ¿Cuántos toques puedo hacer dominando de derecho y revés en 1 minuto? ||

| | |
|---|---|
| **UD 4: Hockey sala I** | **Nº Sesión 2** |
| **Duración:** 40 min (20 min bajar/cambiarse-cambiarse/subir).   **Curso: 3º ESO** ||
| **Recursos materiales:** Palos de hockey sala, bolas, conos, porterías, petos. ||
| **Instalaciones:** Pista de hockey sala. ||
| **Contenido:** Técnica individual: conducción, dominio, pase y recepción. ||
| **Tareas** ||
| **Calentamiento 5'** ||
| **a)** Por parejas. Uno enfrente de otro y separados 4 m. Realizar pases de push (1º parada, 2º recepción abierta y 3º recepción cerrada). <br> **b)** Por tríos (colocados en un triángulo). Realizar pases frontales y diagonales. ||
| **Parte principal 30'** ||
| **a)** Conducción entre conos, tiro a portería, conducción entre conos y tiro a portería. <br> 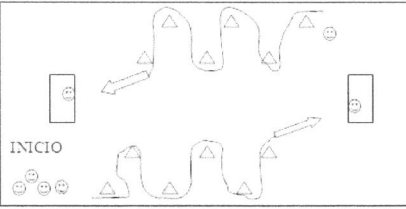 ||
| **b)** Lo mismo, pero hay que girar sobre dos conos que se encuentran en el circuito. <br> 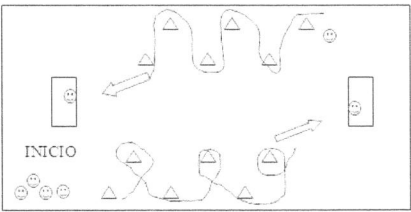 ||
| **c)** Idem, pero a la vuelta tienes que girar en el nº de conos que indica el profesor. <br> 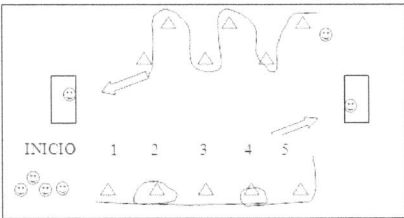 ||
| **Vuelta a la calma 5'** ||
| Recogida del material. Estiramientos. ||

| | |
|---|---|
| **UD 4: Hockey sala I** | **Nº Sesión 3** |
| **Duración:** 40 min (20 min bajar/cambiarse-cambiarse/subir). | **Curso: 3º ESO** |
| **Recursos materiales:** Palos de hockey sala, bolas, conos, porterías, petos. ||
| **Instalaciones:** Pista de hockey sala. ||
| **Contenido:** Técnica individual. El tiro, el regate y el 1x1. ||
| **Tareas** ||
| **Calentamiento 5'** ||
| a) Dos filas enfrentadas. Pasar al compañero de enfrente y rotar a la fila de enfrente. ||
| **Parte principal 30'** ||
| a) Dos filas. Pases por parejas, tiro a portería y conducción zig-zag.<br>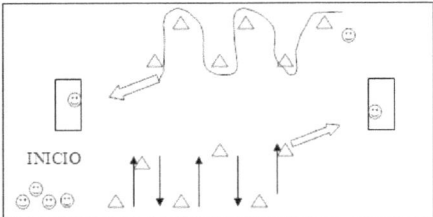 ||
| b) Dos personas estáticas en los conos negros, encargadas de parar y pasar la bola al alumno que realiza el ejercicio. Tirar a portería, recoger la bola, realizar conducción lineal y tirar de nuevo a portería.<br>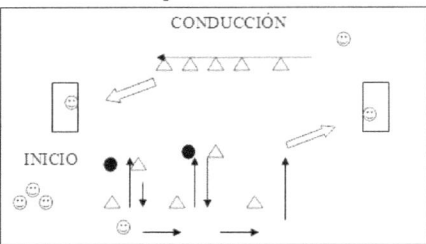 ||
| c) 1x1, tiro a portería, conducción entre conos y tiro. Si me roba la bola el defensor cambio la posición con él.<br>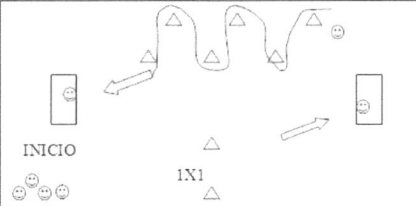 ||
| **Vuelta a la calma 5'** ||
| Corrección de la ficha de búsqueda de la información sobre hockey hierba. ||

| | |
|---|---|
| **UD 4: Hockey sala I** | **Nº Sesión 4** |
| **Duración:** 40 min (20 min bajar/cambiarse-cambiarse/subir). **Curso: 3º ESO** ||
| **Recursos materiales:** Palos de hockey sala, bolas, conos, porterías, petos. ||
| **Instalaciones:** Pista de hockey sala. ||
| **Contenido:** Situaciones de ataque-defensa. ||
| **Tareas** ||
| **Calentamiento 5'** ||

**a)** Todos los alumnos detrás de la línea de fondo. Cada uno con una bola. Van a realizar los siguientes ejercicios 5 veces (ida-vuelta). Se trabaja de línea de fondo hasta mitad de campo.
- Ir conduciendo la bola de derecho y revés. Volver realizando conducción de la bola pegada al palo.
- Ir dando toques a la bola por el aire. Volver realizando conducción de la bola de derecho y revés con una sola mano.
- Ir dando 3 pasos hacía delante y 1 hacia atrás. Volver realizando conducción de bola normal.
- Ir haciendo conducción de derecho y revés. Volver corriendo hacia atrás y llevando la bola con el revés de espaldas a la línea de fondo.

**Parte principal 30'**

**a)** Dos filas, el profesor se encuentra detrás de ellos con todos los balones, cuando él decida lanzará un balón entre los dos alumnos (rodado, picado, o por el aire). Los alumnos van a intentar coger el balón y se produce un 1x1 y que finaliza con un lanzamiento a portería.

**b)** Tres filas. La fila de la izquierda y la del medio realizan lo mismo que el ejercicio anterior, la fila de la derecha siempre ataca. 2x1 y lanzamiento a portería.

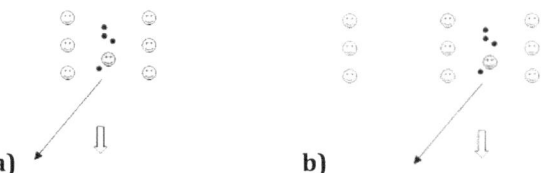

a)   b)

**c)** Pañuelo de tiros. Es como el juego del pañuelo pero el que llega antes la bola es el que hará de atacante y el otro defenderá. Tiene que intentar meter gol a un portero que se encuentra en la portería. Cada gol es un punto para el equipo que lo consiga. Podemos salir por parejas. Variante: El profesor puede decir, 2 ó 3 números, o decir números pares o impares, o decir chicas o chicos….

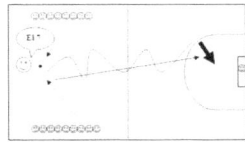

| **Vuelta a la calma 5'** |
|---|
| Explicación y práctica del penalti corner. |

| | |
|---|---|
| **UD 4: Hockey sala I** | **Nº Sesión 5** |
| **Duración:** 40 min (20 min bajar/cambiarse-cambiarse/subir). | **Curso: 3º ESO** |

**Recursos materiales:** Palos de hockey sala, bolas, conos, porterías, petos.

**Instalaciones:** Pista de hockey sala.

**Contenido:** Repaso de la técnica individual vista. Aprovechamiento de espacios: Las bandas. Juego 3x3

### Tareas

#### Calentamiento 5'

**a)** Lanzamientos a portería:
- Por parejas, nos colocamos en paralelo y vamos realizando pases hasta llegar al borde del área, será allí donde realizamos el lanzamiento.
- Lanzamientos a portería, tras zig-zag entre conos.
- Lanzamientos a portería, tras realizar 3 regates.

#### Parte principal 30'

**a)** Circuito:
Una fila de alumnos en el lado derecho del campo. El primer alumno de la fila pasa la banda izquierda. Este alumno para la bola y hace una pared con un compañero. Cuando vuelve a recibir, pasa a un compañero que se desmarca por la línea de fondo al lado derecho o izquierdo del campo y que le devuelve la bola al borde del área para que el alumno que le había pasado tire a portería. El que se desmarca, el que hace la pared y el portero se quedan fijos en su puesto hasta que le cambia el profesor. Variante: Se realiza un pase por banda para que reciba el jugador del fondo (poner bancos suecos para que rebote la bola y se quita la pared del ejercicio).

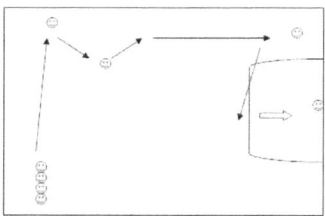

**b)** 3x3 Campo reducido. Las porterías son dos conos.

#### Vuelta a la calma 5'

Estiramientos y explicación del uso de las bandas.
Explicar el golpe franco, cómo se realiza y por qué se produce.

**Nº Sesión 6:** Competición.
**Nº Sesión 7:** DVD hockey hierba.
**Nº Sesión 8:** Evaluación.

## 4.5. UNIDAD DIDÁCTICA 5: JUDO

### a) Introducción
En esta unidad pretendemos introducir el conocimiento de las diferentes artes marciales y en concreto practicar una de ellas "el judo". Y también pretendemos trabajar la fuerza mediante diferentes formas de juego.

### b) Objetivos didácticos
- Conocer y poner en práctica diferentes formas de entrenar la fuerza, así como saber diseñar un entrenamiento de fuerza adecuado a sus posibilidades.
- Entender las actividades de lucha como una forma de jugar y divertirse en las cuales nadie se haga daño, responsabilizándose del cuerpo del compañero.
- Respetar las normas, asumirlas e interiorizarlas como un medio indispensable para que no haya daños físicos.
- Valorar la lucha más allá del lucimiento personal y la demostración de la fuerza, asumiendo que la inteligencia es más poderosa que la fuerza.
- Ejercer actitudes de autocontrol de la propia fuerza y respeto por el adversario.
- Aceptar la derrota y relativizar la victoria.

### c) Contenidos
- La fuerza, tipos de fuerza y cómo entrenarla.
- Juegos de lucha.
- La historia y filosofía del judo.
- Caídas en el judo.
- Inmovilizaciones, desequilibrios, proyecciones y estrangulaciones.
- Randori.
- Realización de las fichas de búsqueda de la información sobre judo, lucha grecorromana y artes marciales.

### d) Distribución temporal
- Sesión 1: Explicación de los diferentes tipos de fuerza y sus entrenamientos. Bases teóricas para el inicio de la práctica del judo. Juegos de lucha. Caídas, agarres y desequilibrios.
- Sesión 2: Juegos de lucha. Repaso de las caídas. Técnicas de inmovilización (Osae-Waza).
- Sesión 3: Técnicas de pie y pierna (Ashi Waza).
- Sesión 4: Técnicas de cadera (Koshi-Waza).
- Sesión 5: Técnica de mano y brazo (Te-Waza).
- Sesión 6: Evaluación.
- Sesión 7: DVD Judo y DVD Artes marciales.
- Sesión 8: Exposición del trabajo de búsqueda de la información sobre artes marciales.

### e) Metodología
- Instrucción directa.
- Enseñanza recíproca.
- Descubrimiento guiado.
- Enseñanza mediante la búsqueda.

### f) Recursos didácticos
- DVD Judo.
- DVD Artes marciales.

### g) Criterios de evaluación
- Superar las pruebas prácticas.
- Valorar la actitud en clase hacia el profesor y hacia sus compañeros.
- Valorar el esfuerzo, la motivación y el afán de autosuperación.
- Valorar la capacidad para luchar dejando a un lado prejuicios y atendiendo al cuidado del cuerpo del adversario-compañero.
- Evaluar las fichas de búsqueda de la información sobre judo y lucha grecorromana.
- Evaluar las exposiciones del trabajo de búsqueda de la información sobre artes marciales.

### h) Criterios de calificación
El examen es práctico y se realizará mediante la observación directa.

### i) Pruebas prácticas:
- Realización de la caída hacia atrás, adelante, lateral y rodando.
- Realización de las técnicas de judo que se han realizado en clase.
    - **De pie:**
        - ❖ Desequilibrio
        - ❖ Colocación del cuerpo
        - ❖ Proyección.
- Realización de las inmovilizaciones de judo que se han realizado en clase.
    - **Suelo:**
        - ❖ Inmovilización
        - ❖ Salida de la inmovilización.

**Puntuación de cada apartado:** del 1 (nota más baja) al 10 (nota más alta). Se hace media entre las variables.

| UD 5: Judo | Nº Sesión 1 |
|---|---|
| **Duración:** 40 min (20 min bajar/cambiarse-cambiarse/subir). | **Curso:** 3º ESO |

| **Recursos materiales:** Judogui. |
|---|
| **Instalaciones:** Tatami. |
| **Contenido:** Explicación de los diferentes tipos de fuerza y sus entrenamientos. Bases teóricas para el inicio de la práctica del judo. Juegos de lucha. Caídas, agarres y desequilibrios. |
| **Tareas** |
| **Parte teórica 23'** |
| **a)** Introducción al judo. Aprender el nudo del cinturón. El profesor irá vestido con el judogui (chaqueta, cinturón y pantalón de judo), para mostrar el atuendo propio del deporte. Explicar que el color blanco de los que se inician supone la pureza, y que la conocida gama de colores (blanco, amarillo, naranja, verde, azul, marrón, negro (1º al 4º Dan), rojo, es una innovación occidental para la motivación de los practicantes; ya que en Japón, se pasa, cuando el "sensei" crea conveniente al grado de cinturón negro. El cinturón jamás puede estar por el suelo, hay que llevarlo bien atado.<br><br>**b)** Aprendizaje de Rei (Saludos). 1. Ritsu-rei (de pie). 2. Za-rei (de rodillas).<br><br>**c)** Ejercicios de fuerza: (Realizar cada ejercicio con 5 adversarios diferentes).<ul><li>Por parejas. Los alumnos se colocan espalda contra espalda. Intentamos expulsar al compañero fuera de la colchoneta. Variante: Desde sentados.</li><li>Por parejas. Los alumnos se colocan frente a frente, uno a cada lado de una línea con las manos en los hombros del compañero. A la señal, ambos empujan hacia adelante para conseguir sobrepasar la línea. Variante: Igual, pero de lado, empujar hombro derecho contra hombro derecho del contrario. Y también hombro izquierdo contra hombro izquierdo.</li><li>Por parejas. Un alumno empuja la espalda del otro, que se resiste al avance.</li><li>Por parejas. Sentados en el suelo uno enfrente del otro con las plantas de los pies unidas. Hay que expulsar al compañero de la colchoneta.</li></ul> |
| **Parte principal 15'** |
| **a)** Los alumnos practican individualmente las caídas a la vez que el profesor las va ejecutando. Caídas desde sentado, cuclillas y de pie.<ul><li>Ushiro ukemi: (caída hacía atrás).</li><li>Yoko ukemi: (caída lateral) Existen dos:<ul><li>Migui yoko ukemi: (caída lateral hacía la derecha).</li><li>Hidari yoko ukemi: (caída lateral hacía la izquieda).</li></ul></li><li>Mae ukemi: (caída de frente).</li><li>Zempo kaiten ukemi: (caída rodando hacía delante, como una voltereta).</li></ul>**b)** Competición. Todo el grupo debe realizar las caídas que va diciendo el profesor. Los alumnos que se equivoquen se eliminan de la competición. |
| **Vuelta a la calma 2'** |
| Se aprende el agarre (kumikata) y los desequilibrios (kuzushi). |

| UD 5: Judo | Nº Sesión 2 |
|---|---|
| **Duración:** 40 min  (20 min bajar/cambiarse-cambiarse/subir). | **Curso:** 3º ESO |

| |
|---|
| **Recursos materiales:** Judogui. |
| **Instalaciones:** Tatami. |
| **Contenido:** Juegos de lucha. Repaso de las caídas. Técnicas de inmovilización. |
| **Tareas** |
| **Parte teórica 5'** |
| **a)** Repasamos el nudo del cinturón. Realizamos el saludo potenciando el respeto y la necesidad del compañero para el aprendizaje. Al principio y al final de la clase (podemos premiar el esfuerzo, cada día, dejando que salude un alumno colocado en el primer lugar de la fila).<br><br>**b)** Ejercicios de fuerza: (Realizar cada ejercicio con 5 adversarios diferentes).<ul><li>Por parejas. Sentados, espalda contra espalda y cogidos por los codos, intentan incorporarse y sentarse de manera sincronizada sin ayuda de las manos.</li><li>Por parejas. Sentados, espalda contra espalda, entrelazan los brazos del compañero. Hay que intentar volcar al contrario hacia la derecha. Igual hacia la izquierda. Igual, tumbando al contrincante hacia uno u otro lado hasta ponerle boca abajo e inmovilizarle durante unos instantes.</li><li>Por parejas. Se colocan uno enfrente del otro y en cuclillas. Hay que empujar con las manos en las palmas del contrario para derribarle. Se pierde si se apoyan las manos en el suelo si te caes al suelo. Está permitido saltar en el sitio y desplazarse de cuclillas.</li><li>Por parejas. Ambos boca abajo, uno enfrente del otro, con apoyo de las manos y de los pies. Se tratar de quitar el apoyo de una de las dos manos del contrario para derribarle. Variante: En la misma posición, intentar golpear el mayor número posible de veces los dorsos de las manos del contrario mientras las apoya en el suelo.</li><li>Por parejas. Se cogen de una mano (la otra va a la espalda) y colocan un pie adelantado, en contacto con el del compañero. Hay que desequilibrar al compañero y hacer que mueva el pie adelantado. El retrasado se puede desplazar. Cambio de mano.</li></ul> |
| **Parte principal 30'** |
| **a)** Aprendizaje de caídas, desde la posición vertical, pasando por cuclillas.<br><br>**b)** Aprender y practicar las técnicas de inmovilización (Osae-Waza).<ul><li>Hon-Gesa-Gatame (Control latero-costal en bufanda).</li><li>Kata-Gatame. (Control por el hombro).</li><li>Kami-Shiso-Gatame. (Control superior sobre 4 puntos).</li><li>Ushiro-Kesa-Gatame. (Control del brazo y de la parte del cuerpo hacia atrás).</li><li>Yoko-Shiso-Gatame. (Control sobre cuatro puntos por el costado).</li><li>Kuzure-Kesa-Gatame. (Variante del control latero-costal en diagonal).</li><li>Tate-Shiho-Gatame (Control sobre 4 puntos a horcajadas).</li></ul> |
| **Vuelta a la calma 5'** |
| El profesor dice una inmovilización y los alumnos la ejecutan. |

| | |
|---|---|
| **UD 5:** Judo | **Nº Sesión 3** |
| **Duración:** 40 min (20 min bajar/cambiarse-cambiarse/subir).     **Curso:** 3º ESO | |

| |
|---|
| **Recursos materiales:** Judogui. |
| **Instalaciones:** Tatami. |
| **Contenido:** Técnicas de pie y pierna (Ashi Waza). |
| **Tareas** |
| **Calentamiento 5'** |
| **a)** Competición individual. ¿Quién es el primero?:<br>- Los alumnos se colocan en la posición de sentados con las piernas extendidas hacia delante. Deben desplazarse caminando con los glúteos alternativamente y llevando los pies hacia el frente. Las manos se colocan en la nuca.<br>- Los alumnos se colocan en tendido prono con las manos y la cadera en el suelo. Las piernas están estiradas e inmóviles durante el recorrido. Se desplazan con los brazos.<br>- Los alumnos se colocan en la posición de tendido supino con apoyo de pies y manos y se desplazan hacia atrás. No se puede apoyar el glúteo en el suelo.<br>- Los alumnos se agarran de los tobillos con las manos y deben caminar en cuclillas.<br><br>**b)** Competición en parejas. ¿Quién es el primero?:<br>- Carrera de carretillas.<br>- Carrera carretilla invertida.<br>- Carrera de caballos.<br><br>**c)** ¿Quién es capaz de dar más palmadas en el aire desde la posición de carretilla? Un alumno se coloca en la posición de carretilla y el otro le sostiene los pies. A la señal del profesor, todas las parejas comienzan el ejercicio. Tienen 30 segundos para conseguir el mayor número de palmadas posibles. Cambio de roles. |
| **Parte principal 30'** |
| **a)** Repaso de las caídas y de las inmovilizaciones.<br><br>**b)** Explicar que el "Uke" es el alumno que defiende, y el "Tori" es el alumno que ataca.<br><br>**c)** Aprendizaje y desarrollo de las técnicas de pie y pierna (Ashi Waza):<br>- O-Soto-Gari. (Gran siega exterior).<br>- De-Ashi-Barai. (Barrer el pie que avanza).<br>- Hiza-Guruma. (Rueda alrededor de la rodilla).<br>- Ko-Soto-Gake. (Pequeño gancho exterior).<br>- O-Uchi-Gari. (Gran siega interior).<br>- Ko-Uchi-Gari. (Pequeña siega interior).<br>- Ko-Soto-Gari. (Siega menor por el exterior).<br><br>**d)** Randori. |
| **Vuelta a la calma 5'** |
| Corrección de la ficha de búsqueda de la información sobre judo. |

| UD 5: Judo | Nº Sesión 4 |
|---|---|
| **Duración:** 40 min (20 min bajar/cambiarse-cambiarse/subir). | **Curso:** 3º ESO |

**Recursos materiales:** Judogui.

**Instalaciones:** Tatami.

**Contenido:** Técnicas de cadera (Koshi-Waza).

### Tareas

#### Calentamiento 5'

a) Un alumno se tumba boca abajo con las piernas y los brazos abiertos, extendidos y rígidos. El compañero tiene que intentar darle la vuelta antes de 15 segundos.

b) A cada lado de una raya del suelo, se coloca un grupo de 4 alumnos cogidos de la cadera. Los dos primeros de cada pareja se dan las manos. A la señal del profesor, intentarán hacer pasar hacia su campo al equipo contrario.

#### Parte principal 30'

a) Repaso de las caídas y de las inmovilizaciones.

b) Aprendizaje de la técnica de cadera (Koshi-Waza):
- O-Goshi. (Gran volteo de cadera).

c) Repasar todas las técnicas de pie y pierna haciendo uchi komis (entradas) repeticiones donde el compañero corrige recíprocamente cada vez.

#### Vuelta a la calma 5'

Practicar combates cortos en judo suelo, buscando el contacto del compañero con el tatami durante 5 segundos. Hajime (comenzar randori).

| UD 5: Judo | Nº Sesión 5 |
|---|---|
| **Duración:** 40 min (20 min bajar/cambiarse-cambiarse/subir). | **Curso:** 3º ESO |

**Recursos materiales:** Judogui.

**Instalaciones:** Tatami.

**Contenido:** Técnica de mano y brazo (Te-Waza).

### Tareas

#### Calentamiento 15'

a) Repaso de todas las caídas, inmovilizaciones y técnicas de proyección.

#### Parte principal 15'

a) Aprendizaje y proyección de las técnicas de mano y brazo (Te-Waza):
- Ippon-Seoi-Nage. (Proyección por encima del hombro con una mano).
- Morote-Seoi-Nage. (Proyección por encima del hombro con dos manos).

#### Vuelta a la calma 10'

Corrección de la ficha de búsqueda de la información sobre lucha grecorromana.

**Nº Sesión 6:** Evaluación.

**Nº Sesión 7:** DVD Judo y DVD Artes marciales.

**Nº Sesión 8:** Exposición del trabajo de búsqueda de la información sobre artes marciales.

## 4.6. UNIDAD DIDÁCTICA 6: PALAS

### a) Introducción
Los contenidos fundamentales de las palas se enseñarán en 3º ESO y en 1º de Bachillerato se pretende perfeccionar todas las técnicas aprendidas en este curso.

### b) Objetivos didácticos
- Conocer y desarrollar las técnicas básicas del juego de palas.
- Desarrollar la coordinación óculo-manual mediante el manejo de implementos.
- Valorar los efectos beneficiosos que tiene la práctica habitual de las palas.
- Utilizar los diferentes golpeos para adaptarlos al juego real en situaciones de máxima exigencia.
- Mejorar la condición física mediante el juego de las palas y la práctica repetitiva de ejercicios técnicos y tácticos.
- Conocer el reglamento.

### c) Contenidos
- La técnica, táctica y el reglamento de las palas.
- Capacidades físicas y coordinativas de las palas.
- Adquisición y desarrollo de los patrones básicos de juego en las palas.
- Utilización de los recursos técnicos integrándolos dentro del juego real como medio de superación del rival.
- Ajuste de la respuesta individual al modo de juego del adversario.
- Realización de competiciones individuales.
- Aceptación de las reglas del juego así como de la derrota en los momentos en los que ésta se produzca.
- Participación en el montaje y recogida de material necesario para la realización de las clases.

### d) Distribución temporal
- Sesión 1: Familiarización con la raqueta y el material de juego. Empuñaduras.
- Sesión 2: Golpeo de derecha paralela y cruzada.
- Sesión 3: Golpeo de revés paralela y cruzada.
- Sesión 4: Bolea de derecha y de revés.
- Sesión 5: Saque y bolea.
- Sesión 6: Torneo de individuales y evaluación.

### e) Metodología
- Instrucción directa.
- Enseñanza recíproca.
- Descubrimiento guiado.
- Enseñanza mediante la búsqueda.

## f) Criterios de evaluación
- Valorar la técnica de ejecución de los siguientes gestos: golpeos defensivos y ofensivos, saques y desplazamientos.
- Valorar los conceptos técnicos y tácticos básicos en situaciones reales de juego.
- Valorar las diferencias en la ejecución técnica de acuerdo con las diferentes capacidades motoras de los alumnos.
- Valorar el esfuerzo, interés y motivación de los alumnos durante el desarrollo de las sesiones así como de la mejora en la calidad de juego.
- Valorar el cuidado del alumno por el material.

## g) Criterios de calificación
- Correcta presa de la pala en todos los golpeos.
- Correcta colocación del cuerpo y orientación de la pala en el golpeo de derechas, en el golpeo de revés y en el remate.
- Control de la intensidad del golpeo, tanto de derecha como de revés.
- Control de la intensidad del golpeo en el remate.
- Correcta posición para realizar el saque.
- Control en la intensidad del saque.

El examen se realiza por parejas: 2 minutos realizando cada técnica.
- Golpeo de derecha.
- Golpeo de revés.
- Bolea.
- Saque y remate.
- Juego real.

**Puntuación de la ejecución de cada ejercicio:** del 1 (nota más baja) al 10 (nota más alta). Se hace media entre las variables.

| UD 6: Palas | Nº Sesión 1 |
|---|---|
| **Duración:** 40 min (20 min bajar/cambiarse-cambiarse/subir). | **Curso: 3º ESO** |

**Recursos materiales:** 20 conos, palas, pelotas de tenis, red.

**Instalaciones:** Polideportivo interior.

**Contenido:** Familiarización con la raqueta y el material de juego. Empuñaduras.

### Tareas

### Calentamiento 5'

La ligan dos alumnos y deben de tocar con sus palas a los demás. Al que toquen se quedará con las piernas abiertas y con la pala encima de la cabeza agarrada con los brazos arriba. Para salvarse tienen que pasar por debajo del alumno.

### Parte principal 30'

**a)** El alumno sitúa la pelota de tenis encima de la pala y debe procurar que no se caiga, mientras realiza lo siguiente:
- Debe hacer rodar la pelota por toda la superficie de la pala, sin que ésta se caiga y sin moverse del sitio. El ejercicio se debe realizar tanto con la mano derecha como con la izquierda.
- Caminar hacia delante, hacia atrás, hacia la derecha o hacia la izquierda.
- Caminar con los ojos cerrados.
- Golpear la pelota hacia arriba que de un bote en el suelo y volverla a golpear.
- Golpear la pelota hacia arriba. ¿Quién da el mayor nº de toques en 30 segundos?
- Vamos girando nuestro cuerpo 360º y golpeando la pelota.
- Combinar un golpeo corto y otro alto, así sucesivamente (primero con la mano derecha y después con la mano izquierda).
- Golpeamos la pelota hacía arriba y vamos girando la muñeca para darle con los dos lados de la raqueta. ¿Quién da el mayor número de toques en 30 segundos?
- Sin desplazarse, el alumno golpea la pelota verticalmente para lanzarla lo más alto posible, mientras calcula su trayectoria descendente, cambia la pala de mano y la vuelve a golpear, de modo que pueda repetir el golpeo con la mano inicial.
- Realizar toques con el canto de la pala.
- Golpear la pelota hacia arriba y recepcionarla.
- Golpear la pelota hacia arriba y cogerla con 1 mano por detrás de la espalda.
- La pelota colocada al lado del pie derecho y la intentamos subir.
- Golpear la pelota y dar un giro de 360º.
- Subir la pelota que se encuentra en el suelo dándole pequeños golpes.
- Lanzar la pelota con un golpe, lanzar la raqueta con 1 vuelta e intentar coger la pelota.
- Caminar por el espacio botando la pelota contra el suelo.
- Desde la posición de firmes golpear la pelota intentar tumbarme en el suelo y levantarme.
- ¿Quién (alumno) quiere proponer otro ejercicio individual?

**b)** Relevos. 4 grupos:
- Golpear la pelota hacía arriba sobre un recorrido de unos 20 m de largo, ida y vuelta.
- Golpear la pelota hacía arriba, encestarla en la canasta y se volver.

### Vuelta a la calma 5'

¿Qué sensaciones han tenido al utilizar las palas?

| UD 6: Palas | Nº Sesión 2 |
|---|---|
| **Duración:** 60 min | **Curso:** 3º ESO |
| **Recursos materiales:** Palas, pelotas de tenis, red. ||
| **Instalaciones:** Polideportivo interior. ||
| **Contenido:** Golpeo de derecha paralela y cruzada. ||
| **Tareas** ||
| **Calentamiento 5'** ||

**a)** Pilla-pilla botando la pelota contra el suelo.

**b)** Por parejas. Un alumno cuenta los golpeos y el otro con una pala en cada mano, trata de pasar la pelota de una mano a otra con un solo golpeo por pala. Ambos alumnos han de recorrer un espacio de 20 m caminando, uno al lado de otro.

**Parte principal 30'**

**a)** Por parejas, con la red en medio de los dos, explicación del golpeo de derecha y la presa de raqueta. Ejercicios en parejas:
- Por parejas. Un alumno lanza la pelota con la mano al derecho del compañero y el otro se la devuelve con la pala. Primero se la manda paralela y luego en diagonal y el compañero devuelve en paralelo y luego en diagonal.
- Cada alumno debe dar dos toques, uno para controlar la pelota y otro para pasársela al compañero, permitiéndose un bote entre golpe y golpe. Idem, sin bote.
- Uno de los dos alumnos se encuentra siempre en el mismo sitio, el compañero golpea la pelota para pasársela y se va alejando de él, mientras continúan pasándose la pelota. Una vez que la distancia sea amplia, los alumnos siguen golpeando la pelota, pero ahora el alumno que se había alejado debe acercarse de nuevo, simultaneando golpes con pasos. Idem, pero los alumnos se acercan y alejan a la vez.
- Por parejas, uno enfrente de otro. Un alumno golpea la pelota verticalmente y hacia el compañero. Éste debe intentar girar 360º y devolver la pelota.
- Los alumnos están sentados y tratan de pasarse la pelota mediante golpeos controlados. Idem, pero a la vez que se intercambian la pelota, los alumnos deben ir levantándose hasta ponerse totalmente de pie, y sentarse de nuevo sin que se haya caído la pelota.
- ¿Cuál es la pareja que logra un mayor número de golpeos durante 1 minuto?

**b)** Varios grupos. Dos filas enfrentadas, separados 4 metros:
- Dos grupos colocados en filas enfrentadas. Corro y voy dando golpes hacia arriba a la pelota y al llegar donde se encuentra el compañero de enfrente le paso la pelota me quedo en la fila de enfrente. Así sucesivamente.
- Corro y voy golpeando la pelota contra el suelo y al llegar al lugar del compañero de enfrente le paso la pelota me quedo en la fila de enfrente, así sucesivamente.
- Golpeo la pelota al compañero de enfrente y corro a su fila (la pelota puede dar un bote en el suelo), así sucesivamente.

**c)** Los alumnos forman grupos de 5 ó 6 personas y realizan una rueda manteniendo la pelota entre todos. Primero se pasan la pelota hacia su compañero de la derecha (tres toques). Después se cambian de sentido y le pasan al compañero al revés (tres toques).

**Vuelta a la calma 5'**

Estiramientos.

| | |
|---|---|
| **UD 6: Palas** | **Nº Sesión 3** |

| |
|---|
| **Duración:** 40 min (20 min bajar/cambiarse-cambiarse/subir).     **Curso:** 3º ESO |
| **Recursos materiales:** Palas, pelotas de tenis, red. |
| **Instalaciones:** Polideportivo interior. |
| **Contenido:** Golpeo de revés paralela y cruzada. |
| **Tareas** |
| **Calentamiento 5'** |
| **a)** Los alumnos hacen una fila y van golpeando las pelotas de tenis contra las líneas del suelo. El primero de la fila dirige la actividad. A la señal del profesor, todos se separan de la fila botando la pelota y tienen que ir a tocar un cono que está distribuido por el espacio. Hay 5 conos, en cada cono solo pueden entrar 3 personas. El que no logra tocar un cono tiene una A-E-I-O-U. El que llega a la U está eliminado. Se realiza varias veces hasta que se eliminen 3 alumnos. |
| **Parte principal 30'** |
| **a)** Grupos de 6. Cada grupo se coloca en círculo y deben de golpear la pelota siempre en el mismo orden. Idem, introduciendo más pelotas.
**b)** Dos parejas enfrentadas y colocadas en rombo. Cada pareja debe mantener su pelota en el aire, sin que caiga al suelo y sin que golpee a la otra pelota.
**c)** Explicamos a los alumnos que con una simple flexión del antebrazo, de modo que la muñeca se dirija hacia el pecho, somos capaces de golpear la bola "de revés", sin cambiar el agarre. A partir de aquí proponemos:
- Practicar el golpeo de modo individual contra la pared.
- Parejas, un golpe de derecha y otro de revés.
- Parejas, sólo golpe de revés.

**d)** Realizar por parejas una de dejada. Uno de los alumnos golpea la pelota de modo normal y se la envía al compañero, que trata de aplicarle el efecto.
**e)** Competición del Voley-Pala. Reglas: Grupos de 3. Se juega al mejor de tres sets de 25 puntos cada uno. Máximo de 3 toques en cada jugada. La altura de la red será de voleibol. La línea de campo se considera buena. Si la pelota toca la red se sigue el juego (tanto en el saque como durante el juego). |
| **Vuelta a la calma 5'** |
| Dos equipos en cada campo (red en el medio). El profesor lanza la pelota dentro de un campo y los alumnos tienen que intentar que la pelota no se caiga en su campo varias veces (sólo puede botar una vez en el campo). Pierdes puntos si la pelota se queda en el suelo rodando o estática. Puedes pasársela a tus compañeros (sólo un pase). Tienes 10 sg para lanzar la pelota al campo contrario. Se puede eliminar gente.

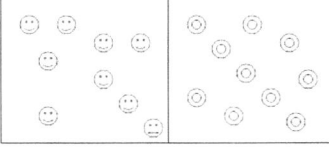 |

| | |
|---|---|
| **UD 6: Palas** | **Nº Sesión 4** |
| **Duración:** 40 min (20 min bajar/cambiarse-cambiarse/subir). | **Curso: 3º ESO** |

| |
|---|
| **Recursos materiales:** Palas, pelotas de tenis, red. |
| **Instalaciones:** Polideportivo interior. |
| **Contenido:** Bolea de derecha y de revés. |
| **Tareas** |
| **Calentamiento 5'** |
| **a)** Libremente, desplazándose por el espacio, los alumnos golpean la pelota como quieran, a la voz del profesor, deben cambiar de forma de golpeo (contra el suelo, lo más alto posible, girando la muñeca) o cambiando de mano.<br><br>**b)** En un espacio delimitado como el área de balonmano, los alumnos van golpeando la pelota hacia arriba sin chocarse con los compañeros. A la señal del profesor, tienen que intercambiar las pelotas. |
| **Parte principal 32'** |
| **a)** Por parejas. Uno se coloca en la red y el compañero pelotea con él. El que está en la red, bolea de derechas. (Se cruza la pierna izquierda adelante). Idem el compañero.<br>**b)** Por parejas. Uno se coloca en la red y el compañero pelotea con él. El que está en la red, bolea de revés. (Se cruza la pierna derecha adelante). Idem el compañero.<br>**c)** Practicar la siguiente jugada por parejas: Saque, golpeo de derechas, el compañero sube a la red y bolea de derecha o de revés.<br>**d)** Tríos (bolea de derecha y revés). Un alumno en un lado de la red y los otros dos del otro lado. El alumno que está solo pasa una pelota recta y le devuelven recta, lo repite, luego pasa diagonal y la devuelve diagonal y lo repite.<br>**e)** Grupos de 6. El profesor lanza tres pelotas a cada alumno (tiene el cubo con bolas), una de derechas, una de revés, y una bolea (sube a la red). Cada alumno recoge sus tres pelotas cuando termine y las echa al cubo. Se van poniendo en una fila y repiten varias veces.<br>**f)** Por parejas. Pelotean lanzando globos (golpeo defensivo), de abajo arriba y al fondo de la pista.<br>**g)** Explicación del remate (golpeo ofensivo). Se colocan frente a una pared y ejecutan la técnica varias veces. Lanzan la pelota de arriba-abajo botando ésta antes en el suelo y luego rebotando en la pared.<br>**h)** Por parejas con la red en medio de los dos, un compañero realiza remate "suave" hacia abajo y su compañero devuelve con globo hacia arriba.<br>**i)** Practicar la siguiente jugada por parejas: Saque suave, globo y remate.<br>**j)** Juego libre de dobles a 1 set a 15 puntos.<br>**k)** Por parejas, se juega golpeando la pelota contra la pared con las siguientes variaciones (frontón tenis):<ul><li>Con bote.</li><li>Sin bote.</li><li>Golpeando siempre por encima de una altura determinada.</li><li>Dos contra dos.</li></ul> |
| **Vuelta a la calma 3'** |
| Resultados de las competiciones y recogida del material |

| UD 6: Palas | Nº Sesión 5 |
|---|---|
| **Duración:** 40 min (20 min bajar/cambiarse-cambiarse/subir). | **Curso: 3º ESO** |

**Recursos materiales:** Palas, pelotas de tenis, red.

**Instalaciones:** Cancha interior o exterior.

**Contenido:** Saque y bolea.

### Tareas

### Calentamiento 5'

**a)** Una pareja se la liga. Todas las parejas, se desplazan por el espacio escapándose y presionan una pelota entre dos raquetas. Cuando el que se la liga pilla a una pareja intercambian papeles.

### Parte principal 30'

**a)** Circuito de obstáculos. El alumno debe ir esquivando los obstáculos mientras golpea la bola e intentando que ésta no caiga al suelo. Se puede cronometrar al alumno que lo hace más rápido o averiguar quién es el que lo recorre con menos golpeos. En un espacio de 20x20, el alumno primero sortea en zig-zag unos conos, después recorre tres bancos suecos colocados longitudinalmente en el sentido de la marcha y llega al fondo. Debe girar 90º y recorre una línea recta caminando hacia atrás, hasta llegar a la otra esquina. De nuevo gira noventa grados, pasa por encima de tres bancos suecos, colocados perpendicularmente al sentido de la marcha, y sigue golpeando la bola mientras trata de caminar introduciendo un pie en un aro (colocamos 6 aros, de modo que el alumno debe coordinar tres pasos con golpeos). Por último, realizar lanzamientos contra una pared. En todos los ejercicios se puede proponer el uso de la mano no dominante.

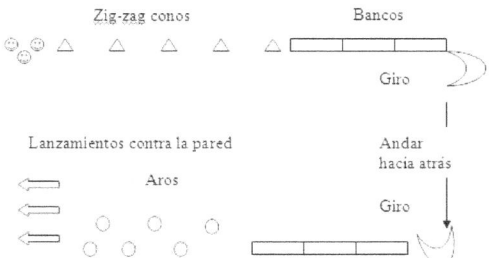

**b)** Por parejas, practicamos saque y bolea.

**c)** Torneo entre toda la clase. Hacemos un cuadrante de clasificación. Se juega cada partido a tres juegos de 15 puntos. Resultados de la competición.

### Vuelta a la calma 5'

El profesor lanza pelotas al campo donde se encuentran todos los alumnos en fila y participan de uno en uno. Deben de golpear a la pelota de bolea hacía el otro campo. Allí se encuentran tres alumnos sin raqueta, que si cogen la pelota en el aire con sus manos se salvan y el que lanzó se queda en la zona de eliminados. Si coges la pelota regresas a la fila. Si lanzas fuera del campo te vas para la zona de eliminados.

**Nº Sesión 6:** Torneo de individuales y evaluación.

## 4.7. UNIDAD DIDÁCTICA 7: ESGRIMA

### a) Introducción
En la presente unidad didáctica queremos acercar a nuestro alumno el deporte de la esgrima, ya que es el único deporte olímpico que tiene su origen en España.

Rodríguez y col. (2009) comentan que *"la esgrima es el arte y deporte de un arma, mediante un conjunto de movimientos más o menos complejos y rápidos"*.

### b) Objetivos didácticos
- Promover, difundir, valorar y fomentar el deporte de la esgrima.
- Conocer la historia de la esgrima a nivel nacional y mundial.
- Conocer el reglamento de la esgrima.
- Practicar, desarrollar y ejecutar los fundamentos técnicos básicos de la esgrima.
- Adquirir una buena condición física.
- Conocer las técnicas básicas de la esgrima.
- Valorar los efectos beneficiosos que conlleva la práctica habitual de la esgrima.
- Percibir y controlar su cuerpo en las distintas situaciones de juego en las que se precise un ajuste motor.
- Utilizar los diferentes golpeos para adaptarlos al juego real en situaciones de máxima exigencia.
- Conocer el reglamento en las diferentes modalidades del juego.

### c) Contenidos
- La técnica y el reglamento de la esgrima.
- Capacidades físicas y coordinativas de la esgrima.
- Conocimiento del efecto sociocultural de la esgrima.
- Historia y procedencia de la esgrima.
- Material específico de la esgrima y el mantenimiento de este.
- Realización de calentamientos específicos en la esgrima.
- Adquisición y desarrollo de los patrones básicos de la esgrima y de sus diferentes modalidades.
- Utilización de los recursos técnicos integrándolos dentro del juego real como medio de superación del rival.
- Ajuste de la respuesta individual al modo de juego del adversario.
- Realización de competiciones.
- Aceptación de las reglas del juego así como de la derrota en los momentos en los que ésta se produzca.
- Participación en el montaje y recogida de material necesario para la realización de las clases.
- Superación en el día a día para mejorar la calidad de juego aumentando el rendimiento.

- Realización de la ficha de búsqueda de la información sobre la esgrima.

**d) Distribución temporal**
- Sesión 1: Historia de la esgrima. Material de esgrima. Especialidades de la esgrima. Categorías y modalidades de la esgrima. La pista de combate. Construcción de una espada.
- Sesión 2: Posiciones, desplazamientos y ataques.
- Sesión 3: Después de una parada siempre viene una respuesta.
- Sesión 4: Contrarrespuesta.
- Sesión 5: Evaluación mediante la competición con todos los alumnos del grupo.

**e) Metodología:**
- Instrucción directa.
- Enseñanza recíproca.
- Descubrimiento guiado.
- Enseñanza mediante la búsqueda.

**f) Criterios de evaluación**
- Valorar la ejecución técnica.
- Valorar la progresión del alumnado y tener en cuenta sus capacidades motoras y físicas.
- Valorar el esfuerzo, interés y motivación del alumnado durante el desarrollo de las sesiones.
- Evaluar la ficha de esgrima.

**g) Criterios de calificación:**

Se evaluará por parejas mientras juegan. Se evalúa: el ataque, la parada, la respuesta y la contrarrespuesta.

**Puntuación de la ejecución de cada ejercicio:** del 1 (nota más baja) al 10 (nota más alta). Se hace media entre las variables.

| | |
|---|---|
| **UD 7: Esgrima** | **Nº Sesión 1** |
| **Duración:** 40 min (20 min bajar/cambiarse-cambiarse/subir). | **Curso: 3º ESO** |

| |
|---|
| **Recursos materiales:** Un bote de suavizante, un tubo de 70 cm y 14 mm de diámetro, goma espuma, cinta de embalar y americana, un cúter y una tijera (cada alumno). |
| **Instalaciones:** Pista interior. |
| **Contenido:** Historia de la esgrima. Material de esgrima. Especialidades de la esgrima. Categorías y modalidades de la esgrima. La pista de combate. Construcción de una espada. |
| **Tareas** |
| **Explicación básica sobre el deporte de la esgrima. 15'** |
| **a)** Historia de la esgrima.<br>**b)** Material de esgrima:<br>    ▪ Careta con una malla de acero inoxidable.<br>    ▪ Guante de cuero para proteger la mano armada.<br>    ▪ Chaquetilla para cubrir hombros y brazos.<br>    ▪ Pantalón para cubrir cintura y piernas.<br>    ▪ Medias blancas.<br>    ▪ Zapatillas especiales con un mejor agarre.<br>**c)** Especialidades de la esgrima<br>    ▪ Florete.<br>    ▪ Espada.<br>    ▪ Sable.<br>**d)** 6 categorías: < 10 años, < 12 años, < 15 años, < 17 años, < 20 años y > 20 años.<br>**e)** 6 modalidades:<br>    ▪ En femenino se compite en: florete, espada y sable.<br>    ▪ En masculino se compite en: florete, espada y sable.<br>**f)** Describir la pista de combate. |
| **Parte principal 20' Construcción de una espada.** |
| **a)** Material:<br>    ▪ Un bote de suavizante.<br>    ▪ Un tubo de 70 cm y 14 mm de diámetro.<br>    ▪ Goma espuma.<br>    ▪ Cinta de embalar y americana.<br>    ▪ Un cúter.<br>    ▪ Una tijera.<br><br>**b)** Pasos para construir la espada:<br>    ▪ Poner goma espuma en los extremos del tubo PVC mediante cinta de embalar.<br>    ▪ Un extremo será el mango (10 cm) y el otro extremo será la punta (5 cm).<br>    ▪ Cortamos circularmente el bote de suavizante por la parte superior (unos 8 cm), lo metemos en el mango y le ponemos cinta americana. |
| **Vuelta a la calma 5'** |
| Todos los alumnos muestran al profesor la construcción de la espada y se eligen las tres mejores espadas. |

| UD 7: Esgrima | Nº Sesión 2 |
|---|---|
| **Duración:** 40 min  (20 min bajar/cambiarse-cambiarse/subir). | **Curso: 3º ESO** |

**Recursos materiales:** Espadas.
**Instalaciones:** Pista interior.
**Contenido:** Posiciones, desplazamientos y ataques.

### Tareas

### Calentamiento 10'

**a)** Los alumnos se colocan en una línea y el profesor en frente de ellos. Practican la posición de guardia, desplazamientos (marchar, romper y fondo), y la combinación de los movimientos marchar y romper.

**b)** Por parejas se colocan unos enfrente de otros a la señal del profesor los un lado irán marchando y su pareja irá rompiendo. Cuando el profesor considere cambiarán de rol, así sucesivamente.

### Parte principal 25'

**a)** El agarre de la espada.
**b)** Aprender tres posiciones de parada: 3ª, 4ª y 5ª.
**c)** Por parejas (A y B) en posición de guardia frente a frente en distancia de tocar realizan la siguiente secuencia:
- A ataca a cabeza- B para en 4ª
- A ataca a figura- B para en 5ª
- A ataca al flanco- B para en 3ª
- A ataca al través. Cambio de roles. Repetir 10 veces.

**d)** Realizamos la secuencia anterior con 5 parejas diferentes.

### Vuelta a la calma 5'

Corrección de la ficha de búsqueda de la información sobre la esgrima.

| UD 7: Esgrima | Nº Sesión 3 |
|---|---|
| **Duración:** 40 min  (20 min bajar/cambiarse-cambiarse/subir). | **Curso: 3º ESO** |

**Recursos materiales:** Espadas.
**Instalaciones:** Pista interior.
**Contenido:** Después de una parada siempre viene una respuesta.

### Tareas

### Calentamiento 5'

**a)** Repaso de la sesión anterior.

### Parte principal 30'

**a)** Por parejas (A y B) en posición de guardia frente a frente en distancia de tocar realizan la siguiente secuencia:
- A ataca al pecho-B para en 4ª y contesta al través.
- A ataca a cabeza-B para en 5ª y contesta al flanco o al través.
- Atacar a blanco desconocido. A va marchando y B va rompiendo manteniendo la distancia. Cuando A decida ataca con fondo donde quieran y B para y responde. Cambio de papeles. Realizamos el mismo ejercicio con 10 alumnos diferentes.

**b)** Asalto. A busca el ataque y B busca la defensa para poder atacar. 3 veces cada uno. Realizamos el mismo ejercicio con 5 alumnos diferentes.

### Vuelta a la calma 5'

Recogida de material y puesta en común.

| | |
|---|---|
| **UD 7: Esgrima** | **Nº Sesión 4** |
| **Duración:** 40 min (20 min bajar/cambiarse-cambiarse/subir). **Curso: 3º ESO** ||
| **Recursos materiales:** Espadas. ||
| **Instalaciones:** Pista interior. ||
| **Contenido:** Contrarrespuesta ||
| **Tareas** ||
| **Calentamiento 5'** ||
| a) El profesor les va diciendo los movimientos que van a ejecutar: marcha, romper, fondo, marcha y fondo, dos marchas, continuado, cambiando el ritmo, etc… <br> b) Explicación de la contrarrespuesta "Después de que nos paren nuestro ataque siempre debemos volver a parar". ||
| **Parte principal 30'** ||
| a) Por parejas (A y B) en posición de guardia frente a frente en distancia de tocar realizan la siguiente secuencia: <br> - A atacará al pecho-B para en 4ª y contesta a la cabeza-A para en 4ª y contesta al pecho. <br> - A atacará al pecho con marcha-B para en 4ª y contesta al pecho rompiendo-A vuelve a parar el ataque en 4ª y contesta con marcha y así sucesivamente. <br> - A va marchando-B va rompiendo manteniendo la distancia, a la señal de ataque A hace fondo al pecho-B para en 4ª y responde a la cabeza, desde el fondo A vuelve a parar en 4ª y contesta al pecho. <br> - A atacará a la Cabeza-B parará en 4ª y contestará al pecho-A vuelve a parar en 4ª y contestará al pecho. <br> - A atacará a la Cabeza con marcha- B para en 5ª y contestará al travesón-A vuelve a parar en 4ª y contestará a la cabeza con marcha-B vuelve a parar en 5ª y contestará al travesón. <br> - A va marchando-B va rompiendo manteniendo la distancia, a la señal de ataque los que van marchando hacen fondo a la Cabeza-B se queda en el sitio, para en 5ª y responde al travesón, desde el fondo A vuelve a parar en 4ª y contesta a la cabeza. ||
| **Vuelta a la calma 5'** ||
| Explicación de la competición de la siguiente sesión. ||

**Nº Sesión 5:** Evaluación mediante la competición con todos los alumnos del grupo. Para ganar un asalto debes llegar a 5 tocados.

## 4.8. UNIDAD DIDÁCTICA 8: ATLETISMO III: SALTOS

### a) Introducción
En la unidad didáctica de salto pretendemos que el alumno obtenga una técnica básica para ejecutar el salto de altura, el salto de longitud y el triple salto.

### b) Objetivos didácticos
- Identificar la pierna más adecuada para la batida.
- Conseguir un talonamiento óptimo para la batida.
- Coordinar los segmentos corporales durante el vuelo y la recepción del salto.
- Coordinar la acción de carrera y batida en altura y en profundidad.
- Conseguir una carrera circular acelerando en la última fase de la misma (salto de altura).
- Conseguir una carrera óptima acelerando en la última fase de la misma (salto de longitud y triple salto).
- Descubrir las posibilidades y capacidades de cada uno con respecto al salto.
- Participar activamente en las actividades propuestas en clase.
- Poner en práctica las diferentes técnicas de salto de altura (fosbury, rodillo ventral y tijera) con cierto control técnico.
- Coordinar brazos y piernas buscando efectividad en las diferentes fases del salto (salto de longitud y triple salto).
- Ser capaz de encadenar los tres apoyos del triple salto con un mínimo de coordinación.
- Mejorar la fuerza del tren inferior.

### c) Contenidos
- Reglamento.
- Fases: carrera, batida, vuelo, caída.
- Ejercicios globales y analíticos para el aprendizaje de la técnica.
- Juegos de aplicación.
- Competiciones por grupo.
- Calentamientos específicos.
- Entrenamiento específico del salto de altura, salto de longitud y triple salto.
- Deseo de superación y mejora constante.
- Valoración de la práctica del atletismo como forma amena de cubrir el tiempo de ocio y de mejorar las relaciones con los compañeros.
- Realización de la ficha de la búsqueda de la información sobre atletismo: saltos.

### d) Distribución temporal
- Sesión 1: Ejercicios generales de salto. Iniciación al salto de altura.
- Sesión 2: Salto de rodillo ventral, de tijera y fosbury.

- Sesión 3: Competición de salto de altura.
- Sesión 4: Iniciación al salto de longitud.
- Sesión 5: Salto de longitud. Inicio a la carrera, talonamiento y batida.
- Sesión 6: Salto de longitud. Fase de vuelo y caída.
- Sesión 7: Trabajando la realización completa del triple salto.
- Sesión 8: Realización y corrección de la ficha de la información sobre atletismo: saltos.
- Sesión 9: Evaluación del salto de altura, salto de longitud y triple salto.

**e) Metodología**
- Descubrimiento guiado.
- Instrucción directa.
- Enseñanza mediante la búsqueda.

**f) Recursos didácticos:** Ficha de búsqueda de información sobre atletismo: saltos.

**g) Criterios de evaluación**
- Analizar el grado de aprendizaje de las diversas habilidades técnicas del salto.
- Realizar calentamientos específicos para la preparación de las diferentes pruebas de salto.
- Ser capaz de beneficiarse de la técnica para mejorar el resultado del salto.
- Mejorar la cualidad física de la fuerza y la velocidad para aplicarla después a cualquier deporte y también a la vida cotidiana.
- Ser tolerante con los demás sabiendo comportarse ante la derrota y la victoria.
- Aprender el reglamento del salto de altura, salto de longitud y triple salto así como las acciones fundamentales.
- Esforzarse y beneficiarse de los diferentes ejercicios de fuerza para aplicarlos al salto completo.
- Valorar la integración y motivación de los alumnos con respecto a la actividad.
- Encadenar en el triple salto los diferentes apoyos de una forma coordinada y eficaz.
- Valorar el esfuerzo interés y motivación de los alumnos/as durante el desarrollo de las sesiones.
- Valorar el cuidado del alumno por el material así como el mantenimiento de este.
- Superar las pruebas prácticas de evaluación.
- Evaluar la ficha de atletismo: saltos.

**h) Criterios de calificación**
- Mediante la observación directa.
- Asimilación de la técnica elemental de los diferentes estilos

- Conocimiento del reglamento
- Desinhibición y pérdida de miedos.
- Mejora de la eficacia del salto gracias al control técnico y mejora en la ganancia de fuerza explosiva.
- Mediante escalas de control de los diferentes elementos técnicos del salto.
- Medidas cuantificables en altura y en longitud.

En los cuales se analizarán los siguientes aspectos técnicos: carrera, batida, vuelo y caída.

**Puntuación de cada apartado:** del 1 (nota más baja) al 10 (nota más alta). Se hace media entre las variables.

| | |
|---|---|
| **UD 8: Atletismo III: Saltos** | **Nº Sesión 1** |
| **Duración:** 40 min (20 min bajar/cambiarse-cambiarse/subir). | **Curso: 3º ESO** |

**Recursos materiales:** Petos, conos, goma elástica, colchonetas de caída.

**Instalaciones:** Polideportivo.

**Contenido:** Ejercicios generales de salto. Iniciación al salto de altura.

### Tareas

### Calentamiento 5'

**a)** Juego de ven o vete. Todos en círculo de pie, uno de pie fuera del círculo. Y éste va corriendo alrededor y cuando toque a un compañero, le dirá "ven" (le debe de seguir) o "vete", entonces debe ir en dirección contraria, deben de llegar al lugar vacío. El primero que llegue gana y se queda con el sitio. El que no llegué se queda fuera del círculo y continúa el juego.

**b)** Doble pañuelo con salto. Tienen que coger el pañuelo que está encima de un cono y volver a la salida y volver a dejarlo en el medio. El profesor dirá "1 derecha" y vamos al cono de nuestra derecha ó "2 izquierda" y vamos al cono de nuestra izquierda. Los alumnos se deben de numerar.

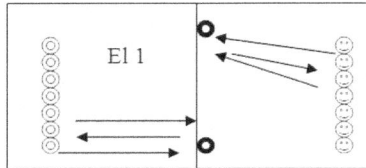

### Parte principal 30'

Iniciación al salto de altura.

**a)** El alumno se coloca de espaldas a una colchoneta de caída y tiene que dar un salto hacia atrás para caer de espaldas en la colchoneta. Idem, pero, con una goma elástica (pasar el listón sin tocar).

**b)** Determinar cuál es la pierna de batida. El alumno se sitúa frente a la colchoneta de caída a una distancia de 6 m. Correr y efectuar un salto en la colchoneta recordando cual ha sido su pierna de batida. Idem, pero en éste es necesario superar una goma elástica situada a una altura fácil. Una vez determinado el pie de batida se establecen dos grupos, los que han batido con el pie izquierdo se colocan a la derecha y viceversa (en base al estilo Fosbury).

**c)** Desde las nuevas posiciones a 4 m del foso, realizamos un salto de tijera, intentando superar la goma elástica que estará a baja altura.

**d)** ¿Quién es capaz de hacer 5 saltos sin tocar la goma elástica?

### Vuelta a la calma 5'

Explicación del salto de altura.

| | |
|---|---|
| **UD 8: Atletismo III: Saltos** | **Nº Sesión 2** |
| **Duración:** 40 min (20 min bajar/cambiarse-cambiarse/subir). | **Curso: 3º ESO** |

| |
|---|
| **Recursos materiales:** Conos, goma elástica, colchonetas de caída, picas. |
| **Instalaciones:** Polideportivo. |
| **Contenido:** Salto de rodillo ventral, de tijera y fosbury. |
| **Tareas** |
| **Calentamiento 5'** |
| **a)** Carrera continua 2 minutos.<br><br>**b)** Realizar los siguientes ejercicios: skipping (1), talones al glúteo (2), elevamos la pierna alternativamente (3), elevamos la pierna y damos una palmada por debajo de la pierna (4), en estático abro piernas y llevo brazos arriba (5), vuelvo a cerrar piernas y llevo los brazos abajo (6), ando en cuadrupedia 20 m (7), sentadilla 2x5 (8), desde cuclillas hacer un giro (9), desde rodillas intentar ponerme de cuclillas (10), desde cuclillas saltar lateralmente (11) y por parejas pelea de gallos (12). |
| **Parte principal 30'** |
| **a)** Efectuar un salto de tijera, tomando carrera previa de 4-6 zancadas. (10 veces cada uno).<br><br>**b)** Efectuar un salto de rodillo ventral. (10 veces cada uno).<br><br>**c)** Practicar el salto de fosbury primero utilizando el trampolín y después un cajón del plintón.<br><br>**Realizar el recorrido del esquema:**<br><br>Salida → ☐ ☐ ☐ ☐ ☐ ☐<br>1. Saltar a la pata coja: 3 saltos con cada pierna.<br>2. Saltar con pies juntos.<br>3. Salto de tijera.<br>4. Salto de altura. |
| **Vuelta a la calma 5'** |
| ¿Quién es capaz de hacer 5 saltos fosbury sin tocar la goma elástica? |

| UD 8: Atletismo III: Saltos | Nº Sesión 3 |
|---|---|
| **Duración:** 40 min (20 min bajar/cambiarse-cambiarse/subir). | **Curso: 3º ESO** |

| |
|---|
| **Recursos materiales:** Conos, goma elástica, colchonetas de caída, picas, bancos suecos, espalderas. |
| **Instalaciones:** Polideportivo. |
| **Contenido:** Competición de salto de altura. |
| Tareas |
| Calentamiento 18' |
| **a)** Tulipán. Uno la liga y tiene que pillar al resto. El que dice tulipán ha de ponerse como un potro, y para salvarle tendrán que saltarle.<br><br>**b)** Ejercicios de multisaltos: (Potencia de impulsión del tren inferior)<ul><li>Trabajo de tobillos. Colocarse al lado de una línea, realizar saltos laterales, adelante y atrás; alternando pies, salto frontal y lateral a la pata coja con la pierna derecha y con la pierna izquierda.</li><li>Avanzar con pies juntos con impulso de los tobillos. Ida y vuelta 20 m</li><li>Elevar rodillas al pecho con bote intermedio. 2x5 veces.</li><li>Desde la posición de cuclillas, saltar a ponerse de pie llevando los brazos arriba.</li></ul>**c)** En parejas. Uno sentado y el otro realiza los saltos:<ul><li>El que está sentado tiene las piernas juntas, su compañero las salta de un lado a otro durante 30segundos.</li><li>El compañero abre y cierra las piernas y yo salto abriendo y cerrando piernas durante 30 segundos.</li><li>Saltar por encima del compañero, éste tiene las rodillas recogidas (5 veces).</li><li>Salto un brazo, sus piernas y el otro brazo (3 veces).</li></ul>d) Relevos saltando:<ul><li>Ida: saltando colchonetas, corro, subo a la espaldera y toco el techo. Vuelta: sprint.</li><li>Ida: saltando con los dos pies juntos 4 bancos suecos, corro, subo a la espaldera y toco el techo. Vuelta: sprint.</li><li>Ida: saltando lateralmente con los dos pies juntos 4 bancos suecos, corro, subo a la espaldera y toco el techo. Vuelta: sprint.</li><li>Corro a máxima velocidad pasando 4 bancos. Variante: el profesor dice un número y el alumno debe ir saltando a esos bancos y luego realizar un sprint hasta la pared de enfrente.</li></ul> |
| Parte principal 20' |
| **a)** Técnica de carrera en curva e inicio del talonamiento para saltar con siete apoyos.<br>**b)** Practicamos el salto de fosbury.<br>**c)** Competición del salto de fosbury. |
| Vuelta a la calma 2' |
| Resultados de la competición del salto de altura. |

| | |
|---|---|
| **UD 8: Atletismo III: Saltos** | **Nº Sesión 4** |
| **Duración:** 40 min (20 min bajar/cambiarse-cambiarse/subir). | **Curso: 3º ESO** |

**Recursos materiales:** Conos, colchonetas de caída, cuerda, aros, trampolín.

**Instalaciones:** Polideportivo.

**Contenido:** Iniciación al salto de longitud.

### Tareas

### Calentamiento 5'

**a)** Ejercicios con combas:
- 30 saltos con comba pies juntos.
- 3 saltos normales y uno doble.
- Saltos en parejas.
- Saltos de triple siguiendo el ritmo de la cuerda.

**b)** Cuatro filas. Salto los conos y hago un sprint.
- Salto a la pata coja por fuera de los cuatro conos (colocados en forma de cuadrado).
- Salto a pies juntos (conos en rombo), adelante-centro, derecha-centro, izquierda-centro, adelante-fuera del rombo.
- Salto a la pata coja, (conos en pentágono), adelante-centro, derecha-centro, izquierda-centro, adelante-fuera del rombo.
- Saltar a pies juntos, del medio-derecha-medio-adelante-medio-izquierda-medio-adelante.

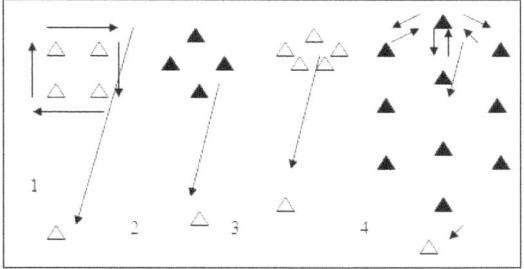

### Parte principal 30'

**a)** Iniciación al salto de longitud. Primer y segundo apoyo. Con los aros, marcarles cómo tienen que realizar la zancada (larga) y el último paso.

**b)** Trabajo de carrera salto de longitud. Carrera marcada con aros. Idem pero con trampolín. Igual pero sólo el último aro. Por último: carrera, batida, salto y caída.

### Vuelta a la calma 5'

Competición: realizar salto a pies juntos. Saltarán de 4 en 4. Los dos mejores se clasifican para la final. Resultados de la competición.

| | |
|---|---|
| **UD 8: Atletismo III: Saltos** | **Nº Sesión 5** |
| **Duración:** 40 min (20 min bajar/cambiarse-cambiarse/subir). | **Curso: 3º ESO** |
| **Recursos materiales:** Aros, colchonetas de caída, cuerda, plinton. | |
| **Instalaciones:** Polideportivo. | |
| **Contenido:** Salto de longitud. Inicio a la carrera, talonamiento y batida. | |

**Tareas**

**Calentamiento 5'**

**a)** Relevos del zapato: (todos los deportivos dentro de la portería).
Hacemos dos filas en la línea de medio campo. A la señal del profesor, debemos salir corriendo y pisar dentro de un aro y correr en dirección a portería a buscar nuestra zapatilla derecha me la pongo en el pie y vuelvo por el mismo camino que viene, le choco la mano a mi compañero que realiza lo mismo, así hasta que todo el mundo tiene la zapatilla derecha, luego vamos a buscar la izquierda. Gana la fila que antes logre tener todas sus zapatillas en los pies.

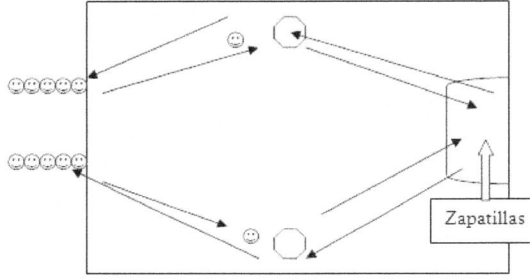

**Parte principal 30'**

**a)** Practicamos el salto de longitud:
- Ejercicios con la escalera (ver anexo).
- Los alumnos se colocan detrás de la línea de fondo y a la señal del profesor deben de cubrir una distancia de 10 m, mediante saltos con los pies juntos. Gana el que consigue el menor número de saltos.
- Fase de caída. Desde el cabezal del plinton, con los pies juntos a caer en la colchoneta. Primero de pie, luego lo hacen cayendo con los pies y luego caen de culo.
- Trabajo de batida con el cabezal del plinton (a 4-6-8 apoyos)

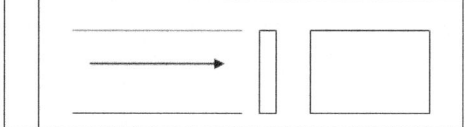

**Vuelta a la calma 5'**

El profesor comenta los aspectos fundamentales del salto de longitud.

| UD 8: Atletismo III: Saltos | Nº Sesión 6 |
|---|---|
| **Duración:** 40 min (20 min bajar/cambiarse-cambiarse/subir). | **Curso: 3º ESO** |

**Recursos materiales:** Colchonetas, 4 picas, 2 trampolines, cinta métrica, plinton, colchoneta de caída.

**Instalaciones:** Polideportivo.

**Contenido:** Salto de longitud. Fase de vuelo y caída.

### Tareas

### Calentamiento 5'

**a)** Por parejas, la 1ª con el nº 1 la 2ª con el nº 2. Las parejas corren separadas por el espacio, a la voz del profesor nº 1 por ejemplo, persigue a nº 2 a la pata coja.

**b)** Relevos. Dos filas. A la señal, efectuarán saltos de 4 colchonetas dispuestas una detrás de otra, subirán a la espaldera, tocarán el techo bajarán, volverán saltando las colchonetas y le darán el relevo a su compañero.

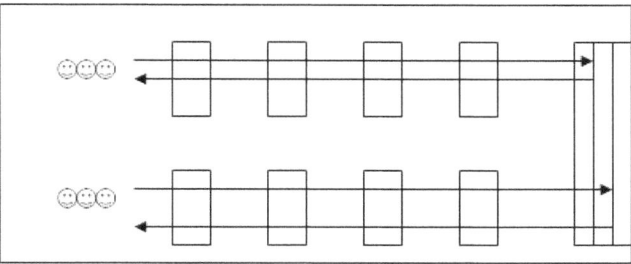

### Parte principal 30'

**a)** Los alumnos se colocan en fila y efectúan la carrera, saltan cuatro picas separadas un metro cada una y terminan cayendo en el foso.

**b)** Los alumnos se colocan en fila y efectúan la carrera, saltan cuatro picas separadas un metro cada una, baten en un trampolín y terminan cayendo en el foso.

**c)** Los alumnos se colocan en fila y efectúan la carrera, baten sobre un trampolín, caen en una colchoneta, baten en otro trampolín y caen la colchoneta de caída.

**d)** Los alumnos se colocan en fila y efectúan la carrera de 10 metros, y dan un salto por encima de tres cajones de plinton cayendo en la colchoneta de caída.

**e)** Realizar 6 saltos intentando superar su marca, no se puede pisar la cuerda que colocaremos antes de la colchoneta de caída.

**f)** Salto de longitud:
- ☐ Apoyos: carrera de 15 apoyos y saltar lo más lejos posible.
- ☐ Zancada: quién es capaz de atravesar el pabellón con el mínimo nº de apoyos.
- ☐ Carrera y salto a pies juntos. 4 filas.

**g)** Carrera y salto sobre cabeza de plinton.

**h)** Competición salto de longitud.

### Vuelta a la calma 5'

Resultados de la competición y recogida del material.

| | |
|---|---|
| **UD 8: Atletismo III: Saltos** | **Nº Sesión 7** |
| **Duración:** 40 min (20 min bajar/cambiarse-cambiarse/subir). | **Curso: 3º ESO** |

| |
|---|
| **Recursos materiales:** Conos, picas, bancos, suecos, minitramp, colchonetas de caída, aros, plinto. |
| **Instalaciones:** Polideportivo. |
| **Contenido:** Iniciación al triple salto. |
| **Tareas** |
| **Calentamiento 5'** |
| **a)** Los alumnos se colocan en fila y realizan este ejercicio 6 veces. 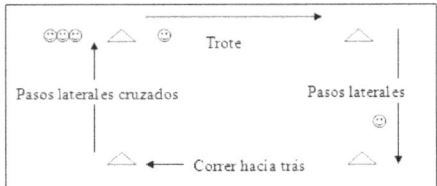 |
| **b)** Nos colocamos en fila y corro adelante y atrás sin pisar las picas.  |
| **c)** Circuito de saltos y fuerza tren inferior. Un alumno trabaja (30 segundos) y el compañero descansa. Luego cambian.<br> • Saltar de un lado a otro (conos con pica) con pies juntos.<br> • En dos bancos suecos, salto a poner un pie en cada banco y bajo al suelo.<br> • Apoyo mis manos en el banco sueco y salto de un lado a otro del banco con los pies juntos.<br> • Saltar 5 vallas muy juntas a pies juntos.<br> • Subir y bajar de un banco con los pies juntos.<br> • Saltar sobre un banco sueco para atravesar un plinto.<br> • Saltar sobre un banco realizando medio giro.<br> • Correr saltar en el minitramp a un plinto y saltar desde ésta por encima de una valla.<br> • Saltar (conos con pica) sueco de frente.<br> • Saltar poniendo alternativamente un pie sobre el banco. |
| **Parte principal 30'** |
| **a)** Realizar la carrera de triple salto con aros y saltar. Igual pero en el salto habrá que superar un obstáculo. |
| **b)** Carrera de triple salto con movimiento de brazos (insistir en la batida, último paso). |
| **c)** Realizar el salto completo. Para realizar un triple salto hay que realizar una batida, un segundo salto, un tercer salto y una caída. El salto sigue una de las dos secuencias de piernas: izq-izq-dr o dr-dr-izq. |
| **Vuelta a la calma 5'** |
| Explicación de los aspectos fundamentales del triple salto. |

| UD 8: Atletismo III: Saltos | Nº Sesión 7 |
|---|---|
| **Duración:** 40 min (20 min bajar/cambiarse-cambiarse/subir). | **Curso: 3º ESO** |
| **Recursos materiales:** Colchonetas de caída, picas. ||
| **Instalaciones:** Polideportivo. ||
| **Contenido:** Trabajando la realización completa del triple salto. ||

Tareas

Calentamiento 5'

**a)** Multisaltos:
- Avanzar saltando de un pie a otro (carrera de saltos alternos), realizando los apoyos laterales, de derecha a izquierda, buscando los apoyos laterales a la izquierda y luego a la derecha.
- Avanzar saltando de pie en pie, sólo con la extensión de la articulación del tobillo.
- Correr, exagerando los brincos (carrera de saltos alternos).
- Brincar sobre los dos pies, avanzando hacia adelante con un pequeño salto intermedio.
- Saltar hacia atrás con los dos pies juntos, con pequeño salto intermedio.
- Saltar hacia adelante, con los dos pies, agachados, con pequeño salto intermedio.
- Saltos de rana hacia delante, con pequeño salto intermedio.
- Saltar de costado con los pies juntos, con pequeño salto intermedio.
- Saltar lateralmente, de un pie a otro. Variante: Hacer dos rebotes en cada pie.
- Saltar hacia delante, con los dos pies, separando y juntando los mismos de salto en salto.
- Avanzar saltando con los dos pies, a la señal, cambiar de dirección con un salto con giro de 180º, y seguir saltando hacia atrás. Variantes: Cambios al costado, etc., en un mismo recorrido.
- Saltar hacia delante, con dos pies, con giros de 360°, con pequeño salto intermedio, y nuevo salto con giro.
- Avanzar saltando sobre un solo pie, con pequeño salto intermedio.
- Combinar dos saltos con derecha, dos con izquierda, dos con pies juntos, etc.
- Combinar dos saltos con izquierda, dos con derecha, dos alternos, dos con pies juntos, etc.

Parte principal 30'

Triple salto:
**a)** Apoyos. Colocamos picas y las van pasando hasta llegar y saltar.
**b)** Último apoyo. Igual, pero ahora el último paso ha de ser el más largo.
**c)** Realizar un paso muy largo y saltar sobre colchoneta.
**d)** 7 apoyos: carrera, batida, salto y caída.
**e)** Salto completo: poner referencia de batida con un aro o pica y caer en colchoneta.
**f)** Competición. ¿Quién salta más lejos ayudándonos también de los brazos cuando saltamos?

Vuelta a la calma 5'

Explicación de puntos fundamentales del examen práctico.

**Nº Sesión 8:** Realización y corrección de la ficha de la información sobre atletismo: saltos.
**Nº Sesión 9:** Evaluación del salto de altura, salto de longitud y triple salto.

## 4.9. UNIDAD DIDÁCTICA 9: "VAMOS A BAILAR"

**a) Introducción**

Los bailes de salón son aquellos que se bailan en pareja de manera coordinada al ritmo de la música.

En la presente unidad estudiaremos las diferentes modalidades del baile deportivo:
- Bailes standard: vals vienés, vals inglés, tango, sloe fox y quickstep.
- Bailes latinos: samba, rumba-bolero, cha-cha-cha, jive y pasodoble.

También veremos otros bailes generales de salón: la salsa y el mambo.

**b) Objetivos didácticos**
- Conocer las características fundamentales de los diferentes bailes de salón.
- Vivenciar y participar de forma activa en las actividades de baile propuestas.
- Adquirir confianza y seguridad en sí mismo.
- Ser capaz de captar las dimensiones y direcciones del espacio para adecuarse a él según los condicionantes de la situación.
- Ejecutar ritmos y bailes inventados.
- Elaborar mensajes corporales y transmitirlos a través del movimiento.
- Rendir al máximo en la actividad dada sin que esta lleve a comportamientos competitivos o agresivos.
- Elaborar coreografías propias.

**c) Contenidos**
- Historia y características generales de los diferentes bailes de salón.
- Pasos básicos de los diferentes bailes de salón.
- Participación desinhibida y espontánea en actividades de baile propuestas.
- Experimentación de los diferentes ritmos de nuestro cuerpo.
- Elaboración de coreografías.

**d) Distribución temporal**
- Sesión 1: Pasos básicos de los bailes standard: vals vienés, vals inglés.
- Sesión 2: Pasos básicos de los bailes standard: tango, sloe fox y quickstep.
- Sesión 3: Pasos básicos de los bailes latinos: samba, rumba-bolero.
- Sesión 4: Pasos básicos de los bailes latinos: cha-cha-cha, jive y pasodoble.
- Sesión 5: Pasos básicos de los bailes generales de salón: la salsa y el mambo.
- Sesión 6: Evaluación de la coreografía.

**e) Metodología**
- Instrucción directa.
- Enseñanza mediante la búsqueda.

**f) Recursos didácticos:** Vídeos del curso de baile RBA.

**g) Criterios de evaluación**
- Analizar el grado de implicación así como la propia búsqueda de elementos de exploración y vivencia personal.
- Superar las pruebas prácticas, coreografías,…
- Interiorizar sensaciones a través del ritmo, intensidades, sonidos,…
- Trabajar en grupo y aportar ideas.
- Desinhibirse y aprender a controlar tu cuerpo y sus capacidades y limitaciones.
- Analizar el nivel de coordinación y adaptación a la música.

**h) Criterios de calificación**
Realizar una coreografía de baile de salón por parejas en el que se les pondrá una música tendrán que prepararla siguiendo las directrices marcadas en la que se evaluarán: ritmo, pasos ejecutados y espacio utilizado.

**Puntuación de cada apartado:** del 1 (nota más baja) al 10 (nota más alta). Se hace media entre las variables.

## 4.10 UNIDAD DIDÁCTICA 10: ORIENTACIÓN

**a) Introducción**
En la unidad de orientación pretendemos que el alumno aprenda a orientarse y que realice diversas prácticas por el recinto escolar.

**b) Objetivos didácticos**
- Conocer las normas básicas de seguridad y respeto hacia el medio natural.
- Conocer el origen y procedencia del deporte de orientación.
- Conocer las técnicas básicas para saber orientarse a través de signos naturales.
- Saber interpretar mapas topográficos (leyendas, escalas, etc…).
- Saber desplazarse por terreno siendo conscientes del punto en el que nos encontramos en todo momento.

**c) Contenidos**
- Reglamento.
- Técnicas de orientación con mapa y brújula.
- Técnica del semáforo.
- El talonamiento.

- Orientación por signos naturales.
- Valoración de la práctica de la orientación como forma amena de cubrir el tiempo de ocio y de mejorar las relaciones con los compañeros.
- Respeto y concienciación de la importancia y del cuidado del medio.

**d) Distribución temporal**
- Sesión 1: Origen y reglamento de las carreras de orientación. El mapa topográfico. La orientación por métodos naturales. Lectura de planos del centro. El mapa topográfico, interpretación de leyendas y escalas. Orientación con plano.
- Sesión 2: La brújula: partes y los diferentes nortes que existen. Orientación con mapa y brújula. Aprendemos a sacar rumbos. El talonamiento. Técnica del semáforo.
- Sesión 3: Resumen del DVD de Orientación. Creación de balizas.
- Sesión 4: Práctica de orientación dentro del polideportivo. Carreras de orientación individuales con tiempo cronometrado.
- Sesión 5: Práctica de orientación por los patios de fuera. Carreras de relevos por el centro.

**e) Metodología**
- Instrucción directa.
- Enseñanza recíproca.
- Descubrimiento guiado.
- Enseñanza mediante la búsqueda.

**f) Recursos didácticos:** DVD de orientación. Material para crear las balizas.

**g) Criterios de evaluación**
- Dominar los elementos técnicos vistos en clase.
- Ser respetuoso con el medio ambiente así como respetar las normas de seguridad de las actividades en la naturaleza.
- Esforzarse por realizar las actividades de forma correcta sin la presencia continua del profesor con autonomía y rigor.
- Valorar el esfuerzo interés y motivación de los alumnos durante el desarrollo de las sesiones.
- Valorar el cuidado del alumno por el material así como el mantenimiento de este.
- Valoración de la práctica de la orientación como forma amena de cubrir el tiempo de ocio y de mejorar las relaciones con los compañeros.
- Respeto y concienciación de la importancia y del cuidado del medio.

**h) Criterios de calificación:**
- Mediante la observación directa.
- Mediante hojas de registro individuales.

**Práctica de orientación 60%:**
- 20% Resumen del DVD de Orientación
- 20% Práctica de orientación dentro del polideportivo.
- 20% Práctica de orientación por los patios de fuera.

**Puntuación de cada apartado:** del 1 (nota más baja) al 10 (nota más alta). Se hace media entre las variables.

Tarjeta de control rellenada correctamente.

| 1<br>A-22 | 2<br>B-132 | 3<br>C-43 | 4<br>B-45 | 5<br>A-9 | 6<br>A-23 | 7<br>B-28 | 8<br>B-532 | 9<br>A-99 | 10<br>C-35 |
|---|---|---|---|---|---|---|---|---|---|
| 11<br>C-77 | 12<br>A-95 | 13<br>D-48 | 14<br>A-47 | 15<br>B-20 | 16<br>D-365 | 17<br>A-86 | 18<br>C-377 | 19<br>D-31 | 20<br>A-651 |
| 21 | 22 | 23 | 24 | 25 | 26 | 27 | R-1 | R-2 | R-3 |
| Nombre: | | | | | | Curso: | | Tiempo: | |

**PRÁCTICA DE ORIENTACIÓN DENTRO DEL POLIDEPORTIVO.**

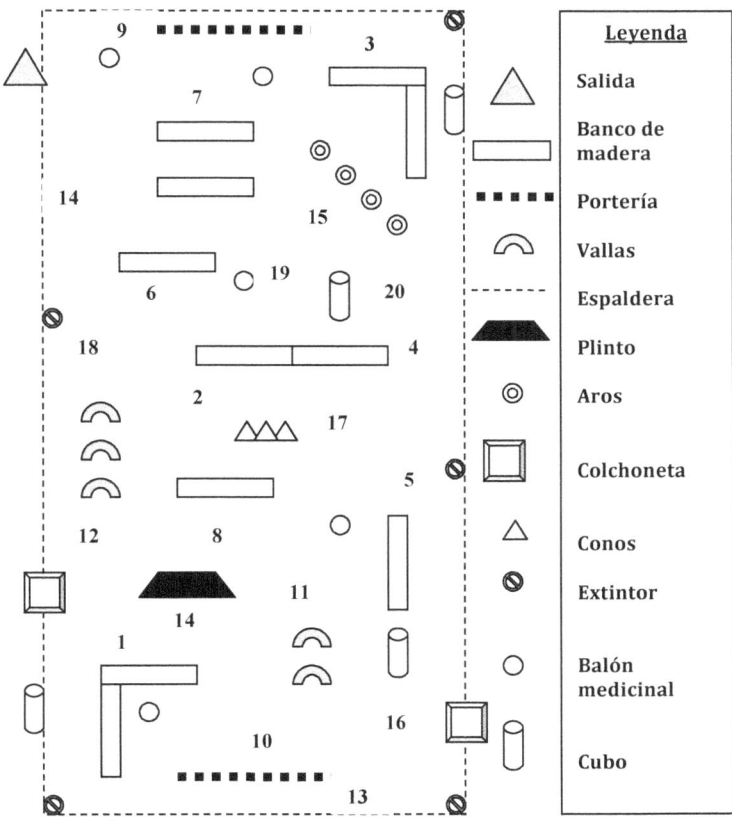

# Capítulo 5.
# UNIDADES DIDÁCTICAS PARA 4º ESO

## 5.1. UNIDAD DIDÁCTICA 1: CONDICIÓN FÍSICA IV

**a) Introducción**

Esta unidad didáctica se encuentra dentro del bloque de contenidos de condición física y salud. Se pretende desarrollar las diferentes cualidades físicas, por lo cuál hacemos una evaluación inicial mediante diferentes test físicos para comprobar el estado del alumnado y ver cuál es la situación de partida.

Al final del curso haremos una repetición de los test de condición física para comparar los resultados y conocer si existen mejoras.

**b) Objetivos didácticos**
- Adquirir una buena condición física
- Tomar conciencia de los beneficios que aporta una buena condición física para la práctica de todos los deportes.
- Aplicar los principios básicos y sistemas de entrenamiento para el desarrollo de las capacidades físicas básicas.
- Saber tomar e interpretar la frecuencia cardiaca estableciendo los ritmos e intensidades adecuados al ejercicio.
- Valorar el hecho de alcanzar una buena condición física como base de unas mejores condiciones de salud.
- Habituarse a la práctica sistemática de la actividad física como medio de mejora de las capacidades físicas, la salud y la calidad de vida.
- Tomar conciencia de las posturas que se adoptan habitualmente y son nocivas para la salud corporal.
- Aprender el entrenamiento autógeno de Schultz.

**c) Contenidos**
- Condición física y capacidades físicas: Conceptos, principios y sistemas para su desarrollo.
- Test de valoración de la condición física.
- Acondicionamiento físico general: Desarrollo de las capacidades físicas.
- Juegos donde se trabaja la condición física (fuerza, velocidad y resistencia)
- Aplicación de los sistemas específicos de entrenamiento y desarrollo de las distintas capacidades físicas y valoración de sus efectos.
- Toma de conciencia de la propia condición física y responsabilidad en el desarrollo de la misma.
- Valoración y toma de conciencia de la propia imagen corporal, de sus límites y capacidades.
- Valoración del hecho de alcanzar una buena condición física como base de unas mejores condiciones de salud.

- Disposición positiva hacia la práctica habitual de actividad física sistemática como medio de mejora de las capacidades físicas, la salud y la calidad de vida.
- Entrenamiento autógeno de Schultz.

**d) Distribución temporal**
- Sesión 1: El calentamiento, movilidad articular y carrera continua.
- Sesión 2: Trabajo lumbar y abdominal. Multisaltos. Circuito de fuerza.
- Sesión 3: Entrenamiento total.
- Sesión 4: Ejercicios de técnica de carrera y cuestas cortas.
- Sesión 5: Juegos de velocidad.
- Sesión 6: Tonificación muscular (DVD).
- Sesión 7: Test de la Course Navette y test de abdominales en 1 minuto.
- Sesión 8: Test 150 metros y test de lanzamiento de balón medicinal.
- Sesión 9: Relajación "el entrenamiento autógeno de Schultz" (mp3).

**e) Metodología:** Enseñanza mediante la búsqueda. Instrucción directa.

**f) Recursos didácticos:** Relajación método Schultz (mp3). Tonificación muscular (DVD).

**g) Criterios de evaluación**
- Superación de las pruebas prácticas.
- Valoración de la técnica tanto individual como colectiva
- Valoración de los conceptos técnicos y tácticos básicos en situaciones reales de juego.
- Valorar las diferencias en la ejecución técnica teniendo presente las diferentes capacidades motoras de los alumnos.
- Valorar el esfuerzo, interés y motivación de los alumnos durante el desarrollo de las sesiones así como el grado de mejora en la calidad de juego de todos y cada uno de ellos.
- Valorar si el alumno cuida debidamente el material empleado en clase.

**h) Criterios de calificación.** La puntuación de todos los test se compara con los baremos de condición física según cada curso. Se hace media entre los resultados de cada test.

**i) Pruebas de aptitud física:** Se realizarán los siguientes test físicos en 4º ESO (ver anexo): Course Navette, abdominales en 1 minuto, velocidad 150 m y lanzamiento de balón medicinal.

| UD 1: Condición física IV | Nº Sesión: 1 |
|---|---|
| **Duración:** 40 min (20 min bajar/cambiarse-cambiarse/subir). | **Curso: 4º ESO** |
| **Recursos materiales:** Colchonetas. ||
| **Instalaciones:** Pista exterior. ||
| **Contenido:** El calentamiento, movilidad articular y carrera continua. ||
| Tareas ||
| Calentamiento 10' ||
| **a)** Un alumno dirige el calentamiento y la movilidad articular. ||
| Parte principal 25' ||
| **a)** Carrera continúa durante 15 minutos. Toma de la frecuencia cardiaca. **b)** Abdominales 4x20. Lumbares 2x20. 10 Flexiones de brazos. ||
| Vuelta a la calma 5' ||
| **a)** Cada alumno debe proponer un estiramiento individual o por parejas. ||

| | |
|---|---|
| **UD 1: Condición física IV** | **Nº Sesión: 2** |
| **Duración:** 40 min  (20 min bajar/cambiarse-cambiarse/subir).     **Curso: 4º ESO** | |
| **Recursos materiales:** 10 aros, 2 cuerdas, 8 pesos, 8 balones medicinales, 2 bancos suecos, 2 vallas. | |
| **Instalaciones:** Polideportivo. | |
| **Contenido:** Trabajo lumbar y abdominal. Multisaltos. Circuito de fuerza. | |
| <div align="center">**Tareas**</div> | |
| <div align="center">**Calentamiento 12'**</div> | |
| **a)** Carrera continúa 3 minutos. Movilidad articular estática.<br>**b)** Explicación del circuito de fuerza. | |
| <div align="center">**Parte principal 20'**</div> | |
| **a) Primera vuelta del circuito de fuerza por parejas (30 sg cada estación).**<br><br>1) Saltar a la pata coja 10 aros, (cambiar de pierna).<br>2) Pasarse el balón medicinal con pase de pecho, a 1m de distancia.<br>3) Abdominales.<br>4) Sentadilla con balón medicinal en las manos.<br>5) Fondos de brazos con piernas en el banco sueco.<br>6) Ida: correr y saltar una valla. Vuelta: correr y saltar otra valla.<br>7) En cuadrupedia elevar brazo y pierna contraria.<br>8) Deltoides con implemento de peso.<br>9) Remo al cuello con implemento de peso.<br>10) Colocamos las manos en el banco y pasamos nuestras piernas de un lado a otro.<br><br> **Descanso 3 minutos.** <br>**b) Segunda vuelta del circuito de fuerza por parejas (30 sg cada estación).**<br><br>1) Saltar con 2 pies dentro de 10 aros (como un canguro).<br>2) Pasarse el balón medicinal con pase por encima de la cabeza.<br>3) Abdominales oblicuos.<br>4) Bíceps con balón medicinal en las manos.<br>5) Elevaciones laterales de brazos con implemento peso.<br>6) Tijeras frontales con balón medicinal.<br>7) Pectoral de pie con implemento de peso.<br>8) Una pierna a cada lado del banco sueco, subir las dos piernas y bajarlas a la    vez, así sucesivamente.<br>9) Saltar a la comba.<br>10)Tríceps con balón medicinal. | |
| <div align="center">**Vuelta a la calma 8'**</div> | |
| Estiramientos. Recogida del material. | |

| | |
|---|---|
| **UD 1: Condición física IV** | **Nº Sesión: 3** |
| **Duración:** 40 min (20 min bajar/cambiarse-cambiarse/subir). **Curso: 4º ESO** ||
| **Recursos materiales:** Conos, picas, vallas. ||
| **Instalaciones:** Pista exterior. ||
| **Contenido:** Entrenamiento total. ||
| **Tareas** ||
| **Calentamiento 12'** ||

a) Cuatro vueltas al campo de fútbol corriendo.

b) Realización del siguiente circuito 6 veces. Tres veces comenzando desde el cono de la izquierda, realizó pasos laterales según indica el gráfico, después corro realizando un zig-zag sin derribar ninguna pica y por último hago saltos a la pata coja con pierna derecha. Luego realizo el circuito comenzando en el cono de la derecha, y variando los saltos a la pata coja que serán con la pierna izquierda.

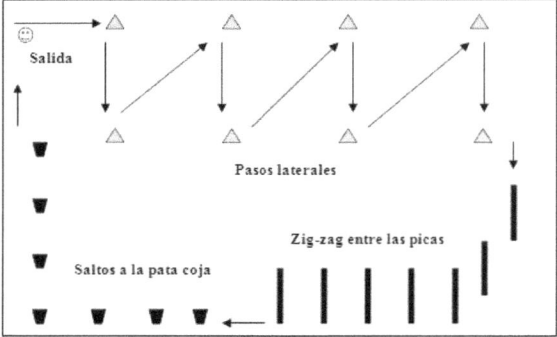

**Parte principal 20'**

a) Explicación y realización del siguiente circuito 6 veces. Cada vez que realizo el circuito tengo que correr una vuelta despacio de recuperación al campo de fútbol.

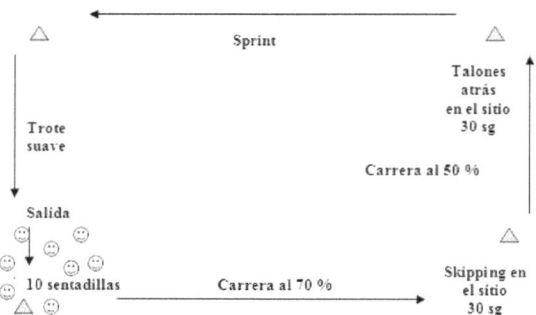

**Vuelta a la calma 8'**

Estiramientos del tren inferior.

| UD 1: Condición física IV | Nº Sesión: 4 |
|---|---|
| **Duración:** 40 min (20 min bajar/cambiarse-cambiarse/subir). | **Curso:** 4º ESO |

| |
|---|
| **Recursos materiales:** Ninguno. |
| **Instalaciones:** Pista exterior con una cuesta. |
| **Contenido:** Ejercicios de técnica de carrera y cuestas cortas. |
| **Tareas** |
| **Calentamiento 12'** |
| **a)** Carrera continua durante 3 minutos.<br>**b)** Realización de los siguientes ejercicios:<br>   ▪ Trote con skipping bajo (poco avance en cada paso).<br>   ▪ Trote con elevaciones del talón derecho hasta el glúteo. El otro pie hace el movimiento natural. Muy poco avance en cada paso. Ídem con el talón izquierdo.<br>   ▪ Trote alternando un talón a un glúteo (paso, paso, talón derecho arriba, paso, paso, talón izquierdo arriba).<br>   ▪ Trote con skipping avanzando rápido (elevación de rodillas hasta llevar el muslo a la horizontal).<br>   ▪ Trote alternando 4 veces skipping con 4 elevaciones de talón al glúteo sucesivamente.<br>   ▪ Andando de talón e impulsar de puntera.<br>   ▪ Carrera lateral con cruce de piernas.<br>   ▪ Saltos laterales hacia la izquierda y hacia la derecha.<br>   ▪ Pata coja con la pierna derecha e izquierda. |
| **Parte principal 20'** |
| **a)** Subir 8 veces las cuestas.<br>   ➢ Desde estático, a la señal del profesor.<br>   ➢ Saltamos y cuando dan la señal.<br>   ➢ Hacemos skipping y cuando dan la señal.<br>   ➢ Talones al glúteo y cuando dan la señal.<br>   ➢ Desde espaldas a la cuesta y cuando dan la señal.<br>   ➢ Corriendo a tocar un cono y subir la cuesta.<br>   ➢ Desde sentados y cuando dan la señal.<br>   ➢ Con los ojos cerrados y cuando dan la señal.<br><br>**b)** Competición de subida de cuestas. Compites contra 5 alumnos diferentes. ¿Quién es capaz de ganar las 5 carreras?<br><br>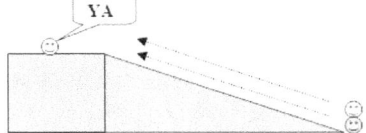 |
| **Vuelta a la calma 8'** |
| Estiramientos por parejas. Resultados de la competición. |

| | |
|---|---|
| **UD 1: Condición física IV** | **Nº Sesión: 5** |
| **Duración:** 40 min (20 min bajar/cambiarse-cambiarse/subir). | **Curso: 4º ESO** |
| **Recursos materiales:** Ninguno. | |
| **Instalaciones:** Pista exterior. | |
| **Contenido:** Juegos de velocidad. | |
| **Tareas** | |
| **Calentamiento 10'** | |
| **a)** Bulldog. Un alumno se la liga en medio campo y tiene que coger al resto de alumnos que intentan atravesar el campo. Los alumnos que pilla se quedarán con él en medio campo formando una cadena, así hasta que no quede ninguno. | |
| **Parte principal 25'** | |
| **a)** Circulo asesino. Todos los alumnos se colocan en círculo dándose la mano, excepto uno que se la liga (fuera del circulo), el cual elige a un candidato para perseguirle y tocarle la espalda, el círculo deberá girar (hacia la derecha o hacia la izquierda) evitando que toquen al alumno nombrado.<br><br>**b)** Persecución en círculo. Todos los alumnos se colocan en círculo dándose la mano, excepto uno que se la liga (fuera del circulo), el cual toca la espalda de uno de los componentes del círculo que deberá perseguirle antes de que el que estaba fuera ocupe su lugar en el círculo. Variante: el alumno que toca la espalda corre hacia la derecha y el que es tocado corre hacia la izquierda intentando llegar al espacio desocupado.<br><br>**c)** Persecución a 4 alumnos. Todo el grupo se coloca en círculo. Cada alumno tiene 3 puntos al inicio del ejercicio. El profesor los numera a cada alumno del 1 al 4. Cuando el profesor diga un número, todos los alumnos que tienen ese número corren en dirección de las agujas del reloj intentando llegar lo más rápido posible a su sitio. El último en llegar pierde un punto. ¿Quién será el primero en perder los 3 puntos?<br><br>**d)** Competición de velocidad ¿Quién es el más rápido de clase? ¿Y en chicas/os? | |
| **Vuelta a la calma 5'** | |
| Último en levantarse se elimina. Todos en el suelo decúbito supino, a la señal del profesor se deben poner de pie, en cada tanda el último en levantarse se elimina hasta que sólo quede uno. | |

- **Sesión 6:** Tonificación muscular (DVD).
- **Sesión 7:** Test de la Course Navette y test de abdominales en 1 minuto.
- **Sesión 8:** Test 150 metros y test de lanzamiento de balón medicinal.
- **Sesión 9:** Relajación "el entrenamiento autógeno de Schultz" (mp3).

*La explicación de los test de las pruebas físicas y sus baremos se encuentran en el anexo.

## 5.2. UNIDAD DIDÁCTICA 2: BALONMANO II

### a) Introducción
En la unidad didáctica balonmano II se pretende perfeccionar los contenidos desarrollados en 2º ESO.

### b) Objetivos didácticos
- Desarrollar y perfeccionar la técnica básica del juego del balonmano.
- Valorar los efectos beneficiosos que tiene la práctica habitual del balonmano.
- Percibir y controlar el cuerpo en las distintas situaciones de juego en las que se precise un ajuste motor.
- Utilizar los diferentes gestos técnicos para adaptarlos al juego real en situaciones de máxima exigencia.
- Mejorar la condición física mediante la práctica de los diferentes y variados gestos técnicos así como la puesta en escena de los recursos tácticos.
- Conocer los aspectos tácticos derivados del desarrollo del juego del balonmano.
- Conocer el reglamento de juego.

### c) Contenidos
- La técnica, táctica y el reglamento del balonmano.
- Capacidades físicas y coordinativas del balonmano.
- Material específico del balonmano y el mantenimiento de éste.
- Realización de calentamientos específicos de balonmano.
- Perfeccionamiento de los patrones básicos del balonmano y de sus diferentes modalidades.
- Utilización de los recursos técnicos integrándolos dentro de situaciones de juego real como medio de superación del rival.
- Ajuste de la respuesta tanto individual como colectiva al modo de juego del adversario.
- Realización de competiciones.
- Utilización del juego del balonmano como medio de mejora de la condición física.
- Aceptación de las reglas.
- Desarrollar un espíritu crítico hacia posibles conductas poco deportivas en el juego del balonmano.
- Aceptar la derrota con deportividad y aprender de ella.
- Participación en el montaje y recogida de material necesario para la realización de las clases.
- Capacidad de superación con la esperanza de que día a día mejoremos la calidad de juego.

### d) Distribución temporal
- Sesión 1: Breve repaso a todo lo visto con anterioridad. Combinación de habilidades, bote y tiro, recepción y tiro, bote y pase.
- Sesión 2: Puesto específico de lateral y extremos (desmarque y fintas).
- Sesión 3: Puesto específico de central y pivote. Sistema de juego en ataque 3:3 y 4:2.
- Sesión 4: Sistemas de juego defensivos: 6:0, 5:1.
- Sesión 5: Sistemas de juego defensivos: "defensa hombre a hombre" El marcaje.
- Sesión 6: Conexiones entre primera y segunda línea.
- Sesión 7: Repaso de todo lo anterior
- Sesión 8: Evaluación.

### e) Metodología:
- Instrucción directa.
- Enseñanza recíproca.
- Descubrimiento guiado.
- Enseñanza mediante la búsqueda.

### f) Criterios de evaluación
- Valoración de la técnica tanto individual como colectiva.
- Superación de las pruebas prácticas.
- Valoración de los conceptos técnicos y tácticos básicos en situaciones reales de juego.
- Valorar las diferencias en la ejecución técnica teniendo presente las diferentes capacidades motoras de los alumnos.
- Valorar el esfuerzo, interés y motivación de los alumnos durante el desarrollo de las sesiones así como el grado de mejora en la calidad de juego de todos y cada uno de ellos.
- Valorar si el alumno cuida debidamente el material empleado en clase.

**g) Criterios de calificación:** pase, bote, recepción, tiro y juego real.

**Puntuación de la ejecución de cada ejercicio:** del 1 (nota más baja) al 10 (nota más alta). Se hace media entre las variables.

| UD 2: Balonmano II | Nº Sesión 1 |
|---|---|

**Duración:** 40 min (20 min bajar/cambiarse-cambiarse/subir).   **Curso: 4º ESO**

**Recursos materiales:** Balones de balonmano, petos, 6 aros, conos.

**Instalaciones:** Campo de balonmano.

**Contenido:** Breve repaso a todo lo visto con anterioridad. Combinación de habilidades, bote y tiro, recepción y tiro, bote y pase.

### Tareas

### Calentamiento 5'

**a)** Repaso de las reglas y técnicas básicas de balonmano. Pases por parejas.

### Parte principal 32'

**a)** Los alumnos (uno enfrente del otro) se pasan el balón de las diferentes formas que conocen. A la señal del profesor los alumnos que están más cerca de la portería de tiro deben de botar el balón y tirar a portería e intentar meter el balón por dentro de uno de los 6 aros que están colgados de la portería. Después realizan el ejercicio sus compañeros. La pareja que consiga meter primero 5 goles dentro de los aros gana la competición. Variante: Realizando zig-zag en unos conos o realizando dos fintas.

**b)** Los alumnos más cercanos a la portería de gol, se encuentran mirando en dirección de la portería, tienen el balón y lo están botando en su sitio. A la señal del profesor, salen botando el balón y su pareja (que se encuentra a 2 metros detrás de ellos) le persigue e intenta tocarle la espalda antes de que el que tiene el balón atraviese medio campo. Si le toca la espalda no podrá tirar a portería el atacante. Después realizan el ejercicio sus compañeros. ¿Quién conseguirá más goles de 3 lanzamientos? Realizar cambios de compañeros para repetir el ejercicio.

a y b)

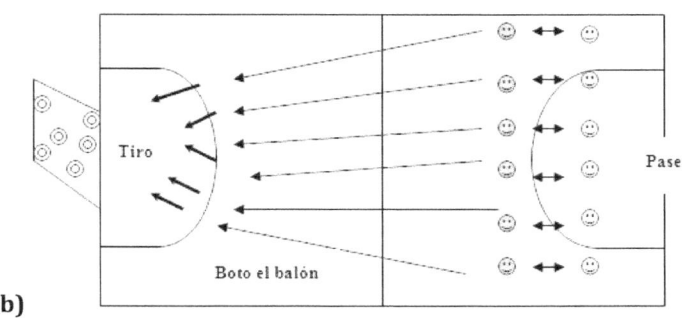

### Vuelta a la calma 3'

Estiramientos y recogida del material.

| | |
|---|---|
| **UD 2: Balonmano II** | **Nº Sesión 2** |
| **Duración:** 40 min (20 min bajar/cambiarse-cambiarse/subir) | **Curso: 4º ESO** |

**Recursos materiales:** Balones de balonmano, petos, 3 balones medicinales, 5 conos altos, bancos suecos.

**Instalaciones:** Campo de balonmano.

**Contenido:** Puesto específico de lateral y extremos (desmarque y fintas).

### Tareas

### Calentamiento 10'

a) Dos equipos. Juego de los 10 pases.

### Parte principal 25'

a) Todos lo jugadores corren por todo el espacio aumentando la velocidad de desplazamiento y cambiando de trayectoria constantemente. Deben evitar llegar a estar de frente con un compañero. Igual que el ejercicio anterior pero con balón.

b) Explicación teórica y práctica del "desmarque".

c) Un portería grande fuera del área. El nº 1 pasa al nº 2 y el nº 2 pasa al nº 3 o nº 4 que se están desmarcando por delante o detrás de un adversario y cuando reciben el balón tiran a portería. Rotan dirección agujas del reloj.

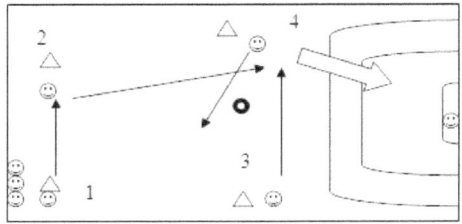

d) Explicación teórica y práctica de la "finta".

e) Un fila, salen haciendo finta con cambio de dirección y le pasan a sus compañeros, cuando recibe el compañero que está en la otra banda hace un 1 contra 1 y tira a portería.

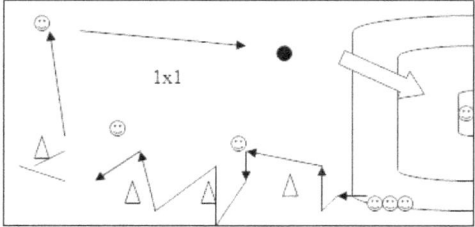

### Vuelta a la calma 5'

En un banco sueco colocamos 5 balones medicinales. Hacemos tres filas con 3 alumnos, cada alumno tiene una opción de tiro. El grupo que consiga derribar 3 pelotas gana. 1º tira el grupo 1, luego el 2 y luego el 3.

| UD 2: Balonmano II | Nº Sesión 3 |
|---|---|

**Duración:** 40 min (20 min bajar/cambiarse-cambiarse/subir).     **Curso: 4º ESO**

**Recursos materiales:** Balones de balonmano, 20 conos, petos, 20 aros, bancos suecos.

**Instalaciones:** Campo de balonmano.

**Contenido:** Puesto específico de central y pivote. Sistema de juego en ataque 3:3 y 4:2.

### Tareas
### Calentamiento 5'

**a)** La mitad de la clase botando el balón, la otra mitad sin balón. Los alumnos corren botando el balón, lo agarran en la mano, dan tres pasos y se lo pasan a un compañero que no tiene balón.

**b)** Relevos (Van hasta un cono donde giran y vuelven para dar el relevo): 4 filas:
- Relevos botando con la mano derecha.
- Relevos botando con la mano izquierda.
- Relevos botando el balón cambiando de mano durante todo el recorrido.
- Relevos slalom zig-zag.
- Relevos bote preciso. Cada vez que el alumno no bote dentro del aro se quitará puntos, -1, -2...

### Parte principal 33'

**a)** Balón torre. Dos equipos cuyo objetivo es hacer llegar el balón al jugador aliado que se encuentra dentro de un aro y que como mucho puede tener un pie fuera del aro. Reglas:
- No se puede correr con el balón en las manos.
- No se puede tener el balón más de 3 sg.
- Contacto de pelota en suelo = posesión equipo contrario.
- Sólo se puede pasar el balón a la "torre" (jugador dentro del aro) si previamente se han realizado 5 pases.
- Tras el gol, se saca del medio campo.

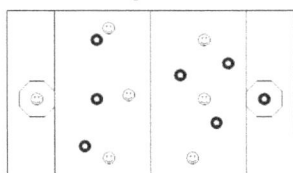

**b)** Explicación de los sistemas ofensivos en la lámina y en la práctica sin y con balón.
- Sistema ofensivo 3:3. Se utiliza bastante contra defensas 6-0. Los laterales y extremos intentan circular rápidamente el balón mientras el pivote crea espacios en la defensa.
- Sistema ofensivo 4:2. En este sistema uno de los laterales acompaña las labores del pivote a la hora de intentar crear espacios en la línea defensiva rival. Usa: Defensa 5:1.

**c)** Partido en mitad de campo aplicando los dos sistemas ofensivos. Los defensores se situarán en la primera línea y evitarán el lanzamiento. Cada vez que se lanza a portería cambio de roles. No existe la figura del portero. Pondremos en la portería dos bancos uno encima de otro con tres conos que el lanzador tendrá que derribar.

### Vuelta a la calma 2'

Aclaraciones de los sistemas ofensivos explicados, mientras los alumnos estiran.

| | |
|---|---|
| **UD 2: Balonmano II** | **Nº Sesión 4** |
| **Duración:** 40 min (20 min bajar/cambiarse-cambiarse/subir). **Curso: 4º ESO** ||
| **Recursos materiales:** Balones de balonmano, petos. ||
| **Instalaciones:** Campo de balonmano. ||
| **Contenido:** Sistemas de juego defensivos: 6:0, 5:1. ||
| **Tareas** ||
| **Calentamiento 10'** ||

**a)** Los defensores no deben permitir el paso de los atacantes dentro del área. Para ello sólo pueden ofrecer como resistencia su cuerpo.

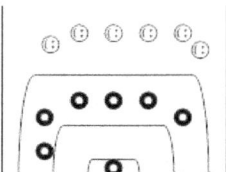

**Parte principal 25'**

**a)** Explicación de los sistemas defensivos en una lámina y en la práctica sin y con balón.
- Sistema defensivo 6:0. Es el sistema defensivo más básico y sencillo. Cada jugador se responsabiliza de una zona que debe proteger y además de apoyar al compañero de al lado. Cuando el balón llega al delantero que está en frente a mi (oponente directo) es preciso estrechar el marcaje e impedir que progrese hacia mi portería.
- Sistema defensivo 5:1. Se utiliza cuando en el equipo contrario hay un jugador que destaca por su tiro o por sus circulaciones. Se le asigna un defensor para que no pueda jugar con comodidad.

**b)** Tres grupos de 6 alumnos. Desplazamiento lateral cuando el extremo toque la línea de portería cambian de sentido. Idem, pero con salida a tocar el balón que se encuentra en la línea de 9 m.

**c)** Salidas a 9 m y retroceder a la posición inicial. Idem, pero basculando a la derecha o izquierda.

**d)** Partido en mitad de campo aplicando los sistemas defensivos y ofensivos vistos hasta el momento. Cada vez que se lanza a portería cambio de roles.

**Vuelta a la calma 5'**

Explicación del penalti. Se produce cuando un jugador que lanza a portería y se encuentra con ventaja clara para conseguir gol, recibe una falta y el árbitro pitará penalti. El penalti se lanza desde la línea de 7 m y el portero no puede pasar de una línea situada a 4 m de la portería. Todos los jugadores deberán retrasarse hasta la línea de 9 m (o de golpe franco).
Competición de lanzamientos de penalti.

| | |
|---|---|
| **UD 2: Balonmano II** | **Nº Sesión 5** |

**Duración:** 40 min (20 min bajar/cambiarse-cambiarse/subir).   **Curso:** 4º ESO

**Recursos materiales:** Balones de balonmano, petos.

**Instalaciones:** Campo de balonmano

**Contenido:** Sistemas de juego defensivos: "defensa hombre a hombre" El marcaje.

### Tareas

### Calentamiento 5'

**a)** Un alumno debe correr por todo el espacio y la pareja (defensor) debe intentar por todos los medios ir siempre pegado al hombro del primero. A la señal se cambian las funciones. Cambiar de parejas 5 veces.

### Parte principal 30'

**a)** Dos filas, el profesor se encuentra detrás de ellos con todos los balones, cuando él decida lanzará un balón entre los dos alumnos (rodado, picado, o por el aire). Los alumnos van a intentar coger el balón y se produce un 1x1 y que finaliza con un lanzamiento a portería.

**b)** Tres filas. La fila de la izquierda y la del medio realizan lo mismo que el ejercicio anterior, la fila de la derecha siempre ataca. 2x1 y lanzamiento a portería.

a)    b)

**c)** Ejercicios en defensa:
- Cambio de oponente. Acción que realizan dos jugadores intercambiándose sus oponentes.
- Deslizamiento por un cruce: Acción que realizan dos jugadores de la defensa ante el cruce de sus oponentes, para que el jugador cuyo oponente lleva el balón pueda perseguirlo.
- Contrabloqueo: acción que realizan los jugadores de la defensa contra un bloqueo (empujando de manera legal).
- Basculación. Moviendo lateral de todos los jugadores.

**d)** 3 contra 3. Defendiendo porterías.

**e)** Partido aplicando una buena defensa y un buen marcaje.

### Vuelta a la calma 5'

Pulso Gitano. Por parejas. Ambos con el balón adaptado frente a frente, intentan quedarse con el balón en la mano y que el otro lo suelte. Tiran hacia el exterior.

| UD 2: Balonmano II | Nº Sesión 6 |
|---|---|
| **Duración:** 40 min (20 min bajar/cambiarse-cambiarse/subir). | **Curso:** 4º ESO |

**Recursos materiales:** Balones de balonmano, petos, 4 conos, 4 aros.

**Instalaciones:** Campo de balonmano.

**Contenido:** Conexiones entre primera y segunda línea.

### Tareas

### Calentamiento 10'

**a)** Todos con balón, menos el que se la queda, que intentará tocar a los demás jugadores. Variante: el que la liga debe tocar el balón en vez de sólo tocar al jugador.

**b)** Hacemos un círculo de 8 alumnos y paso y voy a donde pasé, así sucesivamente. Lo mismo con dos balones.

### Parte principal 25'

**a)** Defender el castillo. Marcamos un círculo en el suelo de 4 m. de diámetro y en su centro colocamos un cono. Los alumnos se distribuyen por fuera del círculo, 4 de ellos como defensores del castillo, y los 6 restantes como atacantes. Los atacantes deberán derribar el cono con el balón. No se puede entrar dentro del círculo.

**b)** Explicación de los puestos ofensivos y defensivos.
Puestos ofensivos. Se llama 1ª línea a los jugadores más cercanos a la línea central del campo. La 2ª línea la forman los jugadores más cercanos al área de portería. Así tenemos los siguientes puestos:
- 1ª línea ofensiva: lateral izquierdo, central y lateral derecho.
- 2ª línea ofensiva: extremo derecho, pivote y extremo izquierdo.

Puestos defensivos. Se llama 1ª línea a los jugadores más cercanos a la línea de área de portería y 2ª línea a los jugadores más cercanos a la línea central del campo.
- 1ª línea defensiva: exterior izquierdo, central, exterior derecho, lateral izquierdo, lateral derecho.
- 2ª línea defensiva: avanzado.

**c)** Realizar el juego del pañuelo y situaciones de 2x1, 2x2, 3x2. Finalizar con un partido.

### Vuelta a la calma 5'

Competición de 4 lanzamientos cada alumno: rectificado (1), en suspensión (2), de cadera (3) y frontal (4).

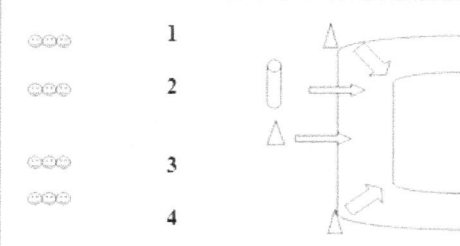

| | |
|---|---|
| **UD 2: Balonmano II** | **Nº Sesión 7** |
| **Duración:** 40 min (20 min bajar/cambiarse-cambiarse/subir). **Curso: 4º ESO** ||
| **Recursos materiales:** Balones de balonmano, petos, 1 banco sueco y 3 conos. ||
| **Instalaciones:** Campo de balonmano. ||
| **Contenido:** Repaso de todo lo anterior ||
| **Tareas** ||
| **Calentamiento 10'** ||
| **a)** La trenza: se pasa el balón y se va al lugar del que se ha pasado, por tríos. ||
| **Parte principal 25'** ||
| **Individuales en defensa**: <br> • Quite: Consiste en robar el balón cuando el atacante bota o realiza un pase <br> • Blocaje: Detener el lanzamiento por colocando los brazos juntos por encima de la cabeza. <br> • Posición de Base: Marcaje del adversario, posición adoptada para controlar al oponente. <br> **Colectivos Defensa**: <br> • Bascular: Desplazamientos colectivos de los defensores en función de dónde esté el balón y oponentes. <br> • Ayuda: Una vez se sobrepase a un compañero defensor, intentar frenar al atacante. <br> • Cobertura: Colocación cercana al compañero que defiende por si es sobrepasado por un atacante. <br> **Colectivas en Ataque**: <br> • Penetración Sucesiva: Ataque ininterrumpido, si no se puede lanzar a portería se vuelve a pasar al compañero. <br> • Pase y Va: Pared. <br> • Bloqueo: Colocarse en la trayectoria del defensor para interrumpir su desplazamiento y así crear un espacio. <br> • Cruce: Cruce entre dos compañeros que se pasan el balón por detrás. ||
| **Vuelta a la calma 5'** ||
| Pase, desmarque y, marcaje. Dos grupos en dos campos, separados ambos por otro campo. Hay un espía en cada grupo si recibe el alumno que le dio el pase pasa a ser también espía. Gana el equipo que más espías consiga tener. <br><br> 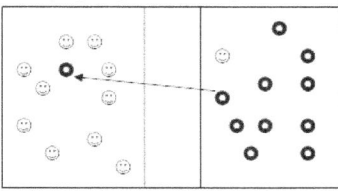 ||

**Nº sesión 8:** Evaluación.

## 5.3. UNIDAD DIDÁCTICA 3: "VAMOS AL GIMNASIO: PILATES Y AEROBIC"

### a) Introducción

Joseph Pilates creó el "Método Pilates". Castro, 2007 comenta que se *"basa en el control muscular donde es importante la precisión del movimiento y la concentración para obtener el máximo resultado. Trabaja la musculatura profunda y superficial uniendo aspectos del concepto de actividad física occidental y oriental a través de ejercicios dinámicos, control del movimiento, fluidez y respiración. Su método trata de conseguir un equilibrio muscular global del organismo. Fortalece y estira músculos sin aumentar su volumen para conseguir un control de todo el cuerpo".*

Según Nicolás, M (2009) *"el pilates pretende crear hábitos saludables en el niño que perduren a lo largo de su vida. Con su práctica los niños aprenderán a mantener una postura correcta en las diversas situaciones cotidianas de la vida (sentarse, andar, agacharse, etc.) fortaleciendo y alargando los músculos de abdomen y espalda. Evitando futuras lesiones".*

El aerobic se puede considerar como una actividad deportiva que conlleva una gran riqueza de aspectos educativos y psicomotrices que pueden contribuir a enriquecer el repertorio pedagógico del profesor de educación física (Rosenberg, 1993). Esta disciplina permite el trabajo de la expresión corporal, capacidad rítmica, creatividad e imaginación y el desarrollo de las capacidades físicas básicas y coordinativas (García, 2007).

### b) Objetivos didácticos
- Controlar la respiración acompañándola de movimientos.
- Tener un mayor control corporal.
- Fortalecer el abdomen, espalda y glúteo.
- Aprender a relajarse y concentrarse.
- Ser consciente del nivel de cada uno a la hora de realizar los ejercicios para poder superarse y para poner sus propios límites.
- Descubrir y mejorar la capacidad rítmico-musical.
- Desarrollar las capacidades perceptivo-motrices.

### c) Contenidos
- Ejercicios de suelo en diferentes posiciones, ejercicios con balones de pilates y bandas elásticas.
- Las cualidades físicas que intervienen en el aerobic y en el pilates.
- La danza aeróbica. Pasos básicos.
- Valoración de la propia habilidad como punto de partida para la superación personal.
- Realización de la ficha de la búsqueda de la información sobre pilates.

### d) Distribución temporal
- Sesión 1: Ejercicios de pilates tendido supino.

- Sesión 2: Ejercicios de pilates tendido prono.
- Sesión 3: Realización de un video de pilates-suelo.
- Sesión 4: Realización de un video de pilates con balón y bandas elásticas.
- Sesión 5: Realización de un video de aerobic.

### e) Metodología
- Instrucción directa.
- Enseñanza mediante búsqueda.

### f) Recursos didácticos
- Videos de pilates-suelo, pilates con balón y bandas elásticas y aerobic.
- Ficha de la búsqueda de la información sobre pilates.

### g) Criterios de evaluación
- Dominar los ejercicios de pilates vistos en clase.
- Ajustar las ejecuciones al nivel y posibilidades de cada alumno.
- Superar las pruebas prácticas propuestas para cada curso.
- Ser respetuoso con los compañeros y sus ejecuciones así como guardar las normas de seguridad necesarias.
- Esforzarse por realizar las actividades de forma correcta sin la presencia continua del profesor con autonomía y rigor.
- Valorar el cuidado del alumno por el material así como el mantenimiento de este.
- Analizar el grado de implicación de los alumnos así como el interés por buscar las posiciones correctas.
- Evaluar la ficha de pilates.

### h) Criterios de calificación
- Pilates tendido supino.
- Pilates tendido prono.
- Video pilates suelo.
- Video pilats con balón y con bandas elásticas.
- Video de aerobic.

**Puntuación de cada apartado:** del 1 (nota más baja) al 10 (nota más alta). Se hace media entre las variables.

| UD 3: "Vamos al gimnasio: Pilates y Aerobic" | Nº Sesión 1 |
|---|---|
| **Duración:** 40 min (20 min bajar/cambiarse-cambiarse/subir). | **Curso:** 4º ESO |
| **Recursos materiales:** Ninguno. ||
| **Instalaciones:** Tatami. ||
| **Contenido:** Ejercicios de pilates tendido supino. ||
| Tareas ||
| Calentamiento 10' ||

a) Explicación de qué es el pilates y cuáles son sus beneficios.
b) Todos los alumnos se sientan formando un círculo y realizan los siguientes ejercicios:
1. Inspirar profundamente, expandiendo la caja torácica, llenando los laterales y la parte trasera de los pulmones. Espirar profundamente, reduciendo la caja torácica, contrayendo los abdominales y comprimiendo los pulmones. Realizar el ejercicio 10 veces.
2. Abdominales. Tendido supino, con las piernas flexionadas, los pies apoyados en el suelo y las piernas abiertas a la anchura de las caderas. Las manos apoyadas por detrás de la cadera. Espiro al subir, inspiro cuando estoy arriba manteniendo esa posición y espiro al bajar.
3. Rizo de pelvis. Tendido supino, con las piernas flexionadas, los pies apoyados en el suelo y las piernas abiertas a la anchura de las caderas. Brazos a lo largo del cuerpo apoyados en el suelo. Espirar y elevar la pelvis del suelo e inspirar y volver a la posición inicial.

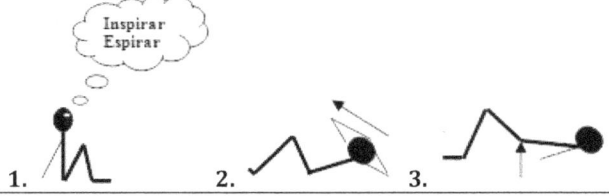

### Parte principal 25'

a) Se realizan 2 series de 20 repeticiones en cada ejercicio.
1. **Extensión de isquiotibiales.** Tendido supino, con las piernas en el aire, las rodillas por encima de la cadera, la zona lumbar apoyada en el suelo y los brazos a lo largo del cuerpo. Espirar extendiendo las rodillas, mantener esa posición y volver a flexionar.
2. **Abre pierna a un lado.** Tendido supino con las piernas estiradas en el aire, la zona lumbar apoyada en el suelo y los brazos a lo largo del cuerpo. Espirar y separar una pierna de la otra abriéndola hacia un lado y volver a juntarlas.
3. **Círculos con una pierna.** Tendido supino con las dos piernas extendidas. Una pierna se queda apoyada en el suelo y la otra se eleva 90º en el aire. Los brazos están estirados a lo largo del cuerpo. Hacer círculos hacia el lado derecho, descansar y luego realizar círculos hacía el lado izquierdo. Repetimos el ejercicio con la otra pierna. Inspirar y espirar en cada círculo.
4. **Patadas.** Tendido supino con una pierna flexionada, el pie apoyado en el suelo y la otra pierna extendida en el suelo. Los brazos a lo largo del cuerpo. Espirar y realizar una patada con la pierna estirada lo más alto que podamos.
5. **Extensión de una pierna.** Tendido supino con las piernas flexionadas en el aire, la cabeza elevada el aire y las manos apoyadas en las rodillas. Estirar una pierna hacia delante y llevar las manos a la rodilla que está flexionada. Espirar cada vez que estiras la pierna. Realizar el movimiento alternativamente.
6. **Extensión de ambas piernas.** Tendido supino con las piernas flexionadas en el

aire, la cabeza elevada el aire y las manos apoyadas en las rodillas. Espirar y estirar ambas piernas cerradas hacia delante y llevar los brazos a la altura de la cabeza al mismo tiempo. Inspirar para volver con las piernas a la posición inicial y los brazos vuelven haciendo un círculo hasta apoyarse en las rodillas.
7. **Cien.** Tendido supino con las piernas extendidas en el aire y los brazos a lo largo del cuerpo. Subir y bajar los brazos 10 cm, realizando 5 inspiraciones y 5 espiraciones.
8. **Rodar atrás.** Tendido supino con las piernas estiradas en el aire y lo brazos a lo largo del cuerpo. Espirar y llevar las piernas atrás, hasta apoyarnos sobre los hombros. Inspirar al regresar a la posición inicial.
9. **Tijeras.** Tendido supino con las piernas estiradas en el aire y los brazos a lo largo del cuerpo. Espirar y separar lo hombros del suelo, colocando las manos por detrás de una pierna. Inspirar y volver a juntar. Repetir el movimiento de forma alternativa.
10. **Oblicuos.** Tendido supino con las piernas flexionadas en el aire, las manos por detrás de la cabeza y los hombros y cabeza en el aire. Acercar el codo a la rodilla opuesta girando el tronco al mismo tiempo que extendemos la otra pierna.

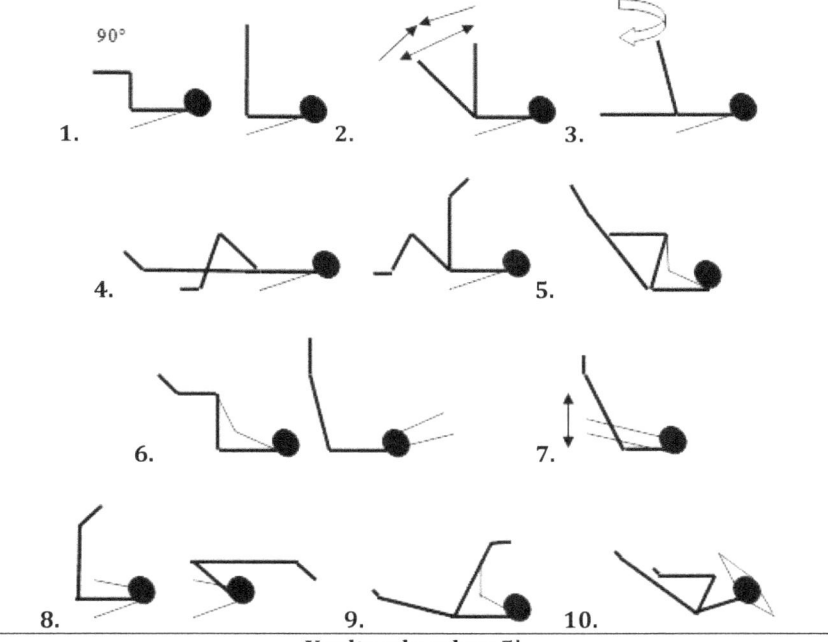

**Vuelta a la calma 5'**

**Estiramiento del gato.** En cuadrupedia, los hombros sobre las manos y la pelvis encima de las rodillas. Espirar haciendo una "C" con el tronco, llevando tu nariz hacia el ombligo. Inspirar al regresar a la posición inicial. Repetir 10 veces.

| UD 3: "Vamos al gimnasio: Pilates y Aerobic" | Nº Sesión 2 |
|---|---|
| **Duración:** 40 min (20 min bajar/cambiarse-cambiarse/subir). **Curso:** 4º ESO | |
| **Recursos materiales:** Ninguno. | |
| **Instalaciones:** Tatami. | |
| **Contenido:** Ejercicios de pilates tendido prono, sentado y tendido lateral. | |
| Tareas | |
| Calentamiento 5' | |
| 1. **Extensión activa de espalda.** Tendido prono, con las piernas cerradas, la frente apoyada en el suelo, manos apoyadas a la altura de los hombros con los brazos flexionados y pegados al cuerpo. Inspirar. Espirar y extender la zona alta de la espalda. Inspirar en esa posición. Espirar para regresar a la posición inicial. Repetir 10 veces.<br>2. **Extensión de cadera.** Tendido prono con las piernas abiertas, la frente apoyada en el suelo, manos a la altura de los hombros con los brazos flexionados y pegados al cuerpo. Espirar y elevar una pierna del suelo hacia la pared opuesta. Inspirar y volver a la posición inicial. Repetir el ejercicio con la otra pierna. Realizar 10 repeticiones con cada pierna.<br>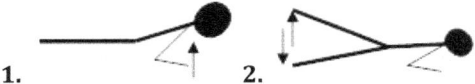<br>1.    2. | |
| Parte principal 30' | |
| a) Se realizan 2 series de 20 repeticiones en cada ejercicio.<br>1. **Nadar.** Tendido prono, con las piernas cerradas, la frente apoyada en el suelo, brazos estirados hacia delante. Realizamos movimientos alternativos de brazos y piernas elevando pierna y brazo contrario.<br>2. **Apretar talones.** Tendido prono con la frente apoyada en el suelo y las manos apoyadas a la altura de los hombros. Las piernas deben estar abiertas, las rodillas flexionadas y los talones juntos. Espirar apretando un talón con el otro e inspirar al finalizar la presión.<br>3. **Patada de una pierna.** Tendido prono con las piernas cerradas y la zona dorsal extendida, apoyando el peso del cuerpo en los brazos y hombros. Espirar flexionando la rodilla hacia el glúteo e inspirar al volver a la posición inicial.<br>4. **Patada doble.** Tendido prono, con las piernas cerradas, los brazos estirados a lo largo del cuerpo y la cabeza apoyada hacia un lado en el suelo. Espirar y flexionar las dos rodillas hacia el glúteo e inspirar y extender las rodillas a la vez que elevas la espalda.<br>5. **Elevación vértebra a vértebra.** Tendido supino con las piernas cerradas y estiradas, con los brazos a la altura de la cabeza. Inspirar y subir los brazos hasta que queden perpendiculares al suelo. Espirar e ir separando vértebra a vértebra del suelo hasta quedarnos en la posición de sentado e inspirar. Espirar para volver a la posición inicial. Idem, pero con manos en la cabeza.<br>6. **Rodar como una bola.** Sentado con las piernas flexionadas y con las manos sujetando las rodillas. Inspirar y dejarse rodar hacía atrás y espirar volviendo a la posición de inicio. Idem, pero rodar con las piernas abiertas.<br>7. **Círculo de cadera.** Sentados con las piernas estiradas mirando al techo y las manos apoyadas en el suelo por detrás de los hombros. Espirar realizando un círculo con los pies e inspirar al llegar a la posición inicial. Realizar una círculo hacía el lado derecho y luego otro hacia el lado izquierdo. | |

8. **Ejercicios en posición tendido lateral.** Una mano apoyada en la cabeza y la otra puede estar apoyada en el suelo o en la cintura. Realizar todos los ejercicios con la pierna derecha y después repetir los ejercicios con la pierna izquierda.
8.1. Realizar elevaciones con una pierna y después con las dos piernas mientras espiras e inspirar para volver a la posición inicial.
8.2. Realizar pequeños círculos y ochos desde la cadera.
8.3. Elevar la pierna inferior y espirar.
8.4. Con las dos piernas en el aire abrir las dos piernas una hacia abajo y otra hacia arriba mientras inspiras y espirar para volver a la posición inicial.
8.5. Espira y eleva tronco y piernas al mismo tiempo e inspira para volver a la posición inicial.

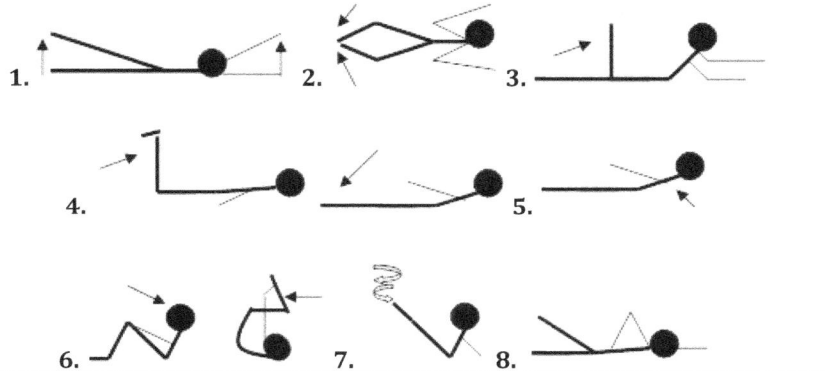

**Vuelta a la calma 5'**

**Estiramiento de extensión de espalda.** Tendido prono con las piernas abiertas, la frente apoyada en el suelo, manos apoyadas al nivel de los hombros con los brazos extendidos y pegados al cuerpo. Inspirar. Espirar y extender la zona alta de la espalda, estirando los codos y elevando las costillas del suelo. Inspirar en esa posición. Espirar regresando a la posición inicial.

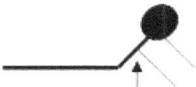

**Nº Sesión 3:** Realización de un video de pilates-suelo.
**Nº Sesión 4:** Realización de un video de pilates con balón y bandas elásticas.
**Nº Sesión 5:** Realización de un video de aerobic.

## 5.4. UNIDAD DIDÁCTICA 4: RUGBY

### a) Introducción
En la presente unidad didáctica pretendemos conocer los fundamentos básicos del rugby así como su historia y aspectos generales para tener un conocimiento inicial de este deporte.

### b) Objetivos didácticos
- Conocer y poner en práctica el reglamento básico
- Conocer y desarrollar la técnica básica del juego del rugby.
- Desarrollar la coordinación óculo-manual y óculo-pie
- Participar en actividades relacionadas con el rugby, valorando su función de integración social y desarrollando actitudes de colaboración y respeto.
- Valorar los efectos beneficiosos que tiene la práctica habitual del rugby.
- Percibir y controlar el cuerpo en las distintas situaciones de juego en las que se precise un ajuste motor.
- Utilizar los diferentes gestos técnicos para adaptarlos al juego real en situaciones de máxima exigencia.
- Mejorar la condición física mediante la práctica de los diferentes y variados gestos técnicos así como la puesta en escena de los recursos tácticos.
- Conocer los aspectos tácticos derivados del desarrollo del juego del rugby.

### c) Contenidos
- La técnica, táctica y el reglamento del rugby.
- Capacidades físicas y coordinativas del rugby.
- Conocimiento del efecto sociocultural del rugby.
- Historia y procedencia del rugby.
- Material específico del rugby y el mantenimiento de éste.
- Realización de calentamientos específicos de rugby.
- Utilización de los recursos técnicos integrándolos dentro de situaciones de juego real como medio de superación del rival.
- Ajuste de la respuesta tanto individual como colectiva al modo de juego del adversario.
- Realización de competiciones.
- Utilización del juego del rugby como medio de mejora de la condición física.
- Aceptación de las reglas.
- Desarrollar un espíritu crítico hacia posibles conductas poco deportivas en el juego del rugby.
- Aceptar la derrota con deportividad y aprender de ella.
- Participación en el montaje y recogida de material necesario para la realización de las clases.

- Capacidad de superación.
- Realización de la ficha de la búsqueda de la información sobre rugby.

**d) Distribución temporal**
- Sesión 1: Nociones básicas del reglamento. Explicación teórica del juego del rugby.
- Sesión 2: Agarre y manejo del balón.
- Sesión 3: Concepto del pase en rugby. Pases colectivos. Ejercicios de avance y pase.
- Sesión 4: Técnica de la patada.
- Sesión 5: Melé y touche.
- Sesión 6: Placajes.
- Sesión 7: Evaluación.

**e) Metodología**
- Instrucción directa.
- Enseñanza recíproca.
- Descubrimiento guiado.
- Enseñanza mediante la búsqueda.

**f) Recursos didácticos**
- Ficha de la búsqueda de la información sobre rugby.

**g) Criterios de evaluación**
- Valorar la técnica de ejecución del pase, placaje y desplazamiento.
- Valorar los conceptos técnicos y tácticos básicos en situaciones reales de juego.
- Valorar las diferencias en la ejecución técnica de acuerdo con las diferentes capacidades motoras de los alumnos.
- Valorar el esfuerzo interés y motivación de los alumnos durante el desarrollo de las sesiones así como de la mejora en la calidad de juego.
- Valorar el cuidado del alumno por el material así como el mantenimiento de este.
- Evaluar la ficha de rugby.

**h) Criterios de calificación**
El examen es práctico y se realizará mediante la observación directa. Las tareas a realizar son las siguientes:

- Desplazamiento.
- Pase
- Placaje.
- Melé.
- Touche.
- Juego real.

**Puntuación de la ejecución de cada ejercicio:** del 1 (nota más baja) al 10 (nota más alta). Se hace media entre las variables.

| UD 4: Rugby | Nº Sesión 1 |
|---|---|
| **Duración:** 40 min (20 min bajar/cambiarse-cambiarse/subir). **Curso: 4º ESO** ||
| **Recursos materiales:** Balones de rugby, conos. ||
| **Instalaciones:** Pista exterior o interior. ||
| **Contenido:** Nociones básicas del reglamento. Explicación teórica del juego del rugby. ||
| **Tareas** ||
| **Calentamiento 5'** ||
| **a)** "Uno contra todos y todos contra uno". Un alumno con peto y con una pelota de rugby debe tocar a todos los alumnos que se desplazan por el espacio. Cada vez que toque a un alumno éste pasa a formar parte de su equipo y se pondrá un peto para distinguirse así serán dos alumnos los que persigan al resto (mediante pases) y así sucesivamente hasta que sólo quede un alumno sin ser tocado que será el ganador. <br><br> **b)** Competición por equipos. Se divide la clase en grupos, cada grupo con un balón y en fila india detrás de una línea determinada. A la señal del profesor, deben de pasar la pelota por encima de la cabeza al compañero de atrás, una vez llegue al último, este avanza y se coloca el primero. Así hasta que lleguen a la meta. <br><br>  ||
| **Parte principal 32'** ||
| **a)** Se divide a los alumnos en varios grupos formando círculos. Uno de los alumnos se situará fuera del círculo dispuesto a correr alrededor del grupo. Los del círculo tratarán de pasarse la pelota tan rápido como puedan para que la pelota llegue al punto de partida antes que el corredor haga la vuelta entera. <br><br> 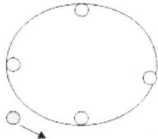 <br><br> **b)** Igual que el ejercicio anterior pero a la señal del profesor, el alumno con balón deberá dar con el balón (sin soltarlo) a los alumnos de su alrededor. Los alumnos sin balón se salvan cuando salgan del campo. <br><br> **c)** Igual organización. Se van dando pases, al oír el silbato del profesor, el alumno con balón hace un pase y corre por fuera del círculo antes de que el balón haga una vuelta entera. Variante: el que corre es perseguido por el alumno que le dio el pase. ||
| **Vuelta a la calma 3'** ||
| En toda la pista vamos pasándonos el balón unos a otros. A la señal del profesor, los que tienen balón en la mano tienen que agarrarlo lo más fuerte que puedan y el resto tienen que quitárselo. ||

| UD 4: Rugby | Nº Sesión 2 |
|---|---|
| **Duración:** 40 min  (20 min bajar/cambiarse-cambiarse/subir). | **Curso:** 4º ESO |

| **Recursos materiales:** Balones de rugby, conos. |
|---|
| **Instalaciones:** Pista exterior o interior |
| **Contenido:** Agarre y manejo del balón. |
| Tareas |
| Calentamiento 5' |
| **a)** Bulldog cogiendo las caderas. |
| Parte principal 30' |

**a)** Se divide la clase en varios grupos formando círculos. Se pasan la pelota unos a otros hasta que suena un pitido. El que tenga la pelota en su poder en ese momento correrá a hacer un ensayo en un punto acordado. El resto lo impedirá tratando de tocarle con las dos manos en la espalda.

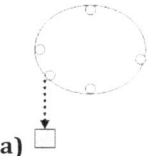

a)

**b)** Explicación de modos de defender el balón en posesión.
- Una mano: Se lleva pegado al cuerpo y en un lado.
- Dos manos: Pegado al cuerpo y defendido por dos manos.

**c)** Practicar por grupos. Pases siempre hacia atrás y luego hacer ensayo.

**d)** Dos filas, el profesor se encuentra detrás de ellos con todos los balones, cuando él decida lanzará un balón entre los dos alumnos (rodado, picado, o por el aire). Los alumnos van a intentar coger el balón y se produce un 1x1 y que finaliza con un ensayo en la línea de fondo.

**e)** Tres filas. La fila de la izquierda y la del medio realizan lo mismo que el ejercicio anterior, la fila de la derecha siempre ataca. 2x1 y ensayo en la línea de fondo.

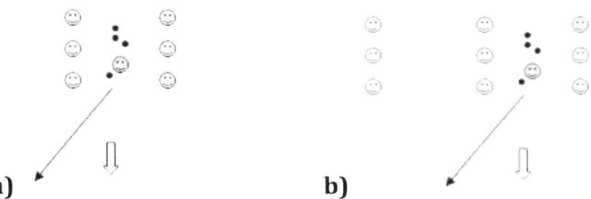

a)          b)

**f)** Rugby (Con reglas): Ensayo (5 puntos)+pase atrás+placaje(tocar espalda).

| Vuelta a la calma 5' |
|---|
| Comentarios sobre el partido y estiramientos. |

| | |
|---|---|
| **UD 4: Rugby** | **Nº Sesión 3** |
| **Duración:** 40 min (20 min bajar/cambiarse-cambiarse/subir). | **Curso: 4º ESO** |

| |
|---|
| **Recursos materiales:** Balones de rugby, conos. |
| **Instalaciones:** Pista exterior o interior. |
| **Contenido:** Concepto del pase en rugby. Pases colectivos. Ejercicios de avance y pase. |
| **Tareas** |
| **Calentamiento 5'** |
| **a)** Juego de los 10 pases. |
| **Parte principal 33'** |
| **a)** Desplazamiento con balón en posesión + pases. Parejas.<br><br>**b)** Desplazamiento y pases. Corren a la fila de enfrente y pasan al de la derecha.<br>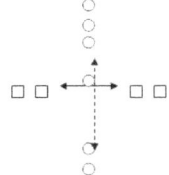<br><br>**c)** Cuadrado. 4 equipos. Cada equipo está en un aro de diferente color. A la señal del profesor tienen que salir corriendo con el balón los cuatro primeros participantes y dar una vuelta entera al cuadrado ensayando con el balón en cada aro, una vez llegado al punto de inicio deben ir al medio del cuadrado y ensayar dentro de su aro correspondiente.<br>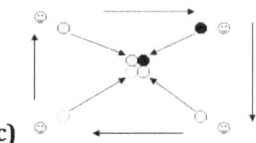<br>**c)**<br>**d)** Relevos. Dos filas. Salen los primeros de cada fila corriendo con el balón para intentar ensayar en la línea de fondo. Volverán al inicio para pasarle el balón a su compañero. Gana el equipo que termine antes.<br>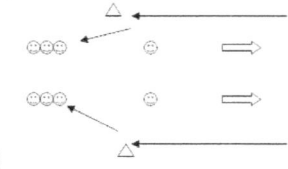<br>**d)** |
| **Vuelta a la calma 2'** |
| Defender el castillo. Marcamos un círculo en el suelo de 4 m. de diámetro y en su centro colocamos un cono, los alumnos se distribuyen por fuera del círculo, cuatro de ellos como defensores del castillo, y los seis restantes como atacantes, los atacantes deberán derribar el cono con el balón. No se puede entrar dentro del círculo. |

| | |
|---|---|
| **UD 4: Rugby** | **Nº Sesión 4** |
| **Duración:** 40 min (20 min bajar/cambiarse-cambiarse/subir). | **Curso: 4º ESO** |

| |
|---|
| **Recursos materiales:** Balones de rugby, conos, colchoneta. |
| **Instalaciones:** Pista exterior o interior |
| **Contenido:** Técnica de la patada. |
| <div align="center">Tareas</div> |
| <div align="center">Calentamiento 10'</div> |
| a) Se divide la clase en dos equipos. Se juega un partido de fútbol con balón de rugby. |
| <div align="center">Parte principal 25'</div> |
| **Explicación y práctica de las patadas:** Bolea (1), Rasa (2), Plantada (3), Bote pronto (4)<br><br>**1. Bolea:** Balón cogido con dos manos, orientado hacia el objetivo y la punta dirigida hacia el suelo. Zona de golpeo el empeine. Jugador inclinado hacia delante.<br>Práctica por grupos de la técnica. Uno lanza y el resto trata de recepcionarlo sin que toque el suelo.<br><br>**2. Rasa:** Se golpea con el empeine. La pierna se bloquea a la altura de la rodilla.<br>Práctica por grupos de la técnica. Uno lanza y el resto trata de recepcionarlo.<br><br>**3. Plantada:** Se golpea con el empeine. (Se ejecuta en los inicios de juego y en las transformaciones).<br>Los mismos grupos de los ejercicios anteriores cada uno con un balón. Se coloca una colchoneta gruesa en horizontal sobre las espalderas. A 5 metros un compañero mantiene apoyado en vertical el balón. A la señal el jugador pateará. Al inicio se hará de parado para después con carrera previa. Objetivo elevar el balón por encima de la colchoneta.<br><br>**4. Bote pronto:** Se golpea el balón tras un lanzamiento previo contra el suelo.<br>Práctica por grupos de la técnica. Uno lanza y el resto trata de recepcionarlo sin que toque el suelo. |
| <div align="center">Vuelta a la calma 5'</div> |
| Rugbito con reglas:<br>• Inicio del juego "Kick off" (equipo defensor desde medio campo patea el balón en dirección al equipo atacante, estos no pueden ser presionados hasta que no tengan el balón en su poder.<br>• Ensayo (5 puntos).<br>• Transformación (2 puntos).<br>• Pase atrás.<br>• Placaje (lateral, frontal y posterior).<br>• Pateos (bolea, rasa, plantada y bote pronto). |

| U.D. Rugby | Nº Sesión 5 |
|---|---|
| **Duración:** 40 min  (20 min bajar/cambiarse-cambiarse/subir). | **Curso:** 4º ESO |

| |
|---|
| **Recursos materiales:** Balones de rugby, conos. |
| **Instalaciones:** Pista exterior o interior. |
| **Contenido:** Melé y touche. |

### Tareas

#### Calentamiento 10'

a) Se divide la clase en dos equipos. Ambos equipos forman una fila india agarrándose por los hombros. El primero de cada equipo debe tratar de atrapar al último del otro equipo y este zafarse.

b) Pases la estrella. Los alumnos se colocan en círculo un alumno en medio del círculo. El alumno que está en el círculo comienza pasando el balón al del medio y corre a su posición, el del medio pasa al del círculo y ocupa su espacio. Así sucesivamente.

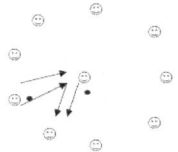

c) Relevos (desplazamiento con balón). Se divide a los alumnos en grupos. Cada grupo en fila detrás de una línea determinada. A la señal del profesor, sale el primero de cada grupo llevando el balón de rugby con una mano y lo deposita en un punto asignado, vuelve al origen y da el relevo al siguiente, este recoge la pelota y la lleva hasta donde está su equipo y da la pelota mediante pase. Igual pero llevando el balón con dos manos.

#### Parte principal 25'

a) Explicación melé. Objetivo: pasar el balón a los compañeros que están detrás. Cuando se pita melé: para reanudar el juego cuando árbitro ha pitado sanción: pase hacia delante.

c) Practica de la melé.

d) Explicación y práctica de la touche ("Saque de banda"). Se alinean a 4 m de la línea lateral 1 alumno de cada equipo, se separan entre ellos 1m. El resto de alumnos a 4 m. Su objetivo es coger el balón. (También pueden participar 3 de cada equipo, dos levantan al que luchará por la pelota).

#### Vuelta a la calma 5'

Rugby (Con reglas):
- Ensayo (5 puntos).
- Pase atrás.
- Placaje (lateral, frontal y posterior).
- Pateos (bolea, rasa, plantada y bote pronto).
- Melé.
- Touche.

| UD 4: Rugby | Nº Sesión 6 |
|---|---|
| **Duración:** 40 min (20 min bajar/cambiarse-cambiarse/subir). | **Curso: 4º ESO** |

**Recursos materiales:** Balones de rugby, conos, colchonetas finas y gruesas.

**Instalaciones:** Pista exterior o interior.

**Contenido:** Placajes.

### Tareas

### Calentamiento 10'

a) Todos en la línea de fondo. Hacemos los siguientes recorridos con bola ensayando en las líneas de fondo.
1. Realizó los ensayos según el gráfico:

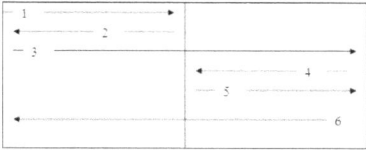

2. Todos en la línea de fondo. Cada uno tiene en la línea de medio campo un cono. A la señal correr a máxima velocidad y rodean el cono dos veces y corren hasta el final de pista para hacer un ensayo.
3. Todos en la línea de fondo, a la señal corren hasta medio campo, se detienen y cuando vuelven a oír la señal corren hasta el final para hacer el ensayo. El profesor da la salida en las dos ocasiones para seguir el ejercicio.
4. Idem, pero al llegar a la mitad del campo dan tres pasos laterales a la derecha, y vuelven hasta la posición inicial y siguen el camino.

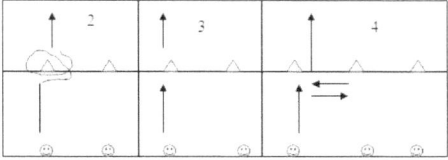

### Parte principal 25'

a) Explicación del placaje: frontal, lateral, posterior.
b) Por parejas una colchoneta.
- Pelea de gallos.
- Randori de suelo (pierde el que toque el suelo con la espalda).

c) Grupos pequeños en fila enfrente de una colchoneta grande:
- Caída de espaldas de forma individual
- Se coloca un alumno enfrente de cada fila y el resto lleva a cabo el placaje cada vez más rápido (colchoneta).

d) Dos círculos uno dentro y otro fuera. Un balón en el círculo de dentro, los alumnos se van pasando el balón. A la señal uno ataca y los del círculo de fuera le van a placar.

### Vuelta a la calma 5'

Corrección de la ficha de la búsqueda de la información sobre rugby.

**Nº Sesión 7:** Evaluación.

## 5.5. UNIDAD DIDÁCTICA 5: HABILIDADES GIMNÁSTICAS II

### a) Introducción
En la unidad didáctica habilidades gimnásticas II se pretende perfeccionar los contenidos desarrollados en el curso anterior.

### b) Objetivos didácticos
- Realizar diferentes giros y volteos sobre los diferentes ejes y planos disminuyendo los puntos de apoyo con respecto a los cursos anteriores y también incluyendo fases aéreas.
- Realizar saltos de cierta complicación utilizando los diferentes aparatos.
- Encadenar diferentes habilidades para hacer secuencias de movimientos.
- Realizar el equilibrio invertido con apoyo de cabeza y manos sin necesidad de ayudas externas.
- Ser solidario con los demás respetando sus niveles de ejecución y colaborando en las ayudas.

### c) Contenidos
- Las cualidades motrices, equilibrio, agilidad y coordinación.
- Las cualidades físicas que intervienen en la gimnasia artística.
- Los diferentes aparatos de la gimnasia artística femenina y masculina.
- Ejercicios en suelo, saltos, equilibrios, suspensiones…
- Adaptación de las habilidades específicas en función del nivel de ejecución del ejercicio.
- Asimilación e interpretación de instrucciones y correcciones al término de cada ejercicio para poder corregir al instante.
- Valoración de la propia habilidad como punto de partida para la superación personal.
- Valoración de la existencia de diferentes niveles de destrezas evaluando en todo momento sus posibilidades y sus límites.
- Realización de la ficha de la búsqueda de la información sobre la gimnasia trampolín.

### d) Distribución temporal
- Sesión 1: Repaso de las habilidades aprendidas en 1º ESO.
- Sesión 2: Saltos y familiarización en el minitramp. Iniciación a la paloma.
- Sesión 3: Rondada y quinta.
- Sesión 4: Salto exterior con piernas abiertas al plinton y salto interior con piernas flexionadas al plinton.
- Sesión 5: Encadenamiento de habilidades.
- Sesión 6: Evaluación.

### e) Metodología
- Instrucción directa.
- Enseñanza recíproca.
- Asignación de tareas

### f) Recursos didácticos
- Ficha de la búsqueda de la información sobre gimnasia trampolín.

### g) Criterios de evaluación
- Dominar los elementos técnicos vistos en clase.
- Ajustar las ejecuciones al nivel y posibilidades de cada alumno.
- Superar las pruebas prácticas propuestas.
- Ser respetuoso con los compañeros y sus ejecuciones así como guardar las normas de seguridad necesarias.
- Esforzarse por realizar las actividades de forma correcta sin la presencia continua del profesor con autonomía y rigor.
- Valorar el cuidado del alumno por el material así como el mantenimiento de este.
- Evaluar la ficha de gimnasia trampolín.

### h) Criterios de calificación:
Examen práctico realizado por observación directa del profesor sobre el alumno de las diferentes acciones realizadas durante las sesiones. Prestando especial interés en los siguientes apartados:

- Volteretas.
- Pino.
- Rueda lateral.
- Rondada.
- Quinta.
- Saltos.

Material: Hileras de colchonetas y minitramp.

**Puntuación de cada apartado:** del 1 (nota más baja) al 10 (nota más alta). Se hace media entre las variables.

| | |
|---|---|
| **UD 5: Habilidades gimnásticas II** | **Nº Sesión 1** |
| **Duración:** 40 min (20 min bajar/cambiarse-cambiarse/subir). **Curso: 4º ESO** | |
| **Recursos materiales:** Colchonetas de caída, colchonetas, una cuerda. | |
| **Instalaciones:** Polideportivo. | |
| **Contenido:** Repaso de las habilidades aprendidas en 1º ESO. | |

| Tareas |
|---|
| **Calentamiento 15'** |
| **a)** Carrera alrededor de las colchonetas.<br>**b)** Movilidad articular: (1º sobre colchonetas y 2º sobre bancos suecos).<br>• Dar saltos verticales de puntillas con los brazos verticales agarrándose las manos por encima de la cabeza.<br>• Hacer skipping alto con los brazos en cruz.<br>• Realizar 3 pasos y elevamos una pierna. Cada 3 pasos cambiamos de pierna.<br>• Realizar 3 pasos y nos quedarnos estáticos con los brazos en cruz y una de la piernas elevadas 90º en la posición de balanza. Mantenemos 3 sg.<br>• Realizar 3 pasos y adoptamos la posición de plancha facial con los brazos en cruz. Mantenemos 3 sg.<br>**c)** Nos tumbamos en el suelo lateralmente y levantamos la pierna derecha 20 veces y luego con la pierna izquierda otras 20 veces.<br>**d)** Realizamos abdominales de tijera 20 veces, 2 repeticiones.<br>**e)** Posición de la barca. 3 veces. Mantener 10 segundos.<br>**f)** Posición de la vela. 3 veces. Mantener 10 segundos. |
| **Parte principal 20'** |
| **a)** Repaso de todas las volteretas hacía delante y hacia atrás.<br>• Voltereta adelante agrupada.<br>• Voltereta adelante con piernas abiertas y estiradas.<br>• Voltereta adelante con piernas juntas y estiradas.<br>• Voltereta atrás agrupada.<br>• Voltereta hacia atrás con piernas abiertas y estiradas.<br>• Voltereta hacia atrás con piernas juntas y estiradas.<br>• Voltereta hacía delante lanzada.<br><br>**b)** Repaso de la rueda lateral, equilibrio invertido y pino.<br><br>**c)** Explicación y realización del pino rodado.<br><br>**d)** Practicar las siguientes series:<br>1. Voltereta adelante+voltereta adelante+voltereta adelante a sapo mantenido 2 sg+rodar agrupado (primera parte de la voltereta atrás, colocando las manos como en la voltereta atrás) a ponerse de pie.<br><br>2. Posición de equilibrio mantenido 2 sg (elevación frontal de una pierna extendida a 90º. La pierna de abajo, también extendida)+voltereta adelante+salto medio giro+voltereta atrás+salto medio giro+voltereta con piernas abiertas y estiradas. |
| **Vuelta a la calma 5'** |
| Realización del pino bloqueo con trampolín cayendo en una colchoneta de caída. |

| UD 5: Habilidades gimnásticas II | Nº Sesión 2 |
|---|---|
| **Duración:** 40 min (20 min bajar/cambiarse-cambiarse/subir). | **Curso:** 4º ESO |

**Recursos materiales:** Colchonetas de caída, colchonetas, minitramp.

**Instalaciones:** Polideportivo.

**Contenido:** Saltos y familiarización en el minitramp. Iniciación a la paloma.

### Tareas

### Calentamiento 5'

**a)** Todos en una línea, en el sitio, a la voz de ¡ya!, se salta para hacer medio giro sobre el eje longitudinal. Lo mismo pero giro entero. Siempre brazos arriba y extendidos. Luego con competición a eliminar diciendo el profesor medio giro, giro entero.

**b)** Por parejas. Uno agarra al compañero de la cadera y el otro realiza el ejercicio. Realizar un salto agrupando las piernas semiflexionadas hacia el pecho brazos en cruz o agarrando las rodillas; la recepción con piernas semiflexionadas. El tronco bloqueado.

**c)** Por parejas. Uno agarra al compañero de la cadera y el otro realiza el ejercicio. Realizar un salto elevando las piernas estiradas y abiertas. Llevando los brazos laterales y las manos a los pies; la recepción con piernas semiflexionadas.

**d)** Relevos de pídola. 3 filas. Enfrente de cada fila hay tres alumnos que están colocados para ser saltados. A la señal del profesor, salen los primeros de cada fila, saltan a los tres alumnos van hasta un cono lo tocan y vuelven saltando a los tres alumnos y chocan la mano al siguiente.

### Parte principal 30'

**a)** Realizar diferentes saltos con el minitramp. Explicación de los saltos en el minitramp y la batida en dicho aparato. En todos los saltos se caerá de pie y se intentarán "clavar" o quedarse quietos. Repetimos la serie 6 veces.
- Salto de palillo.
- Salto agrupado.
- Giro 180º.
- Giro 360º.
- Carpa abierta.
- Carpa cerrada.
- Salto del león.

**b)** Iniciación a la paloma con ayuda.

**c)** Realización de la paloma con trampolín, plinton y colchoneta de caída.

**d)** Encadenamiento de habilidades (Competición):
Desde la posición de firmes adelantar una pierna para apoyarse en ella y levantar otra por detrás hasta la horizontal, llevando los brazos adelante, plancha facial manteniendo la posición 2 segundos volviendo a posición de firmes adelantar una pierna para apoyar manos en el suelo y elevar piernas, pino, voltear adelante con brazos rectos y abriendo piernas flexionar el cuerpo entre ellas y sapo.

### Vuelta a la calma 5'

¿Quién realiza correctamente la paloma con ayudas?

| | |
|---|---|
| **UD 5: Habilidades gimnásticas II** | **Nº Sesión 3** |
| **Duración:** 40 min (20 min bajar/cambiarse-cambiarse/subir). | **Curso: 4º ESO** |

| |
|---|
| **Recursos materiales:** Colchonetas de caída, colchonetas, plinton. |
| **Instalaciones:** Polideportivo. |
| **Contenido:** Rondada y quinta. |
| <div align="center">**Tareas**</div> |
| <div align="center">**Calentamiento 15'**</div> |
| **a)** Un alumno dirige el calentamiento.<br>**b)** Encadenamiento de habilidades:<br>1. Voltereta adelante – salto – voltereta adelante.<br>2. Voltereta adelante – salto – rueda lateral.<br>3. Tres pasos de carrera – voltereta adelante – salto – rueda lateral<br>4. Tres pasos de carrera – rueda lateral – rueda lateral<br>5. Tres pasos de carrera – rueda lateral – rueda lateral - cuarto de giro (1/4) – voltereta adelante a levantarse con pies juntos<br>6. Zancada – galope con medio giro (180º)<br>7. Tres pasos de carrera – voltereta adelante – salto en extensión con giro (360º)- rueda lateral.<br>8. Desde la posición de pies firmes, voltereta adelante agrupada a levantarse, realizar un salto vertical con ½ giro a la posición de firmes, de esta posición rodar hacia atrás flexionando las piernas, voltereta atrás agrupadas apoyando las piernas abiertas, dejándose caer hacia atrás a la posición de sentado piernas abiertas (sapo).<br>9. Sentarse con piernas juntas cuerpo recto, apoyar manos por detrás del cuerpo, levantando la cadera del suelo para realizar ½ giro sobre un brazo, quedar en apoyo facial con los brazos rectos, impulsando piernas agrupadas entre manos para levantarse a posición de firmes.<br>10. Levantar una pierna recta delante y hacer un apoyo invertido-pino de brazos-sin pararlo, bajando a la posición vertical y firmes para terminar. |
| <div align="center">**Parte principal 23'**</div> |
| **a)** Iniciación a la quinta y a la rondada.<br>Para la iniciación a la quinta. Desde la posición de pie desequilibrio hacia atrás hasta la posición tumbada boca arriba, brazos flexionados codos apretados a las orejas, flexión de piernas y cabeza mirando a las puntas de los pies.<br>Realizar la quinta desde plano inclinado (minitramp y colchoneta) con ayuda lateral.<br><br>**b)** Realizamos las siguientes series:<br>1. Posición de equilibrio mantenido 2" (Plancha)+(sin carrera previa). Antesalto rueda lateral+rueda lateral+vertical a rodar+salto medio giro+voltereta atrás.<br><br>2. Carrera+rondada salto agrupado+voltereta atrás+salto medio giro+vertical a rodar.<br><br>3. Carrera+rondada salto agrupado+quinta+salto medio giro+vertical a rodar. |
| <div align="center">**Vuelta a la calma 2'**</div> |
| Desde rodillas intentamos alcanzar la posición de equilibrio invertido. |

| | |
|---|---|
| **UD 5: Habilidades gimnásticas II** | **Nº Sesión 4** |
| **Duración:** 40 min (20 min bajar/cambiarse-cambiarse/subir). | **Curso: 4º ESO** |

**Recursos materiales:** Colchonetas de caída, colchonetas, trampolín, banco sueco, plinton.

**Instalaciones:** Polideportivo.

**Contenido:** Salto exterior con piernas abiertas al plinton y salto interior con piernas flexionadas al plinton.

### Tareas
### Calentamiento 5'

**a)** Relevos en banco sueco. Nos agarramos con las manos al banco sueco. Damos tres saltos a cada lado. Hacemos sprint hasta un cono señalado y volvemos al inicio.

**b)** Relevos usando la escalera. 5 ejercicios diferentes.

### Parte principal 30'

**a)** Trabajamos los siguientes ejercicios:
- Saltar desde el plinton hasta una colchoneta y quedarnos estáticos. Primero saltamos de frente y luego trabajando el medio giro.
- Corremos hacia un trampolín saltamos en él, subimos a un plinton con piernas juntas.
- Progresión para pasar el plinton con las piernas abiertas.
- Realizar carrera saltar en el trampolín hasta quedar en cuclillas sobre el plinton, dos o tres pasos, salto en extensión con piernas juntas recepcionando en el suelo.
- Salto interior con piernas flexionadas al plinton.

**b)** Encadenamiento de habilidades:

1. Sentarse con las piernas juntas cuerpo recto, apoyar manos por detrás del cuerpo, levantando la cadera del suelo para realizar ½ giro sobre el brazo, a quedar en apoyo facial con los dos brazos rectos, impulsando piernas agrupadas entre manos para levantarse con salto ½ giro a posición de firmes. Dejarse caer hacia atrás para realizar voltereta atrás agrupada hasta la posición de firmes para terminar.

2. Desde la posición de firmes, realizar tres pasos de carrera seguido de una rondada a caer piernas juntas y salto vertical, rodar hacia atrás para hacer voltereta agrupada atrás con salto con ½ giro a firmes.

3. Adelantar una pierna para apoyar manos en el suelo y elevar piernas-pino-voltear adelante con brazos rectos y abriendo piernas flexionar el cuerpo entre ellas-sapo.

4. Sentarse con piernas juntas cuerpo recto apoyar manos por detrás del cuerpo levantando la cadera del suelo para realizar ½ giro sobre un brazo a quedar en apoyo facial con los dos brazos rectos, impulsando piernas agrupadas entre manos para levantarse con un salto ½ giro a posición de firmes. Tres pasos de carrera seguidos de una rondada y salto vertical a la posición de firmes.

### Vuelta a la calma 5'

Competición de salto interior y exterior.

| | |
|---|---|
| **UD 5: Habilidades gimnásticas II** | **Nº Sesión 5** |
| **Duración:** 40 min (20 min bajar/cambiarse-cambiarse/subir). **Curso: 4º ESO** ||
| **Recursos materiales:** Colchonetas de caída, colchonetas, trampolín, banco sueco, plinton. ||
| **Instalaciones:** Polideportivo. ||
| **Contenido:** Encadenamiento de habilidades. ||
| **Tareas** ||
| **Calentamiento 5'** ||
| **a)** Calentamiento individual practicando todas las habilidades enseñadas. ||
| **Parte principal 30'** ||
| **Encadenamiento de habilidades (competición):** <br> 1. Carrera+rondada salto agrupado+voltereta atrás+salto medio giro+vertical a rodar. <br><br> 2. Carrera+rondada salto agrupado+quinta+salto medio giro+vertical a rodar. <br><br> 3. Desde la posición de firmes, elevar los talones llevando los brazos hacia atrás, efectuar 3 pasos de carrera, antesalto y rueda lateral con ½ giro, manteniendo la pierna elevada. Apoyar pie y hacer pino rodado, flexionar el cuerpo adelante separando las piernas, brazos arriba (sapo). <br><br> 4. Juntar piernas por detrás, posición boca abajo, brazos y piernas estiradas. Efectuar ½ giro boca arriba. Elevar el tronco y estirar los brazos arriba, con una ligera flexión tocamos las puntas de los pies y realizamos una voltereta hacia atrás agrupada a la posición de firmes. Se realiza un paso atrás con una pierna para seguidamente realizar ½ giro elevando la pierna y manteniéndola estirada, antes de apoyarla en el suelo. <br><br> 5. Colocación en posición de firmes, movimientos de brazos hacia atrás, y se realizan de 2 a 3 pasos de carrera para realizar una voltereta lanzada seguido de un salto agrupado, a la posición de firmes. <br><br> 6. Firmes elevar los talones llevando los brazos hacia atrás, efectuar 3 pasos de carrera, antesalto y rueda lateral con ½ giro, manteniendo la pierna elevada. Apoyar pie y hacer pino rodado, flexionar el cuerpo adelante separando las piernas, brazos arriba (sapo). Brazos arriba (spagat frontal 2''). <br><br> 7. Juntar piernas por detrás, posición boca abajo, brazos y piernas estiradas. Efectuar ½ giro boca arriba. Elevar el tronco y estirar los brazos arriba, con una ligera flexión tocamos las puntas de los pies y realizamos una voltereta hacia atrás extendida (cuarta) a la posición de firmes. Se realiza un paso atrás con una pierna para seguidamente realizar ½ giro elevando la pierna y manteniéndola estirada realizamos unas tijeras con las piernas a la posición de firmes. ||
| **Vuelta a la calma 5'** ||
| Corrección de la ficha de la búsqueda de la información sobre gimnasia trampolín. ||

**Nº Sesión 6:** Evaluación.

## 5.6. UNIDAD DIDÁCTICA 6: ATLETISMO IV: LANZAMIENTOS

### a) Introducción

En la unidad didáctica de lanzamientos pretendemos que alumno adquiera la técnica básica para ejecutar de una manera óptima el lanzamiento de peso, disco, martillo y jabalina.

### b) Objetivos didácticos
- Conocer el reglamento básico de los lanzamientos.
- Ser capaz de realizar los movimientos con una técnica correcta y sin que produzca riesgo de lesión.
- Respetar las normas de seguridad.
- Esforzarse por mejorar la distancia de lanzamiento pero siempre valorando los límites.
- Mejora de la fuerza y potencia.

### c) Contenidos
- Reglamento.
- Fuerza del tronco y extremidades.
- Técnicas básicas fundamentales (ejercicios analíticos y globales).
- Aceptación de la derrota.
- Interés por mejorar y desarrollar la condición física.
- Lanzamientos y recepciones.
- Realización de la ficha de la búsqueda de la información sobre atletismo: lanzamientos.

### d) Distribución temporal
- Sesión 1: Fuerza general con balones medicinales.
- Sesión 2: Ejercicios de fuerza. Técnica de peso en el lanzamiento lineal.
- Sesión 3: Técnica de lanzamiento de peso estilo rotatorio. Competición.
- Sesión 4: Manejo del disco. Lanzamiento de disco desde parado.
- Sesión 5: Lanzamiento de disco rotatorio. Lanzamiento de martillo. Competición.
- Sesión 6: Lanzamiento de jabalina (familiarización con el material). Aprendizaje de las diferentes fases.
- Sesión 7: Olimpiadas de lanzamiento de peso, disco, martillo y jabalina.
- Sesión 8: Evaluación.

### e) Metodología
- Descubrimiento guiado.
- Instrucción directa.

**f) Recursos didácticos**
- Ficha de búsqueda de información sobre atletismo: lanzamientos.

**g) Criterios de evaluación**
- Analizar el grado de aprendizaje de las diversas habilidades técnicas del lanzamiento.
- Ser capaz de beneficiarse de la técnica para mejorar el resultado del lanzamiento.
- Mejorar la cualidad física de la fuerza para aplicarla después a cualquier deporte y también a la vida cotidiana.
- Ser tolerante con los demás sabiendo comportarse ante la derrota y la victoria.
- Aprender el reglamento y las acciones fundamentales de la jabalina, disco, peso y martillo.
- Evaluar la ficha de atletismo: lanzamientos.

**h) Criterios de calificación**

Se analizarán los siguientes aspectos técnicos en los lanzamientos de peso, disco, jabalina y martillo: posición inicial, coordinación durante la ejecución en desplazamiento lineal o rotatorio, posición final, y trayectoria del móvil. Además de aspectos reglamentarios.

**Puntuación de cada apartado:** del 1 (nota más baja) al 10 (nota más alta). Se hace media entre las variables.

| UD 6: Atletismo IV: Lanzamientos | Nº Sesión 1 |
|---|---|
| **Duración:** 40 min (20 min bajar/cambiarse-cambiarse/subir). | **Curso: 4º ESO** |

**Recursos materiales:** Balones medicinales, 4 bancos suecos.

**Instalaciones:** Pista exterior.

**Contenido:** Fuerza general con balones medicinales.

### Tareas

### Parte teórica 5'

a) Pilla-pilla con balón medicinal en las manos. Dos alumnos se la ligan.

### Parte principal 30'

a) Por parejas, realiza el ejercicio propuesto un alumno durante 30 segundos y luego su pareja.

1. De pie, realizar círculos alrededor de la cintura con el balón medicinal, que se cambiará de una mano a la otra delante y detrás del cuerpo.
2. Con los pies separados y las piernas flexionadas, realizar un "ocho" pasando el balón medicinal alrededor de las rodillas y entre las piernas. Se cambia el balón de una mano a otra.
3. Pasarse el balón medicinal de una mano a otra por delante del cuerpo.
4. Pasarse el balón medicinal de una mano a otra por encima de la cabeza.
5. Bíceps y tríceps con el balón medicinal.
6. Tendido supino con piernas flexionadas y con el balón medicinal en los brazos estirados encima de la cabeza. Bajarlos hasta el suelo sin doblar los codos, y subirlo a continuación, de nuevo hasta la vertical.
7. Apoyando solo las manos y los pies en el suelo rodar el balón de una banda del campo a otra.
8. Lanzar el balón medicinal hacia arriba con las dos manos.
9. Lanzar el balón medicinal con una mano (primero la derecha y después la izquierda).
10. Saltos verticales con el balón medicinal encima de la cabeza.
11. Balón medicinal delante del cuerpo con los brazos doblados por los codos. Flexión y extensión de las piernas y simultáneamente extender los brazos lanzando el balón verticalmente hacia arriba.

b) Por parejas, realizan el ejercicio 1 minuto y descansan 20 segundos. (Repiten 3 veces el ejercicio). Pase de pecho, pase lateral y pase con una mano por parejas.

c) ¿Cuántas veces nos podemos pasar el balón de la siguiente manera durante 45 sg?

- Por parejas, de pie dando la espalda al compañero y distanciado de él 1 m. Dar un medio giro hacia un lado, a la vez que el otro miembro de la pareja lo realiza hacia el lado contrario y entregarle el balón al otro para volver a realizar la misma operación por el otro lado.
- Por parejas, de pie dando la espalda al compañero con las piernas separadas y distanciadas aproximadamente un metro. Pasar el balón por encima de la cabeza al compañero, el cual nos lo devolverá por debajo de las piernas.

### Vuelta a la calma 5'

Dos equipos. Cada equipo encima de un banco. El juego consiste en lanzar el balón al adversario e intentar que pierda el equilibrio y se caiga del banco.

| | |
|---|---|
| **UD 6: Atletismo IV: Lanzamientos** | **Nº Sesión 2** |
| **Duración:** 40 min (20 min bajar/cambiarse-cambiarse/subir). **Curso: 4º ESO** ||
| **Recursos materiales:** Balones medicinales, pesos. ||
| **Instalaciones:** Pista exterior. ||
| **Contenido:** Ejercicios de fuerza. Técnica de peso en el lanzamiento lineal. ||
| **Tareas** ||
| **Calentamiento 5'** ||
| a) Realización de los siguientes ejercicios con balón medicinal. Por parejas, realiza el ejercicio propuesto un alumno durante 30 segundos y luego su pareja.<br>1. Rotación del tronco con el balón medicinal en las manos.<br>2. Trabajo de pectoral.<br>3. Pasar el balón por debajo de una pierna y luego de la otra.<br>4. Lanzar el balón arriba y dar un giro de 360º.<br>5. Tumbados en el suelo con las rodillas flexionadas, pasar el balón por debajo de las piernas de un lado a otro.<br>6. Abdominales con el balón medicinal, los brazos permanecen extendidos.<br>7. Balanceo con balón medicinal en las piernas.<br>8. Por parejas, el que está en el suelo agarra con sus manos las piernas del compañero, tenemos que ponernos en la posición de vela manteniendo el balón medicinal en las piernas.<br>9. Sentadilla.<br>10. Nos desplazamos en cangrejo con el balón medicinal en las piernas. ||
| **Parte principal 30'** ||
| **a) Lanzamiento lineal completo.** Explicación breve de cada una de las fases del lanzamiento: posición de partida, deslizamiento y lanzamiento.<br>**Posición inicial:** El lanzador se coloca de espaldas con la línea de los hombros perpendicular a la del lanzamiento, el peso se apoya en el cuello lateralmente y la barbilla ayuda a sujetarlo. El codo permanece alto:<br>▪ En parejas pases con la colocación inicial pero de frente al compañero colocando el peso como se ha explicado antes.<br>▪ Lo mismo de antes pero probamos si se lanza más saltando o con los pies apoyados en el suelo.<br>**Balanceo:** El tronco se inclina hacia delante y apoyado sobre la pierna derecha. El lanzador, tras adoptar una posición de balanza sobre la pierna derecha se agrupa como si se colocará en posición fetal a la pata coja.<br>▪ El alumno de espaldas a la dirección del desplazamiento, realiza 3 patadas hacia atrás (coces) con la pierna que no está en contacto con el suelo o pierna libre.<br>▪ En parejas, con el peso y de espaldas entre sí, se van pasando el peso sin que se les caiga, realizando la acción de deslizamiento.<br>▪ De manera individual probamos con el peso real, realizando todas las fases.<br>**Deslizamiento:** El cuerpo se echa hacia atrás, realizando una extensión de la pierna izquierda. No cometer el error de echar atrás los hombros y girar el tronco prematuramente para desequilibrarse atrás. El peso deberá permanecer hasta llegar a la fase del doble apoyo, bajo y lo más alejado posible del pie izquierdo. ||
| **Vuelta a la calma 5'** ||
| Competición de lanzamiento lineal con el peso real. ||

| UD 6: Atletismo IV: Lanzamientos | Nº Sesión 3 |
|---|---|
| **Duración:** 40 min (20 min bajar/cambiarse-cambiarse/subir). **Curso: 4º ESO** ||
| **Recursos materiales:** Pesos, cinta métrica. ||
| **Instalaciones:** Pista exterior. ||
| **Contenido:** Técnica de lanzamiento de peso estilo rotatorio. Competición. ||
| **Tareas** ||
| **Calentamiento 5'** ||
| **a)** Juego de los 10 pases con balón medicinal. ||
| **Parte principal 30 min** ||
| **a)** Dos grupos, en fila. El peso lo tiene el primero de cada fila. A la señal del profesor, deben de pasar el peso hacía atrás con las dos manos hasta que llegue hasta el último alumno de la fila que debe de correr hasta ponerse el primero de la fila. Gana el grupo que consiga tener en orden a todos sus alumnos en la fila como al inicio. Idem, pero cuando el balón llega al último de la fila tiene que pasar por debajo de las piernas de sus compañeros con el balón en sus manos, hasta que se lo pase al primero de la fila.<br>**b)** Lanzo el peso de las siguientes maneras:<br>• Saque de banda.<br>• Lanzar el peso desde posición sentadilla.<br>• Desde la barbilla.<br>**c)** Aprendemos la técnica de lanzamiento de peso estilo rotatorio.<br>**d)** Competición de lanzamiento de peso lineal completo y de estilo rotatorio. ||
| **Vuelta a la calma 5 min** ||
| Resultados de la competición y de la evaluación de los lanzamientos de peso. ||


| UD 6: Atletismo IV: Lanzamientos | Nº Sesión 4 |
|---|---|
| **Duración:** 40 min (20 min bajar/cambiarse-cambiarse/subir). **Curso: 4º ESO** ||
| **Recursos materiales:** Disco volador, disco. ||
| **Instalaciones:** Pista exterior. ||
| **Contenido:** Manejo del disco. Lanzamiento de disco desde parado. ||
| **Tareas** ||
| **Calentamiento 5'** ||
| **a)** Juego de los 10 pases con disco volador. ||
| **Parte principal 30 min** ||
| **a)** Lanzamiento de disco desde parado. El objetivo será lanzar el disco lo más lejos posible, para ello habrá que darle la mayor velocidad lineal de salida.<br>• Explicación del agarre del disco: Lanzamientos individuales de manera vertical.<br>• En parejas lanzamos el disco desde parado.<br>• Lo mismo de antes pero dando tres pasos.<br>• Lanzamientos lo más lejos posible fijándonos en el agarre. ||
| **Vuelta a la calma 5 min** ||
| Corrección de la ficha de búsqueda de la información sobre lanzamientos. ||

| UD 6: Atletismo IV: Lanzamientos | Nº Sesión 5 |
|---|---|
| **Duración:** 40 min (20 min bajar/cambiarse-cambiarse/subir). | **Curso: 4º ESO** |
| **Recursos materiales:** Disco, martillo. ||
| **Instalaciones:** Pista exterior. ||
| **Contenido:** Lanzamiento de disco rotatorio. Lanzamiento de martillo. Competición. ||
| Tareas ||
| Calentamiento 5 min ||
| **a)** Explicación de la rotación del cuerpo y pasos. ||
| Parte principal 30 min ||
| **a)** Ejercicios de rotación para disco y martillo:<br>• De forma individual realizar el gesto del lanzamiento con rotación pero sin lanzar, pensar en los pasos y en la colocación del disco.<br>• Realizamos lo mismo de antes pero ahora si lanzamos. Idem, pero dibujamos un círculo del cual no pueden salir, tanto al rotar como al lanzar.<br>**b)** Competición de lanzamiento de disco y de martillo y examen. ||
| Vuelta a la calma 5 min ||
| Resultados de la competición y el examen. ||

| UD 6: Atletismo IV: Lanzamientos | Nº Sesión 6 |
|---|---|
| **Duración:** 40 min (20 min bajar/cambiarse-cambiarse/subir). | **Curso: 4º ESO** |
| **Recursos materiales:** Jabalina. ||
| **Instalaciones:** Pista exterior. ||
| **Contenido:** Lanzamiento de jabalina (familiarización con el material). Aprendizaje de las diferentes fases. ||
| Tareas ||
| Calentamiento 5 min ||
| **a)** Calentamiento: ejercicios de movilidad articular.<br>**b)** Explicación de cómo debemos agarrar la turbo-jabalina y normas básicas de comportamiento. ||
| Parte principal 30 min ||
| **a)** Ejercicios individuales:<br>• Tiro al blanco. Deben lanzar para dar en la diana.<br>• Tiro al cubo. Se otorgan puntos cuando la punta le da al cubo y cuando la turbo-jabalina cae dentro del cubo. Idem, pero tirando a canasta.<br>• Marcamos una línea recta y desde parado realizamos lanzamientos midiendo la distancia. Idem, pero explicamos la carrera inicial antes del lanzamiento.<br>**b)** Examen y competición del lanzamiento de jabalina. ||
| Vuelta a la calma 5 min ||
| Resultados de la competición y el examen. ||

**Sesión 7:** Olimpiadas de lanzamiento de peso, disco, martillo y jabalina.
**Sesión 8:** Evaluación.

## 5.7. UNIDAD DIDÁCTICA 7: UNIHOCKEY O FLOORBALL

### a) Introducción

En la presente unidad didáctica pretendemos conocer los fundamentos básicos del unihockey o floorball así como su historia y aspectos generales para tener conocimiento inicial de este deporte.

### b) Objetivos didácticos
- Adquirir un conocimiento básico del reglamento 4x4 y 6x6.
- Participar en competiciones de unihockey.
- Conocer las reglas generales y específicas del juego.
- Comprender la importancia y asimilar las reglas básicas de seguridad.
- Adquirir las habilidades básicas para poder realizar movimientos en situaciones complejas.
- Manejar situaciones variables en las que deban tomar decisiones y soluciones motrices constantemente.
- Colaborar con el compañero o equipo para la consecución de un objetivo.
- Valorar la importancia de la técnica individual y desarrollarla.
- Adquirir las bases de la utilización del espacio.
- Conocer los distintos tipos de defensa y de ataque.
- Experimentar las sensaciones del portero y valorar la importancia de este dentro del desarrollo del juego.

### c) Contenidos
- Conocimiento del reglamento.
- Técnica individual y colectiva.
- Sistemas básicos de ataque y defensa.
- Acciones fundamentales del portero.
- Trabajo en equipo como medio para conseguir la victoria.
- Ajuste de la técnica individual al juego colectivo.
- Comprensión y aceptación de las propias habilidades como punto de partida hacia la superación personal.
- Valoración de la práctica del unihockey en el tiempo libre como medio para una sana diversión y como un hábito de vida saludable.
- Realización de la ficha de la búsqueda de la información sobre unihockey o flooorball.

### d) Distribución temporal
- Sesión 1: Familiarización con el material de juego. Técnica individual: conducción, pase y recepción.
- Sesión 2: Técnica individual. El tiro y el regate 1x1.
- Sesión 3: El regate. Uno contra el portero.
- Sesión 4: Acercándonos al juego colectivo.
- Sesión 5: La defensa.
- Sesión 6: Trabajando la pared y el pase por banda.

- Sesión 7: El contraataque.
- Sesión 8: Evaluación.
- Sesión 9: Competición.

**e) Metodología:**
- Instrucción directa.
- Enseñanza recíproca.
- Descubrimiento guiado.
- Enseñanza mediante la búsqueda.

**f) Recursos didácticos**
- Ficha de la búsqueda de la información sobre unihockey.

**g) Criterios de evaluación**
- Superación de las pruebas prácticas.
- Analizar el grado de aprendizaje de las diversas habilidades básicas del deporte.
- Ser capaz de adaptar la técnica individual al juego en equipo.
- Saber manejarse en las diferentes posiciones de juego.
- Comprender y aplicar el reglamento básico de juego.
- Saber interpretar las diversas situaciones tácticas propias del deporte del unihockey
- Trabajar en equipo.
- Respetar al resto de compañeros.
- Mejorar la condición física a través de la repetición de ejercicios y juego real.
- Evaluar la ficha de unihockey o floorball.

**h) Criterios de calificación**
- Fluidez en el trazado de la conducción en zig-zag.
- No elevar el stick por encima de la rodilla durante el pase, y orientación del mismo hacia el blanco.
- Acompañamiento y ajuste de la bola en la recepción.
- Llevar el stick de atrás adelante, en el tiro, evitando que se eleve por encima de las rodillas – cadera.
- Dominio del stick y control de la bola, mediante dribling y fintas en el 1x1.
- Defensa utilizando tackle y jab, pero respetando el reglamento.
- Coordinación con el compañero mediante la ejecución de los pases. 2x2. Buscar las ayudas defensivas.

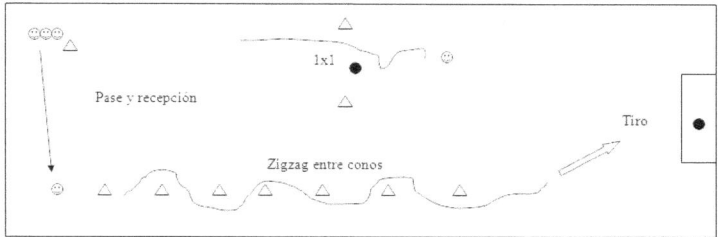

**Puntuación de la ejecución de cada ejercicio:** del 1 (nota más baja) al 10 (nota más alta). Se hace media entre las variables.

| UD 7: Unihockey o floorball | Nº Sesión 1 |
|---|---|
| **Duración:** 60 min | **Curso:** 4º ESO |

| |
|---|
| **Recursos materiales:** Palos, bolas, conos, 2 porterías. |
| **Instalaciones:** Polideportivo interior. |
| **Contenido:** Familiarización con el material de juego. Técnica individual: conducción, pase y recepción. |
| <div align="center">**Tareas**</div> |
| <div align="center">**Calentamiento 5'**</div> |
| **a)** Trabajo de familiarización con el palo e introducción al unihokey.<br>**b)** Explicación de la posición del cuerpo, cómo hay que agarrar el palo y la diferencia entre el zurdo y el diestro.<br>**c)** Todos los alumnos en fila con un palo y una bola cada uno. Carrera continua con el palo conduciendo la bola. Primero con la derecha, luego con la izquierda. |
| <div align="center">**Parte principal 30'**</div> |
| **a)** Conducción entre conos, tiro a portería, conducción entre conos y tiro a portería.<br>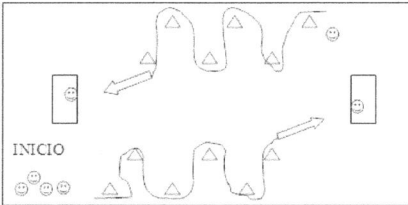<br>**b)** Lo mismo, pero hay que girar sobre dos conos que se encuentran en el circuito.<br>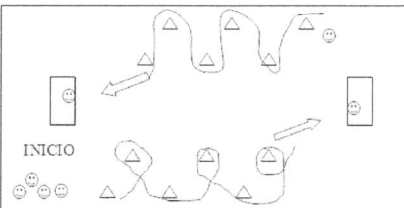<br>**c)** Idem, pero a la vuelta tienes que girar en el nº de conos que indica el profesor.<br>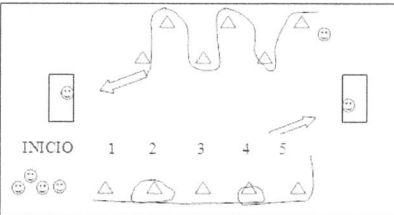 |
| <div align="center">**Vuelta a la calma 5'**</div> |
| Explicación de las normas básicas del unihockey. Aspectos fundamentales. |

| | |
|---|---|
| **UD 7: Unihockey o floorball** | **Nº Sesión 2** |
| **Duración:** 40 min (20 min bajar/cambiarse-cambiarse/subir).    **Curso: 4º ESO** ||
| **Recursos materiales:** Palos, bolas, conos, 2 porterías. ||
| **Instalaciones:** Polideportivo interior. ||
| **Contenido:** Técnica individual. El tiro y el regate 1x1. ||
| **Tareas** ||
| **Calentamiento 5'** ||
| a) Bulldog. El que se la queda en medio debe de robar las bolas. Los que se quedan sin bola ayudan en el medio al bulldog. ||
| **Parte principal 30'** ||
| a) Dos filas. Pases por parejas, tiro a portería y conducción zig-zag.<br>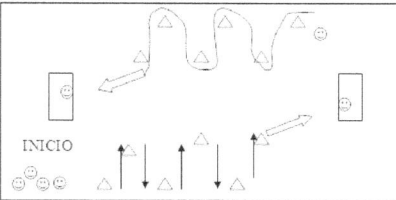<br>b) Dos personas estáticas en los conos negros, encargadas de parar y pasar la bola al alumno que realiza el ejercicio. Tirar a portería, recoger la bola, realizar conducción lineal y tirar de nuevo a portería.<br>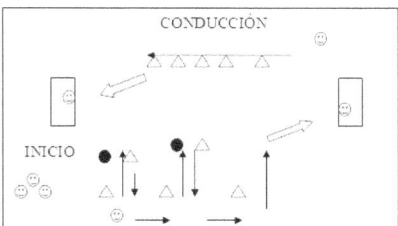<br>c) 1x1, tiro a portería, conducción entre conos y tiro. Si me roba la bola el defensor cambio la posición con él.<br>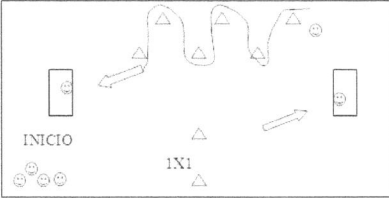 ||
| **Vuelta a la calma 5'** ||
| Mareo. 3 mueven la bola y uno en medio (3 conos delimitan el espacio). ||

| UD 7: Unihockey o floorball | Nº Sesión 3 |
|---|---|
| **Duración:** 40 min (20 min bajar/cambiarse-cambiarse/subir). | **Curso:** 4º ESO |

| **Recursos materiales:** Palos, bolas, conos, 2 porterías. |
|---|
| **Instalaciones:** Polideportivo interior. |
| **Contenido:** El regate. Uno contra el portero. |
| **Tareas** |
| **Calentamiento 5'** |
| **a)** En un espacio delimitado, dos jugadores que conducen las bolas azules, deben pillar con una mano al resto de jugadores que llevan la bola blanca. Cuando el que lleva la bola azul te pilla debes cambiar la bola con él y entonces pasas a ser el perseguidor.<br><br>**b)** Idem, pero estilo come cocos por las líneas del campo.<br><br>**c)** Explicar aspectos del portero. Área del portero. Colocación. Saque.<ul><li>El portero no lleva stick. Explicar equitación: casco, camiseta, pantalón, guantes.</li><li>Puede despejar la bola con el pie, pero eso no puede ser un pase a un compañero.</li><li>No se le puede pasar al portero.</li><li>En el área del portero si pisa un defensor, se pita penalti, si pisa un atacante se pita falta.</li></ul> |
| **Parte principal 30'** |
| **a)** Todos en filas hacer dos regates saliendo por la derecha y tirar a portería, volver por el otro lado haciendo conducción zig-zag y tirar a portería. 5 veces. Después los regates se realizarán saliendo por la izquierda. Siempre ir al cono contrario de donde vayas a salir.<br><br>**b)** Dos filas y dos porterías enfrente de cada fila. A la señal del profesor, salen los primeros de cada fila y al llegar a una zona marcada por unos conos deben de tirar. Practicar diferentes tiros, empuje, arrastre y golpeo. Volver por los laterales después de lanzar.<br><br>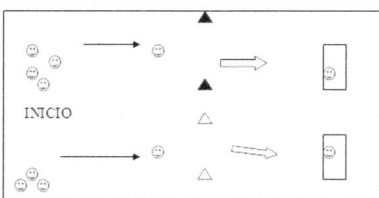<br><br>**c)** Realización de un uno contra portero.<br><br>**d)** Lanzamientos de penalti. En el penalti no se puede ir hacía atrás con la bola. |
| **Vuelta a la calma 5'** |
| Corrección de la ficha de búsqueda de la información sobre unihockey o floorball. |

| | |
|---|---|
| **UD 7: Unihockey o floorball** | **Nº Sesión 4** |
| **Duración:** 40 min (20 min bajar/cambiarse-cambiarse/subir).    **Curso:** 4º ESO ||
| **Recursos materiales:** Palos, bolas, conos, 2 porterías. ||
| **Instalaciones:** Polideportivo interior. ||
| **Contenido:** Acercándonos al juego colectivo. ||
| Tareas ||
| Calentamiento 12' ||

**a)** Todos sobre la línea del campo con una bola. Realizar cada ejercicio 6 veces.
- Conducen en línea recta ida y vuelta a la señal del silbato.
- Conducen haciendo dominio ida y vuelta.
- Conducen hasta un cono (2 m), giran de nuevo al inicio y luego van al fondo de la pista.
- Conducen desde el inicio rodean un círculo muy grande y lanzan a portería. Giramos el círculo 5 veces por la derecha y otras 5 veces por la izquierda.

**b)** Por parejas, a una distancia de 6 m. Pase y parada. Pase y recepción (hacia un lateral o voy hacia la bola y giro hacia mi izquierda hasta llevarla a mi línea de fondo).

**c)** Por parejas. Uno enfrente de otro separados a una distancia de 20 m. El primer alumno conduce la bola hasta la mitad de campo y la deja allí estática, corre de espaldas a su posición inicial y su compañero va hacia la bola y se la lanza. 5 veces cada uno.

**d)** Idem, pero ahora realizo la conducción dominando la bola.

**e)** Idem, dando dos pasos hacia delante y uno hacia atrás.

### Parte principal 25'

**a)** Rondo. Pasar y correr al espacio donde pasaste. Dos grupos.

**b)** Pañuelo de tiros. Es como el juego del pañuelo pero el que llega antes a la bola es el que hará de atacante y el otro defenderá. Tiene que intentar meter gol a un portero que se encuentra en la portería. Cada gol es un punto para el equipo que lo consiga. Podemos salir por parejas. Variante: El profesor puede decir, 2 ó 3 números, o decir números pares o impares, o decir chicas o chicos….

**c)** Posesión de la bola 3x3.

**d)** Minipartido con robo de 5 conos. 4 equipos. Si lanzas y das a un cono te lo llevas a tu campo.

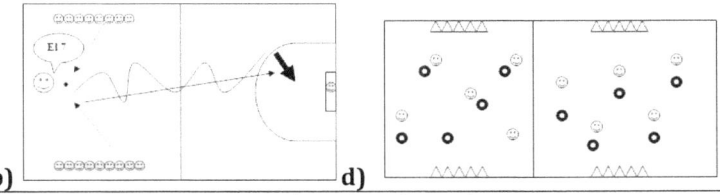

b)           d)

### Vuelta a la calma 2'

Estiramientos. Recogida del material.

| UD 7: Unihockey o floorball | Nº Sesión 5 |
|---|---|
| **Duración:** 40 min (20 min bajar/cambiarse-cambiarse/subir). **Curso: 4º ESO** ||
| **Recursos materiales:** Palos, bolas, conos, 2 porterías. ||
| **Instalaciones:** Polideportivo interior. ||
| **Contenido:** La defensa. ||

<table>
<tr><td colspan="2" align="center">Tareas</td></tr>
<tr><td colspan="2" align="center">Calentamiento 5'</td></tr>
<tr><td colspan="2">a) Un grupo está dentro de los aros con su bola y otro grupo está fuera de los aros sin bola. A la señal del profesor, los que están dentro de los aros deben cambiar de aro obligatoriamente. Si cuando te diriges a otro aro te roban la bola te quedas a defender.</td></tr>
<tr><td colspan="2" align="center">Parte principal 30'</td></tr>
<tr><td colspan="2">

a) Por parejas, pases. Después al recibir hago tres veces dominio y vuelvo a pasar. Intento pasarle a mi pareja elevado y mi compañero para la bola con el cuerpo.

b) 1x1 cada uno defendemos un cono que está en nuestra línea de fondo.

c) Dos filas, el profesor se encuentra detrás de ellos con todos las bolas, cuando él decida lanzará un balón entre los dos alumnos (rodado, picado, o por el aire). Los alumnos van a intentar coger el balón y se produce un 1x1 y que finaliza con un lanzamiento a portería.

d) Tres filas. La fila de la izquierda y la del medio realizan lo mismo que el ejercicio anterior, la fila de la derecha siempre ataca. 2x1 y lanzamiento a portería.

e) Mini-partidos. Cada equipo defiende dos porterías que se encuentran en la línea de fondo. Se puede tirar a las porterías cuando te encuentras a 2 m de ellas.
</td></tr>
<tr><td colspan="2" align="center">Vuelta a la calma 5'</td></tr>
<tr><td colspan="2">Defender el castillo. Marcamos un círculo en el suelo de 4 m. de diámetro y en su centro colocamos un cono, los alumnos se distribuyen por fuera del círculo, 4 de ellos como defensores del castillo, y los 6 restantes como atacantes, los atacantes deberán tocar el cono con la bola. No se puede entrar dentro del círculo.

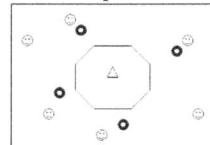
</td></tr>
</table>

| | |
|---|---|
| **UD 7: Unihockey o floorball** | **Nº Sesión 6** |
| **Duración:** 40 min (20 min bajar/cambiarse-cambiarse/subir). **Curso: 4º ESO** ||
| **Recursos materiales:** Palos, bolas, conos, 2 porterías. ||
| **Instalaciones:** Polideportivo interior. ||
| **Contenido:** Trabajando la pared y el pase por banda. ||
| **Tareas** ||
| **Calentamiento 5'** ||
| a) Por parejas. Frente a frente y separados unos 4 m. Parar y pasar, luego amortiguar.<br>b) Por tríos (colocados en un triangulo). Realizar pases frontales y diagonales.<br>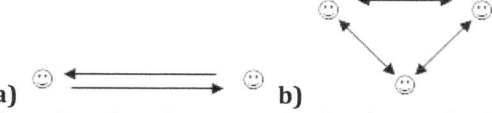<br>c) Por tríos, en línea. Los dos alumnos más alejados están de frente y uno en medio. El que está en medio cada vez que recibe la bola debe dar media vuelta y pasárselo a su compañero (recibir-girar-pasar-recibir-girar-pasar).<br><br>d) Tres filas, salen conduciendo en línea recta y vuelven haciendo zig-zag, pasan la bola a su compañero que sale. Realizar el ejercicio 3 veces y luego compitiendo a máxima velocidad.<br>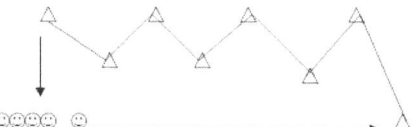 ||
| **Parte principal 30'** ||
| a) Una fila en el fondo de campo. El primero de la fila con bola comienza conduciendo la bola, hace una pared con un compañero que le devuelve, hace un regate y tira a portería. Idem, cambiando de lado las dos filas para lanzar desde la izquierda. Idem, pero en vez de pared realizar un autopase por banda.<br>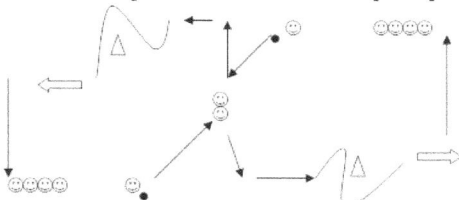<br>b) Pase por banda a un compañero que está en la línea de fondo al lado de la portería de gol que nos devuelve la bola y tiramos a portería. ||
| **Vuelta a la calma 5'** ||
| Explicación de las faltas al borde con barrera y puesta en práctica. ||

| | |
|---|---|
| **UD 7: Unihockey o floorball** | **Nº Sesión 7** |
| **Duración:** 40 min (20 min bajar/cambiarse-cambiarse/subir). **Curso: 4º ESO** ||
| **Recursos materiales:** Palos, bolas, conos, 2 porterías. ||
| **Instalaciones:** Polideportivo interior. ||
| **Contenido:** El contraataque ||
| **Tareas** ||
| **Calentamiento 5'** ||
| **a)** Rey del área. Se sitúa todo el grupo dentro del área de portería. Cada alumno con un palo y una bola. Consiste en desplazarse constantemente cuidando que nadie te eche la bola fuera del área y a la vez intentar echar las bolas de los compañeros fuera de dicho espacio. ||
| **Parte principal 30'** ||
| **a)** Competición de 2x1. Hacer diferentes campos ¿Cuántos goles puedo conseguir en 2 minutos atacando constantemente a dos porterías?<br>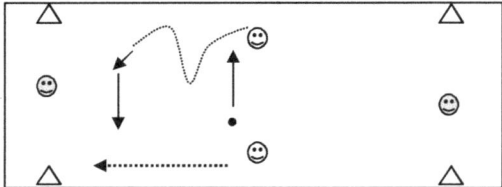<br>**b)** Situaciones de superioridad numérica en contraataque 3x2, 4x2 y 5x3. ||
| **Vuelta a la calma 5'** ||
| Explicación de la evaluación práctica. ||

**Nº Sesión 8:** Evaluación.
**Nº Sesión 9:** Competición.

## 5.8. UNIDAD DIDÁCTICA 8: ACROSPORT II

### a) Introducción
En la unidad didáctica acrosport II se pretende perfeccionar los contenidos desarrollados en el curso anterior.

### b) Objetivos didácticos
- Tomar conciencia del propio cuerpo analizando estados de tensión-relajación.
- Desarrollar las habilidades motrices (agilidad, equilibrio y coordinación).
- Cooperar con los compañeros por lograr objetivos comunes.
- Trabajar la elasticidad como medio para mejorar la calidad de los movimientos.
- Inventar figuras y descubrir distintas posibilidades de movimientos.

### c) Contenidos
- Introducción al acrosport.
- Ejercicios de base para las figuras.
- Trabajo de fuerza.
- Trabajo de la elasticidad.
- Cooperación en equipo.
- Realización de la ficha de búsqueda de la información sobre acrosport.

### d) Distribución temporal
- Sesión 1: Repaso de las figuras de 2 y 3 personas realizadas en 1º ESO.
- Sesión 2: Creación de figuras de 4, 5 y 6 personas por ordenador.
- Sesión 3: Creación de figuras de más de 6 personas por ordenador.
- Sesión 4: Exposición de las figuras creadas por ordenador en grupos.
- Sesión 4, 5 y 6: Preparación de la coreografía en grupo.
- Sesión 7: Exposición de las diferentes coreografías.

### e) Metodología
- Enseñanza mediante la búsqueda.

### f) Recursos didácticos
- Videos de coreografías de acrosport.
- Powerpoint con las figuras que irán realizando los alumnos en clases (proyector y ordenador).
- Creación de figuras de acrosport en el ordenador utilizando la siguiente página web: http://tice-eps.roudneff.com/acrosport.html

### g) Criterios de evaluación
- Analizar el grado de implicación de los alumnos así como el interés por buscar las posiciones correctas.

- Realizar las figuras pedidas con un mínimo de elegancia y corrección así como el mantenimiento de estas por un tiempo establecido.
- Realizar figuras inventadas con originalidad y dificultad.
- Trabajar en equipo.
- Evaluar la ficha de acrosport.

**h) Criterios de calificación**

A la hora de calificar a los alumnos, seguiremos un procedimiento de observación directa en una coreografía valorando: la eficacia en la función del portor, ágil y el ayudante, la coordinación entre compañeros, el interés, la participación, la estética y la puesta en escena.

**Puntuación de cada apartado:** del 1 (nota más baja) al 10 (nota más alta). Se hace media entre las variables.

**5.9. UNIDAD DIDÁCTICA 9: DEPORTES DEL MUNDO**

**a) Introducción**

En la unidad didáctica de deportes del mundo los alumnos deben exponer los 30 deportes investigados mediante una presentación en power point o cartulina. También se realizarán competiciones de rounders, netball, fútbol gaélico y tchukball.

**b) Objetivos didácticos**
- Conocer la historia y el reglamento básico de los diferentes deportes del mundo.
- Participar en las diferentes competiciones de rounders, netball, fútbol gaélico y tchukball.
- Mejorar la condición física mediante la práctica de los diferentes deportes.

**c) Contenidos**
- Reglamento de los diferentes deportes del mundo.
- Historia y procedencia de los diferentes deportes del mundo.
- Material específico de cada deporte y el mantenimiento de éste.
- Realización de competiciones.
- Aceptación de las reglas.
- Aceptar la derrota con deportividad y aprender de ella.
- Participación en el montaje y recogida de material necesario para la realización de las clases.
- Capacidad de superación.
- Realización y exposición del trabajo de búsqueda de la información sobre deportes del mundo.

**d) Distribución temporal**
- Sesión 1, 2, 3, 4: Exposición de los alumnos de los trabajos sobre búsqueda de la información de los 30 deportes del mundo.

- Sesión 5: Competición de rounders.
- Sesión 6: Competición de netball.
- Sesión 7: Competición de fútbol gaélico.
- Sesión 8: Competición de tchukball.

**e) Metodología:** Enseñanza mediante la búsqueda.

**f) Recursos didácticos:** Ficha de búsqueda de información sobre deportes del mundo.

**g) Criterios de evaluación**
- Nos centramos en cómo el alumno participa en los diferentes deportes del mundo.
- Evaluar las exposiciones sobre deportes del mundo.

**h) Criterios de calificación:** Competición de rounders, netball, fútbol gaélico y tchukball.

**Puntuación de la ejecución de cada ejercicio:** del 1 (nota más baja) al 10 (nota más alta). Se hace media entre las variables.

### 5.10. UNIDAD DIDÁCTICA 10: DANZAS URBANAS

**a) Introducción**

En la presente unidad se quiere dar importancia a las danzas urbanas o "Street Dance", que son danzas sociales improvisadas, creativas y originales. Este tipo de bailes se producen en los duelos conocidos como jamming, donde los espectadores forman un círculo y los bailarines muestran sus habilidades solos, en parejas o en grupos y los espectadores son quienes eligen al vencedor.

Existen diferentes estilos de danzas urbanas: el funky, hip-hop, breakdance, krumping, liquid dancing, locking, popping, robot, tutting, uprock, etc…que serán estudiadas en la presente unidad.

**b) Objetivos didácticos**
- Conocer las características fundamentales de las diferentes danzas urbanas.
- Vivenciar y participar de forma activa en las actividades de baile propuestas.
- Adquirir confianza y seguridad en sí mismo.
- Ser capaz de captar las dimensiones y direcciones del espacio para adecuarse a él según los condicionantes de la situación.
- Ejecutar ritmos y bailes inventados.
- Elaborar mensajes corporales y transmitirlos a través del movimiento.

- Rendir al máximo en la actividad dada sin que esta lleve a comportamientos competitivos o agresivos.
- Elaborar coreografías propias.

**c) Contenidos**
- Conocimiento básico de las diferentes danzas urbanas.
- Pasos básicos de las danzas urbanas.
- Participación desinhibida y espontánea en actividades de baile propuestas.
- Experimentación de los diferentes ritmos de nuestro cuerpo.
- Elaboración de coreografías.

**d) Distribución temporal**
- Sesión 1: Introducción a las danzas urbanas. Poner las escenas de baile más llamativas de las películas "Step up", "Street dance", "Street dance 3" y "Ritmos del barrio". Practica de diferentes movimientos de hip-hop y funky con Les Mills Body Jam (DVD).
- Sesión 2: Hip-Hop & Street Dance Tutorial (DVD).
- Sesión 3: Breakdance: Completely Street Instructional (DVD Series One).
- Sesión 4: Preparación de una coreografía y puesta en escena.

**e) Metodología**
- Instrucción directa.
- Enseñanza mediante la búsqueda.

**f) Recursos didácticos**
- Les Mills Body Jam (DVD).
- Hip-Hop & Street Dance Tutorial (DVD).
- Breakdance: Completely Street Instructional (DVD Series One).
- Películas "Step up", "Street dance", "Street dance 3" y "Ritmos del barrio".

**g) Criterios de evaluación**

Nos centramos en aspectos fundamentalmente actitudinales, valorando la integración y participación en la actividad.

**h) Criterios de calificación**
- Les Mills Body Jam.
- Hip-Hop & Street Dance.
- Breakdance.
- Coreografía.

**Puntuación de cada apartado:** del 1 (nota más baja) al 10 (nota más alta). Se hace media entre las variables.

# Capítulo 6.
# UNIDADES DIDÁCTICAS PARA 1º BACHILLERATO

## 6.1. UNIDAD DIDÁCTICA 1: CONDICIÓN FÍSICA V

**a) Introducción**

Esta unidad didáctica se encuentra dentro del apartado de actividad física y salud. Se pretende desarrollar las diferentes cualidades físicas, por lo cuál haremos una evaluación inicial mediante diferentes test físicos para comprobar el estado del alumnado y ver cuál es la situación de partida.

Al final del curso haremos una repetición de los test de condición física para comparar los resultados y conocer si existen mejoras.

**b) Objetivos didácticos**
- Adquirir una buena condición física.
- Tomar conciencia de los beneficios que aporta una buena condición física para la práctica de todos los deportes.
- Aplicar los principios básicos y sistemas de entrenamiento para el desarrollo de las capacidades físicas básicas.
- Tomar conciencia de la propia condición física y responsabilizarse en el desarrollo de la misma.
- Saber tomar e interpretar la frecuencia cardiaca estableciendo los ritmos e intensidades adecuados al ejercicio.
- Tomar conciencia de las posturas que se adoptan habitualmente.
- Conocer las bases para diseñar ejercicios en función de las necesidades individuales.

**c) Contenidos**
- Condición física y capacidades físicas: Conceptos, principios y sistemas para su desarrollo.
- Test de valoración de la condición física.
- Acondicionamiento físico general. Desarrollo de las capacidades físicas.
- Juegos donde se trabaja la condición física (fuerza, velocidad y resistencia)
- Aplicación de los sistemas específicos de entrenamiento y desarrollo de las distintas capacidades físicas y valoración de sus efectos.
- Toma de conciencia de la propia condición física y responsabilidad en el desarrollo de la misma.
- Valoración y toma de conciencia de la propia imagen corporal, de sus límites y capacidades.

- Disposición positiva hacia la práctica habitual de actividad física sistemática como medio de mejora de las capacidades físicas, la salud y la calidad de vida.

### d) Distribución temporal
- Sesión 1: Carrera continúa más flexibilidad.
- Sesión 2: Fartlek.
- Sesión 3: Interval training extensivo.
- Sesión 4: Fuerza de tren inferior más velocidad de reacción.
- Sesión 5: Trabajamos la fuerza con mancuernas (2 Kg).
- Sesión 6: Trabajamos la velocidad.
- Sesión 7: Test de la Course Navette y test de abdominales en 1 minuto.
- Sesión 8: Test de 150 m y test de lanzamiento de balón medicinal.

**e) Metodología:** Enseñanza mediante la búsqueda. Instrucción directa.

**f) Recursos didácticos:** Course Navette en formato mp3

### g) Criterios de evaluación
- Superación de las pruebas prácticas.
- Valorar el esfuerzo, interés y motivación de los alumnos durante el desarrollo de las sesiones.
- Valorar si el alumno cuida debidamente el material empleado en clase.

### h) Criterios de calificación
La puntuación de todos los test se compara con los baremos de condición física según cada curso. Se hace media entre los resultados de cada test.

### i) Pruebas de aptitud física:
Se realizarán los siguientes test físicos en 1º Bachillerato (ver anexo):
- Course Navette.
- Abdominales en 1 minuto.
- Test de 150 m.
- Lanzamiento de balón medicinal.

| UD 1: Condición física V | Nº Sesión: 1 |
|---|---|
| **Duración:** 40 min  (20 min bajar/cambiarse-cambiarse/subir). <br> **Curso: 1º Bachillerato** ||
| **Recursos materiales:** Ninguno. ||
| **Instalaciones:** Pista exterior. ||
| **Contenido:** Carrera continua más flexibilidad. ||
| **Tareas** ||
| **Calentamiento 12'** ||
| **a)** Calentamiento general: 5 minutos de carrera continua, ejercicios de activación (talones atrás, skipping, pasos laterales, agacharse y dar un salto...) realizando ejercicios de movilidad articular todo el grupo en círculo (brazos, cintura, piernas...) y dos progresivos a todo el campo de fútbol. <br> **b)** Por parejas, están separados 20 m uno enfrente de otro. A la señal del profesor, tendrán que correr hacia delante hasta llegar a la mitad del camino, tocar con su mano el suelo y volver corriendo de espaldas (5 veces cada uno). ||
| **Parte principal 20'** ||
| **a)** Carrera continua 12 minutos. Toma de la frecuencia cardiaca. <br> **b)** 20 repeticiones x 3 series: abdominales, flexiones y lumbares. ||
| **Vuelta a la calma 8'** ||
| Estiramientos globales. ||

| | |
|---|---|
| **UD 1: Condición física V** | **Nº Sesión: 2** |
| **Duración:** 40 min (20 min bajar/cambiarse-cambiarse/subir). | |
| **Curso: 1º Bachillerato** | |
| **Recursos materiales:** Aros y conos. | |
| **Instalaciones:** Pista exterior. | |
| **Contenido:** Fartlek. | |

| Tareas |
|---|
| **Calentamiento 15'** |
| a) Pilla-pilla por las líneas de los campos de baloncesto y balonmano.<br>b) Movilidad articular dirigida por un alumno.<br>c) Realizar el siguiente ejercicio siguiendo el gráfico. Primero correr adelante-atrás (3 veces en la fila de la derecha), después correr lateral agachado (3 veces en la fila de la izquierda). Siempre sprint en el último cono. Cambio de fila trotando.<br><br>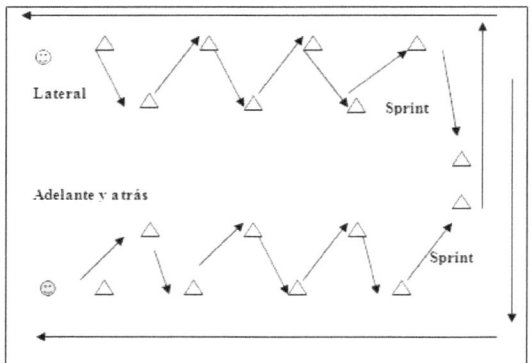 |
| **Parte principal 20'** |
| **Fartlek:** (Es un tipo de carrera continua con cambios frecuentes en el ritmo).<br>• Alrededor del campo de fútbol. Damos una vuelta al campo al 50%.<br>• Largo rápido 85% (ancho, largo, ancho 50%)<br>• Largo y ancho rápido 85% (largo, ancho y largo 50%)<br>• Ancho, largo, ancho 85% (1 vuelta de recuperación).<br>• Repito lo anterior 3 veces.<br><br>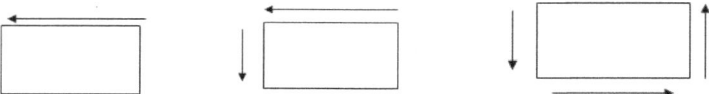 |
| **Vuelta a la calma 5'** |
| Estiramiento de facilitación neuromuscular propioceptivo. (FNP). |

| UD 1: Condición física V | Nº Sesión: 3 |
|---|---|

**Duración:** 40 min (20 min bajar/cambiarse-cambiarse/subir).
**Curso: 1º Bachillerato**
**Recursos materiales:** Conos, escaleras.
**Instalaciones:** Pista exterior.
**Contenido:** Interval training extensivo.

### Tareas

### Calentamiento 15'

**a)** Carrera continua 3 minutos.
**b)** Formamos cuatro grupos de 5 personas. Cada grupo se pone en un vértice del campo en fila delante de unas escaleras. Realiza el ejercicio dentro de la escalera hace un sprint y trota hasta el siguiente ejercicio. Todos van rotando en dirección de las agujas del reloj. Dan tres vueltas al circuito. Descansan 2 min. Dan otras tres vueltas al circuito.

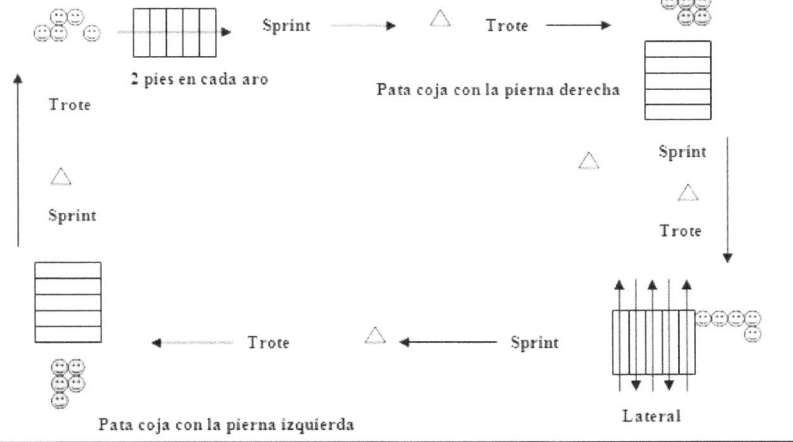

### Parte principal 20'

Todos los alumnos colocados en la línea de fondo. A la señal del profesor, realizan las siguientes secuencias:
1º Ida y vuelta a máxima velocidad de línea de fondo hasta 20 m. (1´ de descanso).
2º Ida y vuelta a máxima velocidad de línea de fondo hasta 30 m. (1´ de descanso).
3º Ida y vuelta a máxima velocidad de línea de fondo hasta 40 m. (1´ de descanso).
4º Vuelta entera a la mitad del campo de fútbol sala (1´ de descanso).
5º Vuelta entera al campo de fútbol sala (2´ de descanso).
6º Vuelta entera a la mitad del campo de fútbol sala (1´ de descanso).
7º Ida y vuelta a máxima velocidad de línea de fondo hasta 40 m. (1´ de descanso).
8º Ida y vuelta a máxima velocidad de línea de fondo hasta 20 m. (1´ de descanso).
9º Ida y vuelta a máxima velocidad de línea de fondo hasta 30 m. (1´ de descanso).
10º Vuelta de recuperación.

### Vuelta a la calma 5'

Estiramientos individuales.

| | |
|---|---|
| **UD 1: Condición física V** | **Nº Sesión: 4** |

**Duración:** 40 min (20 min bajar/cambiarse-cambiarse/subir).
**Curso: 1º Bachillerato**
**Recursos materiales:** Escaleras, 20 conos.
**Instalaciones:** Pista exterior.
**Contenido:** Fuerza de tren inferior más velocidad de reacción.

### Tareas

### Calentamiento 15'

a) Carrera continua 3 minutos.
b) Dos grupos. Ejercicios entre aros 2 pies en cada escalera (la fila de la izquierda de frente y la fila de la derecha lateral-frente), sprint, corro de espaldas, sprint. Voy al trote hacia la otra fila. 6 veces, 3 de cada lado.

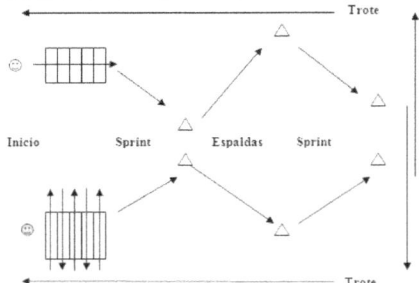

### Parte principal 22'

a) Dos grupos (lado izquierdo y lado derecho). Nº 1 saltamos metiendo los pies dentro de la escalera, nº 2 salto lateral, nº 3 pata coja. 8 veces.

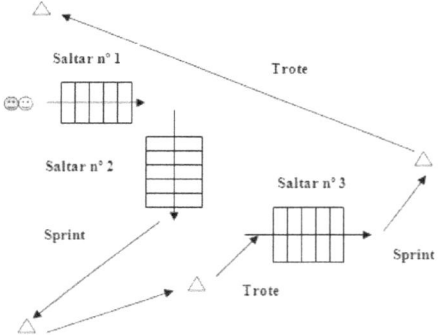

b) Salidas de velocidad desde diferentes posiciones.
c) Competición de velocidad ¿Quién es el más rápido de clase? ¿Y en chicas/os?

### Vuelta a la calma 3'

Estiramientos.

| | |
|---|---|
| **UD 1: Condición física V** | **Nº Sesión: 5** |

**Duración:** 40 min (20 min bajar/cambiarse-cambiarse/subir).
**Curso: 1º Bachillerato**
**Recursos materiales:** 60 mancuernas de 2 kg.
**Instalaciones:** Pista exterior.
**Contenido:** Trabajamos la fuerza con mancuernas (2 Kg).

### Tareas

### Calentamiento 10'

**a)** Carrera continua 3 minutos. Movilidad articular.
**b)** Explicación de los ejercicios que vamos a realizar.

### Parte principal 27'

**a)** Realizar 20 series de 2 repeticiones.
Bíceps:
1. Curl de bíceps alternos con supinación.
2. Curl de bíceps concentrado con apoyo en el muslo.
3. Curl de bíceps alterno tipo martillo.

Tríceps:
4. Extensión vertical alterna de los codos con mancuerna.
5. Extensión alternada de los codos con mancuerna con el tronco inclinado hacia delante.

Hombros:
6. Press sentado con mancuernas.
7. Press frontal con rotación de la muñeca.
8. Elevaciones laterales de los brazos con mancuernas.
9. Elevaciones laterales con el tronco inclinado hacia delante.
10. Elevaciones frontales alternas con mancuernas.

Pectorales:
11. Press con mancuernas en banco plano.
12. Aperturas con mancuernas en banco plano.
13. Pull-over con mancuerna.

Espalda:
14. Remo horizontal a una mano con mancuernas.
15. Encogimiento y rotación de los hombros con mancuernas.

Piernas:
16. Flexión de rodillas con mancuernas.
17. Elevación de un talón con mancuerna.

Abdominales:
18. Flexión lateral de tronco con mancuerna.

Estiramientos.

| UD 1: Condición física V | Nº Sesión: 6 |
|---|---|

**Duración:** 40 min (20 min bajar/cambiarse-cambiarse/subir).
**Curso: 1º Bachillerato**
**Recursos materiales:** Escaleras y 20 conos.
**Instalaciones:** Pista exterior.
**Contenido:** Trabajamos la velocidad.

### Tareas
### Calentamiento 5'

**a)** Carrera continua 3 minutos. Movilidad articular.
**b)** Hacer dos grupos (lado derecho y lado izquierdo). Pasar la escalera con un pie en cada cuadrado, correr hacia delante y atrás en los conos, pasar la escalera con pasos laterales –frontales, dar pasos laterales en los conos, saltar a pies juntos en la escalera, realizar un sprint de 40 m y trotar hasta el inicio.

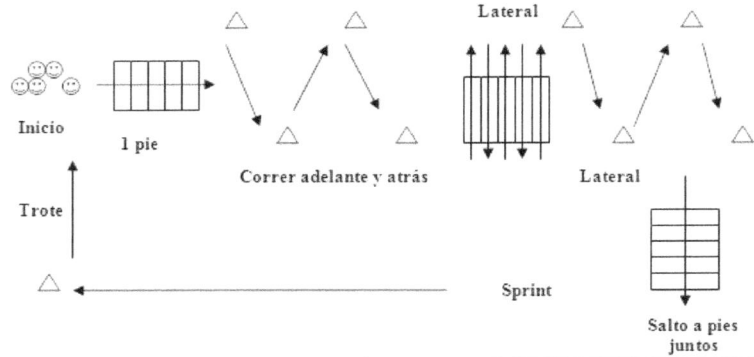

### Parte principal 32'

**a)** A la señal del profesor, dos grupos salen a la vez a máxima velocidad, sin chocarse, haciendo el recorrido. ¿Qué equipo llega primero? Realizan el ejercicio 4 veces con descanso de 2 minutos entre cada serie.

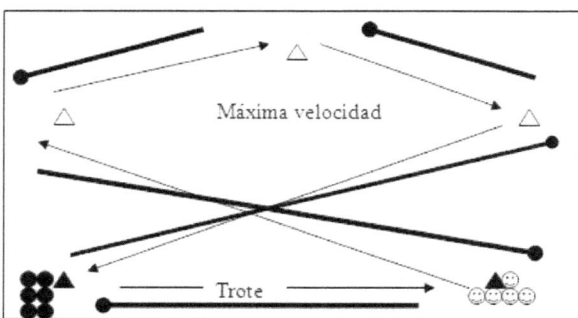

**b)** Competición a máxima velocidad, 1x1. Gráfico explica los movimientos de la cara blanca y de la cara negra.

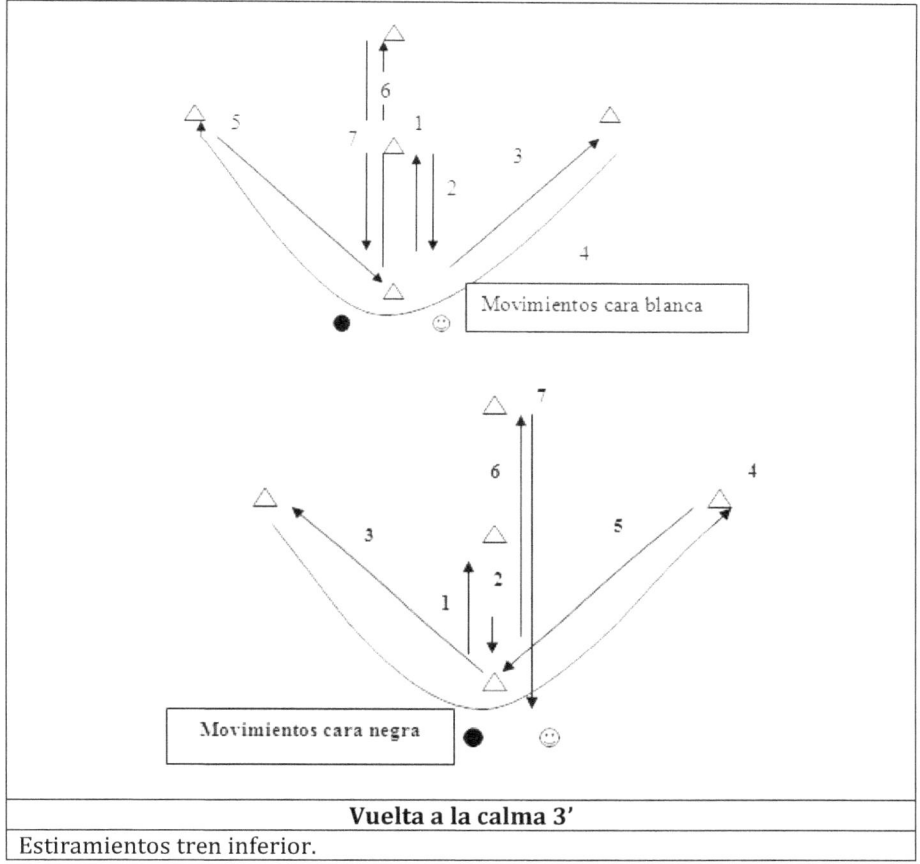

| |
|---|
| **Vuelta a la calma 3'** |
| Estiramientos tren inferior. |

**Nº Sesión 7:** Test de la Course Navette y test de abdominales en 1 minuto.
**Nº Sesión 8:** Test de velocidad de 150 m y test de lanzamiento de balón medicinal.

*La explicación de los test de las pruebas físicas y sus baremos se encuentran en el anexo.

## 6.2. UNIDAD DIDÁCTICA 2: FÚTBOL II

### a) Introducción
En la unidad didáctica fútbol II se pretende perfeccionar los contenidos desarrollados en el curso anterior.

### b) Objetivos didácticos
- Perfeccionar la técnica básica del juego del fútbol.
- Perfeccionar las habilidades del portero.
- Utilizar los diferentes elementos técnico-tácticos para adaptarlos al juego real en situaciones de máxima exigencia.
- Promover la integración de la mujer en un juego tradicionalmente practicado por hombres.
- Mejorar la condición física mediante la práctica de los diferentes y variados gestos técnicos así como la puesta en escena de los recursos tácticos.
- Conocer los aspectos tácticos específicos derivados del desarrollo del juego del fútbol.
- Conocer el movimiento mediático del fútbol y lo que esto genera.
- Conocer el reglamento de las diferentes modalidades de juego, fútbol sala y fútbol 11.

### c) Contenidos
- La técnica, táctica y el reglamento del fútbol.
- Capacidades físicas y coordinativas del fútbol.
- Conocimiento del efecto sociocultural del fútbol.
- Material específico del fútbol y el mantenimiento de éste.
- Modalidades de juego.
- Realización de calentamientos específicos de fútbol.
- Perfeccionamiento de los patrones básicos del fútbol y de sus diferentes modalidades.
- Utilización de los recursos técnicos integrándolos dentro de situaciones de juego real como medio de superación del rival.
- Ajuste de la respuesta tanto individual como colectiva al modo de juego del adversario.
- Realización de competiciones.
- Utilización del juego del fútbol como medio de mejora de la condición física.
- Aceptación de las reglas.
- Desarrollar un espíritu crítico hacia prácticas violentas en el juego del fútbol.
- Aceptar la derrota con deportividad y aprender de ella.
- Participación en el montaje y recogida de material necesario para la realización de las clases.
- Capacidad de superación.

### d) Distribución temporal
- Sesión 1: Manejo del balón (pequeños toques, conducción, cambios de dirección con balón controlado, regate etc.).

- Sesión 2: Técnica individual (lanzamiento a portería: a balón parado, control orientado y lanzamiento, regate en carrera y lanzamiento, finta y lanzamiento, etc.).
- Sesión 3: Manejo de balón, repaso de todo lo visto con anterioridad. Táctica colectiva (movimientos de ataque con balón: situaciones de superioridad numérica, contraataque, 2x1 y 3x2.).
- Sesión 4: Táctica individual y colectiva (movimientos de ataque sin balón: pantallas, desmarques hacia la portería, realización de aclarados arrastrando al defensor a zonas de poco peligro para despejar zonas a compañeros donde el peligro es patente, cortes por delante y por detrás).
- Sesión 5: Contraataque. Juego utilizando el pase al fondo por las bandas.
- Sesión 6: El portero (gestoforma, movimientos y particularidades de este componente tan importante del equipo). Uno contra el portero.
- Sesión 7: Competición.
- Sesión 8: Evaluación.

**e) Metodología:**
- Instrucción directa.
- Enseñanza recíproca.
- Descubrimiento guiado.
- Enseñanza mediante la búsqueda

**f) Criterios de evaluación**
- Valoración de la técnica tanto individual como colectiva.
- Superación de las pruebas prácticas.
- Valoración de los conceptos técnicos y tácticos básicos en situaciones reales de juego.
- Valorar las diferencias en la ejecución técnica teniendo presente las diferentes capacidades motoras de los alumnos.
- Valorar el esfuerzo, interés y motivación de los alumnos durante el desarrollo de las sesiones así como el grado de mejora en la calidad de juego de todos y cada uno de ellos.
- Respetar y mostrar un trato de igualdad entre sexos.
- Valorar si el alumno cuida debidamente el material empleado en clase.

**g) Criterios de calificación**

Se realizará un examen práctico donde se calificará el grado de ejecución, progresión y rendimiento del alumnado.
- 10 toques con balón.
- Conducción del balón entre conos colocados en zig-zag.
- Pases.
- Regate a un jugador pasivo.
- Tiro a puerta.
- Portero.
- Partido.

**Puntuación de la ejecución de cada ejercicio:** del 1 (nota más baja) al 10 (nota más alta). Se hace media entre las variables.

| | |
|---|---|
| **UD 2: Fútbol II** | **Nº Sesión 1** |
| **Duración:** 40 min (20 min bajar/cambiarse-cambiarse/subir). | |
| **Curso:** 1º **Bachillerato** | |
| **Recursos materiales:** 40 conos, balones de fútbol, petos. | |
| **Instalaciones:** Campo de fútbol sala. | |
| **Contenido:** Manejo del balón (pequeños toques, conducción, cambios de dirección con balón controlado, regate etc.). | |

| Tareas |
|---|
| **Calentamiento 5'** |
| **a)** Carreras suaves a lo largo, ancho y en diagonal para elevar la temperatura corporal, el pulso cardíaco y mejorar la técnica de carrera (con balón). <br> **b)** En carrera ejercicios de movilidad articular, coordinación, brazos, tronco conduciendo el balón. <br> **c)** Rondo. 8 alumnos en cada grupo forman un corro amplio y 2 alumnos se sitúan en el medio, los alumnos del corro se pasan el balón entre ellos sin que sea interceptado por los que están en el medio, si se intercepta se cambia la posición. |
| **Parte principal 32'** |
| **a)** 8 filas. 10 conos en fila separados 1 m cada uno. Realizar los siguientes ejercicios: <br> *Conducir en línea recta con el interior, ida con pie dr, vuelta con pie izq. 4 veces <br> *Conducir en línea recta con el exterior, ida con pie dr, vuelta con pie izq. 4 veces <br> *Conducir en línea recta con el empeine, ida con pie dr, vuelta con pie izq. 4 veces <br> *Conducir en zig-zag ida y vuelta. 4 veces <br> *Conduzco en línea recta al lado de los conos y debo hacer tres regates, metiendo el balón en la línea de conos. Ida y vuelta. <br><br> **b)** Los alumnos, dentro de un espacio limitado, realizan conducciones, controles, pases, paredes, fintas y regates con cambio de ritmo y dirección. A la señal del profesor, intentamos quitar los balones a los demás sin perder el nuestro. <br><br> **c)** Pases por parejas: (separados 4 m). <ul><li>Pase con el interior.</li><li>Con el exterior.</li><li>Con el empeine.</li><li>Con la puntera.</li><li>Pase elevado.</li></ul> **d)** Pases en movimiento: <br> En cuadrado. Cuatro filas en cada cono. Avanzamos conduciendo el balón 2 m y pasamos el balón al compañero de la fila de enfrente y me quedo en esa nueva fila. <br> Variante: Hacer el ejercicio con dos balones. <br><br> **e)** Partido de béisbol bateando con el pie. |
| **Vuelta a la calma 3'** |
| Resultados del partido. Estiramientos. Recogida de material. |

| | |
|---|---|
| **UD 2: Fútbol II** | **Nº Sesión 2** |

**Duración:** 40 min (20 min bajar/cambiarse-cambiarse/subir).
**Curso: 1º Bachillerato**
**Recursos materiales:** 40 conos, balones de fútbol, petos.
**Instalaciones:** Campo de fútbol sala.
**Contenido:** Técnica individual (lanzamiento a portería: a balón parado, control orientado y lanzamiento, regate en carrera y lanzamiento, finta y lanzamiento, etc.).

### Tareas
### Calentamiento 10'

**a)** Conducción con el balón por el campo.
**b)** Dos filas enfrentadas. Realizar pases entre sí, rotando al final de su fila o a la otra.
**c)** Dos equipos de 8 alumnos cada uno. Un equipo dentro de un círculo delimitado. El otro equipo fuera del círculo. Los alumnos de fuera se pasan el balón entre sí e intentarán disparar el balón bajo para hacer blanco en los del interior. El alumno tocado quedará eliminado. Se juegan dos tiempos de 2 minutos cada uno. Gana el equipo que elimine más jugadores.

### Parte principal 25'

Lanzamientos a portería:

**a)** Por parejas, nos colocamos en paralelo y vamos realizando pases hasta llegar al borde del área, será allí donde realizamos el lanzamiento.

**b)** Por parejas, conduce uno y el otro va detrás, cuando lleguemos al borde del área, el que lleva el balón lo pisa y el de detrás golpea a portería. Variante: El de delante pisa y el compañero debe realizar un pequeño regate al que pisó el balón, y lanzar a portería (el que pisa el balón hace una oposición pasiva, no roba el balón).

**c)** Lanzamientos a portería, tras zig-zag entre conos.

**d)** Pañuelo de tiros. Es como el juego del pañuelo pero el que llega antes al balón es el que hará de atacante y el otro defenderá. Tiene que intentar meter gol a un portero que se encuentra en la portería. Cada gol es un punto para el equipo que lo consiga. Podemos salir por parejas. Variante: El profesor puede decir, 2 ó 3 números, o decir números pares o impares, o decir chicas o chicos....

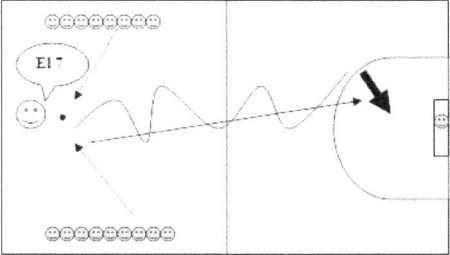

### Vuelta a la calma 5'

Lanzamientos de penaltis.

| | |
|---|---|
| **UD 2: Fútbol II** | **Nº Sesión 3** |

**Duración:** 40 min (20 min bajar/cambiarse-cambiarse/subir).
**Curso:** 1º Bachillerato
**Recursos materiales:** 30 conos, 10 conos altos, balones de fútbol, petos.
**Instalaciones:** Campo de fútbol sala.
**Contenido:** Manejo de balón, repaso de todo lo visto con anterioridad. Táctica colectiva (movimientos de ataque con balón: situaciones de superioridad numérica, contraataque, 2x1 y 3x2.).

### Tareas

### Calentamiento 5'

**a)** Individualmente el alumno intenta dar 10 toques al balón con cualquier parte del cuerpo sin que el balón se caiga al suelo.

### Parte principal 33'

**a)** Relevos. 6 filas. Conducción, giro en el cono y vuelvo, puedo pasarle al compañero al llegar a una línea establecida.
**b)** Grupos de 8 formando un círculo. En cada grupo dos balones. El alumno que tiene el balón lo pasa y va al lugar donde pasó el balón.
**c)** Los alumnos del interior apoyan a los poseedores del balón, quienes le pasan el balón y lo devuelven. Utilizar el pie o la cabeza.

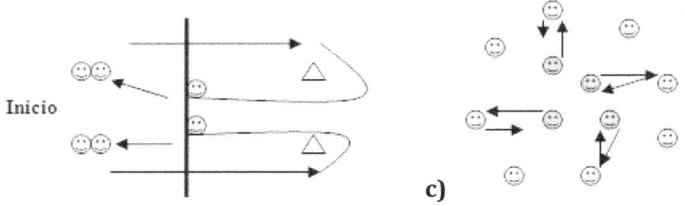

**d)** Conducción, pase, pared, control y centro para que remate el compañero. Luego el pasador y el rematador cambian de posiciones. Trabajar ambas bandas.

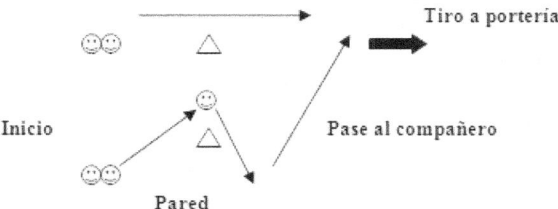

**e)** Situaciones de superioridad numérica, contraataque, 2x1 y 3x2.
**f)** Partido de 4:4 con dos porterías a los fondos y sin porteros. Hay que meterse dentro de la portería para que sea gol.

### Vuelta a la calma 2'

Resultados del partido. Estiramientos. Recogida de material.

| | |
|---|---|
| **UD 2: Fútbol II** | **Nº Sesión 4** |

**Duración:** 40 min (20 min bajar/cambiarse-cambiarse/subir).
**Curso: 1º Bachillerato**
**Recursos materiales:** 40 conos, balones de fútbol, petos.
**Instalaciones:** Campo de fútbol sala.
**Contenido:** Táctica individual y colectiva (movimientos de ataque sin balón: pantallas, desmarques hacia la portería, realización de aclarados arrastrando al defensor a zonas de poco peligro para despejar zonas a compañeros donde el peligro es patente, cortes por delante y por detrás).

### Tareas
### Calentamiento 10'

**a)** Juego de los 10 pases. 4 equipos. Cada equipo en una mitad de campo.

### Parte principal 25'

Ejercicios de control de balón:

**a)** Cada uno con un balón, tenemos que lanzarlo con la mano hacia arriba y controlarlo con: el empeine, el interior, el exterior y la planta del pie.

**b)** Cada uno con un balón intentamos dar toques con las siguientes partes del cuerpo: el muslo derecho e izquierdo, la pierna derecha e izquierda, con ambas piernas, con la cabeza y con todas las partes del cuerpo posibles, menos con los brazos.

**c)** Por parejas:
- Uno lanza el balón con las manos y el otro realiza un control con el muslo y lo deja muerto.
- Igual, pero con el pecho.
- Uno se sienta, el que está de pie lanza el balón y el compañero debe levantarse y debe controlar el balón antes de que caiga.
- Entre los dos, intentar que no caiga el balón al suelo, utilizando cualquier parte del cuerpo.

**d)** Circuito:
Una fila de alumnos en el lado derecho del campo. El primer alumno de la fila pasa el balón al de la banda izquierda. Este alumno para el balón y hace una pared con un compañero. Cuando vuelve a recibir, pasa a un compañero que se desmarca por la línea de fondo al lado derecho o izquierdo del campo y que le devuelve el balón al borde del área para que el alumno que le había pasado tire a portería. El que se desmarca, el que hace la pared y el portero se quedan fijos en su puesto hasta que le cambia el profesor.

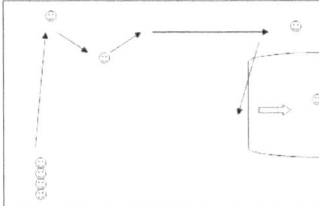

### Vuelta a la calma 5'

¿Quién es capaz de hacer el mayor número de toques posibles con el balón sin que se caiga al suelo?

| | |
|---|---|
| **UD 2: Fútbol II** | **Nº Sesión 5** |

**Duración:** 40 min (20 min bajar/cambiarse-cambiarse/subir).
**Curso:** 1º Bachillerato
**Recursos materiales:** 30 conos, balones de fútbol, petos.
**Instalaciones:** Campo de fútbol sala.
**Contenido** Contraataque. Juego utilizando el pase al fondo por las bandas.

### Tareas
### Calentamiento 10'

**a)** Pase de los alumnos del extremo a los del medio a ras de suelo o media altura. Controlan, orientan, pasan y rotan de posiciones.

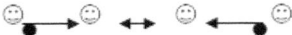

**b)** Una fila con balones. Conducción, pase, control y tiro a cualquiera de las porterías, rotando tal como se indica en el gráfico. (Alumnos colocados a lo ancho del campo).

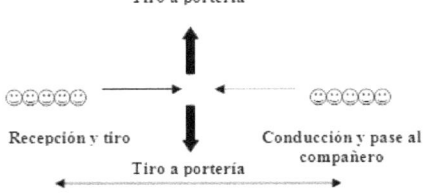

**c)** Cuatro grupos. Los alumnos en medio campo. Dos grupos atacan hacia una portería y otros dos hacia la otra. Conducción y tiro a puerta.

### Parte principal 25'

**a)** 4x2. Un alumno atacante está fuera del campo para apoyar a los jugadores del interior del campo. A ellos, no se les puede robar el balón.

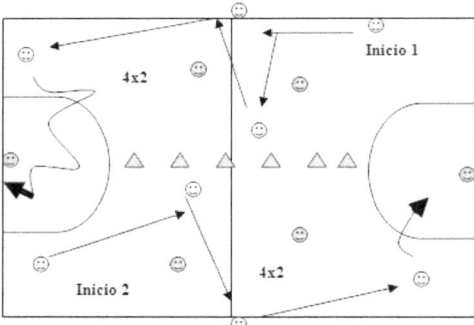

### Vuelta a la calma 5'

Estiramientos y recogida del material.

| | |
|---|---|
| **UD 2: Fútbol II** | **Nº Sesión 6** |

| |
|---|
| **Duración:** 40 min (20 min bajar/cambiarse-cambiarse/subir). |
| **Curso: 1º Bachillerato** |
| **Recursos materiales:** balón de gomaespuma. |
| **Instalaciones:** Campo de fútbol sala. |
| **Contenido:** El portero (gestoforma, movimientos y particularidades de este componente tan importante del equipo). Uno contra el portero. |
| **Tareas** |
| **Calentamiento 10'** |
| **a)** Balón prisionero con un balón de gomaespuma podemos golpear el balón con el pie y lanzarlo con las manos. |
| **Parte principal 25'** |
| **a)** Por parejas: <br> • Lanzar el balón y pararlo con el pecho. <br> • Lanzar el balón hacia arriba y recogerlo con la rodilla arriba e inmediatamente después llevarlo al pecho. <br> • Lanzarlo rodando y el portero recibe con la rodilla de lado, por si fallaran las manos. <br> **b)** Juegos de portero: <br> • Por parejas, hacemos una portería, uno lanza y el otro debe parar todos los balones. <br> • Uno con balón y el otro de espaldas, lanzamos el balón y decimos su nombre, el que está de espaldas se da la vuelta y debe parar el balón (trabajamos los reflejos). <br> • El portero en medio de la portería, le decimos ¡ya! y se desplaza al poste derecho y cuando llega a ese poste lanzamos el balón al poste contrario para que pare el balón. Cinco veces se desplaza al lado derecho y otras cinco al lado izquierdo. <br> **c)** Ejercicios con colchoneta (por parejas): <br> • Uno sentado en la colchoneta, le tiramos el balón a un lado y debe estirarse y parar el balón. <br> • Igual, pero realizamos el ejercicio desde de pie. <br> **d)** Realizar un uno contra portero. <br> **e)** Usar las dos porterías, el portero pasa con pies o con las manos elevado y salta dos obstáculos (vallas a pies juntos), corre hacia la portería, para el tiro y cambia de fila. <br> 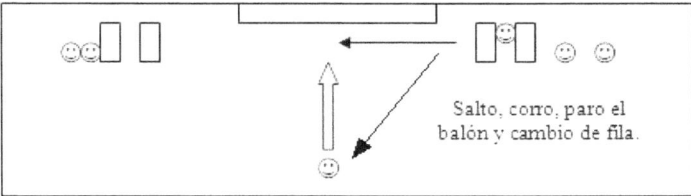 |
| **Vuelta a la calma 5'** |
| Estiramientos y recogida de material. |

**Nº Sesión 7:** Competición.
**Nº Sesión 8:** Evaluación.

## 6.3. UNIDAD DIDÁCTICA 3: DEPORTES ALTERNATIVOS II

### a) Introducción
En la unidad didáctica de deportes alternativos II se pretende proseguir con la creación de material alternativo, así que los alumnos construirán: una indiaca, un palo para jugar al lacrosse, un suavicesto y un tetrapalas.

### b) Objetivos didácticos
- Familiarizarse con el material alternativo, manejando los diferentes móviles.
- Crear material alternativo: indiaca, lacrosse, suavicesto y tetrapalas.
- Desarrollar la coordinación óculo-manual.
- Percibir y controlar el cuerpo en las distintas situaciones planteadas en las que se precise un ajuste motor.

### c) Contenidos
- Juegos con todo tipo de material alternativo.
- Adquisición, desarrollo y perfeccionamiento de los patrones básicos del juego.
- Creación de un material alternativo.
- Aceptación de las normas.
- Participación en el montaje y recogida de material necesario para la realización de las clases.
- Capacidad de esfuerzo y superación.
- Realización de la ficha de la búsqueda de la información sobre material reciclado.

### d) Distribución temporal
- Sesión 1: El lacrosse. Reglamento, pases, recepciones, competición y evaluación.
- Sesión 2: El suavicesto. Reglamento, pases, recepciones, competición y evaluación.
- Sesión 3: La indiaca. Reglamento, pases, recepciones, competición y evaluación.
- Sesión 4: Los tetrapalas. Reglamento, pases, recepciones, competición y evaluación.
- Sesión 5: Balonkorf. Reglamento, pases, recepciones, competición y evaluación.

### e) Metodología
- Enseñanza recíproca.
- Descubrimiento guiado.
- Enseñanza mediante la búsqueda.

## f) Recursos didácticos
- Ficha de búsqueda de información sobre creación de material reciclado.

## g) Criterios de evaluación
- Valoración de la destreza adquirida.
- Superar las pruebas prácticas.
- Valorar las diferencias en la ejecución técnica teniendo presente las diferentes capacidades motoras de los alumnos.
- Valorar el esfuerzo, interés y motivación de los alumnos durante el desarrollo de las sesiones así como el grado de mejora.
- Valorar si el alumno cuida debidamente el material empleado en clase.
- Evaluar el material reciclado construido.

## h) Criterios de calificación
El examen práctico será realizado por observación directa del profesor sobre el alumno de las diferentes acciones realizadas durante las sesiones de lacrosse, suavicesto, indiaca y tetraplas. Prestando especial interés a la participación, nivel de ejecución en las actividades, esfuerzo, motivación y cuidado del material.

**Puntuación de cada apartado:** del 1 (nota más baja) al 10 (nota más alta). Se hace media entre las variables.

## 6.4. UNIDAD DIDÁCTICA 4: DEPORTES DE RAQUETA

### a) Introducción
En la unidad didáctica de deportes de raqueta se realizarán diferentes competiciones de bádminton, shutterball, tenis de mesa y palas en las modalidades de dobles e individuales.

### b) Objetivos didácticos
- Despertar el interés por la práctica de los deportes de raqueta.
- Orientarse correctamente a la trayectoria de la pelota para golpearla con una intención.
- Aplicar la habilidad de golpear en las diferentes competiciones.
- Realizar diferentes tipos de golpeos.
- Practicar y automatizar el lanzamiento de manera coordinada con los desplazamientos.
- Desarrollar pases y recepciones con los segmentos superiores.
- Tomar conciencia de las posibilidades de movimiento individuales y aceptar las condiciones propias del resto de compañeros del grupo.
- Desarrollar autonomía y confianza en las propias acciones, y respetar igualmente las acciones de los compañeros.

- Respetar las reglas de juego comúnmente establecidas y acogidas por el grupo.

**c) Contenidos**
- Reconocimiento de las reglas básicas de los deportes de raqueta.
- Formas y posibilidades de lanzamientos.
- Coordinación óculo-manual.
- Aplicación de los golpeos a actividades lúdicas.
- Realización de torneos individuales y dobles.
- Ejecución de distintos golpeos: de abajo-arriba y laterales.
- Control y dominio motor de manipulaciones de diferentes objetos en situación estática y con desplazamientos.
- Mejora de la coordinación de las distintas destrezas.
- Aceptación de las normas establecidas.
- Aceptación de las propias limitaciones y las de los compañeros.
- Valoración el esfuerzo propio y la capacidad de superación.
- Realización de la ficha de la búsqueda de la información sobre tenis de mesa y tenis.

**d) Distribución temporal**
- Sesión 1: Torneo individual de bádminton.
- Sesión 2: Torneo de dobles de bádminton.
- Sesión 3: Torneo individual de shutterball.
- Sesión 4: Torneo de dobles de shutterball.
- Sesión 5: Torneo individual de palas.
- Sesión 6: Torneo de dobles de palas.
- Sesión 7: Torneo tenis de mesa sentado en el suelo individual.
- Sesión 8: Corrección de la ficha de búsqueda de la información sobre tenis de mesa y tenis.

**e) Metodología**
- Descubrimiento guiado.
- Enseñanza mediante la búsqueda.

**f) Criterios de evaluación**
- Reconoce los distintos golpeos que se utilizan en el juego.
- Se orienta correctamente para golpear la pelota, según su trayectoria.
- Realiza correctamente golpeos de derecho y revés.
- Se comporta apropiadamente cuando pierde y cuando gana.
- Tiene un buen entendimiento de las reglas del juego.
- Demuestra deportividad durante el juego.
- Acepta su condición motriz y la de sus compañeros.
- Coopera con los miembros del equipo.
- Evaluar la ficha teórica de tenis de mesa y tenis.

### g) Criterios de calificación
- Juego real en el bádminton.
- Juego real en el shutterball.
- Juego real en las palas.
- Juego real en el tenis de mesa.

**Puntuación de cada apartado:** del 1 (nota más baja) al 10 (nota más alta). Se hace media entre las variables.

## 6.5. UNIDAD DIDÁCTICA 5: AJEDREZ

### a) Introducción
En la presente unidad didáctica pretendemos conocer los aspectos fundamentales para jugar al ajedrez. Conoceremos de este juego de mesa su historia, sus elementos de juego (las piezas, el tablero de ajedrez, el reloj de ajedrez, los ritmos de juego), sus reglas básicas y su táctica y estrategia.

### b) Objetivos didácticos
- Conocer las reglas básicas y practicar el deporte del ajedrez de manera autónoma.
- Conocer las diferentes piezas y sus correspondientes movimientos.
- Resolver los problemas planteados en las diferentes ocasiones producidas en el ajedrez.
- Respetar al adversario en las diferentes prácticas realizadas.
- Percibir y controlar la situación de concentración en las diferentes situaciones de la partida.
- Valorar el trabajo intelectual del juego.

### c) Contenidos
- El ajedrez como deporte.
- Las piezas, movimientos, tablero y reglamento del ajedrez.
- Valoración, respeto y ejecución correcta del reglamento del ajedrez.
- Desarrollo de las habilidades estratégicas y tácticas en el juego.
- Realización correcta de los ejercicios planteados.
- Ejecución correcta de una partida.
- Análisis de la situación en los diferentes momentos de una partida de ajedrez.
- Táctica y estrategia en el ajedrez.
- Respeto a las reglas del juego y al oponente.
- Valoración de la práctica del ajedrez como forma amena de cubrir el tiempo de ocio y de mejorar las relaciones con los compañeros.

### d) Distribución temporal
- Sesión 1: Explicación de los movimientos de las piezas y su posición inicial.

- Sesión 2: Explicación de las reglas del ajedrez y su aplicación en el juego.
- Sesión 3: Solución de situaciones jugadas propuestas.
- Sesión 4: Promoción, enroque, captura, jaque, jaque mate y tablas.
- Sesión 5 y 6: Torneo.

### e) Metodología
- Instrucción directa.
- Resolución de problemas.
- Descubrimiento guiado.

**f) Materiales:** Tableros de ajedrez, juegos de piezas y relojes.

### g) Criterios de evaluación
- Valorar la correcta ejecución de los movimientos de las piezas: rey, dama, torre, caballo, alfil y peón.
- Valorar los conceptos tácticos y estratégicos básicos en situaciones reales de juego.
- Valorar la motivación de los alumnos con respeto a la actividad.

### h) Criterios de calificación
Se valorará mediante observación directa como el alumno mueve las piezas del tablero, su táctica y estrategia.

**Puntuación de cada apartado:** del 1 (nota más baja) al 10 (nota más alta). Se hace media entre las variables.

## 6.6. UNIDAD DIDÁCTICA 6: DEPORTE ADAPTADO

### a) Introducción
En la unidad didáctica de deporte adaptado el alumno realizará una ficha teórica sobre los deportes paralímpicos y participará en una pequeña miniparalímpiada en la que se incluyen los siguientes deportes: goalball, boccia, judo y voleibol sentado.

### b) Objetivos didácticos
- Mejorar la condición física con los deportes paralímpicos.
- Conocer aspectos reglamentarios y técnico-tácticos del goalball, boccia, judo y voleibol sentado.

### c) Contenidos
- La técnica, táctica y el reglamentote de los diferentes deportes paralímpicos.
- Material específico deportes paralímpicos y el mantenimiento de éste.
- Realización de competiciones.

- Aceptación de las reglas.
- Aceptar la derrota con deportividad y aprender de ella.
- Participación en el montaje y recogida de material necesario para la realización de las clases.
- Capacidad de superación.
- Realización de la ficha de la búsqueda de la información sobre deportes paralímpicos.

**d) Distribución temporal**
- Sesión 1: Corrección de la ficha de búsqueda de la información de deportes paralímpicos.
- Sesión 2: Competición de goalball.
- Sesión 3: Competición de boccia.
- Sesión 4: Competición de judo paralímpico
- Sesión 5: Competición de voleibol sentado.

**e) Metodología:** Instrucción directa. Resolución de problemas. Descubrimiento guiado.

**f) Recursos didácticos:** Ficha de búsqueda de información sobre deportes paralímpicos.

**g) Criterios de evaluación**
- Valorar la progresión del alumnado y tener en cuenta sus capacidades motoras y físicas.
- Valorar el esfuerzo, interés y motivación del alumnado durante el desarrollo de las sesiones.
- Evaluar la ficha de deportes paralímpicos.

**h) Criterios de calificación**
Juego real en goalball, boccia, judo y voleibol sentado.

**Puntuación de cada apartado:** del 1 (nota más baja) al 10 (nota más alta). Se hace media entre las variables.

### 6.7. UNIDAD DIDÁCTICA 7: VOLEIBOL II

**a) Introducción**
En la unidad didáctica voleibol II se pretende perfeccionar los contenidos desarrollados en el curso anterior.

**b) Objetivos didácticos**
- Desarrollar y perfeccionar la técnica básica del juego del voleibol.
- Percibir y controlar el cuerpo en las distintas situaciones de juego en las que se precise un ajuste motor.

- Utilizar los diferentes golpeos para adaptarlos al juego real en situaciones de máxima exigencia.
- Mejorar la condición física mediante la práctica de los diferentes y variados gestos técnicos así como la puesta en escena de los recursos tácticos.
- Conocer los aspectos tácticos derivados del desarrollo del juego del voleibol.
- Elaborar calentamientos específicos de voleibol.
- Conocer el reglamento de juego.

**c) Contenidos**
- La técnica, táctica y el reglamento del voleibol.
- Capacidades físicas y coordinativas del voleibol.
- Material específico del voleibol y el mantenimiento de éste.
- Realización de calentamientos específicos de voleibol.
- Perfeccionamiento de los patrones básicos del voleibol y de sus diferentes modalidades.
- Utilización de los recursos técnicos integrándolos dentro de situaciones de juego real como medio de superación del rival.
- Ajuste de la respuesta tanto individual como colectiva al modo de juego del adversario.
- Realización de competiciones.
- Utilización del juego del voleibol como medio de mejora de la condición física.
- Aceptación de las reglas.
- Desarrollar un espíritu crítico hacia posibles conductas poco deportivas en el juego del voleibol.
- Aceptar la derrota con deportividad y aprender de ella.
- Participación en el montaje y recogida de material necesario para la realización de las clases.
- Capacidad de superación con la esperanza de que día a día mejoremos la calidad de juego.

**d) Distribución temporal**
- Sesión 1: Técnica individual (repaso de todo lo visto con anterioridad).
- Sesión 2: Técnica colectiva (Remates en línea: en diagonal corta y larga. Colocación y remate: en corto (un tiempo), semicorta (2 tiempos), y normal (3 tiempos).
- Sesión 3: Táctica colectiva (Sistema de recepción en W. Ejercicios para su desarrollo).
- Sesión 4: Táctica colectiva. Sistemas de ataque y defensa.
- Sesión 5: Sistemas defensivos (defensa 3-1-2; defensa 3-2-1).
- Sesión 6: Competición.
- Sesión 7: Técnica individual (repaso de todo lo visto con anterioridad).

- Sesión 8: Evaluación.

**e) Metodología**
- Instrucción directa.
- Enseñanza recíproca.
- Descubrimiento guiado.
- Enseñanza mediante la búsqueda.

**f) Criterios de evaluación**
- Valorar la ejecución técnica de los diferentes elementos técnicos como el saque, golpeos, drive, remate,…
- Valorar la progresión del alumnado y tener en cuenta sus capacidades motoras y físicas.
- Valorar el esfuerzo, interés y motivación del alumnado durante el desarrollo de las sesiones.

**g) Criterios de calificación**

Se realizará un examen práctico donde se calificará el grado de ejecución, progresión y rendimiento del alumnado en los siguientes aspectos:

- Saque de mano baja y alta.
- Toque de dedos.
- Toque de mano baja.
- Remate: Uno coloca y el resto hacen dos remates con carrera previa.
- Finta: Uno coloca y el resto hacen una finta con carrera previa.
- Bloqueo: Uno coloca y el resto hacen un remate con carrera previa. A otro lado de la red estará el evaluado saltando a bloquear los remates.
- Ejecución de secuencia: Colocación – remate – recepción.

**Puntuación de cada apartado:** del 1 (nota más baja) al 10 (nota más alta). Se hace media entre las variables.

| | |
|---|---|
| **UD 7. Voleibol II** | **Nº Sesión 1** |

**Duración:** 40 min (20 min bajar/cambiarse-cambiarse/subir).
**Curso:** 1º Bachillerato
**Recursos materiales:** Balones de voleibol, red, 10 aros, 10 conos.
**Instalaciones:** Polideportivo.
**Contenido:** Técnica individual (repaso de todo lo visto con anterioridad).

### Tareas

### Calentamiento 10'

a) Dos la ligan con un balón en la mano y tienen que pillar a sus compañeros tocando con el balón el cuerpo de ellos. A quién le toque, la ligará.

### Parte principal 25'

a) Toque de dedos por parejas.

b) Realizar un toque de dedos muy alto y otro bajo. (10 veces cada uno).

c) Uno hace dedos y el otro hace antebrazos, luego cambian.

d) Saque de mano baja y mano alta. (Desde distancia corta hasta alejarse al final).

e) Cada alumno realiza el saque de mano baja dirigiendo el balón a las marcas señaladas. Las marcas son los aros que están colocados en la pista. Su situación corresponde aproximadamente a las posiciones que ocupan los jugadores antes de recibir el balón de servicio. Cada vez que el balón cae dentro de un aro se suma un punto. Se van sumando los puntos. Sacan primero los alumnos del lado derecho y luego del lado izquierdo, de uno en uno.

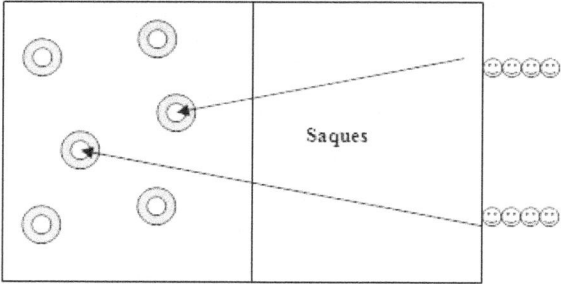

f) Saque de tenis. Igual que el ejercicio anterior, pero esta vez el alumno tiene que realizar un saque de tenis con seis balones e intentar derribar los 5 conos del campo contrario. Gana el juego quién derribe más conos. Se cuenta la puntuación por equipo.

g) Ataque. Un compañero lanza el balón de toque de dedos y el otro remata.

### Vuelta a la calma 5'

Competición de saque. 2 equipos. A la señal del profesor, sacar y uno de mi equipo que está en el campo contrario tiene que coger el balón.

| UD 7. Voleibol II | Nº Sesión 2 |
|---|---|

**Duración:** 40 min (20 min bajar/cambiarse-cambiarse/subir).
**Curso: 1º Bachillerato**
**Recursos materiales:** Balones de voleibol, red.
**Instalaciones:** Polideportivo.
**Contenido:** Técnica colectiva (Remates en línea: en diagonal corta y larga. Colocación y remate: en corto (un tiempo), semicorta (2 tiempos), y normal (3 tiempos).

### Tareas
### Calentamiento 5'

**a)** Por parejas. Toque de dedos dejando que el balón de un bote en medio de los dos alumnos.
**b)** Por parejas. Toque de dedos. Autopase vertical y pase dirigido hacia el compañero.
**c)** Tríos. Toque de dedos con dos balones. Los balones en los laterales. El alumno del medio recibe el balón y lo devuelve, se gira y recibe el siguiente balón y lo devuelve. Así sucesivamente. Luego se cambian de posición. Todos pasan por el medio.
**d)** Dos filas enfrentadas. Toque de dedos y cambio de fila. Puedo hacerme un autopase si lo necesito.
**e)** Toque de antebrazos, por parejas. Uno hace toque de dedos y el otro hace toque de antebrazos, luego cambian. Hacerlo también desplazándose hacia el otro lado del campo.
**f)** Saque de mano baja y mano alta.

### Parte principal 30'

**a)** Ataque línea y diagonal. Un colocador en la red que lanza el balón y un alumno remata en línea por zona 4 o en diagonal por zona 2.
**b)** Ataque corto. El atacante realiza la carrera y cuando ya está en la red es cuando se lanza el balón. (Movimiento rápido de brazo).
**c)** Un alumno en zona 5 pasa el balón de toque de dedos al colocador (zona 3) y remata en zona 4. Del otro lado del campo se encuentran otros dos alumnos que intentan realizar un bloqueo. Cambio de posiciones cada 5 veces que realice el ejercicio el mismo alumno. Variante: Colocamos a un tercer alumno para rematar que entra por zona 2.

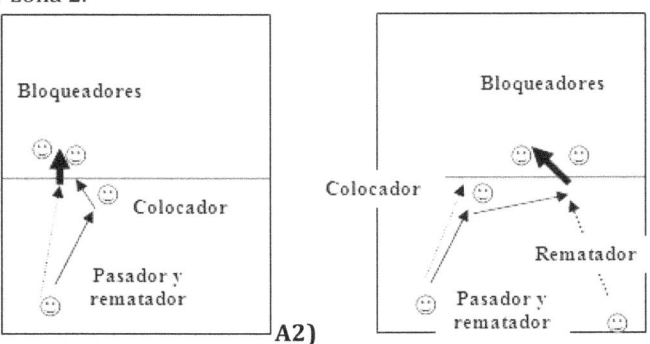

### Vuelta a la calma 5'

¿Qué equipo puede mantener el balón de voleibol más tiempo en el aire? Se forman equipos de 5 alumnos cada uno.

| | |
|---|---|
| **UD 7. Voleibol II** | **Nº Sesión 3** |

**Duración:** 40 min (20 min bajar/cambiarse-cambiarse/subir).
**Curso: 1º Bachillerato**
**Recursos materiales:** Balones de voleibol, red.
**Instalaciones:** Polideportivo.
**Contenido:** Táctica colectiva (Sistema de recepción en W. Ejercicios para su desarrollo).

### Tareas

### Calentamiento 5'

**a)** Toques de dedos y antebrazos. Primero hacia una dirección y cuando lo indique el profesor hacia la dirección contraria.

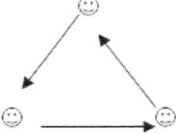

**b)** Grupos de 4. Paso el balón en la siguiente dirección 1-2-3-4-1-2-3-4. ¿Cuánto tiempo podemos mantener el balón siguiendo la secuencia?

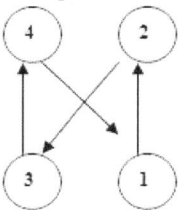

**c)** Partido de tenis con toque de antebrazo. Dos equipos, uno en cada campo, pasar el balón de antebrazos al campo contrario e intentar hacer punto.

### Parte principal 30'

**a)** 2x2. Partidos con toque de dedos y tres toques por equipo a mantener el balón.
**b)** 2x2. Primer toque de antebrazos y los otros dos de dedos.
**c)** 3x3. Colocados en triángulo, construir una jugada de ataque y continuar.
**d)** Partido 6 x 6. Explicar la táctica colectiva y la zona que ocupa cada jugador y funciones.

| 5 | 4 |
|---|---|
| 6 | 3 |
| 1 | 2 |

### Vuelta a la calma 5'

Comentar las reglas del voleibol.

| UD 7. Voleibol II | Nº Sesión 4 |
|---|---|

**Duración:** 40 min (20 min bajar/cambiarse-cambiarse/subir).
**Curso: 1º Bachillerato**

**Recursos materiales:** Balones de voleibol, red.

**Instalaciones:** Polideportivo.

**Contenido:** Táctica colectiva. Sistemas de ataque y defensa.

### Tareas

### Calentamiento 5'

**a)** Explicación de táctica colectiva:
- Sistema de ataque-recepción. 3 delanteros y 3 zagueros. 2 atacantes en red y un colocador, zona 3 o zona 2. Los zagueros se encargarán prioritariamente de recibir y de defender si vuelve el balón.
- Sistema de defensa. El sistema de defensa se realiza tras el ataque del equipo contrario. Todos los jugadores se disponen para defender el balón de ataque. 2 ó 1 bloqueador, 1 jugador a la finta y 3 defienden balones largos.

**b)** Cada alumno que realiza el pase de toque de dedos se desplaza corriendo hacia la derecha.

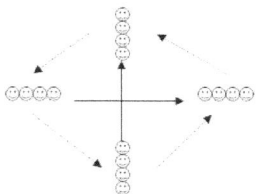

**c)** Relevos. El alumno hace el autopase de dedos hacia arriba en combinación con el movimiento hacia delante, gira en un cono y vuelve (recorre 20 m).

### Parte principal 25'

**a)** Competición. 2 equipos. Un equipo en un campo rematando y el otro colocado en situación defensiva y deberá formar una jugada. Se realizará por zona 4 y cambiar.
- Si hacen jugada de tres toques: 3 puntos.
- Si es de 2 toques: 2 puntos
- Un toque: 1 punto
- Si no la tocan: 0 puntos

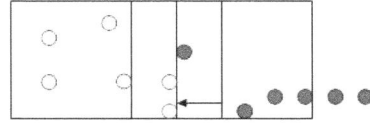

**b)** Partido 3x3.

### Vuelta a la calma 5'

Resultados de la competición y recogida del material.

| UD 7. Voleibol II | Nº Sesión 5 |
|---|---|

**Duración:** 40 min (20 min bajar/cambiarse-cambiarse/subir).
**Curso:** 1º Bachillerato
**Recursos materiales:** Balones de voleibol, red.
**Instalaciones:** Polideportivo.
**Contenido:** Sistemas defensivos (defensa 3-1-2; defensa 3-2-1).

### Tareas

#### Calentamiento 10'

a) Toques de dedos pasando el balón por encima de la red.

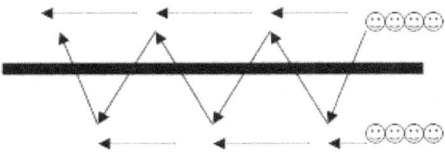

b) Tres alumnos. Dos alumnos con balones que realizarán saques de antebrazo y el alumno que está en el campo contrario tendrá que defender el balón moviéndose lateralmente.

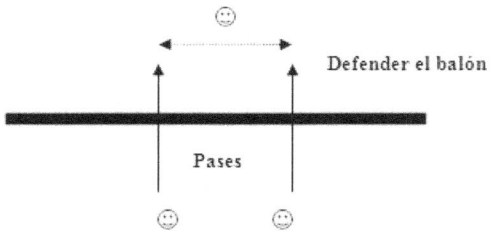

#### Parte principal 25'

Explicar los sistemas defensivos (defensa 3-1-2 y defensa 3-2-1).
Partidos 6 x 6. a 25 puntos. Reglamento básico:
- No se puede tocar la red.
- Rotar en sentido de las agujas del reloj.
- Jugada: saque – punto (sin recuperación).
- Dobles y retención: penalizar con punto.

#### Vuelta a la calma 5'

Todo el grupo se coloca en círculo con un balón de voleibol en sus manos. En la primera señal del profesor (suena el silbato) comienzan a realizar autopases de toque de dedos y en la segunda señal del profesor dice "derecha o izquierda" deben de lanzar el balón arriba y moverse en la dirección indicada y recoger el balón del compañero sin que éste se caiga. A los alumnos que se les caiga el balón son eliminados. Ganan los últimos 5 alumnos.

**Nº Sesión 6:** Competición.
**Nº Sesión 7:** Técnica individual (repaso de todo lo visto con anterioridad).
**Nº Sesión 8:** Evaluación.

## 6.8. UNIDAD DIDÁCTICA 8: BÉISBOL

### a) Introducción
En la presente unidad didáctica pretendemos conocer los fundamentos básicos del béisbol, así como su historia y aspectos generales para tener conocimiento inicial de este deporte.

### b) Objetivos didácticos
- Conocer y poner en práctica el reglamento básico.
- Conocer y desarrollar la técnica básica del juego del béisbol.
- Desarrollar la coordinación óculo-manual.
- Participar en actividades relacionadas con el béisbol, valorando su función de integración social y desarrollando actitudes de colaboración y respeto.
- Valorar los efectos beneficiosos que tiene la práctica habitual del béisbol.
- Percibir y controlar el cuerpo en las distintas situaciones de juego en las que se precise un ajuste motor.
- Utilizar los diferentes gestos técnicos para adaptarlos al juego real en situaciones de máxima exigencia.
- Mejorar la condición física mediante la práctica de los diferentes y variados gestos técnicos así como la puesta en escena de los recursos tácticos.

### c) Contenidos
- La técnica, táctica y el reglamento del béisbol.
- Capacidades físicas y coordinativas del béisbol.
- Conocimiento del efecto sociocultural del béisbol.
- Historia y procedencia del béisbol.
- Material específico del béisbol y el mantenimiento de éste.
- Realización de competiciones.
- Utilización del juego del béisbol como medio de mejora de la condición física.
- Aceptación de las reglas.
- Aceptar la derrota con deportividad y aprender de ella.
- Participación en el montaje y recogida de material necesario para la realización de las clases.
- Capacidad de superación.
- Realización de la ficha de la búsqueda de la información sobre béisbol.

### d) Distribución temporal
- Sesión 1: Lanzamiento de pelota. Trabajo de pitcher.
- Sesión 2: Bateo y asimilación del reglamento.
- Sesión 3: Bateo, desplazamientos y recepciones.
- Sesión 4 y 5: Competición.
- Sesión 6: Evaluación.

### e) Metodología
- Descubrimiento guiado.
- Enseñanza mediante la búsqueda.

### f) Recursos didácticos
- Ficha de la búsqueda de la información sobre béisbol.

### g) Criterios de evaluación
- Superación de las pruebas prácticas.
- Participar y disfrutar de la dinámica de un juego colectivo, minoritario, de gran colaboración y estrategia.
- Ser capaz de adaptar la técnica individual al juego en equipo.
- Saber manejarse en las diferentes posiciones de juego.
- Comprender y aplicar el reglamento básico de juego.
- Trabajar en equipo y respetar al resto de compañeros.
- Mejorar la condición física a través de la repetición de ejercicios y juego real.
- Evaluar la ficha de la búsqueda de la información sobre béisbol.

### h) Criterios de calificación
- Bateo. Correcto agarre, colocación y coordinación en el encuentro de la bola.
- Lanzamiento (pitcher) agarre de la bola, posición inicial y dirección de la bola hacia el blanco.
- Recepción (catcher), colocación y amortiguación.
- Carrera y ocupación de la base, coordinación espacio temporal, con el movimiento de la bola.
- Dominio de la parte del reglamento explicada.

**Puntuación de cada apartado:** del 1 (nota más baja) al 10 (nota más alta). Se hace media entre las variables.

| UD 8. Béisbol | Nº Sesión 1 |
|---|---|

**Duración:** 40 min (20 min bajar/cambiarse-cambiarse/subir).
**Curso:** 1º Bachillerato
**Recursos materiales:** Pelota de tenis, bates, conos, petos.
**Instalaciones:** Pista exterior.
**Contenido:** Lanzamiento de pelota. Trabajo de pitcher.

### Tareas
### Calentamiento 10'

a) Minirugby con pelota de tenis. Con una pelota de tenis, debemos pasarla hasta conseguir llegar con ella a la zona de ensayo. No se permite el desplazamiento en posesión de la pelota.

### Parte principal 25'

**a) Ejercicios individuales con pelota de tenis:**
1. Lanzar la pelota contra las líneas del suelo corriendo.
2. Lanzar y atrapar pelota:
   - Con aplausos entre cada lanzamiento.
   - Con recepción de las dos manos.
   - Alternando las manos.
   - Dando un giro sobre si mismo antes de recogerla.
   - Dejándola caer, recoger y lanzarla de nuevo.
3. Pasarme la pelota de una mano a otra lo más rápido posible.
4. Lanzo la pelota por el suelo rodando y la recojo.

**b) Ejercicios por parejas con pelotas de tenis:**
1. Lanzar y devolver 1 pelota. Idem, pero pase con bote. Aumentado las distancias. Aumentando las velocidades. Aumentando las alturas.
2. Pase de béisbol por encima del hombro.
3. Con dos pelotas, lanzar y recibir pelotas de manera alternada. Un jugador por arriba, el otro por abajo. Uno cruzado, el otro paralelo.
4. Lanzar y atrapar pelotas a la izquierda y derecha (1 m del cuerpo del receptor).
5. El alumno que va a recibir de espaldas a otro alumno que va a pasar. El que recibe tratará de atrapar una pelota que el alumno lanza por encima de su cabeza, de manera sorpresiva. El lanzador puede variar las distancias, las velocidades, las alturas, etc.
6. Dos alumnos en fila, uno delante del otro, los dos mirando hacia la pared. El que está atrás de manera sorpresiva hace rebotar la pelota en la pared con diferentes trayectorias, velocidades, alturas. El que está delante la debe atraparla.
7. El alumno lanzador pasa la pelota por el aire (5 m distancia entre ellos), el alumno que va a recibir debe atrapar la pelota con la menor cantidad de botes posible. Luego lanza 2 pelotas, de igual manera el alumno las debe tratar de atrapar con la menor cantidad de botes posible.
8. Se sitúan 2 parejas de alumnos frente a frente separados 2 m. Cada pareja se pone en fila india. Los 4 jugadores se colocan, uno de pie, otro agachado, uno de pie y el otro agachado. Se van lanzado la pelota y se van poniendo de pie y agachándose sucesivamente.

### Vuelta a la calma 5'

Nos ponemos por parejas y uno guía a otro para recoger las pelotas del suelo este deberá llevar los ojos tapados.

| UD 8. Béisbol | Nº Sesión 2 |
|---|---|

**Duración:** 40 min (20 min bajar/cambiarse-cambiarse/subir).
**Curso: 1º Bachillerato**
**Recursos materiales:** Pelota de tenis, bates, conos, petos.
**Instalaciones:** Pista exterior.
**Contenido:** Bateo y asimilación del reglamento.

### Tareas

### Calentamiento 15'

**a)** Uno contra todos y todos contra uno. Un alumno con peto y con una pelota de tenis debe tocar a todos los alumnos que se desplazan por el espacio. Cada vez que toque a un alumno éste pasa a formar parte de su equipo y se pondrá un peto para distinguirse así serán dos alumnos los que persigan al resto (mediante pases) y así sucesivamente hasta que sólo quede un alumno sin ser tocado que será el ganador.

**b)** Por parejas. Frente a frente y separados unos 4 m. Pases por el aire y botando en el suelo.

**c)** Por parejas. Quien va a recibir el pase de espalda, a la señal, girar y recibir la pelota lanzada por un compañero.

**d)** Por tríos (colocados en un triangulo). Realizar pases frontales y diagonales.

**e)** Por tríos, en línea, los dos más alejados dándose el frente y uno en medio. El que está en medio cada vez que recibe la pelota debe dar media vuelta y pasárselo a su compañero (recibir-girar-pasar-recibir-girar-pasar).

**f)** Pases la estrella.

**g)** Recogida de mazorcas. Se coloca un número determinado de mazorcas (pelotas de tenis dentro de conos) en el suelo, separadas metro y medio. Y una cesta delante de cada grupo. Los alumnos han de recoger las mazorcas de uno en uno, pero tendrán que hacer el trayecto de ida y vuelta. El orden es libre. Gana el equipo que las recoja antes.

### Parte principal 20'

**a)** Cada uno con bate, intentamos batear una pelota, colocada en un soporte (cono similar).

**b)** Igual, pero ahora intentamos lanzarnos la pelota y batear lo más lejos posible.

**c)** Por parejas, uno lanza y el compañero debe intentar batear.

**d)** Partido de béisbol.

### Vuelta a la calma 5'

De 5 bolas ¿Cuántas bateo correctamente?

| UD 8. Béisbol | Nº Sesión 3 |
|---|---|

**Duración:** 40 min (20 min bajar/cambiarse-cambiarse/subir).
**Curso: 1º Bachillerato**
**Recursos materiales:** Pelota de tenis, bates, conos y petos.
**Instalaciones:** Pista exterior.
**Contenido:** Bateo, desplazamientos y recepciones.

### Tareas
### Calentamiento 5'

a) Pase al círculo. Grupos de 6 (3 parejas forman un círculo). Cada pareja enfrente de la otra y dentro del círculo colocamos un aro. Cada pareja se va pasando su pelota de tenis de forma que en cada pase, ésta bote dentro del círculo, obteniendo un punto por pase completo. ¿Cuántos pases puedo realizar en un minuto? Todos los grupos comienzan a la vez cuando el profesor da la señal.

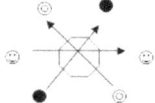

### Parte principal 30'

a) Por parejas, uno hace de pitcher, y el otro batea. Debemos intentar batear para que el pitcher la coja sin que caiga al suelo.

b) Por parejas uno enfrente de otro. Con un aro agarrado por un tercer alumno que se encuentra en medio de ellos. Debemos de intentar recoger la pelota y batear dentro de ese aro.

c) A la primera base. 2 equipos, uno ataca y batea y el otro debe eliminar a los atacantes. Desde un extremo del campo, debemos batear una pelota, mandada por el pitcher, cuando batean, los atacantes deben ir corriendo hasta el otro extremo antes de que le llegue la pelota al pitcher. Si no consiguen llegar, se van eliminando. Cada vez batea uno distinto, luego cambiamos los papeles.

d) Partido de béisbol

### Vuelta a la calma 5'

Comentarios sobre aspectos reglamentarios del partido mientras estiramos.

**Nº Sesión 4 y 5:** Competición.
**Nº Sesión 6:** Evaluación.

## 6.9. UNIDAD DIDÁCTICA 9: HOCKEY SALA II

### a) Introducción
En la unidad didáctica hockey sala II se pretende perfeccionar los contenidos desarrollados en el curso anterior.

### b) Objetivos didácticos
- Conocer las reglas generales y específicas del juego.
- Comprender la importancia y asimilar las reglas básicas de seguridad.
- Adquirir las habilidades básicas para poder realizar movimientos en situaciones complejas.
- Manejar situaciones variables en las que deban tomar decisiones y soluciones motrices constantemente.
- Colaborar con el compañero o equipo para la consecución de un objetivo.
- Valorar la importancia de la técnica individual y desarrollarla.
- Conocer los distintos tipos de defensa y ataque y adecuarlos al juego.
- Participar en competiciones y torneos de hockey sala.

### c) Contenidos
- Conocimiento del reglamento.
- Técnica individual y colectiva.
- Sistemas básicos de ataque y defensa.
- Trabajo en equipo como medio para conseguir la victoria.
- Ajuste de la técnica individual al juego colectivo.
- Comprensión y aceptación de las propias habilidades como punto de partida hacia la superación personal.
- Valoración de la práctica del hockey sala en el tiempo libre como medio para una sana diversión y como un hábito de vida saludable.

### d) Distribución temporal
- Sesión 1: Recordar las reglas del hockey sala. Conducción y control de la bola.
- Sesión 2: Técnica individual de conducción, dominio, pase y recepción. Aspectos estratégicos.
- Sesión 3: Técnica individual de tiro y regate. Situaciones de ataque y defensa.
- Sesión 4: Competición.
- Sesión 5: Evaluación.

### e) Metodología: 
Descubrimiento guiado. Enseñanza mediante la búsqueda.

### f) Criterios de evaluación
- Superación de las pruebas prácticas.
- Analizar el grado de aprendizaje de las diversas habilidades básicas del deporte.

- Ser capaz de adaptar la técnica individual al juego en equipo.
- Saber manejarse en las diferentes posiciones de juego.
- Comprender y aplicar el reglamento básico de juego.
- Saber interpretar las diversas situaciones tácticas propias del deporte del hockey sala.
- Trabajar en equipo.
- Respetar al resto de compañeros.
- Mejorar la condición física a través de la repetición de ejercicios y juego real.

**g) Criterios de calificación**

Se analizarán los siguientes aspectos: parada y recepción, toques a la bola en el aire, desplazamiento con la bola, lanzamiento a portería, penalti corner y penalti stroke.

**Puntuación de cada apartado:** del 1 (nota más baja) al 10 (nota más alta). Se hace media entre las variables.

| | |
|---|---|
| **UD 9. Hockey sala II** | **Nº Sesión 1** |

| |
|---|
| **Duración:** 40 min (20 min bajar/cambiarse-cambiarse/subir). |
| **Curso:** 1º Bachillerato |
| **Recursos materiales:** Palos de hockey sala, bolas, conos, petos. |
| **Instalaciones:** Pista exterior. |
| **Contenido:** Recordar las reglas del hockey sala. Conducción y control de la bola. |
| **Tareas** |
| **Calentamiento 3'** |
| **a)** Dominar con las dos caras del palo. ¿Cuántos toques puedo hacer en 1 minuto? |
| **Parte principal 32'** |
| **a)** Realizar el circuito siguiendo el gráfico: Pase a un compañero que recibe a contra bola (1), conducción zig-zag (2), pase al fondo de la pista con devolución de la bola al borde del área (3), tiro a portería (4), regate hacia la izquierda, dar la vuelta al círculo de medio campo y regate a la derecha (5), pase al compañero que está en el fondo (6), pase al desmarque que recibe de revés (7). |
| 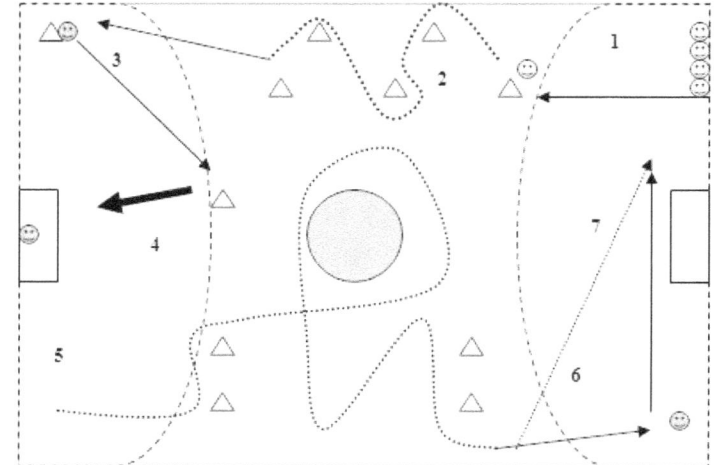 |
| **Vuelta a la calma 5'** |
| Cada alumno con una bola debe dar el mayor número de toques a la bola en el aire. |

| | |
|---|---|
| **UD 9. Hockey sala II** | **Nº Sesión 2** |

**Duración:** 40 min (20 min bajar/cambiarse-cambiarse/subir).
**Curso: 1º Bachillerato**
**Recursos materiales:** Palos de hockey sala, bolas, conos, petos.
**Instalaciones:** Pista exterior.
**Contenido:** Técnica individual de conducción, dominio, pase y recepción. Aspectos estratégicos.

### Tareas

### Calentamiento 5'

**a)** Juego de los 10 pases con dos jugadores neutrales (que siempre van con el equipo atacante).

### Parte principal 30'

**a)** Pases y recepciones en dirección de las agujas del reloj. Variante: Cambiar de dirección. Añadir dos bolas.
**b)** Dos grupos. Dos bolas en las diagonales. Salen los primeros de cada fila y dan un pase en línea recta a los de la otra fila. Variante: realizan un pase para atrás (c).

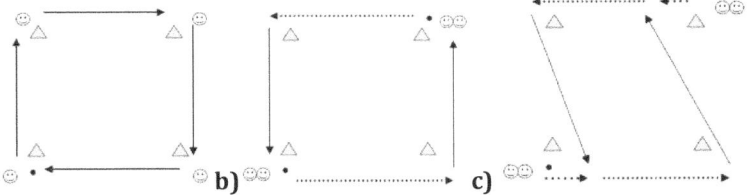

**c)** Realizar el circuito siguiendo el gráfico: Dominio derecho y revés (1), conducción frontal (2), pase (3), recepción y pase (4), dos regates hacia la derecha y pase atrás (6), el alumno que inicio el ejercicio tira a portería (7).

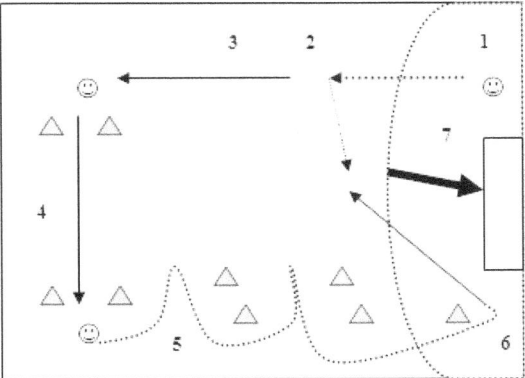

### Vuelta a la calma 5'

Explicación y competición de penalti corner y penalti stroke.

| | |
|---|---|
| **UD 9. Hockey sala II** | **Nº Sesión 3** |
| **Duración:** 40 min (20 min bajar/cambiarse-cambiarse/subir). | |
| **Curso:** 1º Bachillerato | |
| **Recursos materiales:** Palos de hockey sala, bolas, conos, petos. | |
| **Instalaciones:** Pista exterior. | |
| **Contenido:** Técnica individual de tiro y regate 1x1. Situaciones de ataque y defensa. | |

| Tareas |
|---|
| **Calentamiento 15'** |
| a) Juego del pañuelo de tiros. |
| **Parte principal 20'** |
| a) Realizar el circuito siguiendo el gráfico: Hacer skipping lateral o saltos a pies juntos laterales en los conos con picas (1), realizar diferentes ejercicios de escaleras (2), correr hasta un cono y regresar hasta donde hay un bola (3), 1x1 (4), tiro a portería (5). Variante: Cuando cojo la bola debo de pasar a un compañero que se desmarca por la línea de fondo del campo y hacer un 2x1. Puedo hacer también un 3x1. 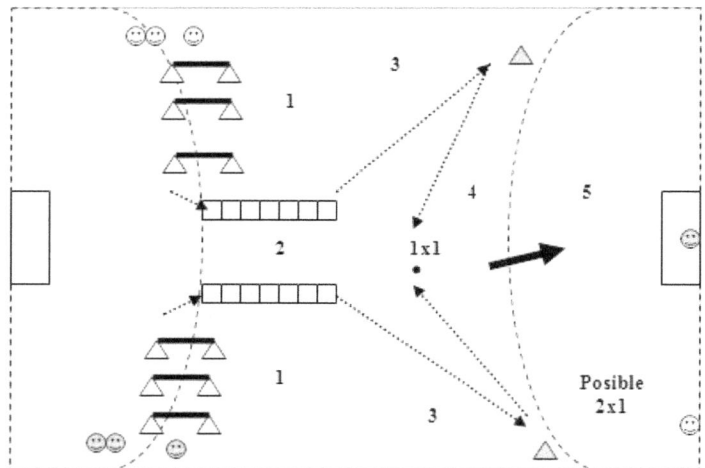 |
| **Vuelta a la calma 5'** |
| Explicación de la equipación del portero de hockey y las diferencias entre el hockey hierba y el hockey sala. |

**Nº Sesión 4:** Competición.
**Nº Sesión 5:** Evaluación.

## 6.10. UNIDAD DIDÁCTICA 10: ACTIVIDADES ACUÁTICAS

### a) Introducción
En la unidad didáctica de actividades acuáticas queremos que nuestros alumnos conozcan el deporte del waterpolo y del kayak polo y que tengan unos conocimientos básicos sobre el salvamento y el socorrismo.

### b) Objetivos didácticos
- Conocer las habilidades básicas de la natación: flotación, respiración, propulsión, saltos y giros, las técnicas de los estilos de crol, espalda, braza y mariposa y el reglamento básico de la natación, waterpolo y del kayak polo y aspectos básicos del salvamento y socorrismo.

### c) Contenidos
- Habilidades básicas y reglamento básico de la natación, waterpolo, del kayak polo, salvamento y socorrismo.
- Técnicas de crol, espalda, braza y mariposa.
- Control del cuerpo en el medio acuático.
- Aceptación de las normas.

### d) Distribución temporal
- Sesión 1: Estilos de natación.
- Sesión 2: Habilidades básicas del waterpolo
- Sesión 3: Competición de waterpolo.
- Sesión 4: DVD Técnicas de reanimación cardiopulmonar básica.
- Sesión 5: Nociones básicas de salvamento y socorrismo.
- Sesión 6: Simulacro de las pruebas para superar el título de socorrista.
- Sesión 7: Iniciación al kayak polo.

### e) Metodología:
Instrucción directa. Resolución de problemas. Descubrimiento guiado. Enseñanza recíproca.

### f) Criterios de evaluación
- Es capaz de nadar una distancia determinada en los estilos de crol, espalda, braza y mariposa.
- Realiza giros y saltos de forma correcta.
- Conoce el reglamento de waterpolo y kayak polo.
- Habilidades básicas del Salvamento y socorrismo.

### g) Criterios de calificación
Mediante observación directa se valorará la participación del alumno en las sesiones sobre el waterpolo, kayak polo y las pruebas de salvamento y socorrismo. Puntuación de cada apartado: del 1 (nota más baja) al 10 (nota más alta). Se hace media entre las variables.

Normas para las clases de natación: Obligatorio el uso de bañador, gorro, gafas, chanclas y toalla. Ducharse antes y después de la actividad. No se permite correr en la piscina, hacer saltos libres al agua, empujar…

| UD 10. Actividades acuáticas | Nº Sesión 1 |
|---|---|
| **Duración:** 40 min (20 min bajar/cambiarse-cambiarse/subir). | |
| **Curso: 1º Bachillerato** | |
| **Recursos materiales:** Tablas, flotador gigante. | |
| **Instalaciones:** Piscina. | |
| **Contenido:** Estilos de natación. | |

| Tareas |
|---|
| **Calentamiento 10'** |
| **a)** 8 largos (2 crol, 2 espalda, 2 braza y 2 mariposa). |
| **Parte principal 25'** |
| **a)** Trabajando con tabla:<br>• 2 largos piernas de crol con tabla.<br>• 2 largos piernas de espalda con la tabla detrás de la cabeza.<br>• 2 largos de patada lateral de crol. Cambiando de lado en cada largo.<br>• 2 largos crol con tabla moviendo brazos.<br>• 2 largos de espalda con la tabla moviendo brazos.<br>• 2 largos buceo hasta mitad, y nado libre hasta el final.<br><br>**b)** Saltos en la piscina:<br>• Salto de palillo.<br>• Salto agrupado.<br>• Salto carpa abierta.<br>• Salto carpa cerrada.<br>• Salto y me toco los talones con las manos por detrás de la espalda.<br>• Salto y tengo que realizar 3 palmadas antes de entrar en el agua.<br>• Salto y tengo que pedalear en una bicicleta.<br>• Salto y tengo que decir "Me lo estoy pasando genial" antes de entrar en el agua.<br>• Salto lo más lejos posible.<br>• Salto de pie y tengo que meter mi cuerpo en un flotador gigante que está sobre el agua.<br>• Salto y tengo que tocar un objeto que sostiene mi profesor con una pica antes de entrar en el agua.<br>• Saltar de espaldas al agua y caer en el flotador gigante.<br>• Tirarse de cabeza al agua. Idem, pero introducirse dentro de un aro.<br>• Saltar de pie e intentar coger una pelota en el aire que me lanza el profesor.<br>• Todos los alumnos se colocan en el borde de la piscina y se sujetan la mano. A la señal del profesor deben de tirarse de palillo al agua sin soltar las manos. |
| **Vuelta a la calma 5'** |
| Juegos de respiración:<br>• En parejas, realizar respiraciones gritando una palabra dentro del agua, deben escucharse.<br>• En parejas, realizar respiraciones y al sumergirse deben de tocar el pie del compañero.<br>• Realizar respiraciones tocando con los pies el suelo de la piscina.<br>• Realizar respiraciones tocando con los glúteos el suelo de la piscina, etc… (así con todas las partes del cuerpo que se quieran) |

| UD 10. Actividades acuáticas | Nº Sesión 2 |
|---|---|
| **Duración:** 40 min (20 min bajar/cambiarse-cambiarse/subir). | |
| **Curso:** 1º Bachillerato | |
| **Recursos materiales:** Balones de waterpolo. | |
| **Instalaciones:** Piscina. | |
| **Contenido:** Habilidades básicas del waterpolo. | |

| Tareas |
|---|
| **Calentamiento 5'** |
| a) 8 largos (2 crol, 2 espalda, 2 braza y 2 mariposa). |
| **Parte principal 25'** |
| a) 50 m nado completo de crol con la cabeza fuera del agua sin y 50 m con balón. |
| b) Conduzco el balón y paso a mi compañero. |
| c) Uno nada hacia atrás y el compañero que lleva el balón le da un pase, el que nada hacia atrás recibe con una mano el balón y lo vuelve a pasar al compañero. |
| d) Conducción con el balón, pase a un compañero que se sitúa cerca de la portería y tiro. |
| e) Mareo de 4. |
| f) Juego del pañuelo con tiro a portería. |
| **Vuelta a la calma 5'** |
| Resultados del partido. Recogida del material. |

**Sesión 3:** Competición de waterpolo.
**Sesión 4:** DVD Técnicas de reanimación cardiopulmonar básica.

| UD 10. Actividades acuáticas | Nº Sesión 5 |
|---|---|
| **Duración:** 40 min (20 min bajar/cambiarse-cambiarse/subir). | |
| **Curso:** 1º Bachillerato | |
| **Recursos materiales:** Churros. | |
| **Instalaciones:** Piscina. | |
| **Contenido:** Nociones básicas de salvamento y socorrismo. | |

| Tareas |
|---|
| **Calentamiento 5'** |
| 6 largos (2 crol, 2 espalda y 2 braza). |
| **Parte principal 30'** |
| a) 2 largos: Nado a braza con cabeza fuera y 2 largos: Nado a crol con cabeza fuera. |
| b) 2 largos: Inmersiones: cada 3 brazadas 1 inmersión en diagonal. |
| c) 4 largos: Nado de espaldas como si estuviera remolcando a alguien con un churro en mi cuello. |
| d) 2 largos: Remolcar a mi compañero hasta la mitad de calle y cambio de rol con ayuda de un churro. 2 largos: Idem pero sin ayuda del churro. |
| e) 2 largos: Uno encima del poyete para saltar y rescatar a su compañero que está en la mitad de la calle. Tirarse, pasar buceando por debajo de sus piernas y remolcarle la mitad y todo el largo siguiente. Cambio de rol. 2 largos: Idem pero me tiro de palillo con piernas abiertas intentando no sumergirme nadar a braza viendo a mi compañero en todo momento. |
| **Vuelta a la calma 5'** |
| Tiramos unos aros por la piscina y debemos ir recogiéndolos. |

| | |
|---|---|
| **UD 10. Actividades acuáticas** | **Nº Sesión 6** |

**Duración:** 40 min (20 min bajar/cambiarse-cambiarse/subir).
**Curso: 1º Bachillerato**
**Recursos materiales:** Boya torpedo o brazo de rescate, muñeco, aros.
**Instalaciones:** Piscina.
**Contenido:** Simulacro de las pruebas para superar el título de socorrista.

### Tareas

### Calentamiento 5'

Explicación de las pruebas de socorrista.
4 largos libres.

### Parte principal 30'

Pruebas de socorrista adaptadas: Aproximarse a los tiempos. Se valora el esfuerzo y la participación.

1) **100 m prueba combinada.** Salida desde fuera de vaso, 50 m nado libre, 15 m de buceo para sin emerger recoger un maniquí y continuar con su arrastre hasta completar los 100 m. El tiempo límite será 3'
2) **100 m nado+remolque.** Zambullirse de cabeza, nado de 50 m de nado libre, realizar una inmersión a una profundidad de 2 metros recogiendo un maniquí (o un aro con peso). Remolque de éste durante 50 metros. Tiempo .límite (3'30"). Realizar una RCP al finalizar sobre un muñeco de RCP durante 3 minutos (explicarla).
3) **200 metros estilo libre.** En 4 min 15 seg.
4) **50 m prueba de buceo + remolque**. Salida desde fuera del vaso, entrada al agua de pie sumergiéndose, para sin salir a respirar, bucear 25 m hasta un maniquí que se encontrará situado en el fondo de la piscina boca arriba o boca abajo con la cabeza orientada hacia el lugar por el que se aproxima el alumno remolcándolo en superficie durante 25 m con una técnica correcta. El tiempo límite será l min y 45sg.
5) **25 m Buceo recogiendo diez aros del fondo**. Distribuidos en zig-zag cada 2 m a partir de los 5 m iniciales.
6) **Mantenerse en flotación dinámica con los brazos alzados.** Con los codos por encima del agua, sin desplazarse, durante un tiempo aproximado de un minuto.
7) **50 m de remolque de un compañero, sin límite de tiempo.** Comienzan los dos desde dentro del agua.
8) **50 m combinada con material.** Salida desde fuera del vaso con un material de salvamento (boya torpedo o brazo de rescate), entrada al agua de pie sin perder el contacto visual con la víctima, 25 m de nado de aproximación a estilo crol manteniendo el contacto visual con la víctima, recogida de un compañero que simulará estar inconsciente en superficie, remolcándolo hasta completar la distancia total de 50 m. El tiempo limité será 1 min 40 sg. A continuación y fuera del tiempo establecido para la prueba, realizar la extracción correcta de una víctima inconsciente por un solo socorrista colocándolo correctamente en posición de R.C.P. chequeando respiración y pulso.

### Vuelta a la calma 5'

Resultados de las pruebas.

| UD 10. Actividades acuáticas | Nº Sesión 7 |
|---|---|
| **Duración:** 40 min (20 min bajar/cambiarse-cambiarse/subir). | |
| **Curso: 1º Bachillerato** | |
| **Recursos materiales:** Kayak. | |
| **Instalaciones:** Piscina. | |
| **Contenido:** Iniciación al kayak polo. | |
| Tareas | |
| Calentamiento 10' | |
| **a)** Iniciación al kayak polo. Explicación de aspectos básicos.<br>- Montarse y bajarse del kayak.<br>- Flotación del kayak.<br>- Iniciación al paleo.<br>- Controlar la dirección.<br>- Giros con el kayak.<br>- Frenar con el kayak.<br>- ¿Qué hacer ante un vuelco?<br>- Vaciar el kayak. | |
| Parte principal 25' | |
| **a)** Los alumnos se mueven con sus kayak libremente por la piscina.<br>**b)** Carreras de velocidad con los kayak.<br>**c)** Partidos de kayak polo. Explicación del reglamento básico. | |
| Vuelta a la calma 5' | |
| Recogida del material y comentarios de la competición. | |

# PARTE III.
# APARTADO CONCEPTUAL

# Capítulo 7.
# TRABAJOS DE BÚSQUEDA DE LA INFORMACIÓN

En cada evaluación se propone al alumno cuatro fichas de trabajos para que busquen información en internet sobre los diferentes temas a tratar.

El alumno debe buscar la historia, el reglamento, la técnica y táctica del deporte en cuestión. Cada trabajo supone un 5% de la nota final en cada evaluación. Para poder aprobar la materia se deben entregar todos los trabajos.

| TRABAJO: BÚSQUEDA DE INFORMACIÓN PARA 1º ESO. | | |
|---|---|---|
| **Primera evaluación** | **Segunda evaluación** | **Tercera evaluación** |
| Baloncesto | Gimnasia artística | Atletismo: Carreras |
| Esquí alpino | Pentathlon moderno | Bádminton |
| Deportes alternativos | Mountain bike | Acrosport |
| Crear material reciclado I | Expresión corporal | Deportes con patines |

| TRABAJO: BÚSQUEDA DE INFORMACIÓN PARA 2º ESO. | | |
|---|---|---|
| **Primera evaluación** | **Segunda evaluación** | **Tercera evaluación** |
| Voleibol | Remo | Gimnasia rítmica |
| Triatlón | Saltos en piscina | Natación sincronizada |
| Tiro con arco | Juegos tradicionales | Balonmano |
| Fútbol sala | Crear material reciclado II | Capoeira |

| TRABAJO: BÚSQUEDA DE INFORMACIÓN PARA 3º ESO. | | |
|---|---|---|
| **Primera evaluación** | **Segunda evaluación** | **Tercera evaluación** |
| Combinada nórdica | Hockey hierba | Voley playa |
| Taekwondo | Judo | Esgrima |
| Ciclismo en pista | Lucha grecorromana | Atletismo: Saltos |
| Boxeo | Artes marciales | Waterpolo |

| TRABAJO: BÚSQUEDA DE INFORMACIÓN PARA 4º ESO. | | |
|---|---|---|
| **Primera evaluación** | **Segunda evaluación** | **Tercera evaluación** |
| Pilates | Rugby | Piragüismo |
| Snowboard | Gimnasia trampolín | Deportes del mundo |
| Vela | Atletismo: Lanzamientos | Ciclismo en carretera |
| Saltos con esquís | Unihockey o Floorball | Curling |

| TRABAJO: BÚSQUEDA DE INFORMACIÓN PARA 1º BACHILLERATO. | | |
|---|---|---|
| **Primera evaluación** | **Segunda evaluación** | **Tercera evaluación** |
| Esquí acrobático | Deportes paraolímpicos | Béisbol |
| Tiro | Bobsleigh | Piragüismo slalom |
| Halterofilia | Tenis de mesa, Tenis | Biatlón |
| Crear material reciclado III | Luge | Skeleton |

## 7.1. TRABAJO DE BÚSQUEDA DE INFORMACIÓN PARA 1º ESO.

**Primera evaluación: Baloncesto**
1. ¿Quién, cuándo y dónde se inventó el baloncesto?
2. ¿Cuándo y dónde se publicó el primer reglamento?
3. ¿Cuándo se introduce el uso de aros fijos sobre tableros permanentes?
4. ¿Cuándo entró el baloncesto en el programa olímpico?
5. ¿Cuándo se empezaron a disputar los encuentros en pista cubierta?
6. ¿Cuándo participaron las mujeres por primera vez en unos Juegos Olímpicos?
7. ¿Cuándo comienzan a participar los jugadores de la NBA en unos Juegos Olímpicos?
8. ¿Cuántos jugadores juegan en cada equipo?
9. ¿Cuál es el objetivo del juego?
10. ¿Qué ocurre en caso de empate?
11. ¿Cómo se inicia el partido?
12. ¿Cuánto tiempo el equipo que ataca tiene para cruzar la línea de centro del campo?
13. ¿Qué es campo atrás?
14. ¿Cuál es el tiempo de posesión del equipo atacante?
15. Comenta cuál es el tiempo de juego en baloncesto.
16. ¿Cuánto valen las canastas?
17. ¿Cuándo se cometen las faltas?
18. ¿Con cuantos tiros libres se castiga si la falta se hace cuando el jugador atacante tiraba? ¿Cuánto vale cada tiro? ¿Cuándo se castiga con tres tiros libres?
19. ¿Cómo se castiga una falta antideportiva?
20. ¿Cuándo se excluye a un jugador de un partido?
21. ¿Qué ocurre cuando un equipo acumula 4 faltas personales en un periodo de juego?
22. ¿Qué son dobles, pasos, pivotar, parada?
23. ¿Cuántos pasos se pueden dar con el balón en las manos?
24. ¿Qué es la posición triple amenaza?
25. ¿Cuántos segundos puedo retener el balón sin botarlo o para lanzar un tiro libre?
26. ¿Cuántos segundos tengo para permanecer en la zona del equipo contrario?
27. Describe la pista y el balón de baloncesto.
28. Nombra dos tipos de bote.
29. Nombra 5 tipos de pase.
30. ¿Cómo se realiza una entrada a canasta por la derecha?
31. ¿Qué es un rebote?

**Primera evaluación: Esquí alpino**
1. ¿De cuándo datan los primeros esquíes y donde se pueden contemplar?

2. ¿Cuándo se utilizaron los esquíes en el aspecto militar?
3. ¿Dónde y cuándo nació el esquí?
4. ¿Cómo se llama la técnica alpina?
5. ¿Quién inventó la nueva forma de esquiar?
6. ¿Qué hombres originaron el esquí alpino?
7. ¿Quién inventó el slalom?
8. ¿Cuál fue la primera gran carrera de esquís?
9. ¿Cuáles fueron los primeros Juegos Olímpicos en los que participó el esquí alpino?
10. ¿De qué cinco pruebas consta el esquí alpino?
11. ¿Hay modalidad masculina y femenina en el esquí alpino?
12. ¿Quién gana la competición en el esquí alpino?
13. ¿Cómo es la pendiente en la prueba de descenso?
14. ¿Cómo distingue el esquiador el trazado en el descenso?
15. ¿Llevan los esquiadores casco?
16. ¿Cómo es la pendiente en la supergigante?
17. ¿Cómo se distingue el trazado en la supergigante?
18. ¿Cómo es la pendiente del slalom gigante?
19. ¿Cómo es la pendiente del slalom especial?
20. ¿De qué dos pruebas consta la prueba combinada?

**Primera evaluación: Trabajo sobre Deportes alternativos para 1º ESO**

El alumno debe elegir un deporte y realizar una presentación en power point o en cartulina donde desarrollará los siguientes puntos: historia, reglamento, fotos, vídeos y jugadores famosos del deporte elegido. El trabajo se expondrá en clase a los compañeros.

|    | Nombre de deportes alternativos | Nombre del alumno |
|----|----------------------------------|-------------------|
| 1  | Balonkorf                        |                   |
| 2  | Balón prisionero                 |                   |
| 3  | Bódibol                          |                   |
| 4  | Bótebol                          |                   |
| 5  | Bola cola o Scatch Tail          |                   |
| 6  | Bolpa                            |                   |
| 7  | Cesto móvil                      |                   |
| 8  | Croquet                          |                   |
| 9  | Cuatro x cuatro                  |                   |
| 10 | Diávolo                          |                   |
| 11 | Esgrima-espuma                   |                   |
| 12 | Frisbee-ultimate                 |                   |
| 13 | Fútbol pluma                     |                   |
| 14 | Hurling                          |                   |
| 15 | Indiaca                          |                   |
| 16 | Intercrosse                      |                   |
| 17 | Kin-ball                         |                   |
| 18 | Malabares                        |                   |
| 19 | Manodós                          |                   |
| 20 | Mazaball                         |                   |

| 21 | Paladós | |
| 22 | Peloc | |
| 23 | Pégol | |
| 24 | Rebotón | |
| 25 | Red colectiva | |
| 26 | Ringo pica | |
| 27 | Ringo red | |
| 28 | Rodin | |
| 29 | Ultimabola | |
| 30 | Unihockey o Floorball | |
| 31 | Vórteball | |
| 32 | Volantón o Shuttlebal | |

## Primera evaluación: Creación de material reciclado I: Malabares, mazas y diábolo.

El profesor crea tres grupos y cada grupo construye el material de un juego alternativo.

Reparto del trabajo en un grupo de 30 alumnos:
- 10 alumnos construyen 30 malabares.
- 10 alumnos construyen 10 diábolos.
- 10 alumnos construyen 30 mazas

| | Material | Proceso de construcción |
|---|---|---|
| Malabares | Pelotas de tenis<br>Cinta adhesiva<br>Arroz o alpiste<br>Tijeras o cúter | Cortar 3 cm la pelota de tenis con la tijera o cúter<br>Introducir el arroz o alpiste en el corte de la pelota.<br>Recubrir la pelota con cinta aislante de colores.<br>Decorar la pelota con dibujos o figuras. |
| Diábolo | Tijeras<br>Bola de plástico<br>Tornillo y tuerce<br>2 arandelas<br>Carrete de máquina de coser<br>Cinta aislante<br>2 palos de madera de 40 cm y 1 cm diámetro.<br>Cordón 1,20 m | Cortar la bola por la mitad y hacer un agujero en el centro de la semiesfera.<br>Recubrir la mitad de la bola con cinta aislante.<br>Decorar con dibujos o figuras.<br>En el interior de la mitad de la bola colocar el tornillo con la arandela, después colocar el carrete de máquina de coser y luego colocamos la arandela y la tuerca a la otra mitad de la bola. Apretar las tuercas.<br>Hacer un agujero transversal en un extremo del palo. Repetir la acción con el otro palo. Insertar el cordón por el agujero del palo y le hacemos un nudo. Con el otro extremo del cordón lo pasamos por el agujero del otro palo y le hacemos un nudo. |
| Mazas | Tijeras y sierra<br>1 palo de madera 1,5 m y 2 cm diámetro<br>3 botellas plástico 1 litro.<br>Plástico burbujas<br>Cinta aislante | Cortar el palo en 3 partes de 50 cm con la sierra.<br>Meter el palo dentro de cada una de las botellas. Utilizar cinta aislante para engordar el palo y que quede más fijo.<br>Reforzar la unión de la botella al palo con cinta aislante.<br>Forrar la botella y el palo con plástico de burbujas.<br>Forrar las 3 mazas con cinta aislante.<br>Decorar con dibujos o figuras. |

**Segunda evaluación: Gimnasia artística**
1. ¿De qué deriva la palabra gimnasia?
2. ¿Qué era en sus orígenes el gimnasio?
3. ¿Cuántos gimnasios existían en Atenas?
4. ¿Cuándo vio la luz la gimnasia moderna?
5. ¿Cuándo se fundó la Federación Internacional de Gimnasia Artística?
6. ¿Quiénes fueron los pioneros de la gimnasia actual? ¿Cómo eran sus modelos?
7. ¿Cuándo empezaron a competir las mujeres en unos Juegos Olímpicos en esta modalidad?
8. ¿En qué aparatos compiten los hombres?
9. ¿En qué aparatos compiten las mujeres?
10. ¿Qué tipos de competiciones existen?
11. ¿Cuántos grupos de jueces intervienen?
12. ¿Qué califica cada grupo de jueces?
13. ¿Por qué motivo se deducen puntos?
14. ¿Cómo es el resultado en la competición individual y por equipos?
15. Explica las rondas y finales.
16. Explica como se desarrolla el suelo, salto masculino y femenino, barra fija, paralelas, caballo con arcos, anillas, barras asimétricas y barra de equilibrio.
17. ¿Qué se hace para prevenir accidentes?
18. ¿Quién ayuda al gimnasta para colocarse en la posición de inicio en barra fija y anillas?
19. ¿Se puede repetir el ejercicio?
20. ¿Cómo hay que permanecer al finalizar el ejercicio?
21. Nombra 5 tipos de volteretas que conozcas.
22. Nombra 2 tipos de pinos que conozcas.
23. ¿Qué tipos de saltos conoces en el minitramp?
24. ¿Qué dos saltos se hacen con el trampolín y el potro?
25. Nombra 6 habilidades gimnásticas que haga un gimnasta de nivel medio.

**Segunda evaluación: Pentathlon moderno**
1. ¿De cuántas pruebas se compone el pentathlon moderno?
2. ¿Quién y cuándo se creó esta prueba?
3. ¿Qué técnicas reproduce este deporte?
4. ¿En qué Juegos Olímpicos debutó esta disciplina en hombres y en mujeres?
5. ¿En cuántos días se disputan las pruebas actualmente?
6. ¿Por qué se descalificó de por vida a Boris Onishchenko?
7. Explica cómo se realiza la competición.
8. Describe la pistola que se utiliza en prueba de tiro.
9. ¿Cómo es la diana de tiro?
10. ¿A cuántas dianas dispara cada competidor?
11. ¿Desde qué distancia se dispara?

12. ¿Cuál es el tiempo límite entre cada disparo?
13. ¿Se dispara con una o dos manos?
14. ¿Cuánto dura el asalto en la esgrima? ¿Quién gana? ¿Qué pasa si nadie consigue el tocado?
15. ¿De cuántos metros es la prueba de natación? ¿A qué estilo se nada?
16. ¿Cuándo se penaliza con 40 puntos?
17. ¿Cuántos minutos tienes para familiarizarte con el caballo?
18. ¿Cómo es el recorrido en la hípica?
19. ¿Con cuántos puntos se parte en la hípica?
20. ¿Qué penalizaciones existen en la hípica?
21. ¿Cuántas vueltas se dan al circuito de la carrera?
22. ¿Quién sale primero?

**Segunda evaluación: Mountain bike**
1. ¿Cuál es el origen de la mountain bike?
2. ¿Qué hizo Ignaz Schwinn?
3. ¿Quién construyó el primer prototipo de bicicleta de montaña?
4. ¿Dónde y quién organizó la primera carrera de bicicleta de montaña?
5. ¿Qué es la NORBA? ¿Cuándo y dónde se crea?
6. ¿Dónde y cuándo se celebró el primer campeonato del mundo?
7. ¿Desde cuándo forma parte en el calendario Olímpico esta disciplina?
8. ¿Qué distancias recorren los hombres y las mujeres en las carreras?
9. ¿Cuánto tiempo invierten los hombres y las mujeres en las carreras?
10. ¿Cómo se toma la decisión final sobre la distancia de la carrera?
11. ¿Cómo comienza la carrera?
12. ¿De cuántos kilómetros se da la vuelta inicial?
13. ¿Quién gana la carrera?
14. ¿Puede recibir alguna ayuda externa el ciclista?
15. ¿Por qué te pueden penalizar?
16. ¿Cómo es la bicicleta de montaña?
17. ¿Cuántas marchas tiene la bicicleta?
18. ¿Es obligatorio el uso de casco?
19. ¿Se debe permitir el adelantamiento de otro corredor que vaya más rápido sin obstruirle el paso?
20. ¿Qué sucede si un corredor es doblado de la competición?

**Segunda evaluación: Expresión corporal**
1. ¿Qué es la expresión corporal?
2. Relaciona estos tres tipos de sistemas con las palabras de la segunda columna:

| | |
|---|---|
| Sistemas de expresión | Teatro |
| Sistemas rítmicos | Gestos |
| Sistemas de representación | Bailes |

3. ¿Qué es el gesto reflejo, el gesto emotivo y el gesto simbólico?

4. Explica lo qué es: postura estática, postura dinámica y actitud postural.
5. Explica lo qué es: espacio íntimo, espacio social y espacio público.
6. Nombra 5 deportes y 5 actitudes deportivas donde influya la expresión corporal.
7. ¿Qué es el lenguaje corporal?
8. ¿Qué tipos de expresiones faciales existen?
9. Describe 5 gestos que realizas con tus manos y tus brazos.
10. ¿Qué es la dramatización?
11. ¿Qué es el mimo?
12. ¿Qué es la danza?
13. Nombra 10 tipos de danza que conozcas.
14. Nombra 10 tipos de bailes de salón.

**Tercera evaluación: Atletismo: Carreras**
1. ¿Qué carreras existen en pista en hombres y en mujeres?
2. ¿Cómo se distribuyen las series?
3. ¿En qué carreras cada corredor tiene que ir por su calle?
4. ¿En qué carreras se comienza por una calle determinada para posteriormente elegir calle libre?
5. ¿En la 1ª ronda como se adjudican las calles? ¿Y después?
6. ¿Quiénes se colocan en las calles centrales 3, 4, 5, y 6?
7. ¿Cuándo comienza la carrera?
8. ¿Qué sucede si salen antes?
9. ¿Qué suponen dos salidas nulas?
10. ¿Hasta que prueba se utilizan sacos de salida?
11. ¿Desde que prueba salen de pie?
12. ¿Quién gana la carrera?
13. ¿Qué ocurre en caso de empate?
14. ¿Cuántos corredores forman los relevos?
15. ¿Dónde se tienen que pasar el testigo?
16. ¿Pueden correr por diferentes calles?
17. ¿Se puede recuperar el testigo si se ha caído?
18. ¿Cómo tiene que ser la velocidad del viento para que una marca sea reconocida?
19. Describe la pista de atletismo.
20. ¿En qué sentido se corre en la pista?
21. ¿Qué pruebas se realizan en la carretera?
22. ¿Hay eliminatorias en las pruebas en carretera?
23. ¿Cómo se realiza la salida en las pruebas en carretera?
24. ¿Qué dos reglas destacan en la marcha?
25. ¿Cuántos jueces hay vigilando el cumplimiento de las reglas en la marcha?
26. ¿Cuándo queda un marchador descalificado?
27. ¿Cada cuánto hay puntos de avituallamiento?
28. ¿Pueden descalificar a un marchador por empujar a un atleta?

29. ¿Si un marchador se sale de la carrera puede volver a continuar?
30. ¿A qué distancias se pueden recibir consejos?

**Tercera evaluación: Bádminton**
1. ¿En qué país surgió el juego del bádminton?
2. ¿Cómo surgió el nombre del bádminton?
3. ¿Dónde y cuándo se fundó el primer club de bádminton?
4. ¿Cuándo apareció la federación internacional de bádminton (IBF)?
5. ¿Cuándo apareció la federación española de bádminton (FESBA)?
6. ¿Cuándo se consideró el bádminton un deporte olímpico?
7. Nombra las modalidades que existen en el bádminton.
8. Describe el campo, los postes y la red de bádminton.
9. ¿Cuál es la puntuación en el bádminton?
10. Dibuja una raqueta de bádminton con sus partes.
11. Explica cómo son los volantes.
12. Explica la presa de la raqueta de derecho y de revés.
13. ¿En qué dirección debemos golpear el volante en un saque?
14. En el momento de golpeo en un saque, ¿a que altura debe de estar la cabeza de la raqueta para que no sea falta?
15. ¿Cómo es el área de saque en el juego de dobles y en el de individuales?
16. Si un tanteo es "1, 3, 5… puntos" ¿En qué área de saque se debe colocar para realizar el saque? y ¿En qué área se colocaría si la puntuación fuese par?
17. ¿Se considera falta en el saque si el volante toca la parte superior de la red?
18. ¿Qué tipos de saques existen según la trayectoria? Descríbelos.
19. ¿Qué tipos de saques predominan en el juego individual y en el juego de dobles?
20. Explica cómo se realizan los siguientes golpeos: lob, dejada, drive, clear, drop y remate.
21. Dibuja un campo de bádminton con las trayectorias de todos los golpeos explicados anteriormente.
22. Explica cómo es la posición defensiva básica de un jugador de bádminton.
23. Nombra los ocho desplazamientos que existen en el bádminton.
24. ¿Qué jugador realiza el saque en el juego de dobles si la puntuación es par?
25. ¿Qué sistemas de juego existen en dobles?

**Tercera evaluación: Acrosport**
1. ¿Qué es el acrosport?
2. ¿Qué otro nombre recibe también el acrosport?
3. ¿Cuáles son las primeras manifestaciones del acrosport en España?
4. ¿En qué categorías se puede competir en acrosport?
5. ¿De qué dimensiones tiene el tapiz donde se practica el acrosport?

6. ¿Qué tipo de música se utiliza en el ejercicio de competición?
7. ¿Qué elementos debe de contener el ejercicio de competición?
8. ¿Cuál es la duración del ejercicio?
9. ¿Qué valora el jurado en el ejercicio de competición?
10. Nombra los diferentes tipos de presas que se utilizan en el acrosport.
11. Explica el rol del portor, del ágil y del ayudante.
12. ¿Qué es el control postural?
13. ¿Qué posiciones básicas podemos adoptar en las figuras de acrosport?
14. Nombra tres aspectos a tener en cuenta en la seguridad del acrosport.
15. ¿Qué tipos de formaciones existen?
16. ¿Qué tres fases existen en la realización de las figuras?
17. ¿Cómo deben de ser los enlaces en el ejercicio de competición?
18. ¿En qué zonas realizaremos nuestros apoyos al subirnos a un banco facial?

**Tercera evaluación: Deportes con patines**

**a) Patinaje artístico**
1. ¿Dónde y cuando se originó el patinaje artístico?
2. ¿Por qué se empezaron a utilizar los patines en la antigüedad?
3. ¿Cuándo y dónde se fundó el primer club de patinaje?
4. ¿Cuándo y quién introdujo las cuchillas de acero?
5. ¿Quién empezó a utilizar las primeras coreografías?
6. ¿Quién inventó la cuchilla simple?
7. ¿Qué proporcionó la cuchilla simple?
8. ¿Dónde y cuándo se construyó la primera pista de hielo?
9. ¿Cuándo se fundó la ISU?
10. ¿Cuándo fue incluido en el calendario Olímpico el patinaje artístico?
11. ¿Qué pruebas existen en el patinaje artístico?
12. ¿Cuál es el elemento básico en la prueba individual?
13. ¿Cuántos ejercicios se hacen en la prueba individual?
14. ¿Cuánto dura el programa libre en la prueba individual?
15. ¿Cómo se define el patinaje por parejas? ¿Se puede lanzar a la pareja al aire?
16. ¿Cuántas partes tiene la danza?
17. Explica la puntuación en el patinaje artístico.

**b) Hockey patines**
1. ¿Cuál es el origen del hockey patines?
2. ¿Cuándo se crea la federación internacional de patinaje?
3. ¿Qué otros deportes regula la federación de patinaje?
4. ¿En qué año se asienta el hockey patines en España?
5. ¿Qué dimensiones tiene la pista de juego?
6. ¿Cuál es el elemento que delimita la pista?
7. Describe cómo son los patines, la bola, el stick o palo y las protecciones.

8. ¿Cuánto dura un partido en la categoría senior?
9. ¿Cómo se produce el inicio del juego?
10. Explica cómo es el tiempo muerto.
11. ¿Qué tipos faltas se pitan?
12. ¿Qué tarjetas se utilizan?
13. ¿Cuántos jugadores de un mismo equipo están en el terreno de juego?
14. ¿Qué dos tipos de paradas existen?
15. ¿Cuáles son los lanzamientos a portería a ras del suelo?
16. ¿Cuáles son los lanzamientos a portería elevados?
17. ¿Qué características debe de tener un lanzamiento a portería?
18. ¿Qué dos tipos de conducciones existen?
19. ¿Qué tipos de técnicas de frenado existen?
20. Nombra 3 técnicas de giro con los patines.

## c) Hockey hielo
1. ¿Con qué material se juega al hockey hielo?
2. ¿Cuál es la mejor liga nacional de hockey hielo?
3. ¿Cuándo fue deporte Olímpico el hockey hielo?
4. ¿Cuál es el objetivo del juego?
5. ¿Cuántos jugadores juegan en el campo?
6. ¿Cuántas sustituciones se pueden hacer en un partido de hockey hielo?
7. ¿Cuántos jugadores forman la plantilla completa de un equipo de hockey hielo?
8. ¿Cuántos árbitros hay en un partido?
9. Nombra las líneas y círculos que hay en una pista de hockey hielo.
10. ¿Cuánto mide la pista?
11. ¿Cuánto miden las porterías?
12. Describe el puck.
13. Describe el stick.
14. ¿Cuánto tiempo dura un partido?
15. ¿Cuánto dura el descanso?
16. ¿Cómo es la indumentaria de un jugador de hockey hielo?
17. ¿Cuándo se produce un castigo de 2 minutos fuera de la pista?

## d) Patinaje velocidad
1. ¿Dónde nació el patinaje de velocidad?
2. ¿Cuál fue el país que se convirtió en el lugar del patinaje sobre hielo?
3. ¿En que siglo fue un pasatiempo este deporte para reyes y nobles?
4. ¿Cuándo se proclamó deporte Olímpico este deporte para hombres y mujeres?
5. ¿Cuántas pruebas se disputan en este deporte?
6. ¿Cuáles son las pruebas masculinas?
7. ¿Cuáles son las pruebas femeninas?

8. ¿Cuántas vueltas se dan en la persecución por equipos en la prueba masculina? ¿Y en la prueba femenina?
9. Explica la persecución por equipos.
10. Describe la pista.
11. ¿Cuántos patinadores compiten en cada carrera?
12. ¿Qué anillo es el más corto?
13. ¿Cómo se produce el intercambio de calles?
14. ¿Quién tiene preferencia de paso?
15. ¿A cuántos metros se debe permanecer en la zona de cruce?
16. ¿Cuándo se puede reiniciar una carrera?
17. ¿Cuántos segundos se puede descansar para repetir la carrera?
18. ¿Qué pasa cuando se entra en la meta deslizándose?
19. ¿Cuándo se produce una descalificación?

**e) Pista corta**
1. ¿Desde cuando es este deporte un deporte Olímpico?
2. ¿Cuántas pruebas se disputan?
3. ¿Son las mismas pruebas las masculinas y las femeninas en pista corta?
4. ¿Cuántas vueltas se dan en 5000 m relevos masculinos?
5. ¿Cuántas vueltas se dan en 3000 m relevos femeninos?
6. ¿Cuántos atletas participan en las carreras individuales?
7. ¿Cuántos equipos toman parte en los relevos?
8. ¿Cuántos patinadores hay en cada equipo?
9. ¿Tienen que ser dadas las dos últimas vueltas por el mismo patinador?
10. ¿Cómo se hace el relevo?
11. ¿En qué zona se hace el relevo?
12. ¿Está permitido cruzarse en la línea de patinaje de otro participante?
13. Describe cómo es la pista.

## 7.2. TRABAJO DE BÚSQUEDA DE INFORMACIÓN PARA 2º ESO.

**Primera evaluación: Voleibol**
1. ¿Quién, dónde y cuándo se inventó el voleibol?
2. ¿En qué año apareció un balón específicamente diseñado para el juego?
3. ¿Cuándo y dónde se originó el set?
4. ¿En qué año hubo la presencia de seis jugadores por equipo?
5. ¿Cuándo se introdujo la regla de los tres golpeos por equipo?
6. ¿Cuándo y dónde se creó la Federación Internacional de Voleibol?
7. ¿Cuándo y dónde se convirtió en deporte olímpico?
8. ¿De cuántos jugadores está compuesto cada equipo?
9. ¿Cuál es el objetivo del voleibol?

10. Describe las posiciones en las que comienzan los jugadores en el campo.
11. ¿Cuántas veces puede cada equipo golpear el balón antes de devolverlo por encima de la red?
12. ¿Se puede sujetar el balón cuando se le toca?
13. ¿Puede golpear dos veces consecutivas la misma persona?
14. ¿En qué dirección se rota?
15. ¿Qué jugador saca?
16. ¿Qué tipos de saques existen?
17. ¿Hasta cuando saca el mismo jugador?
18. Explica el resultado del partido.
19. ¿Cuándo se anota un punto?
20. ¿Quién es el líbero?
21. Explica cómo son las sustituciones en voleibol.
22. Describe el balón, la pista y la red de voleibol.
23. ¿Quiénes pueden bloquear un disparo?
24. ¿Se considera un toque el bloqueo?
25. ¿Puede un jugador bloquear un balón antes de que éste sobrepase la red siempre que no la toque?
26. ¿Se puede bloquear un saque?
27. Explica las faltas de toque.
28. ¿Cuándo se produce falta de saque después de golpear el balón?
29. ¿Qué tipo de interrupciones existen?
30. Nombra 5 gestos técnicos básicos del voleibol.
31. Nombra 5 trayectorias del pase de colocación.
32. Nombra 3 tipos de remate según su dirección.
33. ¿Cuáles son las fases del remate?
34. Nombra 3 tipos de caídas.
35. ¿Qué dos tipos de sistema de recepción existen?

**Primera evaluación: Triatlón**
1. ¿Dónde se empezó a practicar este deporte?
2. ¿En qué país tuvo más auge este deporte?
3. ¿Dónde y cuándo se constituyó la Federación Internacional de Triatlón?
4. ¿Sobre qué distancias se disputan las competiciones oficiales?
5. ¿Se para entre prueba y prueba?
6. ¿Quién gana?
7. ¿Con qué prueba se inicia la competición del triatlón?
8. ¿Qué estilo de natación se utiliza en el triatlón?
9. ¿Qué ocurre si se produce un pinchazo en la bicicleta?
10. ¿Se puede terminar a gatas la carrera?
11. ¿Cuánto duran las transiciones?
12. ¿Se puede interferir con el equipamiento de los otros atletas?
13. ¿Se puede utilizar más de una bicicleta?
14. ¿Dónde se tienen que montar y desmontar de la bicicleta?

15. Explica por qué se penaliza en el triatlón.
16. Explica que equipamiento se utiliza en la competición.
17. ¿Cuándo se realizan las modificaciones en la bicicleta?
18. ¿Se permiten aletas en la prueba de natación?

**Primera evaluación: Tiro con arco**
1. ¿Para qué se utilizó el arco y las flechas antiguamente?
2. Nombra a dos guerreros que aparezcan en leyendas. ¿Qué hazañas hicieron?
3. ¿Cuándo y dónde se fundó la Federación Internacional de tiro con Arco?
4. ¿Cuándo y dónde se convirtió en deporte olímpico?
5. ¿Cuál es el objetivo del tiro con arco?
6. ¿En cuántos aros concéntricos está dividida la diana?
7. ¿De cuánto es la máxima puntuación y cuándo se logra?
8. ¿Cuánto vale el círculo que se encuentra en el lado más exterior?
9. ¿Para que sirve el *"X10"*?
10. ¿Qué sucede si una flecha queda colocada entre dos anillos? ¿Y si se clava en otra fecha?
11. ¿Qué sucede si la fecha no da en la diana?
12. ¿Qué sucede si la fecha rebota o pasa a través de la diana?
13. ¿Por qué el arquero levanta una bandera?
14. Describe la diana, el arco y las fechas.
15. ¿Cómo se desarrolla la competición individual y por equipos?
16. ¿Qué protecciones llevan los arqueros?

**Primera evaluación: Fútbol sala**
1. ¿Dónde se originó el fútbol sala? ¿En qué año?
2. Nombra los tipos de golpeo que le damos al balón.
3. Define los siguientes conceptos: anticipación, apoyo, carga, conducción, control, desmarque, despeje, entrada, pared, pase, regate, saque, salida y tiro.
4. Describe el terreno de juego.
5. ¿A cuántos metros de distancia de la portería se encuentra el punto de penalti y el del doble penalti?
6. ¿Dónde se encuentra la zona de sustituciones?
7. ¿Cuántos jugadores de un equipo juegan en el terreno de juego?
8. ¿Cuál es el número máximo de jugadores inscritos en el acta?
9. ¿Se permite un número ilimitado de sustituciones?
10. ¿Qué ocurre si cuando estamos haciendo un cambio de jugador, el sustituto entra en el terreno de juego antes de que haya salido su compañero?
11. ¿Cuánto dura un partido en fútbol sala?
12. ¿Se puede solicitar tiempo muerto?
13. ¿Qué es y cuándo se produce el bote neutral?
14. ¿Cómo se realiza el saque de banda y el saque de esquina?

15. ¿Qué tipos de faltas existen en fútbol?
16. Explica cuándo se produce una falta técnica. ¿Cómo se sanciona la falta técnica?
17. Explica cuándo se produce una falta personal ¿Cómo se sanciona la falta personal?
18. Explica cuándo se produce una falta disciplinaria ¿Cómo se sanciona la falta disciplinaria?
19. Explica las faltas acumulativas en fútbol sala.

**Segunda evaluación: Remo**
1. ¿Qué era en su origen el remo?
2. ¿Cuándo y dónde se inició como deporte?
3. ¿Cuándo y dónde se incluye al remo en el programa Olímpico?
4. ¿Cuándo y dónde se creó la Federación Internacional de las Sociedades de Remo?
5. ¿Qué tipos de botes existen? Descríbelos.
6. ¿Qué restricción tienen los botes? ¿De qué están fabricados los botes?
7. ¿Qué categorías existen en hombres y en mujeres?
8. ¿Qué pruebas se disputan en los diferentes tipos de botes?
9. Explica cómo se realiza la salida.
10. Explica qué ocurre en la llegada.
11. ¿De cuánta distancia es la carrera? ¿Dónde y cuándo se estableció esa distancia?
12. ¿Cuántas calles tiene?
13. ¿Cuántas embarcaciones participan?
14. Describe las calles.
15. ¿De cuánto es la profundidad del agua?
16. ¿Cómo son las orillas?
17. Explica el color de las boyas a lo largo del recorrido.
18. ¿Cuánto pesa el timonel?
19. ¿Se puede parar una carrera?

**Segunda evaluación: Saltos en piscina**
1. ¿Dónde se encuentran los primeros datos de competiciones de saltos?
2. ¿Cuándo y dónde se inician los saltos desde plataforma y trampolín?
3. ¿Cuándo y dónde es deporte Olímpico para hombres y mujeres?
4. Describe el trampolín.
5. Describe la plataforma.
6. Describe la piscina.
7. ¿Qué modalidades existen?
8. ¿En qué consiste este deporte?
9. ¿Qué grupos de saltos existen?
10. ¿Entre qué oscila el grado de dificultad?
11. ¿Cuántos jueces puntúan? ¿Cuánto puntúan? ¿Qué puntúan?
12. Describe las pruebas sincronizadas.
13. ¿Cuántos jueces puntúan las pruebas sincronizadas? ¿Qué puntúan?

14. ¿Qué pasa al menos 24 horas antes de la competición?
15. ¿Qué sucede si se cambia algún salto?
16. ¿Cuántos puntos se le da a un salto hecho parcialmente en una posición incorrecta?
17. ¿Qué no se debe hacer en los saltos con salida parada?
18. ¿Qué sucede si el saltador toca el final de la plataforma o del trampolín?
19. ¿Cuándo se considera el salto finalizado?

**Segunda evaluación: Trabajo de juegos y deportes de tradicionales**

El alumno debe elegir un juego o deporte tradicional que ha seleccionado siguiendo la clasificación de Moreno (1992) y realizar una presentación en power point o en cartulina donde explicará en qué consiste el deporte en cuestión, en qué zona de España se practica y el material necesario para su práctica. El trabajo se expondrá en clase a los compañeros.

| | | Nombre de deportes tradiciones | Nombre del alumno |
|---|---|---|---|
| Locomoción | 1 | Korricolaris | |
| | 2 | Andarines | |
| | 3 | Recogida de mazorcas | |
| | 4 | Carrera sacos | |
| | 5 | Saltaris | |
| | 6 | Salto pasiego | |
| | 7 | Salto guanche con bastón | |
| | 8 | Castells | |
| | 9 | Los zancos de Anguiano | |
| | 10 | Rayar | |
| Lanzamiento distancia | 11 | Barra castellana | |
| | 12 | Tiro de barrot | |
| | 13 | Tiro de bola | |
| | 14 | Lanzamiento de piedra | |
| | 15 | Tiro de honda | |
| | 16 | Tiro de reja | |
| Lanzamiento de precisión | 17 | Bolo palma y bolo leonés | |
| | 18 | Toka o tuka | |
| | 19 | Caliche | |
| | 20 | Tuta, tarusa o tanga | |
| | 21 | Juego de la llave o chave | |
| | 22 | Herrón | |
| | 23 | Chute | |
| | 24 | Rana | |
| | 25 | Rayuela | |
| | 26 | Bochas o petanca | |
| | 27 | Chueca, choca o villorta | |
| | 28 | Juego de la calva | |
| Lucha | 29 | Lucha leonesa | |
| | 30 | Lucha canaria | |
| | 31 | Juego del palo canario | |

## Segunda evaluación: Creación de material reciclado II: Bolos, Zancos con botes, Tragaaros y Tragabolas.

El profesor crea cuatro grupos y cada grupo construye el material de un juego tradicional.

Reparto del trabajo en un grupo de 30 alumnos:
- 6 alumnos construyen 3 tragaaros.
- 6 alumnos construyen 3 tragabolas.
- 8 alumnos construyen 30 bolos.
- 10 alumnos construyen 20 zancos.

|  | Material | Proceso de construcción |
|---|---|---|
| Bolos | Tijeras<br>Embudo<br>Botellas de plástico<br>Cinta adhesiva | Decorar las botellas con cinta adhesiva.<br>Rellenar la botella con arena con ayuda de un embudo.<br>Colocar el tapón en la botella.<br>Cinta adhesiva en el tapón. |
| Zancos con botes | Martillo<br>Puntilla gorda.<br>2 botes de lata de gran tamaño<br>Cuerda | Hacer dos agujeros en los laterales de cada bote utilizando la puntilla y el martillo.<br>Introducir la cuerda por uno de los agujeros hacer un nudo en el interior de bote y llevar la cuerda al otro agujero y hacer otro nudo en ese interior del bote. |
| Tragaaros | Tijeras<br>Cinta de embalar<br>Caja grande de cartón<br>Tubos de cartón<br>Cinta aislante | Forrar los tubos de cartón con cinta aislante.<br>Pegar los tubos de cartón a la caja con la cinta de embalar.<br>Recortar discos de cartón.<br>Forrar con cinta aislante los discos de cartón.<br>Decorar la caja grande de cartón. |
| Tragabolas | Tijeras<br>Cinta aislante<br>Caja grande de cartón<br>Periódicos<br>Pintura | Realizar agujeros de diferentes formas (círculo, rombo, rectángulo...) y tamaños en la caja de cartón grande.<br>Pintar en la caja la puntuación del 1 al 10 en los agujeros en función de la dificultad a la hora de introducir la bola.<br>Construir bolas con los papeles de periódicos.<br>Recubrir la bola con cinta aislante. |

## Tercera evaluación: Gimnasia rítmica
1. ¿Cuándo y por qué se introdujo la gimnasia rítmica?
2. ¿Con qué nombre se conocía antes esta disciplina?
3. ¿Dónde tuvo más desarrollo esta disciplina?
4. ¿Qué dos escuelas hubo importantes? ¿Por qué?
5. ¿Qué mezcla tiene la gimnasia rítmica?
6. ¿Cuándo fue reconocida la Federación Internacional de Gimnasia?
7. ¿Cuándo hizo su entrada como deporte olímpico oficial?
8. ¿Cuál es el objetivo de la gimnasia rítmica?
9. Explica que se hace en el ejercicio.
10. ¿Qué sucede al finalizar el ejercicio?

11. ¿Tiene que terminar la música y el ejercicio a la vez?
12. ¿Cuánto dura el ejercicio?
13. ¿Cuántos grupos de jueces existen?
14. ¿Qué se evalúa en el valor técnico?
15. ¿Qué se evalúa en el valor artístico?
16. ¿Qué se evalúa en la ejecución?
17. Describe las penalizaciones
18. ¿Te penalizan si te sales del tapiz?
19. ¿Cuánto mide el tapiz?
20. Nombra los cinco aparatos utilizados en la gimnasia rítmica.

**Tercera evaluación: Natación sincronizada**
1. ¿Practican esta disciplina los hombres?
2. ¿Dónde y cuándo se originó la natación sincronizada?
3. ¿Qué es la natación sincroniza?
4. ¿Cómo se llamaba en Canadá este deporte?
5. ¿Cuándo se redactó el primer reglamento de natación sincronizada?
6. ¿Cuándo reconoció la Federación Internacional de Natación Amateur como un deporte?
7. ¿En qué juegos fue deporte de exhibición?
8. ¿Cuándo empezó a formar parte del programa olímpico?
9. ¿Qué tipos de pruebas existen?
10. ¿Cuál es el objetivo de la natación sincronizada?
11. ¿De qué ejercicios se compone la competición?
12. ¿Cuántos jueces evalúan? ¿Cuál es la misión de cada uno?
13. ¿Qué se califica en la nota técnica?
14. ¿Qué se califica en la nota artística?
15. ¿Qué temperatura de agua tiene la piscina?
16. Comenta las penalizaciones que existen.
17. ¿Qué ocurre si se deja de nadar?
18. ¿Siempre se tienen que realizar los elementos simultáneamente en el ejercicio técnico?
19. ¿Cuántos decibelios puede tener la música?
20. ¿Los jueces pueden consultar el video?

**Tercera evaluación: Balonmano**
1. ¿Cuándo y dónde apareció la versión moderna del balonmano?
2. ¿Cuándo y dónde fue fundada la Federación Internacional de Balonmano (IHF)?
3. ¿Cuándo y dónde apareció el balonmano a nivel masculino y femenino en unos Juegos Olímpicos participando 7 jugadores en el campo de un mismo equipo?
4. ¿Cuál es el objetivo del balonmano?
5. ¿Cómo es el tiempo de juego en el balonmano?
6. ¿Cómo se inicia el juego en balonmano?

7. ¿De cuántos segundos se dispone para que el jugador pase, drible, o tire?
8. ¿Cuántos pasos se pueden dar después de coger el balón?
9. ¿Pueden estar los jugadores dentro del área de gol?
10. ¿Dónde se saca una falta que tuvo lugar entre el área de gol y la línea de tiro libre situada a 9 m?
11. ¿Cómo se produce un penalti? ¿Desde dónde se lanza?
12. ¿Hasta qué línea puede avanzar el portero para intentar defender el lanzamiento?
13. ¿Qué partes del cuerpo pueden utilizar los jugadores para conseguir la posesión del balón?
14. Comenta cómo se produce un saque de esquina.
15. ¿Cuándo se produce un lanzamiento neutral?
16. Describe la pista y el balón de balonmano.
17. Comenta los aspectos fundamentales del portero dentro de su área de gol.
18. ¿Comenta cuáles son los criterios para sacar tarjetas en balonmano?
19. ¿Cuántos jugadores hay en los banquillos? ¿Cuántas sustituciones puedo hacer?
20. ¿Cuántos tiempos muertos posee un equipo en cada periodo?

**Tercera evaluación: Capoeira.**
1. ¿Qué es la capoeira? ¿Qué facetas engloba?
2. ¿Qué son las rodas? Descríbelas.
3. ¿Cuál es el tamaño mínimo de la roda?
4. ¿Con qué se toca la música? ¿Qué indica la música?
5. ¿Qué inculcan los profesores de capoeria?
6. ¿En qué destaca la capoeira como arte marcial?
7. ¿Qué es la ginga?
8. ¿Qué dos posiciones tiene la ginga?
9. ¿Cuáles son los ataques principales en la capoeira?
10. ¿En qué consiste la defensa en la capoeira?
11. ¿Qué es la chamada?
12. ¿Qué es Malandragem?
13. ¿Cuántos estilos de capoeira existen?
14. ¿Qué música utiliza la capoeira Angola?
15. ¿Qué uniforme se usa en la capoeira Angola?
16. ¿Quién inventó la capoeira Regional? ¿Qué mezcla?
17. ¿Qué golpes dominan en la capoeira Regional?
18. ¿Qué uniforme se utiliza en la capoeira Regional?
19. ¿De qué está compuesta la charanga de la capoeira Regional?
20. Explica la capoeira contemporánea.

## 7.3. TRABAJO DE BÚSQUEDA DE INFORMACIÓN PARA 3º ESO.

### Primera evaluación: Combina nórdica
1. ¿De qué trata la combinada nórdica?
2. ¿En qué año se incluyó la prueba individual en el calendario Olímpico?
3. ¿La prueba de sprint se practica en modalidad femenina?
4. ¿Cuántas pruebas se disputan?
5. ¿Se realiza en el mismo día la prueba de trampolín y la de esquí de fondo? Si no es así, explica como se realiza.
6. ¿Quién creó el nuevo método para el desarrollo de la competición?
7. ¿En qué consiste el método?
8. ¿Cuántos saltos se realiza en la prueba de saltos?
9. ¿Qué saltos se tienen en cuanta?
10. ¿Cuántos jueces hay en la competición?
11. ¿Cómo se puntúa la prueba de salto?
12. Describe la prueba individual.
13. Describe la prueba por equipos.
14. Describe la prueba de sprint.

### Primera evaluación: Taekwondo
1. ¿Cuándo y dónde apareció el taekwondo?
2. ¿De qué palabras proviene el taekwondo? ¿Qué significa? ¿Quién le acuñó ese término?
3. ¿Con qué otro nombre se le conoce?
4. ¿Cuándo fue declarado deporte nacional de la República de Corea del Sur?
5. ¿Cuándo fue incluido en el programa oficial de los Juegos Olímpicos?
6. Explica la competición.
7. ¿Cómo se consigue el punto?
8. ¿De cuántos asaltos consta el combate? ¿Cuánto duran?
9. ¿Cuándo se consigue la victoria en una competición?
10. ¿Qué tipos de penalizaciones existen? Explícalas.
11. ¿Qué sucede cuando un participante es derribado?
12. ¿Cuándo se considera derribo?
13. ¿Qué grita el juez cuando ocurre la caída?
14. ¿Qué ocurre en caso de empate?
15. Nombra las categorías que existen en hombres y en mujeres.
16. Describe la zona de combate.
17. ¿Qué es el área de alerta?
18. ¿Qué tipos de protecciones tienen que utilizar?
19. ¿Qué sucede si ambos contendientes caen y no se recobran al acabar la cuenta de 10?
20. ¿Se puede eliminar un punto ganado? Explícalo si la respuesta es afirmativa.
21. ¿Cuándo puede volver a competir alguien que ha sido eliminado por un K.O. tras recibir un golpe en la cabeza?

**Primera evaluación: Ciclismo en pista**
1. ¿Cómo se llamaba la bicicleta originalmente?
2. ¿Cuándo y dónde se desarrolló la bicicleta?
3. ¿Cuál fue su punto de partida y por qué?
4. ¿Qué se hizo para aumentar la velocidad?
5. Comenta la incorporación de este deporte a los Juegos Olímpicos.
6. ¿Cuánto mide la circunferencia de la pista?
7. Describe la bicicleta.
8. Explica la contra reloj.
9. Explica el sprint.
10. Explica el sprint por equipos.
11. Explica la persecución individual.
12. Explica la persecución por equipos.
13. Explica la carrera por puntos.
14. ¿Cuál es el objetivo de la Madison?
15. ¿Con qué otro nombre se conoce a la Madison?
16. Explica la Madison.
17. Explica la Keirin.
18. ¿Cuántas vueltas se dan en la Madison?
19. ¿Cuántas vueltas se dan en el Keirin?

**Primera evaluación: Boxeo**
1. ¿En qué Juegos Olímpicos apareció por primera vez este deporte?
2. ¿Cuándo y dónde se fundó la Asociación Internacional de Boxeo Amateur?
3. ¿Cuándo y dónde se inicia la historia olímpica moderna?
4. ¿Cuál es el objetivo del boxeo?
5. ¿Con qué parte se puede golpear y dónde se puede golpear?
6. ¿De cuántos combates y de cuánto tiempo consta el combate?
7. Explica cómo se realiza el combate.
8. ¿Cuántos jueces controlan la competición? ¿Cómo la controlan? ¿Qué pasa si hay empate?
9. ¿Cuántos segundos se cuentan tras la caída al suelo del boxeador?
10. ¿Cuándo es un KO?
11. ¿Qué sucede cuando se lanza la toalla?
12. Explica las sanciones.
13. ¿Qué tipos de categoría existen?
14. Comenta la vestimenta que lleva el boxeador y explica como es el ring.
15. ¿Cuándo se saludan los boxeadores?

**Segunda evaluación: Hockey hierba**
1. ¿Cuáles son los orígenes del hockey hierba?
2. ¿Quiénes lo practicaban en la antigüedad?
3. ¿Cómo se extendió por Europa?
4. ¿Cuándo entró el hockey hierba como deporte Olímpico para hombres y mujeres?

5. ¿Cuándo se fusionó la actual federación internacional de hockey?
6. ¿Cuáles son las competiciones más importantes en este deporte?
7. ¿Cuántos jugadores juegan en un equipo?
8. ¿El portero puede utilizar todas sus partes del cuerpo para parar la bola?
9. Describe el stick.
10. Describe la bola.
11. Describe el terreno de juego.
12. ¿Cuándo se realiza el saque de centro?
13. ¿Cuándo se realiza el saque de banda?
14. ¿Cuándo se realiza el saque neutral?
15. ¿Cuándo se produce el corner?
16. ¿Cuándo se produce un penalti corner?
17. ¿Cómo se ejecuta el penalti corner?
18. ¿Cuándo se produce el penalti stroke? ¿Desde que distancia se tira el penalti stroke?
19. Haz una representación gráfica del penalti corner y del penalti stroke.
20. Explica porque se sacan las 3 tarjetas.

**Segunda evaluación: Judo**
1. ¿Qué significa judo en japonés?
2. ¿Cuál es el origen del judo?
3. ¿Qué hizo Jigoro Kano?
4. ¿Cómo se extendió el judo?
5. ¿Cuándo se fundó la Federación Internacional de Judo?
6. ¿Cuándo formó parte del calendario Olímpico para hombres y mujeres?
7. ¿Qué supone el Ippon?
8. ¿Cómo se consigue el Ippon?
9. ¿Qué puntos se consiguen en el Waza-ari?
10. ¿Por qué se levanta una bandera de color azul o blanca?
11. ¿Qué se penaliza?
12. ¿Qué categorías existen?
13. ¿Cómo se le llama también a la zona de combate?
14. Describe la zona de combate.
15. ¿Desde que zona se empieza el combate?
16. ¿Cómo se llama el atuendo en judo?
17. ¿De qué está compuesto el uniforme en judo?
18. ¿De qué colores van vestidos los judokas?
19. ¿Qué significa el color del cinturón?
20. ¿Qué se hace antes y después del combate?
21. ¿Se considera punto si se inicia la técnica en la zona de combate y finaliza fuera?

## Segunda evaluación: Lucha grecorromana

1. ¿Qué representación existe en la antigüedad sobre la lucha grecorromana?
2. Explica como se desarrollaba la lucha en la antigüedad.
3. ¿Qué dos modalidades existían? Explícalas.
4. ¿Qué dos tipos de lucha de forma oficial existen?
5. ¿Cuál es la diferencia entre la lucha grecorromana y la lucha libre?
6. ¿Cuál es el objetivo de la lucha grecorromana?
7. ¿Cómo se consiguen los puntos?
8. Explica cómo se desarrolla la competición.
9. ¿Cómo se puntúa en la competición?
10. Describe el tapiz.
11. ¿Qué categorías existen?
12. ¿Es válido una caída en límite del tapiz?
13. ¿Qué sucede si se cae dentro del área de protección?
14. ¿Cuándo se produce una descalificación inmediata?
15. ¿Cuándo se produce pasividad?
16. ¿Qué sucede en el segundo aviso por una presa ilegal?

## Segunda evaluación: Trabajo sobre Artes marciales para 3º ESO

Los alumnos se agrupan en parejas y deben elegir un deporte y realizar una presentación en power point o en cartulina donde desarrollarán los siguientes puntos: historia, técnicas de combate, principios básicos, fotos, y vídeos. El trabajo se expondrá en clase a los compañeros.

|    | Artes marciales | Nombre de los alumnos |
|----|-----------------|-----------------------|
| 1  | Aikido          |                       |
| 2  | Boxeo           |                       |
| 3  | Capoeira        |                       |
| 4  | Full contact    |                       |
| 5  | Garrote Tocuyano |                      |
| 6  | Glima           |                       |
| 7  | Hapkido         |                       |
| 8  | Judo            |                       |
| 9  | Jujutsu         |                       |
| 10 | Karate          |                       |
| 11 | Kendo           |                       |
| 12 | Tempo (Defensa personal) |              |
| 13 | Kick boxing     |                       |
| 14 | Kung fu         |                       |
| 15 | Lucha canaria   |                       |
| 16 | Lucha leonesa   |                       |
| 17 | Muay thai       |                       |
| 18 | Palo canario    |                       |
| 19 | Savate          |                       |
| 20 | Sumo            |                       |
| 21 | Taekwondo       |                       |
| 22 | Thai-bo         |                       |
| 23 | Vale tudo       |                       |

**Tercera evaluación: Voley playa**
1. ¿Dónde se originó el voley playa?
2. ¿Cuándo, dónde y por qué se incluyó en el calendario olímpico?
3. ¿Cuántos jugadores participan en cada equipo?
4. ¿Cuál es el objetivo del voley playa?
5. ¿Cuántas veces puede cada equipo golpear el balón hasta devolverlo por encima de la red?
6. ¿Tienen los jugadores posiciones fijas sobre la arena del terreno de juego?
7. ¿Se puede sujetar el balón cuando se toca o tocarlo dos veces consecutivas?
8. ¿Se puede golpear con cualquier parte del cuerpo?
9. ¿Cuándo se pierde el punto?
10. Explica cómo se realiza el servicio.
11. Explica como es el resultado en un partido.
12. Describe el balón de juego.
13. Describe el terreno de juego.
14. ¿Se puede atacar desde cualquier posición del campo?
15. ¿Cada cuanto se cambia de lado?
16. ¿Cuántos tiempos muertos se pueden pedir?
17. ¿Se pueden hacer sustituciones?
18. ¿Cuánto tiempo se permite para realizar la jugada?

**Tercera evaluación: Esgrima**
1. ¿Dónde y de qué año data la primera referencia de la práctica de la espada?
2. ¿Quién inventó el arte de luchar con armas?
3. ¿De dónde desciende la esgrima tal como se la conoce ahora?
4. ¿Cuándo nació este deporte en España?
5. ¿Cuándo se empezaron a usar caretas y chaquetillas protectoras?
6. ¿Quién practica este deporte inicialmente?
7. ¿Quiénes fueron los primeros en crear sus propias escuelas?
8. ¿Cuál es el objetivo de la esgrima?
9. ¿Qué tipos de competiciones y de categorías existen en la esgrima?
10. Describe cómo se realiza el combate.
11. ¿Qué 3 armas hay en la esgrima?
12. ¿A cuántos tocados son los combates individuales? ¿Y la de equipos?
13. ¿Qué sucede si hay un empate en el combate?
14. Explica el tocado.
15. Explica porqué se producen penalizaciones.
16. Comenta las diferencias que existen entre el florete, espada y sable.
17. Describe la vestimenta que utiliza el esgrimista y cómo es la pista.
18. ¿A quién se saluda antes de cada asalto?
19. ¿Podemos cambiar el arma de mano durante el combate?

**Tercera evaluación: Atletismo: Saltos**
1. Nombra las 4 pruebas de saltos que se realizan en el atletismo.
2. ¿Son las mismas pruebas para hombres y mujeres?
3. ¿Cuáles son saltos verticales y cuáles horizontales?
4. ¿Cómo se llama el elemento que utilizan los pertiguistas para propulsarse en el aire?
5. ¿Cuánto se eleva el listón después de cada ronda en el salto de altura?
6. ¿Cuánto se eleva el listón después de cada ronda en el salto de pértiga?
7. ¿Pueden elegir los saltadores en cada ronda si saltan esa altura o pasan a otra superior?
8. ¿Cuántos intentos tiene un saltador para ser eliminado si no sobrepasa una altura?
9. ¿Cuál es la distancia mínima para coger carrera antes de atacar el listón en el salto de altura?
10. ¿Cuál es la distancia que corre un saltador de pértiga?
11. ¿Dónde apoyamos la pértiga para saltar?
12. ¿Qué ocurre en caso de empate en el salto de altura y en el salto de pértiga?
13. ¿Cuántos atletas realizan los tres saltos adicionales en longitud y triple?
14. ¿Qué ocurre en caso de empate en el salto de longitud y en el triple salto?
15. ¿Cómo se realiza la medición?
16. ¿Cuándo se considera salto nulo?
17. ¿Cuál debe ser la velocidad de viento para que la marca sea reconocida?
18. ¿Qué anchura tiene la tabla de apoyo para el salto?
19. ¿Para qué sirve la línea de plastilina?
20. ¿Qué ocurre si el saltador sobrepasa el tiempo determinado para realizar el salto?

**Tercera evaluación: Waterpolo**
1. ¿Dónde y cuándo surgió este deporte?
2. ¿En qué espacios se empezó a jugar al waterpolo?
3. ¿Cuándo se formulan las primeras reglas?
4. ¿Cuándo se estrenó el waterpolo en el programa Olímpico para hombres y mujeres?
5. ¿Cuál es el objetivo del juego?
6. ¿Cuántos jugadores juegan en el campo?
7. Explica el inicio del partido.
8. ¿De cuántos segundos se dispone para disparar a gol?
9. ¿Se puede marcar desde cualquier parte del campo?
10. ¿Podemos golpear el balón con el puño cerrado?
11. ¿Cuáles son las faltas más habituales?
12. ¿Cuándo se produce una falta de penalti?

13. ¿Qué ocurre cuando la falta es antideportiva?
14. ¿Qué ocurre si un jugador atacante envía el balón fuera por la línea de gol?
15. ¿Desde qué línea pone el portero el balón en juego, cuando se había producido un lanzamiento fuera?
16. ¿Qué pita el árbitro si es un defensor el que manda fuera el balón por la línea de fondo?
17. ¿Qué ocurre si el partido termina en empate?
18. ¿Qué dimensiones tiene el área de juego en hombres y en mujeres?
19. ¿Cómo es la profundidad de la piscina?
20. ¿Pueden tocar con los pies en el suelo el portero y los jugadores de campo?
21. ¿Qué marcan las boyas de colores?
22. Describe el área de exclusión de las porterías.
23. Explica cómo es el tiempo de juego en waterpolo.
24. ¿Pueden los jugadores cruzar la línea de dos metros cuando están atacando?
25. ¿Cuándo se pueden hacer las sustituciones?
26. Describe la portería de waterpolo.

## 7.4. TRABAJO DE BÚSQUEDA DE INFORMACIÓN PARA 4º ESO.

**Primera evaluación: Pilates**
1. ¿Qué es el método Pilates? ¿Quién lo creó? ¿En qué se basa este método?
2. ¿Por qué fue llamado condrología?
3. ¿En qué se centra este método?
4. ¿Para qué se usa este método?
5. Nombra los principios fundamentales del Pilates.
6. ¿Por qué están compuestos los ejercicios?
7. ¿Qué ocurre con la mente cuando se empieza a practicar Pilates?
8. ¿Qué es más importante en el Pilates las ejecuciones o las repeticiones del ejercicio?
9. ¿Qué es el "powerhouse"?
10. ¿Qué ocurre con la respiración cuando se realiza una buena práctica de Pilates?
11. ¿Qué tipo de respiración se práctica en el Pilates? Explícala.
12. ¿Qué dos grupos fundamentales existen de Pilates?
13. ¿Cuáles son las principales máquinas de Pilates? Descríbelas.
14. Nombra ocho accesorios que se utilicen en el Pilates-suelo.
15. ¿Se puede deformar el aro de Pilates?
16. ¿Cuántos centímetros tiene el aro de Pilates?
17. ¿Cómo son los agarres del aro?
18. ¿Cómo se usa la banda elástica?
19. ¿Cuánto diámetro tiene la pelota?

20. ¿Para que se suele usar la pelota?
21. Describe el Bosu.

**Primera evaluación: Snowboard**
1. ¿Cuándo y dónde se desarrollo el snowboard?
2. ¿Qué elementos se combinan en este deporte?
3. ¿Qué disciplinas existen en este deporte?
4. ¿Cuándo entró en el programa Olímpico el snowboard?
5. ¿Qué pruebas intervienen en el programa Olímpico?
6. ¿Qué pendiente tiene el slalom gigante?
7. ¿Cómo se realiza el slalom gigante?
8. ¿Cuántas mangas tiene cada pareja en el slalom gigante?
9. ¿En qué estructura se realiza el half pipe?
10. ¿Cuánta distancia hay entre las paredes opuestas?
11. ¿Cuál es el objetivo del half pipe?
12. ¿Cuánto dura la actuación del half pipe?
13. ¿Cuál es el mínimo de saltos en el half pipe?
14. ¿Quiénes pasan a la final en el half pipe?
15. ¿Qué características evalúan los jueces en el half pie?
16. ¿Por qué se quitan puntos en el half pie?
17. ¿Cómo es el recorrido en el cross?

**Primera evaluación: Vela**
1. ¿Para qué se empleaba la vela en la antigüedad?
2. ¿Cuál fue la nación que más contribuyó al desarrollo del velero?
3. ¿Cuándo se convirtió la vela en deporte Olímpico?
4. ¿Qué tipos de competición existen?
5. Explica la carrera de flotas.
6. ¿Qué sucede con los barcos que no cumplen la penalización?
7. Explica las reglas básicas en el derecho al paso.
8. ¿Cómo se decide el recorrido en las regatas?
9. ¿Cuál es el tiempo límite de carrera?
10. ¿Qué tipos de regatas existen?
11. ¿Cada cuánto tiempo avisan los jueces a las embarcaciones en la salida?
12. ¿Qué sucede si un barco sale antes de tiempo?
13. ¿Qué sucede si una embarcación toca una boya?
14. ¿Cuándo se acaba la carrera?
15. ¿Cuál es el peso máximo de ropa y equipamiento?

**Primera evaluación: Saltos con esquís**
1. ¿Cuándo y dónde comenzó el deporte de salto con esquís?
2. ¿Quién fue el principal interesado en este deporte?
3. ¿Cómo llegó la expansión a otros países?
4. ¿Qué material se utiliza en este deporte?
5. ¿Cuántos saltos se realizan en la competición?

6. ¿Cuántos jueces valoran el salto?
7. ¿Cómo se establece la puntación?
8. ¿Quién gana la competición?
9. ¿En cuántos grupos se divide a los saltadores en las competiciones individuales?
10. ¿Cuándo se suele hacer la pista más rápida?
11. ¿Qué tipo de pruebas existen?
12. ¿Cuántos segundos dispone el saltador para iniciar el salto?
13. ¿Se puede usar algún elemento externo para aumentar la velocidad?
14. ¿Qué supone caerse en la fase aérea de salto?
15. ¿Qué tiene que hacer el saltador para conseguir un buen despegue?
16. ¿Cuánto dura el vuelo?
17. ¿Cómo se valora el aterrizaje?
18. ¿Qué posición se mantiene en el frenado?
19. ¿Qué dos componentes se suman en la puntuación?

**Segunda evaluación: Rugby**
1. ¿En qué país nace el rugby?
2. ¿Cuántos jugadores de un mismo equipo están en el terreno de juego?
3. ¿Cuáles son las medidas de un campo de rugby?
4. ¿Cuánto miden los postes? ¿A qué distancia se encuentran separados los postes?
5. ¿A qué altura debe de estar situado el travesaño?
6. Describe la pelota de juego.
7. ¿Qué tipos de puntos se pueden conseguir en el rugby?
8. Mediante que acciones podemos avanzar para conseguir un ensayo.
9. ¿Cómo se realiza un placaje?
10. ¿Qué es el "line out"?
11. ¿Qué es la "melé"?
12. Diferencias entre el "rucks" y el "mauls".
13. ¿Cuándo se inventó el touch-rugby? ¿Con qué finalidad se inventó?
14. ¿Cuántos jugadores juegan al touch-rugby?
15. ¿Qué contacto se permite entre oponentes?
16. ¿Cuántos toques debe de realizar el equipo defensor para que la acción de ataque no tenga validez?

**Segunda evaluación: Gimnasia trampolín**
1. ¿Cuándo se separó el trampolín de la gimnasia tradicional?
2. ¿Quién impulsó la práctica de la cama elástica?
3. Explica cómo se realiza la competición.
4. ¿Cuántas técnicas debe tener cada ejercicio?
5. ¿Qué incluye el mayor grado de dificultad?
6. ¿Qué técnicas destacan?
7. ¿Cuántos jueces valoran el ejercicio? ¿Qué valora cada uno?
8. ¿Con qué puntuación se parte en la ejecución?
9. ¿En la ejecución qué fallos suponen deducción automática de puntos?

10. ¿Qué puntuación puede tener la dificultad?
11. ¿Cómo se calcula el grado de dificultad?
12. ¿Cómo se realiza la puntuación?
13. Describe el trampolín.
14. ¿Puede competir el gimnasta con calcetines o con zapatillas de gimnasia?
15. ¿Hay tiempo límite para la ejecución del ejercicio?
16. ¿Cómo se termina el ejercicio?

**Segunda evaluación: Atletismo: Lanzamientos**
1. ¿Cuál era la imagen más característica de los Juegos de la era antigua?
2. ¿Cuándo hizo su debut oficial la jabalina en los Juegos Olímpicos?
3. ¿Cuál es el objetivo de los lanzamientos?
4. ¿Qué prueba necesita hacer una corta carrera para su ejecución?
5. ¿Qué sucede en caso de empate?
6. ¿Cuánto tiempo se tiene para realizar el lanzamiento?
7. ¿De cuántas partes consta el martillo? Nómbralas y descríbelas.
8. Describe la bola de peso.
9. ¿Cuánto pesa el disco?
10. ¿De cuántas partes consta el jabalina? Nómbralas.
11. ¿Qué peso tiene la jabalina para los hombres y para las mujeres?
12. ¿En qué espacio se realiza el lanzamiento para el disco, peso, y martillo?
13. Describe el espacio donde se realiza el lanzamiento de jabalina.
14. Describe el área de aterrizaje.
15. ¿Por dónde se abandona el círculo en los lanzamientos de peso, disco, o martillo?

**Segunda evaluación: Unihockey o Floorball**

**Reglamento 4x4**
1. ¿Cuáles son las dimensiones del terreno de juego en el reglamento 4x4?
2. ¿Cómo se llaman las vallas que delimitan el campo?
3. ¿Cuánto miden las porterías en el reglamento 4x4?
4. ¿Cuánta distancia hay entre la portería y el fondo de la pista?
5. ¿Cuánto mide el área de portería?
6. Describe el stick y la bola del floorball.
7. ¿Cuántos jugadores de un equipo juegan en el terreno de juego?
8. ¿Cuánto dura un partido?
9. ¿Son los equipos mixtos?
10. ¿Qué es el face-off? ¿Cuándo se produce?
11. Describe cómo se realiza el saque inicial.
12. Cuándo la bola sale del terreno de juego por encima del rink, ¿desde qué lugar y a qué distancia reanudaremos el juego?
13. ¿A qué distancias se encuentran los jugadores en las faltas?

14. ¿Se puede conceder gol como consecuencia de un saque directo de golpe franco?
15. ¿Por qué suelen formar barrera los defensores en los golpes francos cercanos a la portería que defendemos?
16. Describe 4 acciones permitidas y 4 acciones no permitidas en el floorball.
17. ¿Cuándo sanciona el árbitro con penalti? ¿Cómo se lanza el penalti?
18. ¿Por qué se producen las sanciones temporales de 2 minutos?
19. ¿Por qué se producen las sanciones temporales de 5 minutos?
20. Describe la vestimenta del portero.
21. ¿Lleva el portero de floorball stick en sus manos?
22. ¿Cuántos segundos puede retener la pelota el portero en sus manos? ¿Qué ocurre si retiene la bola más tiempo de lo permitido?
23. ¿En qué campo debe de botar la pelota cuando el portero pasa con las manos?

**Reglamento 6x6**
24. ¿Cuánto dura un partido en el reglamento 6x6?
25. ¿Cuánto dura el descanso?
26. ¿Cuál es el máximo de jugadores que puede formar un equipo?
27. ¿Cuántos jugadores juegan en el terreno de juego de un mismo equipo?
28. ¿Cuál es el mínimo de jugadores para poder empezar un partido?
29. ¿Cuánto pierdo el partido si no tengo el número mínimo de jugadores para comenzar el encuentro?
30. ¿Se puede dirigir la bola con el pie hacía el stick?
31. Describe y dibuja el terreno de juego en el reglamento 6x6.

**Tercera evaluación: Piragüismo**
1. ¿Para que se utilizaban las embarcaciones impulsadas por palas hace miles de años?
2. ¿A quién se le atribuye el origen de la canoa?
3. ¿Dónde se descubrieron los restos arqueológicos más antiguos relacionados con el piragüismo?
4. ¿Cuándo se fundó la Federación Internacional de Piragüismo?
5. ¿Cuándo fue el piragüismo deporte olímpico oficial?
6. ¿Es la canoa una embarcación abierta o cerrada? ¿Y el kayak?
7. ¿En qué aguas se producen las competiciones de velocidad? ¿Y las de slalom?
8. Describe el inicio en la competición de piragüismo.
9. Describe el final en la competición de piragüismo.
10. Explica la regla de los 5 metros.
11. ¿Qué pruebas hay en hombres y en mujeres?
12. Diferencias entre la canoa y el kayak.
13. ¿Cuándo se revisan los botes?
14. ¿De qué están fabricadas las embarcaciones?

15. ¿Cuántas calles hay? ¿Cuánta anchura tiene cada calle? ¿Por qué están separadas las calles?
16. ¿Pueden continuar la carrera si vuelcan los competidores?

**Tercera evaluación: Trabajo sobre Deportes del mundo para 4º ESO**

El alumno debe elegir un deporte y realizar una presentación en power point o cartulina donde desarrollará los siguientes puntos: historia, reglamento, fotos, vídeos y jugadores famosos del deporte elegido. El trabajo se expondrá en clase a los compañeros.

|    | Nombre del deporte del mundo | Nombre del alumno |
|----|------------------------------|-------------------|
| 1  | Bandy                        |                   |
| 2  | Bossaball                    |                   |
| 3  | Calcio florentino            |                   |
| 4  | Cestoball                    |                   |
| 5  | Criquet                      |                   |
| 6  | Croquet                      |                   |
| 7  | Curling                      |                   |
| 8  | Chessboxing                  |                   |
| 9  | Fútbol americano             |                   |
| 10 | Fútbol australiano           |                   |
| 11 | Fútbol gaélico               |                   |
| 12 | Gateball                     |                   |
| 13 | Hockey subacuático           |                   |
| 14 | Hurling                      |                   |
| 15 | Jianzi o Shuttlecock         |                   |
| 16 | Kabaddi                      |                   |
| 17 | Kendo                        |                   |
| 18 | Korfball                     |                   |
| 19 | Kung fu                      |                   |
| 20 | Lacrosse                     |                   |
| 21 | Muay thai                    |                   |
| 22 | Netball                      |                   |
| 23 | Palin mapuche                |                   |
| 24 | Pesäpallo                    |                   |
| 25 | Rounders                     |                   |
| 26 | Rugby subacuático            |                   |
| 27 | Shinty                       |                   |
| 28 | Speak takraw                 |                   |
| 29 | Tchukball                    |                   |
| 30 | Vale tudo                    |                   |

**Tercera evaluación: Ciclismo en carretera**
1. ¿Cuál es el problema más grande del ciclismo?
2. ¿Cuánta distancia hay en la carrera individual en carretera en hombres y mujeres?
3. ¿Pueden comer y beber los ciclistas durante la carrera?
4. ¿Pueden reparar los ciclistas sus bicicletas?
5. ¿Te pueden ayudar a empujar la bicicleta?

6. ¿Qué sucede si el corredor es doblado?
7. Explica cómo es la salida en la contra reloj individual.
8. ¿Quién es el que gana en la contra reloj?
9. ¿A qué distancia va el vehículo de la bicicleta?
10. ¿De qué están construidas las bicicletas?
11. ¿Con qué están equipadas las bicicletas?
12. ¿Cómo es la longitud y el peso de la bicicleta?
13. ¿Es necesario que los ciclistas lleven casco?
14. ¿Puedes seguir la estela de otro corredor?

**Tercera evaluación: Curling**
1. ¿Dónde se originó el curling?
2. ¿Quiénes llevaron el curling a Norteamérica?
3. ¿En qué siglo se hizo popular el curling?
4. ¿Hay árbitro en este juego?
5. ¿En qué año entró el curling en el programa olímpico?
6. ¿Cuántos jugadores forman un equipo?
7. ¿Quién comienza el juego?
8. ¿De cuántas mangas cuenta el juego?
9. ¿Cómo se denomina la línea para comenzar el juego?
10. ¿Qué línea no se puede sobrepasar en el lanzamiento?
11. ¿Para que se usa la escoba en curling?
12. ¿Qué es la casa en curling?
13. ¿Cuál es el objetivo del curling?
14. ¿Qué dos tipos de lanzamientos existen en el curling?
15. ¿Quién puntúa en cada manga?
16. ¿De qué colores son las piedras?


### 7.5. TRABAJO DE BÚSQUEDA DE INFORMACIÓN PARA 1º DE BACHILLERATO.

**Primera evaluación: Esquí acrobático**
1. ¿Cuántas maniobras existen reconocidas?
2. ¿Cuál es la maniobra más difícil?
3. ¿Dónde se originó este deporte?
4. ¿Quién fue su creador?
5. ¿Qué disciplinas existen? ¿Qué disciplinas forman parte del calendario olímpico?
6. ¿Cuándo lo reconoció la FIS como deporte?
7. ¿Participan hombres y mujeres en este deporte?
8. ¿Quién gana la competición?
9. ¿De cuántas mangas constan los baches?
10. ¿Cuántos esquiadores van a la fase final en los baches?
11. ¿Cómo es la pendiente de los baches?
12. ¿Cuántos saltos se hacen en el descenso de los baches?
13. ¿Cuántos jueces intervienen en el esquí acrobático?

14. ¿Cómo es la puntuación de los baches?
15. ¿Cuántos esquiadores participan en la fase final de los saltos acrobáticos?
16. Explica los saltos acrobáticos.
17. Explica la puntuación de los saltos acrobáticos.

**Primera evaluación: Tiro**
1. ¿Desde qué siglo se emplean las armas de fuego y para qué?
2. ¿Dónde nació el tiro con rifle?
3. ¿Dónde y cuando se empezaron a fabricar pistolas automáticas?
4. ¿Cuándo y quién introdujo el tiro al plato?
5. ¿En qué año se dio la primera referencia Olímpica del tiro?
6. ¿Son pruebas mixtas, participan juntos hombres y mujeres en tiro?
7. ¿Qué tres modalidades existen en tiro al plato?
8. ¿Cuál es el objetivo del tirador?
9. ¿Cuándo se da por válido un disparo?
10. ¿Quién gana la competición?
11. Diferencias entre el trap, doble trap, y skeet.
12. ¿Qué tipo de armas se pueden utilizar en el tiro al plato?
13. ¿A qué se dispara en la carabina?
14. ¿Qué posiciones existen para tirar en la carabina?
15. ¿Qué tipo de armas se utilizan en la carabina?
16. Explica la competición con pistola.
17. Describe la pistola de fuego.
18. Explica la competición de blanco móvil.
19. Describe el arma en la competición de blanco móvil.

**Primera evaluación: Halterofilia**
1. ¿Cuándo se inició como deporte la halterofilia?
2. ¿Qué es la Amateur Athleten Weltunion? ¿Cuándo se fundó?
3. ¿Quién es Jules Rosset?
4. ¿Qué estilos de levantamiento se crearon? ¿Alguno de ellos desapareció?
5. ¿Cuándo se incluyó en el programa Olímpico?
6. ¿En qué Juegos Olímpicos no participó la halterofilia?
7. ¿En que año y dónde participaron las mujeres en unos Juegos Olímpicos en esta disciplina?
8. ¿Cuál ha sido el gran problema de este deporte?
9. Explica cómo se realiza la competición.
10. Explica la arrancada y los dos tiempos.
11. ¿De cuánto tiempo disponen los levantadores para calentar?
12. ¿Cuánto tiempo tienen en la plataforma para prepararse?
13. Explica el resultado de la competición.
14. ¿Cuántos jueces intervienen? ¿Qué función tienen?
15. Describe la barra, los discos y la plataforma.
16. Explica que categorías existen en hombres y en mujeres.

## Primera evaluación: Creación de material reciclado III (lacrosse, suavicesto, indiacas y tetrapalas).

Cada alumno debe de construir los 4 materiales alternativos.

|  | Material | Proceso de construcción |
|---|---|---|
| Lacrosse | Tijeras y punzón<br>1 palo de madera o fregona<br>1 botella vacía de detergente<br>Cartón<br>Cinta aislante | Cortar con ayuda del punzón y las tijeras la botella por la mitad en sentido longitudinal dejando la boquilla.<br>Recubrir la zona cortada con cinta aislante para evitar cortes.<br>Añadir cartón y cinta aislante al extremo del palo para que entre a presión en la botella.<br>Recubrir con cinta aislante la botella al palo. |
| Suavicesto | Tijeras y punzón<br>1 bote suavizante<br>Cinta aislante | Cortar con ayuda del punzón y las tijeras la botella por la mitad en sentido longitudinal dejando la boquilla.<br>Recubrir la zona cortada con cinta aislante para evitar cortes.<br>Decorar el suavicesto. |
| Indiacas | Tijeras<br>Papel de alumnio<br>Goma espuma<br>Bolsa de plástico<br>Cinta aislante | Cortar 8 tiras de las bolsas de plástico de diferentes colores.<br>Envolver los extremos de las tiras de plástico con papel de aluminio hasta formar una pelota pequeña.<br>Envolver la pelota pequeña con el trozo de goma espuma y fijar con cinta aislante. |
| Tetrapalas | Tijeras<br>Pegamento<br>Cartón de leche<br>Goma espuma<br>Cinta aislante | Recortar el rectángulo de la base del tetrabrik de leche para introducir la mano.<br>Recortar un pequeño círculo en un lateral para introducir el dedo pulgar de la mano.<br>Recortar dos trozos de goma espuma del tamaño del tetrabrik.<br>Recubrir la zona cortada con cinta aislante para evitar posibles cortes.<br>Pegar los trozos de goma espuma en el interior del tetrabrik en ambos lados. |

## Segunda evaluación: Deportes paralímpicos

1. ¿Cómo se juega al baloncesto en silla de ruedas?
2. ¿Qué jugadores participan en baloncesto en silla de ruedas?
3. ¿Cuándo se incluyó al baloncesto en silla de ruedas como deporte paralímpico?
4. Comenta las reglas básicas del fútbol 5 paralímpico.
5. ¿Cuándo se convirtió en deporte paralímpico el fútbol 5 y el fútbol 7?
6. Comenta las reglas básicas del fútbol 7 paralímpico.
7. Explica como se juega al goalball. ¿Cuándo se convirtió en deporte paralímpico?
8. Explica como se juega al rugby en silla de ruedas. ¿Cuándo se convirtió en deporte paralímpico?
9. ¿Qué dos modalidades ha habido en el voleibol paralímpico? Explícalas.
10. ¿Cuándo se convirtió en deporte paralímpico el voleibol?

11. ¿Qué tipos de pruebas hay en el atletismo paralímpico?
12. ¿Qué no puede hacer el guía en atletismo paralímpico?
13. ¿Qué diferencia existe entre la esgrima en silla de ruedas y la esgrima?
14. ¿Cómo se registran los toques del arma en la esgrima de silla de ruedas?
15. ¿Quién gana en esgrima de silla de ruedas?
16. ¿Dónde y cuándo tiene el origen la boccia?
17. Explica qué es la boccia y cómo se juega.
18. Explica cómo es la competición de la halterofilia paralímpica.
19. ¿Quiénes participan en la doma paralímpica?
20. Explica las características principales del judo paralímpico.
21. ¿Qué deportistas participan en natación paralímpica?
22. ¿Cómo comienzan la prueba de natación?
23. ¿Qué categorías existen en natación paralímpica?
24. ¿Qué clases de embarcaciones existen en remo paralímpico?
25. ¿Cuánta distancia hay en los recorridos de remo?
26. ¿Qué diferencia hay entre el tenis y el tenis en silla de ruedas?
27. ¿Por quién es practicado el tenis en silla de ruedas?
28. ¿Qué modalidades hay en tenis de mesa?
29. ¿Quiénes practican tenis de mesa?
30. ¿Qué modificación hay en las reglas de tenis de mesa en silla de ruedas?
31. ¿Qué modalidades y categorías hay en tiro con arco de silla de ruedas?
32. Explica el tiro con arco paralímpico.
33. ¿Quiénes participan en la vela paralímpica?
34. ¿Qué modalidades de vela paralímpica existen?
35. ¿Qué pruebas y qué categorías hay en el esquí alpino?
36. ¿Qué deportistas participan en ciclismo?
37. ¿Cómo participan los ciegos y deficientes visuales en ciclismo paralímpico?
38. Explica qué es el triciclo de manos.

**Segunda evaluación: Bobsleigh**
1. ¿Es un deporte que no se practica en muchos países? ¿Por qué?
2. ¿De qué material están hechos los primeros trineos?
3. ¿Cuándo se celebró la primera competición olímpica en esta modalidad?
4. ¿En qué año se limitó el peso del trineo?
5. ¿Cuáles fueron los avances de la tecnología aerodinámica en los trineos?
6. ¿Cuándo se incorporaron las pruebas femeninas?
7. ¿Cómo son las pruebas?
8. Explica la diferencia entre la competición entre hombres y mujeres.
9. ¿Cómo es el orden de salida en la competición?
10. ¿Cómo se da la salida?
11. Describe como realizan la salida los competidores.

12. ¿Se puede añadir peso de forma artificial para ganar en velocidad?
13. ¿Cuándo se utiliza el freno?
14. ¿Qué nombres tienen los tripulantes del bob2?
15. ¿Qué velocidades se pueden alcanzar?
16. ¿Qué longitud tiene la pista?
17. ¿Cómo son los últimos 100 metros de la pista?

**Tercera evaluación: Tenis de mesa y tenis**
1. ¿En qué año se originó el tenis de mesa?
2. ¿Cuándo se fundó la International Table Tennis Federation?
3. ¿Cuándo se incluyó este deporte en unos Juegos Olímpicos?
4. ¿Tiene que botar la pelota en la mesa antes de poder golpearla?
5. Explica la puntuación en el tenis de mesa.
6. Explica cómo se realiza el servicio.
7. ¿Va dirigido igual el saque en individuales y en dobles? Explícalo.
8. ¿Qué dimensiones tiene la mesa?
9. ¿Cuánto mide la red?
10. Describe la raqueta y la pelota de tenis de mesa.
11. ¿De qué juego deriva el tenis? ¿Cómo se jugaba a ese juego?
12. ¿Cuándo formó parte el tenis en unos Juegos Olímpicos?
13. ¿Cuándo se fundó la Federación Internacional de Lawn Tennis?
14. Explica el objetivo del tenis.
15. Explica el servicio en tenis.
16. ¿Cuándo se produce doble falta?
17. ¿Cuándo es falta de pie?
18. Explica la puntuación en el tenis.
19. ¿Quién gana el set?
20. ¿Qué es el tie-break? ¿Se juega en la finales tie-break?
21. ¿De qué es la superficie de la pista?
22. ¿Se considera punto si la pelota bota en la línea?
23. ¿Se considera válido si la pelota toca la red pero cae dentro del campo contrario?
24. ¿Cuántos botes puede dar en tu pista?
25. ¿Cómo es el cambio de lado en el tie-break?

**Segunda evaluación: Luge**
1. ¿Cuándo se fundó la FIL?
2. ¿Cuándo se convirtió en deporte Olímpico la Luge?
3. ¿Es un deporte para hombres y mujeres?
4. ¿Cuántos tripulantes van en el trineo de la Luge?
5. ¿Hay frenos en el trineo?
6. ¿Cómo se controla la bajada de la Luge?
7. ¿Cómo va tumbado el tripulante?
8. ¿Qué pruebas disputan los hombres? ¿Y las mujeres?
9. ¿En qué se cronometran las carreras?
10. ¿Quién gana las carreras?

11. Describe la prueba individual.
12. ¿Cuántas carreras disputan los hombres en la prueba individual? ¿Y las mujeres?
13. ¿Cuántos segundos hay para iniciar la carrera en la prueba de dobles?
14. ¿Con qué se fabrica el luge?
15. ¿Cuánto pesa el luge individual y el de dobles?
16. ¿Qué desnivel tiene la pista?

**Tercera evaluación: Béisbol**
1. ¿De qué juego y de dónde desciende el béisbol?
2. ¿Quién es Abner Doubleday y Alexander Cartwright?
3. ¿En qué país se práctica este deporte?
4. ¿Cuántos jugadores juegan en cada equipo?
5. ¿Cuál es el objetivo del juego?
6. ¿Qué sucede en caso de empate?
7. ¿Cuándo se consigue una carrera?
8. ¿Cuál es el objetivo de un bateador?
9. ¿Qué pasa si se coge una bola en el aire que ha sido bateada?
10. ¿Qué es un home run?
11. ¿Cómo se puede alcanzar la primera base?
12. ¿Puede ser eliminado el bateador si le tocan con la bola?
13. ¿Cuántos strike eliminan al bateador?
14. ¿Cuándo se cambia el turno de ataque a defensa?
15. ¿Cómo se llama el terreno de béisbol?
16. ¿Cuánta distancia hay entre las bases?
17. ¿Cuánta distancia existe entre el lanzador y el bateador?

**Tercera evaluación: Piragüismo slalom**
1. Comenta la historia olímpica del piragüismo slalom.
2. ¿Cada cuánto tiempo se da la salida en la competición?
3. ¿Cuál es el objetivo del piragüismo slalom?
4. ¿Cuánto dura la competición?
5. ¿Cuándo se inicia y termina la carrera?
6. ¿Qué tipos de penalizaciones existen?
7. ¿De qué colores son las puertas de los palos y por qué?
8. ¿Cuándo colocan los jueces las puertas?
9. ¿Pueden entrenar los palistas el recorrido antes de la competición?
10. ¿Qué tipos de pruebas existen?
11. Describe el bote.
12. Diferencias entre el kayak y la canoa.
13. ¿De qué está fabricado el bote?
14. ¿De cuánto es la caída del recorrido?
15. ¿Cuántos jueces hay en la competición?
16. ¿Se pueden usar timones en los botes?
17. ¿Qué equipamiento llevan los participantes?

**Tercera evaluación: Biatlón**
1. ¿De qué dos deportes se combina el biathlón?
2. ¿Cuál es el origen del biathlón moderno?
3. ¿En qué año se incluyó el biathlón como deporte de demostración?
4. ¿Por qué se apartó el biathlón del calendario Olímpico durante doce años?
5. ¿En qué año y donde se aceptó el biathlón como deporte Olímpico?
6. ¿Cuándo se fundó la IBU?
7. ¿Qué tipos de competición existen?
8. ¿Existe modalidad masculina y femenina en biathlón?
9. ¿Cuál es la competición más antigua de este deporte?
10. ¿Cuántas calles de tiro existen?
11. ¿A cuántos metros está situada la diana?
12. ¿De que material es la munición de tiro?
13. ¿Se puede competir con el rifle cargado?
14. ¿Cuántas dianas hay en el punto de tiro?
15. ¿Puede tocar el codo el suelo a la hora de disparar?
16. ¿Cuánto tiempo se puede tardar en disparar?

**Tercera evaluación: Skeleton**
1. ¿Cómo tiene que ser la salida?
2. ¿Qué calzado se utiliza?
3. ¿Cómo se coloca el piloto-resbalador en el trineo?
4. ¿Existe un volante para afrontar las curvas?
5. ¿Cómo se afrontan las curvas?
6. ¿Existe modalidad por equipos en el skeleton?
7. ¿Cómo se celebran las competiciones?
8. ¿En qué juegos debutó este deporte como deporte Olímpico?
9. ¿Participan hombres y mujeres en este deporte?
10. ¿Quién le ayuda a poner el trineo en marcha?
11. ¿Cuánto mide el trineo?
12. ¿Tiene agarraderos el trineo?
13. ¿De qué está fabricado el trineo?
14. ¿Tiene algo especial el casco que se utiliza?
15. ¿Cómo son los trajes que se utilizan?

# Capítulo 8.
# TRABAJOS POR EVALUACIÓN Y EXÁMENES GLOBALES.

## 8.1. TRABAJOS POR EVALUACIÓN PARA SECUNDARIA Y BACHILLERATO.

En el siguiente cuadro se presenta la distribución de cada trimestre sobre el trabajo o examen global que supondrá un 20% de la nota final de la materia para cada curso.

| CURSO | TRIMESTRE | TRABAJO O EXAMEN 20% |
|---|---|---|
| 1º ESO | Primer trimestre | Trabajo de Actividades en el medio natural |
| | Segundo trimestre | Trabajo de Tres sesiones de Educación física |
| | Tercer trimestre | Examen global |
| 2º ESO | Primer trimestre | Trabajo de Higiene postural |
| | Segundo trimestre | Trabajo de Historia del deporte |
| | Tercer trimestre | Examen global |
| 3º ESO | Primer trimestre | Trabajo de Alimentación equilibrada |
| | Segundo trimestre | Trabajo de Dopaje en el deporte |
| | Tercer trimestre | Examen global |
| 4º ESO | Primer trimestre | Trabajo de Tabaquismo y alcoholismo |
| | Segundo trimestre | Trabajo de Salvamento acuático |
| | Tercer trimestre | Examen global |
| 1º Bach | Primer trimestre | Trabajo de Primeros auxilios |
| | Segundo trimestre | Trabajo de Deporte de la orientación |
| | Tercer trimestre | Examen global |

**1º ESO Trabajo: "Actividades en el medio natural" (Primer trimestre)**

**Contenidos del trabajo:**
1. ¿Qué son las actividades en el medio natural?
2. Haz una relación de actividades en el medio natural (según actividades en el medio terrestre, acuático, y aéreo).
3. ¿En qué consiste el senderismo?
4. Planificar una salida de senderismo y material necesario.
5. Consejos médicos antes, durante y después de la marcha.
6. Tipos de senderos y códigos de señalización.
7. Técnicas de orientación: cómo orientarse sin mapa ni brújula.
8. La brújula.
9. ¿En qué consiste la acampada?
10. Partes de una tienda de campaña.
11. Consejos para montar una tienda de campaña.
12. Instalación de una tienda de campaña.
13. Precauciones en la tienda de campaña.
14. ¿Qué es la cabuyería?

15. Describe cómo es la cuerda para la cabuyería y cuáles son sus partes.
16. Describe los siguientes nudos:
    - Nudos de remate: Medio nudo, nudo en ocho.
    - Nudos de unión: Nudo de pescador, nudo llano, nudo tejedor, ocho trenzado.
    - Nudos de anclaje: Nudo en ocho trenzado para anclaje, as de guía, ballestrinque, gaza o cola de vaca, nudo de mariposa, lazo corredizo.
17. ¿En qué consiste la escalada?
18. Material que se emplea para la escalada.
19. ¿Cómo se escala en un rocódromo?

## 1º ESO Trabajo: "Tres sesiones de educación física" (Segundo trimestre)

Elige tres deportes entre los impartidos en este curso y desarrolla tres sesiones de 45 minutos. En cada sesión debe aparecer un calentamiento, parte principal y vuelta a la calma. Cada sesión debe contener como mínimo unos 10 ejercicios. Debes explicar la tarea y añadir un dibujo. Sigue la estructura de la sesión, que explicamos en la parte inferior.

Los deportes a elegir son: condición física, baloncesto, deportes alternativos, habilidades gimnásticas, expresión corporal, actividades en el medio natural, badminton, relevos, marcha atlética, acrosport y actividades con patines.

**Modelo de Sesión:**

| Alumno: | Curso: | Fecha: |
|---|---|---|
| Unidad didáctica: | Material e instalaciones: | |
| Objetivo de la sesión: | | |
| Ejercicios y actividades realizadas: | Esquema (dibujo): | Tiempo: |
| Calentamiento:<br>Ejercicio 1:<br>Ejercicio 2: | | |
| Parte principal:<br>Ejercicio 3:<br>Ejercicio 4:<br>Ejercicio 5:<br>Ejercicio 6:<br>Ejercicio 7:<br>Ejercicio 8:<br>Ejercicio 9: | | |
| Vuelta a la calma:<br>Ejercicio 10: | | |

## 2º ESO Trabajo: "Actitud en la higiene postural" (Primer trimestre)

### Contenidos del trabajo:
1. Introducción a la actitud o educación postural.
2. ¿Cuáles son las funciones de la columna vertebral?
3. Estructura y curvaturas de la columna vertebral.
4. Explica y describe las posibles causas de las patologías más habituales de la columna vertebral: escoliosis, hipercifosis e hiperlordosis.
5. El cuidado de la espalda en las actividades de la vida diaria.
6. Ejercicio físico desaconsejado cuando se tiene problemas de espalda.
7. Consideraciones para una postura saludable.
8. Describe 10 tipos de actividades y ejercicios que van dirigidos a la reeducación y educación de la actitud postural.
9. Explica las siguientes técnicas que ayudan a mantener la musculatura: el yoga, el tai-chi, la eutonía, el método Alexander, el método Feldenkrais, y el método Pilates.
10. Reflexiona sobre la actitud postural que adoptas mientras estás sentado/a en las clases. Descríbela. ¿Qué podrías modificar para mejorar tu actitud postural?

## 2º ESO Trabajo: "Historia del deporte" (Segundo trimestre)

### Contenidos del trabajo:
1. Juegos olímpicos antiguos:
    1.1. La preparación deportiva.
    1.2. El nacimiento de los Juegos Olímpicos.
    1.3. La importancia social de los Juegos Olímpicos.
    1.4. Las distintas modalidades:
    - Agones atléticos.
    - Agones luctatorios.
    - Agones hípicos.
    - El Pentatlón.
    - Concursos de heraldos y trompeteros.
    1.5. La organización de los Juegos Olímpicos: los Hellanódicas y los Theócolos.
    1.6. Normas y sanciones. El desarrollo de los juegos. Los Premios.
2. Juegos olímpicos modernos y el barón Pierre de Coubertin.
3. Explica el significado de:
    - La Llama Olímpica.
    - El Juramento Olímpico.
    - La Bandera Olímpica.
    - El Lema Olímpico.
4. Haz un listado de:
    - Los deportes olímpicos de verano.
    - Los deportes olímpicos de invierno.
    - Los deportes paralímpicos.

5. Describe (reglamento y origen) 3 deportes olímpicos de invierno y 3 deportes paralímpicos.

### 3º ESO Trabajo: "Alimentación equilibrada" (Primera evaluación)

**Contenidos del trabajo:**
1. La importancia de la nutrición y alimentación en los deportistas.
2. Rueda de los alimentos.
3. Necesidades energéticas del deportista.
4. Los principios inmediatos: hidratos de carbono, grasas y proteínas.
5. Los micronutrientes: vitaminas y minerales.
6. Antioxidantes y ejercicio físico.
7. La mejor dieta para el deportista.
8. Ritmo de las comidas.
9. Alimentación y competición. ¿Qué debo comer y beber antes, durante y después de una prueba deportiva?
10. Hidratación y rendimiento deportivo. La importancia de estar bien hidratado.
11. Pautas para una dieta equilibrada.
12. Requerimientos energéticos para mi edad.
13. Tasa de metabolismo basal.
14. Tasa de metabolismo diaria (en función de la actividad más o menos intensa de cada uno). Crear un cuadro con las actividades y la energía que se gasta en cada tarea, y a partir de ahí calcular con la fórmula buscada la energía consumida en el día de la semana donde más actividad realicemos.
15. Mi dieta, y los cambios que debería hacer en función de mi actividad diaria, edad, peso y talla. (En función de mi gasto energético).

### 3º ESO Trabajo: "Dopaje en el deporte" (Segunda evaluación)

**Contenidos del trabajo:**
1. ¿Qué es el dopaje o doping? ¿De dónde proviene la palabra doping?
2. Breve historia del doping.
3. Antecedentes y evolución en España de la lucha contra el dopaje.
4. ¿Por qué existe el doping? Comenta los peligros del doping.
5. ¿Qué sustancias están prohibidas en el deporte?
6. Métodos de control antidopaje.
7. ¿Cómo trabaja la Agencia Mundial Antidopaje (AMA)? ¿Cuál es su misión, visión, qué representa?
8. ¿Qué es el código mundial antidopaje?
9. Comenta los puntos principales de la ley orgánica contra el dopaje en España.
10. ¿Qué es el plan de lucha contra el dopaje en el deporte?
11. ¿Por qué debemos combatir el doping? ¿Cómo se puede solucionar el problema del doping?

12. ¿Qué pasa si te pillan haciendo trampas por dopaje? ¿Cuáles son las consecuencias del dopaje?
13. Busca 10 artículos que hablen sobre el dopaje (añádelos dentro del trabajo). Resúmelos y escribe tu opinión sobre ellos.

### 4º ESO Trabajo: "Tabaquismo y alcoholismo" (Primera evaluación)

#### Contenidos del trabajo:
1. Efectos perniciosos del tabaquismo y el alcoholismo sobre el desarrollo del organismo, con mayor incidencia en niños y adolescentes.
2. Causas de adquisición de hábitos de consumo de alcohol y tabaco por los jóvenes.
3. Comparación entre los problemas que generan estas drogas, y los beneficios del deporte, a nivel individual y social.
4. ¿Cuáles son las consecuencias negativas del tabaco y del alcohol en la actividad deportiva?
5. Prevención del tabaquismo y del alcoholismo.
6. Patologías derivadas de hábitos de vida sedentarios.
7. Actividad física y crecimiento. Ventajas de los jóvenes deportistas sobre los sedentarios.
8. Busca 10 artículos en internet que hablen sobre el tabaco+alcohol+deporte (añádelos dentro del trabajo). Resúmelos y escribe tu opinión sobre ellos.

### 4º ESO Trabajo: "Salvamento acuático y natación" (Segunda evaluación)

#### Contenidos del trabajo:
1. Introducción al salvamento acuático.
2. Pautas de actuación en el salvamento acuático.
3. Describe las siguientes técnicas de salvamento acuático:
   - Causas de accidentes en el medio acuático y ahogamientos.
   - Consideraciones al realizar un rescate.
   - Avistamiento, puntos de referencia y composición de lugar.
   - Formas de entrada en el agua.
   - Aproximación a la víctima.
   - Zafaduras.
   - Sistemas de remolque.
   - Sistema de izado de accidentados fuera del agua.
   - La camilla acuática.
   - Lesión cervical o de espalda en medio acuático.
   - Técnicas de flotación y de de buceo.
4. Explica el material utilizado en las competiciones de salvamento y socorrismo (maniquíes de salvamento, aletas, gorros, bañador,

neoprenos, piscina, obstáculos de piscina, tubo de rescate, tablas, flotador, etc…).
5. Describe 10 pruebas de salvamento acuático.
6. Explica los siguientes aspectos del crol, espalda, braza y mariposa.
    - Historia del crol.
    - Acción de brazos.
    - Acción de piernas.
    - Posición del cuerpo.
    - Respiración.
    - Coordinación entre brazos y piernas.
    - Salida.
    - Viraje.
    - Explica la normativa o reglamento para este estilo.

## 1º Bachillerato. Trabajo: "Primeros auxilios" (Primera evaluación).

### Contenidos del trabajo:
1. ¿Qué son los primeros auxilios?
2. Objetivos de los primeros auxilios.
3. Pautas de actuación.
4. Principios generales.
5. Valoración de un accidentado. ¿Cómo se debe de hacer?
6. Las constantes vitales.
7. Normas para la exploración de un accidentado.
8. Urgencias:
    - Paro cardiaco y respiratorio
    - Asfixias y atragantamientos (maniobra de Heimlich).
    - Intoxicaciones.
    - Hemorragias
    - Shock
    - R.C.P.
9. Movilización y transporte de accidentados.
10. Posición lateral de seguridad.
11. Vendajes e inmovilizaciones. ¿Qué es lo más apropiado?
12. Posibles lesiones y tratamiento: esguinces, fracturas, luxaciones y rotura de ligamentos.
13. Lesiones en tejidos blandos: contusiones, heridas, quemaduras y picaduras.
14. Insolación, lipotimia, lesiones de frío.
15. ¿Qué debe llevar un botiquín de primeros auxilios?

## 1º Bachillerato. "El deporte de la orientación" (Segunda evaluación)

### Contenidos del trabajo:
1. ¿Qué es orientarse?
2. ¿Por qué aprender a orientarse?

3. Historia y orígenes del deporte de la orientación.
4. La orientación en España.
5. ¿Qué es un mapa? ¿Para qué sirve?
6. ¿Qué son los paralelos y los meridianos?
7. Explica y dibuja una leyenda de un mapa.
8. ¿Qué es la escala en un mapa?
9. ¿Qué son las curvas de nivel?
10. ¿Qué colores se utilizan en los mapas?
11. ¿Qué es una brújula? ¿Para qué sirve? ¿Cuáles son las partes de una brújula? Dibuja la brújula y señala sus partes.
12. ¿Qué es el rumbo? ¿Cómo se halla el rumbo?
13. ¿Qué indicios se utilizan para orientarse?
14. ¿Qué es una carrera de orientación?
15. ¿Qué técnicas se emplean en una carrera de orientación?
16. Vestimenta y equipo básico en el deporte de la orientación.
17. Describe las distintas modalidades del deporte de orientación:
    - ORIENTACIÓN A PIE.
    - SKI-O.
    - O-BM
    - TRAIL-O
    - RELEVOS.
    - O-NOCTURNA.

**Normas para la realización de los trabajos:**

- Deberá realizarse en folios, escrito a mano acompañado de fotos o dibujos.
- Será tutorizado por el profesor de educación física.
- Se presentará antes del día………………………………………………
- El trabajo constará de:
  - Portada.
  - Índice
  - Desarrollo del trabajo (contenidos e imágenes). Copiar textualmente la pregunta y luego contestarla.
  - Bibliografía.
- Debe tener una presentación ordenada. Cuidar la caligrafía, las faltas de ortografía y poner las tildes correspondientes. Debe tener numeradas las hojas del trabajo y respetar los márgenes.

## 8.2. CRITERIOS DE CALIFICACIÓN DE LOS TRABAJOS TEÓRICOS POR EVALUACIÓN.

El trabajo es valorado en 4 apartados:

- Presentación: 2 puntos. Originalidad, limpieza, escrito a mano.

- Ortografía: 1 punto. Se restan 0,10 por tilde que falte y se resta 0,25 en las faltas de ortografía.
- Pautas del trabajo: 2 puntos. Correcto índice, bibliografía, numeración de páginas, desarrollo de todos los apartados.
- Contenidos: 5 puntos.

El total supondrá 10 puntos (20% Nota final).

| Título del trabajo: | | | Fecha de entrega: | | | | | |
|---|---|---|---|---|---|---|---|---|
| Curso: | Presentación 2 ptos | Ortografía 1 pto | Pautas del trabajo 2 ptos | Contenidos 5 ptos | Entregado en el plazo | Nota Total | 20% | Observaciones |
| Alumnos | | | | | | | | |
| 1 | | | | | | | | |
| 2 | | | | | | | | |

## 8.3. PROPUESTAS DE EXÁMENES GLOBALES PARA SECUNDARIA Y BACHILLERATO.

### Examen global de 1º ESO

### UD 1. Condición física I
1. ¿Qué es el calentamiento?
2. ¿Por qué se realiza el calentamiento?
3. Diferencias entre el calentamiento general y el calentamiento específico.
4. Nombra 10 ejercicios básicos del calentamiento general.
5. Describe 5 ejercicios de calentamiento específico en un equipo de baloncesto.
6. Comenta los principios del calentamiento.
7. ¿Qué es el yoga?

### UD 2. Baloncesto I
8. ¿Cuánto dura un partido de baloncesto?
9. ¿Cuántos jugadores forman un equipo de baloncesto?
10. Posiciones de un equipo de baloncesto.
11. ¿Cómo se inicia el partido de baloncesto?
12. ¿Cuántos árbitros dirigen el partido?
13. ¿Qué son las violaciones y las faltas?
14. Comenta las principales violaciones y faltas.
15. Describe las medidas del campo de juego y de la canasta.
16. Comenta cómo es la puntuación en baloncesto.
17. Describe el agarre del balón.
18. ¿Qué es la posición triple amenaza?
19. Describe y explica los principales fundamentos técnicos en baloncesto: el pase, el tiro a canasta y el bote.
20. ¿Qué tipos de defensa puede realizar un equipo? Descríbelos.

## UD 3. Juegos y deportes alternativos I
21. ¿Qué son los deportes alternativos?
22. Describe el juego del ultimate (reglamento).
23. Describe como se puede construir unos malabares.

## UD 4. Habilidades gimnásticas I
24. Diferentes modalidades de la gimnasia.
25. Comparación de los aparatos de gimnasia artística y rítmica. Descríbelos.
26. Nombra diez ejercicios propios de gimnasia artística deportiva.

## UD 5. Expresión corporal I
27. ¿Qué es expresión corporal?
28. ¿Qué es el ritmo?
29. Describe 5 ejercicios para realizar en una clase de expresión corporal.
30. Nombra 3 deportes dónde influya la expresión corporal.
31. Nombra las posiciones básicas del ballet.

## UD 6. Actividades en la naturaleza I
32. Nombra 4 nudos básicos.
33. Nombra 5 nudos avanzados.

## UD 7. Bádminton I
34. Describe la presa de la raqueta.
35. Dibuja los desplazamientos básicos dentro de la pista.
36. Explica la puntuación en un partido de bádminton.
37. ¿Cómo se realiza el saque en bádminton?

## UD 8. Atletismo I: carreras y marcha atlética
38. Nombra los 4 puntos básicos de la técnica de carrera.
39. ¿Qué es la velocidad de reacción?
40. ¿Cómo se entrega el testigo?
41. ¿Qué es la pre-zona?
42. ¿Para qué sirven los tacos de salida?
43. Describe el relevo 4x100 y 4x400.
44. Nombra las 4 fases de la marcha atlética.

## UD 9. Acrosport I
45. Origen e historia del acrosport.
46. Dibuja 5 figuras de acrosport en parejas.

## UD 10. Actividades con patines
47. ¿Qué normas se deben seguir para realizar una actividad con patines correctamente?
48. ¿Cuáles son los puntos clave de la posición base en el patinaje?

49. Nombra las 5 formas de frenada con el patín.
50. Dibuja un circuito de patinaje donde realice 10 habilidades diferentes.

## Examen global de 2º ESO

**UD 1. Condición física II**
1. ¿Qué es la flexibilidad? ¿De qué factores depende?
2. ¿Qué es la movilidad articular?
3. ¿Qué tipos de articulaciones existen? Descríbelas.
4. Describe y dibuja los siguientes tipos de movimientos:
   - Flexión-extensión.
   - Abducción-aducción.
   - Rotación interna-rotación externa.
5. ¿Cómo influye la flexibilidad en la salud?
6. ¿Qué es la hipercifosis e hiperlordosis?
7. ¿Qué se debe hacer para evitar la hipercifosis e hiperlordosis?
8. Tipos de métodos existen para la mejora de la flexibilidad.
9. Nombra 5 estiramientos del tren inferior.
10. ¿Qué tipos de test de flexibilidad conoces? Descríbelos.
11. Nombra 10 beneficios del deporte y de la actividad física.

**UD 2. Voleibol I**
12. Describe el campo de juego de voleibol y la red.
13. Explica el tiempo de juego.
14. ¿Cuántos jugadores forman un equipo?
15. ¿Cómo se realizan las rotaciones?
16. ¿Cómo se realizan los cambios?
17. ¿Cuál es la dirección de la rotación?
18. ¿Puede ser bloqueo el saque?
19. ¿Con qué partes del cuerpo puede ser golpeado el balón?

**UD 3. Expresión corporal II**
16. ¿Qué es el belly dance?

**UD 4. Fútbol I**
20. Nombra los puestos específicos del fútbol sala.
21. ¿Cuáles son las principales superficies de golpeo con el cuerpo en fútbol?
22. ¿Qué es el control?
23. ¿Qué es la conducción? ¿De qué maneras puedo conducir el balón?
24. Define: regate, fintas, recorte, carga y autopase.

**UD 5. Bádminton II**
25. Dibuja el campo de juego de individuales y de dobles.
26. ¿Qué dos tipos de volantes existen?
27. Nombra las partes en las que se divide la raqueta de bádminton.

28. ¿Qué modalidades de juego existen en bádminton?
29. Explica los golpes en bádminton:
    - Golpes en la red.
    - Golpes en media cancha.
    - Golpes en el fondo.
    - Golpes de defensa.
    - El servicio.

### UD 6. Juegos tradicionales
30. ¿Qué son los juegos tradicionales?.
31. Haz un listado de 10 juegos tradicionales.

### UD 7. Actividades en la naturaleza II
32. Nombra las partes de una tienda de campaña.
33. Describe como se monta una tienda de campaña.
34. Nombra 5 materiales que se emplean para la escalada.
35. ¿Qué técnica se utiliza para descender una montaña?

### UD 8. Atletismo: vallas
36. ¿Cuáles son las fases en la carrera de vallas?
37. Comenta 3 motivos de descalificación en la prueba de vallas.
38. ¿Qué pruebas existen en la categoría femenina y masculina?
39. ¿Qué nombre recibe la pierna que atraviesa primero la valla?

### UD 9. Balonmano I
40. Nombra la posición de los jugadores en el terreno de juego.
41. ¿Cuánto dura un partido de balonmano?
42. ¿Se utiliza el mismo balón para hombres y para mujeres? Justifica tu respuesta.
43. ¿Cuándo se produce pasos?
44. ¿Cuándo se produce dobles?
45. ¿Qué es juego pasivo?

### UD 10. Capoeira
46. ¿Cuál es el origen de la capoeira?
47. ¿Qué es la ginga?
48. Nombra 3 movimientos de ataque.
49. Nombra 3 movimientos de defensa.
50. Nombra 3 instrumentos utilizados en la capoeira.

## Examen global de 3º ESO

### UD 1. Condición física III
1. ¿Qué es la resistencia?
2. Diferencias entre la resistencia aeróbica y anaeróbica.

3. ¿Qué efectos produce la práctica de actividades aeróbicas en el sistema cardiovascular?
4. ¿Qué es la frecuencia cardiaca? ¿Cómo se mide la frecuencia cardiaca?
5. Métodos para la mejora de la resistencia.
6. ¿Qué tipos de test de resistencia conoces? Descríbelos.
7. ¿Qué es la relajación progresiva de Jacobson? ¿En qué consiste?

## UD 2. Baloncesto II
8. ¿Qué son las violaciones y las faltas en baloncesto?
9. ¿Qué es el bote? ¿Para qué se utiliza?
10. ¿Qué tipos de bote existen?
11. ¿Qué es una parada?
12. Explica la parada en un tiempo y en dos tiempos.
13. ¿Cómo se realiza un reverso en baloncesto?
14. Explica la técnica del lanzamiento a canasta.
15. Explica cómo se realiza una entrada a canasta por la derecha y por la izquierda.

## UD 3. Habilidades coordinativas
16. ¿Qué es la coordinación motriz?
17. Con qué materiales podemos trabajar la coordinación.

## UD 4. Hockey sala I
18. ¿Cuántos jugadores juegan de un mismo equipo en el terreno de juego?
19. ¿Qué ocurre si un jugador golpea la pelota con la parte gruesa del palo?
20. ¿Cuánto dura un partido de hockey sala?
21. Diferencias entre el hockey sala y hockey hierba.
22. Describe y dibuja el penalti corner.
23. ¿Cuándo el árbitro señala un penalti stroke?
24. ¿Cómo se ejecuta un penalti stroke?

## UD 5. Judo
25. Nombra 4 caídas de judo.
26.. Nombra 3 técnicas de inmovilización.
27. Nombra 3 técnicas de proyección.
28. ¿Qué saludos existen en judo?

## UD 6. Palas
29. Nombra 4 golpeos que puedo realizar con las palas.
30. Describe dos ejercicios con palas.

## UD 7. Esgrima
31. ¿Qué 3 armas hay en la esgrima?
32. Explica el tocado.

33. ¿Qué vestimenta utiliza el esgrimista?

### UD 8. Atletismo III: saltos
34. Nombra las fases del salto de altura.
35. ¿Cómo es la carrera en el salto de altura?
36. ¿Con qué parte del cuerpo franqueamos el listón primero en el salto de altura?
37. ¿Qué modalidades de salto de altura conoces?
38. ¿Cuánto mide la banda de plastilina en el salto de longitud?
39. Describe cómo es la secuencia de apoyos en el triple salto.
40. Nombra las 4 pruebas de salto que hay en atletismo.

### UD 9. Vamos a bailar
41. ¿Qué son los bailes de salón?
42. Nombra los 5 bailes Standard
43. Nombra los 5 bailes latinos.

### UD 10. Orientación
44. ¿Qué es orientarse?
45. ¿Qué es un mapa? ¿Para qué sirve?
46. ¿Qué son los paralelos y los meridianos?
47. ¿Qué es la escala en un mapa?
48. ¿Qué es una brújula? ¿Para qué sirve?
49. ¿Cuáles son las partes de una brújula? Dibuja la brújula y señala sus partes.
50. ¿Qué indicios se utilizan para orientarse?

## Examen global de 4º ESO

### UD 1. Condición física IV
1. ¿Qué es la fuerza?
2. Describe los siguientes tipos de fuerza:
   - Fuerza-resistencia.
   - Fuerza explosiva.
   - Fuerza máxima.
3. Nombra varios efectos saludables que se produzcan por el entrenamiento de la fuerza.
4. Describe 5 ejercicios con balón medicinal donde trabajemos la fuerza.
5. ¿Qué tipos de test de fuerza conoces? Descríbelos.
6. Describe el entrenamiento autógeno de Schultz.

### UD 2. Balonmano II
7. Describe las principales reglas del balonmano (mínimo 5 reglas).
8. ¿Qué los tipos de botes, pases, recepciones y lanzamientos a portería que existen en balonmano?
9. ¿Qué es una finta?

10. Dibuja los sistemas de juego en defensa 5:1 y 6:0 y en ataque 3:3 y 4:2.

**UD 3. Vamos al gimnasio: pilates y aerobic**
11. ¿Qué es el método pilates?
12. ¿Qué es más importante en el pilates las ejecuciones o las repeticiones del ejercicio?
13. ¿Qué tipo de respiración se práctica en el pilates? Explícala.
14. ¿Cuáles son las principales máquinas de pilates?
15. Nombra 4 accesorios que se utilicen en el pilates en suelo.
16. Dibuja 3 ejercicios de pilates-suelo.
17. ¿Qué es el aerobic?

**UD 4. Rugby**
18. ¿Cómo se debe de realizar el pase en rugby?
19. ¿Qué es un ensayo?
20. Describe el placaje.
21. Explica la melé.
22. Explica la touche.
23. ¿Qué tipos de patadas existen en rugby?

**UD 5. Habilidades gimnásticas II**
24. Describe cómo se ejecuta la voltereta hacia delante con piernas agrupadas.
25. Describe cómo se ejecuta el pino.
26. Describe 6 tipos de saltos que podemos hacer con el minitramp.
27. Explica el salto interior y exterior en el plinton.

**UD 6. Atletismo IV: lanzamientos**
28. ¿De cuántas partes consta el martillo? Nómbralas y descríbelas.
29. Describe la bola de peso.
30. ¿Cuánto pesa el disco?
31. ¿De cuántas partes consta el jabalina? Nómbralas.
32. ¿En qué espacio se realiza el lanzamiento para el disco, peso, y martillo?
33. Describe el espacio donde se realiza el lanzamiento de jabalina.
34. ¿Por dónde se abandona el círculo en los lanzamientos de peso, disco, o martillo?

**UD 7. Unihockey o floorball**
35. Nombra 5 acciones no permitidas en el floorball.
36. Nombra 5 acciones permitidas en el floorball.
37. ¿Qué es el face-off?
38. Describe el material de juego.
39. Describe la equitación del portero.

### UD 8. Acrosport II
40. Definición del deporte del acrosport.
41. Explica la figura del ágil y del portor.
42. Las "presas" de manos. ¿Cómo nos sujetamos?
43. Fases en la correcta realización de una pirámide.
44. Dibuja 5 figuras en las que aparezcan tres o más personas.

### UD 9. Deportes del mundo
45. Nombra 10 deportes del mundo.
46. Explica tres reglas básicas de un deporte del mundo.

### UD 10. Danzas urbanas
47. ¿Qué son las danzas urbanas?
48. ¿De donde provienen las danzas urbanas?
49. Nombra 5 estilos de danzas urbanas que conozcas.
50. ¿Qué es el jamming?

## Examen global de 1º Bachillerato

### UD 1. Condición física V
1. Define el concepto de fuerza en el ámbito de la educación física.
2. Nombra y describe los sistemas o métodos para el desarrollo de la fuerza.
3. Explica 3 ejercicios con utilización del balón medicinal para el desarrollo de la fuerza.
4. Define el concepto de resistencia en el ámbito de la educación física.
5. Define el concepto de resistencia aeróbica y anaeróbica.
6. Nombra y explica los sistemas o métodos de entrenamiento de la resistencia.
7. Define el concepto de velocidad en el ámbito de la educación física.
8. Nombra y describe los sistemas o métodos para el desarrollo de la velocidad.

### UD 2. Fútbol II
9. ¿Cuáles son las principales faltas en fútbol?
10. Explica los sistemas defensivos del fútbol sala.
11. Explica los sistemas ofensivos del fútbol sala.
12. ¿Desde dónde se lanza el doble penalti?
13. ¿Qué es y dónde se coloca la barrera?
14. Define el concepto de "abrir cancha".

### UD 3. Juegos y deportes alternativos II
15. Describe como se puede construir un suavicesto.
16. Explica 3 ejercicios que se puedan hacer con tetrapalas y otros 3 ejercicios con la indiaca.
17. ¿Cuál es el origen del lacrosse?

18. ¿Qué tipo de protecciones llevan los jugadores de lacrosse?
19. ¿Cuántos jugadores de un mismo equipo juegan en un partido de lacrosse?
20. Nombra las 6 faltas técnicas que se producen en el lacrosse.
21. ¿Qué es el tajo en lacrosse?
22. ¿Qué es el traspié en lacrosse?

## UD 4. Deportes de raqueta
23. Explica la puntuación del tenis de mesa.
24. Explica la puntuación tenis.
25. Explica la puntuación del bádminton.
26. Explica la puntuación del shutterball.
27. Nombra las modalidades del shutterball.

## UD 5. Habilidades gimnásticas III
28. Describe cómo se ejecuta la quinta.
29. Describe cómo se ejecuta la paloma.
30. Describe cómo se ejecuta la rondada.

## UD 7. Deporte adaptado
31. Nombra 10 deportes paralímpicos.

## UD 8. Voleibol II
34. Describe el saque de abajo y el saque de tenis.
35. ¿Cuántos sets mínimos se necesitan para ganar un partido de voleibol?
36. ¿Qué es un doble golpe?

## UD 9. Béisbol
37. ¿Cuántos jugadores juegan a béisbol entre los dos equipos?
38. ¿Cuándo se elimina a un jugador?
39. Describe cómo se realiza el bateo.
40. ¿Qué es una entrada?
41. ¿Qué es una carrera?

## UD 9. Hockey sala II
42. ¿El portero puede utilizar todas sus partes del cuerpo para parar la bola?
43. Describe el stick.
44. ¿Cuándo se realiza el saque neutral?
45. Explica porque se sacan las 3 tarjetas.

## UD 10. Actividades acuáticas
46. ¿Qué hacer ante un vuelco con el kayak?
47. ¿Cómo se vacía un kayak?
48. Nombra 5 faltas que se produzcan en un partido de waterpolo.

49. Explica dos ejercicios de waterpolo en parejas.
50. Explica la RCP.

# PARTE IV:
# RECURSOS DEL PROFESORADO

En este apartado se expondrán diferentes documentos útiles para mejorar la calidad y control en la materia de educación física.

**Listado de los documentos presentados:**

1. Horario de educación física del profesor.
2. Programación semanal de educación física.
3. Registro de fotos, nombres y apellidos de los alumnos de educación física.
4. Ficha de conocimiento del alumno.
5. Ficha de seguimiento de la clase para alumnos que no hacen educación física.
6. Modelo de autorización para realizar las salidas extraescolares.
7. Registro de las faltas de asistencia, faltas de vestuario y retrasos.
8. Listado de trabajos de alumnos lesionados en educación física.
9. Calificaciones de educación física para los tutores.
10. Evaluación de las unidades didácticas / sesiones de educación física.
11. Listado de alumnos suspensos en educación física.
12. Registro de las atenciones a padres.
13. Registro de las llamadas, notas en la agenda y atenciones a padres.
14. Registro numérico de las citas con los padres.
15. Modelo de acta de reunión.
16. Listado del material de apoyo en las clases de educación física: películas, documentales, explicación de diferentes deportes en dvd y libros.

A continuación se exponen todos los documentos:

HORARIO DE EDUCACIÓN FÍSICA CURSO ESCOLAR 2010-2011    PROFESOR/A:

|  | LUNES | MARTES | MIÉRCOLES | JUEVES | VIERNES |
|---|---|---|---|---|---|
| 8:00 a 9:00 | 1º ESO-A | 3º ESO-A | GUARDIA | 4º ESO-A | 1º BACH-A |
| 9:00 a 10:00 | 1º BACH-B | 3º ESO-B | 1º ESO-A | 3º ESO-A | ATENCIÓN A PADRES |
| 10:00 a 11:00 | 2º ESO-B | 4º ESO-A | 2º ESO-B | 3º ESO-B | GUARDIA |
| 11:00 a 11:30 | **RECREO** | **RECREO** | **RECREO** | **RECREO** | **RECREO** |
| 11.30 a 12:30 | 1º ESO-B | 4º ESO-B | 2º ESO-A | 4º ESO-C | 1º BACH-B |
| 12:30 a 13:30 | 2º ESO-A | 3º ESO-C | 1º ESO-B | 4º ESO-B | REUNIÓN |
| 13:30 a 14:30 | 1º BACH-A | 4º ESO-C |  | 3º ESO-C |  |

| PROGRAMACIÓN SEMANAL. | | FECHA DEL 13 DE SEPTIEMBRE AL 17 DE SEPTIEMBRE | | | |
|---|---|---|---|---|---|
| DÍA | HORA | GRUPO | UNIDAD DIDÁCTICA Y SESIÓN | CONTENIDOS | OBSERVACIONES |
| LUNES 13 | 8:00 a 9:00 | 1º ESO-A | UD1. SESIÓN 1 | | |
| | 9:00 a 10:00 | 1º BACH-B | UD1. SESIÓN 1 | | |
| | 10:00 a 11:00 | 2º ESO-B | UD1. SESIÓN 1 | | |
| | 11.30 a 12:30 | 1º ESO-B | UD1. SESIÓN 1 | | |
| | 12:30 a 13:30 | 2º ESO-A | UD1. SESIÓN 1 | | |
| | 13:30 a 14:30 | 1º BACH-A | UD1. SESIÓN 1 | | |
| MARTES 14 | 8:00 a 9:00 | 3º ESO-A | UD1. SESIÓN 1 | | |
| | 9:00 a 10:00 | 3º ESO-B | UD1. SESIÓN 1 | | |
| | 10:00 a 11:00 | 4º ESO-A | UD1. SESIÓN 1 | | |
| | 11.30 a 12:30 | 4º ESO-B | UD1. SESIÓN 1 | | |
| | 12:30 a 13:30 | 3º ESO-C | UD1. SESIÓN 1 | | |
| | 13:30 a 14:30 | 4º ESO-C | UD1. SESIÓN 1 | | |
| MIÉRCOLES 15 | 8:00 a 9:00 | | | | |
| | 9:00 a 10:00 | 1º ESO-A | UD1. SESIÓN 2 | | |
| | 10:00 a 11:00 | 2º ESO-B | UD1. SESIÓN 2 | | |
| | 11.30 a 12:30 | 2º ESO-A | UD1. SESIÓN 2 | | |
| | 12:30 a 13:30 | 1º ESO-B | UD1. SESIÓN 2 | | |
| | 13:30 a 14:30 | | | | |
| JUEVES 16 | 8:00 a 9:00 | 4º ESO-A | UD1. SESIÓN 2 | | |
| | 9:00 a 10:00 | 3º ESO-A | UD1. SESIÓN 2 | | |
| | 10:00 a 11:00 | 3º ESO-B | UD1. SESIÓN 2 | | |
| | 11.30 a 12:30 | 4º ESO-C | UD1. SESIÓN 2 | | |
| | 12:30 a 13:30 | 4º ESO-B | UD1. SESIÓN 2 | | |
| | 13:30 a 14:30 | 3º ESO-C | UD1. SESIÓN 2 | | |
| VIERNES 17 | 8:00 a 9:00 | 1º BACH-A | UD1. SESIÓN 2 | | |
| | 9:00 a 10:00 | | | | |
| | 10:00 a 11:00 | | | | |
| | 11.30 a 12:30 | 1º BACH-B | UD1. SESIÓN 2 | | |
| | 12:30 a 13:30 | | | | |
| | 13:30 a 14:30 | | | | |
| SÁBADO 18 | | | | | |
| | | | | | |
| DOMINGO 19 | | | | | |
| | | | | | |

REGISTRO DE FOTOS, NOMBRES Y APELLIDOS DE LOS ALUMNOS/AS DE EDUCACIÓN FÍSICA.

| NIVEL: 1º A / ENSEÑANZA SECUNDARIA OBLIGATORIA (E.S.O) | | | 30 ALUMNOS/AS | |
|---|---|---|---|---|
| PROFESOR/A: | | Curso 2010-2011 | | |
| | | | | |
| | | | | |
| | | | | |
| | | | | |
| | | | | |
| | | | | |
| | | | | |

## FICHA DE CONOCIMIENTO DEL ALUMNO.

**1. Datos personales:**  **CURSO:**
Nombre y apellidos:
Fecha de nacimiento:
Teléfono del padre o la madre:

**2. Datos escolares:**
a) Colegios en los que has estado antes    Localidad    Cursos realizados


b) ¿Has repetido algún curso?   SI / NO    ¿Cuál?

c) ¿Tienes la educación física pendiente del curso anterior?

**3. Datos médicos:**
a) ¿Padeces alguna enfermedad o existe alguna condición física que te afecte? (oído, vista, enfermedades respiratorias...)    SI / NO

b) Actualmente, ¿recibes algún tipo de tratamiento médico?. ¿Lo has recibido alguna vez?
SI / NO    ¿De qué tipo?

c) ¿Estás operado/a de algo?   SI / NO    ¿De qué?

d) ¿Has estado alguna vez hospitalizado?    SI / NO   Motivo

e) En la actualidad, ¿padeces alguna enfermedad crónica? (epilepsia, diabetes, asma...)
SI / NO    ¿Cuál?

f) ¿Has padecido o padeces alguna lesión a causa de la práctica de actividades deportivas que te impidan poder realizar la materia de Educación Física con normalidad?

**4. Datos sobre la educación física:**
a) ¿Te gusta la asignatura de Educación Física? Nada, Poco, Regular, Bastante, Mucho

b) Nombra 5 deportes que te gusten.

c) ¿Realizas alguna actividad extraescolar? SI / NO ¿Cuál o cuáles? En caso afirmativo. ¿Cuántos días a la semana? ¿Dónde?

d) ¿Qué te gustaría aprender en la asignatura de Educación Física?
e) ¿Sueles ver programas deportivos en la televisión? SI / No. ¿Cuáles?

## FICHA DE SEGUIMIENTO DE CLASE PARA ALUMNOS QUE NO HACEN EDUCACIÓN FÍSICA.

| Alumno: | Curso: | Fecha: |
|---|---|---|
| Unidad didáctica: | Material e instalaciones: | |
| Contenido de la sesión: | | |
| Ejercicios y actividades realizadas: | Esquema (dibujo): | Tiempo: |
| Calentamiento: | | |
| Parte principal: | | |
| Vuelta a la calma: | | |
| ¿Qué destacarías de la sesión? | | |
| Motivo por el que no has realizado la sesión práctica de educación física: | | |

## MODELO DE AUTORIZACIÓN PARA REALIZAR LAS SALIDAS EXTRAESCOLARES.

Estimadas familias:

El próximo jueves 3 de marzo de 2011, realizaremos una ***salida extraescolar de "Esquí"*** organizada por el Departamento de Educación Física para los alumnos de 1º ESO. Seguiremos la siguiente planificación:

- Fecha de realización: jueves 3 de marzo de 2011.
- Hora de salida: 8:00 H.
- Hora de llegada: 17:00 H.
- Precio: 23 euros la actividad completa más el autobús.
- El precio de la actividad incluye: Equipo de esquí, clase teórica de 1 h, clase práctica de 2 h con un monitor cada 10 alumnos y comida en la estación de esquí.
- Lugar de destino: Navacerrada.

Por favor, cortar y entregar al jefe del departamento de educación física lo antes posible.
Gracias.

..............................................................................................................

Autorizo a mi hijo/a _____, curso_____ para que asista a la ***salida extraescolar de esquí*** que se va a realizar el día 3 de marzo de 2011 en Navacerrada y al cobro bancario del coste de la actividad.

**FIRMA DEL PADRE, MADRE O TUTOR.**

DNI_____

PROFESOR/A:                                CURSO: 2010-2011                                FALTAS DE ASISTENCIA, FALTAS DE VESTUARIO Y RETRASOS

## 1º ESO-A SEPTIEMBRE

| Nº | ALUMNOS/AS | Lunes 13 | Martes 14 | Miércoles 15 | Jueves 16 | Viernes 17 | Lunes 20 | Martes 21 | Miércoles 22 | Jueves 23 | Viernes 24 | Lunes 27 | Martes 28 | Jueves 30 |
|---|---|---|---|---|---|---|---|---|---|---|---|---|---|---|
| 1 | | | | | | | | | | | | | | |
| 2 | | | | | | | | | | | | | | |
| 3 | | | | | | | | | | | | | | |
| 4 | | | | | | | | | | | | | | |
| 5 | | | | | | | | | | | | | | |
| 6 | | | | | | | | | | | | | | |
| 7 | | | | | | | | | | | | | | |
| 8 | | | | | | | | | | | | | | |
| 9 | | | | | | | | | | | | | | |
| 10 | | | | | | | | | | | | | | |
| 11 | | | | | | | | | | | | | | |
| 12 | | | | | | | | | | | | | | |
| 13 | | | | | | | | | | | | | | |
| 14 | | | | | | | | | | | | | | |
| 15 | | | | | | | | | | | | | | |
| 16 | | | | | | | | | | | | | | |
| 17 | | | | | | | | | | | | | | |
| 18 | | | | | | | | | | | | | | |
| 19 | | | | | | | | | | | | | | |
| 20 | | | | | | | | | | | | | | |
| 21 | | | | | | | | | | | | | | |
| 22 | | | | | | | | | | | | | | |
| 23 | | | | | | | | | | | | | | |
| 24 | | | | | | | | | | | | | | |
| 25 | | | | | | | | | | | | | | |
| 26 | | | | | | | | | | | | | | |
| 27 | | | | | | | | | | | | | | |
| 28 | | | | | | | | | | | | | | |
| 29 | | | | | | | | | | | | | | |
| 30 | | | | | | | | | | | | | | |

OBSERVACIONES (Faltas de asistencia F, Falta de asistencia justificada FJ, Faltas de vestuario FV, Retrasos R, Actitud: B, M)
LISTADO DE LOS TRABAJOS DE LOS ALUMNOS/AS LESIONADOS EN EDUCACIÓN FÍSICA       CURSO: 2010-2011       PROFESOR/A:

| ALUMNO/A | CURSO | TÍTULO DEL TRABAJO | FECHA ENTREGA | EVALUACIÓN | NOTA | OBSERVACIONES |
|---|---|---|---|---|---|---|
| 1 | | | | | | |
| 2 | | | | | | |
| 3 | | | | | | |

## CALIFICACIONES DE EDUCACIÓN FÍSICA DE LA 1ª EVALUACIÓN PARA LOS TUTORES       NOMBRE DEL TUTOR/A:

| | Nota 1ª Evaluación CURSO 1º ESO-A | Faltas de vestuario | Faltas de asistencia | Retrasos | Participación en clase | Comportamiento en clase | Actitud 10% | C.F 50% | Baloncesto 50% | Dep alt 20% | 1º Trabajo 50% | Ficha 1 5% | Ficha 2 5% | Ficha 3 5% | Ficha 4 5% | Nota 1º Eval | Observaciones |
|---|---|---|---|---|---|---|---|---|---|---|---|---|---|---|---|---|---|
| 1 | Alumno 1 | | | | | | | | | | | | | | | | |
| 2 | Alumno 2 | | | | | | | | | | | | | | | | |
| 3 | Alumno 3 | | | | | | | | | | | | | | | | |

LISTADO DE ALUMNOS SUSPENSOS EN EDUCACIÓN FÍSICA       CURSO: 2010-2011       PROFESOR/A:

| Nº | ALUMNO/A | CURSO | 1ª EVAL NOTA | RECUPERA | 2ª EVAL NOTA | RECUPERA | 3ª EVAL NOTA | RECUPERA | SEPTIEMBRE NOTA | RECUPERA | OBSERVACIONES |
|---|---|---|---|---|---|---|---|---|---|---|---|
| 1 | | | | | | | | | | | |
| 2 | | | | | | | | | | | |
| 3 | | | | | | | | | | | |

## EVALUACIÓN DE LAS UNIDADES DIDÁCTICAS / SESIONES DE EDUCACIÓN FÍSICA DE 1º ESO-A

| UNIDADES DIDÁCTICAS DE LA 1ª EVALUACIÓN | SESIÓN | CONSECUCIÓN DE OBJETIVOS | | VALORACIÓN DEL CONTENIDO | | | | VALORACIÓN DEL MATERIAL | | | | VALORACIÓN DEL INTERÉS DEL ALUMNADO | | | | OBSERVACIONES |
|---|---|---|---|---|---|---|---|---|---|---|---|---|---|---|---|---|
| | | SI | NO | 1 | 2 | 3 | 4 | 1 | 2 | 3 | 4 | 1 | 2 | 3 | 4 | |
| Condición física I | 1 | | | | | | | | | | | | | | | |
| | 2 | | | | | | | | | | | | | | | |
| | 3 | | | | | | | | | | | | | | | |
| | 4 | | | | | | | | | | | | | | | |
| | 5 | | | | | | | | | | | | | | | |
| | 6 | | | | | | | | | | | | | | | |
| | 7 | | | | | | | | | | | | | | | |
| | 8 | | | | | | | | | | | | | | | |
| | 9 | | | | | | | | | | | | | | | |
| Baloncesto I | 1 | | | | | | | | | | | | | | | |
| | 2 | | | | | | | | | | | | | | | |
| | 3 | | | | | | | | | | | | | | | |
| | 4 | | | | | | | | | | | | | | | |
| | 5 | | | | | | | | | | | | | | | |
| | 6 | | | | | | | | | | | | | | | |
| | 7 | | | | | | | | | | | | | | | |
| | 8 | | | | | | | | | | | | | | | |
| Dep alternativos I | 1 | | | | | | | | | | | | | | | |
| | 2 | | | | | | | | | | | | | | | |
| | 3 | | | | | | | | | | | | | | | |
| | 4 | | | | | | | | | | | | | | | |
| | 5 | | | | | | | | | | | | | | | |
| | 6 | | | | | | | | | | | | | | | |
| | 7 | | | | | | | | | | | | | | | |
| | 8 | | | | | | | | | | | | | | | |

## REGISTRO DE LAS ATENCIONES A PADRES    CURSO: 2010-2011    PROFESOR/A:

| | ¿Quién citó? | Día | Hora | ¿Qué evaluación? | Asistió o no ¿Quién asistió? |
|---|---|---|---|---|---|
| 1 | Profesora | 17/09/2010 | 9:00 | 1º Eval | Si. Madre de….. |
| 2 | Padres | 24/09/2010 | 9:00 | 1º Eval | Si. Padre de….. |
| 3 | | | | | |

## REGISTRO DE LAS LLAMADAS Y NOTAS DE AGENDA A LOS PADRES    CURSO:2010-2011    PROFESORA: Rebeca Piñeiro Mosquera

| | Alumno/a | Día | A petición de | Motivo | Acuerdos |
|---|---|---|---|---|---|
| 1 | | | | | |
| 2 | | | | | |
| 3 | | | | | |

## REGISTRO NUMÉRICO DE LAS ATENCIONES A PADRES, LLAMADAS TELEFÓNICAS Y NOTAS EN LA AGENDA    PROFESOR/A:

CURSO: 2010-2011

| | Alumno/a | Atención a padres | | | | | | | | | | Llamadas telefónicas | | | | | | | | | | Agenda | | | | |
|---|---|---|---|---|---|---|---|---|---|---|---|---|---|---|---|---|---|---|---|---|---|---|---|---|---|---|
| | | 1º | 2º | 3º | 4º | 5º | 6º | 7º | 8º | 9º | 10º | 1º | 2º | 3º | 4º | 5º | 6º | 7º | 8º | 9º | 10º | 1º | 2º | 3º | 4º | 5º |
| 1 | | x | | | | | | | | | | | | | | | | | | | | | | | | |
| 2 | | x | | | | | | | | | | | | | | | | | | | | | | | | |
| 3 | | | | | | | | | | | | | | | | | | | | | | | | | | |

## ACTA DE REUNIÓN SOBRE EDUCACIÓN FÍSICA.   Centro:_____   Lugar:_____   Fecha:_____   Hora:_____

1. Asistentes.
2. Temas a tratar.
3. Acuerdos alcanzados.
4. Firma del profesor y firma de los demás asistentes.
5. Hora en que finaliza la reunión_____.

## MATERIAL DE APOYO EN LAS CLASES DE EDUCACIÓN FÍSICA

### DVD SOBRE ACONDICIONAMIENTO FÍSICO Y AEROBIC
1. 08 Min Core Workouts: Abs, Arms, Thighs, Buns and Stretch.
2. Ministry of sound. Pump it up: Aeroburn. The ultimate dance workout. Burn it, lose it. Dance mix. High energy. Beach body.
3. The Tracy Anderson Method. Mat Workout.
4. Jillian Michaels TBW: Maximize full frontal. Maximize back in action. Cardio kickbox.
5. Shape up front. Shape up back. Backside. Get fit and fab. No more trouble zones. Banish fat boost metabolism.
6. Gimnasia en casa. (Vida sana).
7. Abdominales y estiramientos (Vida sana).
8. Fabulously fit moms. Total body Workout
9. Muslos y glúteos remodelados. Gimnasia fácil.
10. Anni Mairs. Cardioforce workout.
11. Cathe Friedrich Step N Motion.
12. Women´s health. Total work in ten.
13. Less Mills: body vive, bodycombat, body step, body attack, body pump....
14. 10 Minute solution. Quick tummy toners.
15. 10 Minute solution. Knockout body.
16. 10 Minute solution. Target toning for beginners.
17. 10 Minute solution. Workouts to shape up your whole body.
18. 10 Minute solution. Ultimate bootcamp.
19. 10 Minute solution. Kettlebell ultimate fat burner!
20. 10 Minute solution. 5 day fit mix.
21. 10 Minute solution. Belly, butt and thigh blasters!
22. Davina McCall. 30 minute work out.
23. Cindy Crawford: Gimnasia de mantenimiento y moldea tu cuerpo.
24. Zumba fitness.

### DVD SOBRE PILATES
1. 08 Min Pilates: Basic, Intermediate and Advanced
2. El control del cuerpo. La fuerza del pilates. (Vida sana).
3. Guía esencial de pilates. (Vida sana).
4. Pilates para la espalda.
5. Pilates aeróbico (Aerolates). (Vida sana).
6. Programa paso a paso de pilates I y II. Jennifer Polhman.
7. Programa paso a paso de pilates con balón. Jennifer Polhman.
8. Programa paso a paso de pilates con círculo mágico. Dina Matty.
9. Programa paso a paso de pilates con banda elástica. Jennifer Polhman y Joaquín Tolsa.
10. Noelle´s pilates powerhouse.
11. Pilates gymball workout.
12. 10 Minute solution. Fitness ball workout.

13. 10 Minute solution. Pilates perfect body.
14. Fashion your body with pilates. Niedra Gabriel.
15. Iniciación al pilates: La fuerza interior y el control del cuerpo.
16. Pilates adelgazante.
17. 10 Minute solution. Slim sculpt pilates with band.

**DVD SOBRE YOGA, TAICHI Y TÉCNICAS DE MEDITACIÓN**
1. Yoga For Beginners
2. Yoga For Weight Loss for Beginners
3. Jillian Michaels: Yoga Meltdown
4. Yoga dance (Vida sana).
5. Yoga. Estiramientos y rehabilitación. (Vida sana).
6. Yoga para principiantes (Vida sana).
7. Hatha yoga (Vida sana).
8. Yoga. La fuerza interior.
9. Curso de yoga y musculación. (Vida sana).
10. Programa básico de yoga. Gena Kenny.
11. Crunch workout. Fat burning yoga.
12. Programa de iniciación al taichi. Gram. Bryant.
13. Técnicas de meditación (Vida sana).
14. Reiki taichi. Chikung (Vida sana).
15. Taichi. Guía esencial de meditación y purificación.
16. Les Mills: body balance.

**DVD SOBRE BAILE**
1. Batuka.
2. Dirty dancing fitness
3. Less Mills: body jam y sh´bam.
4. 10 Minute solution. Dance it off.
5. 10 Minute solution. Dance off fat fast.
6. Dance off the inches. Sizzlin salsa.
7. A fame dance workout.
8. 10 Minute solution. Dance off belly fat.
9. Hip-Hop & Street Dance Tutorial.
10. Attitude Ballet & Pilates Fusion Bernadette Giorgi Just B Method.
11. New York City Ballet Workout.

**DVD SOBRE BELLY DANCE**
1. Bellydance Fitness for Beginners: Slim Down
2. Bellydance Fitness for Beginners - Arms, Abs, Hips, Buns & Thighs Bellydance Fitness for Beginners - Basic Moves & Fat Burning
3. Belly Dance Basics: A Complete Lesson with Choreography for Beginners

## DOCUMENTALES Y VÍDEOS TUTORIALES
1. Olimpiadas. Pasión por el esfuerzo.
2. La llama de la paz. La verdadera historia sobre los juegos olímpicos.
3. Técnicas de reanimación cardiopulmonar básica. Cruz roja.
4. Pasión por el fútbol.
5. Fútbol inteligencia colectiva.
6. La ciencia del gol.
7. La ciencia del atletismo.
8. El nacimiento de una pasión. Los orígenes del fútbol.
9. El alma de la roja.
10. Zinedine Zidane.
11. Curso de fútbol iniciación y perfeccionamiento.
12. ¿Por qué los jamaicanos corren tan rápido?
13. La niña más fuerte del mundo.
14. Secretos de las artes marciales.
15. Artes marciales: Capoeira. Aikido, Savate…
16. Artes marciales: la verdadera historia.
17. Judo – Mike Swain – Complete Judo Vol. 1, 2, 3, 4 y 5.
18. Dopaje deportivo.
19. Football hooligans: Inglaterra. Football hooligans: Argentina.
20. Deportes extremos.
21. Fascismo en el fútbol.
22. The NBA´s 100 greatest plays.
23. ¿Hasta donde invade el dopaje en el deporte español?
24. La otra cara de la China Olímpica 2008: pirateo de marcas y niños forzados.
25. China, olimpiadas de Beijing 2008: luchadores por la verdad.
26. Sueños olímpicos.
27. Fuera juego: Violencia en el deporte.
28. Reflexoterapia podal.
29. Masajes relajantes. Una guía completa para liberar tensiones.
30. Autodefensa Krav. Combate cuerpo a cuerpo.
31. Documentos audiovisuales de la dirección general de promoción deportiva. Consejería de cultura y deportes. Comunidad de Madrid (hockey, bádminton, judo, triatlón, etc…).
32. Orientación. Federación española de orientación. Consejo Superior de Deportes.
33. Hockey Masterclass. Sporting Matters.
34. Realización paso a paso de nudos y ayustes. Egmont M. Friedl.
35. Programa paso a paso de reflexología. Claire Wynn.
36. Masaje video tutorial mega collection.
37. Video tutorial masaje de bienestar y relajación.
38. Masajes relajantes. Una guía completa para liberar tensiones.
39. Balloon sculpture made easy.
40. USA. Swimming presents swim fast – Breaststroke, Freestyle and Butterfly tutorial.

41. The facial workout because the muscles don´t end at the neck.
42. El cuerpo humano.
43. La increíble máquina humana.
44. www.adnstream.com (Deportes de aventura).

## PELÍCULAS

### A) BAILE:
1. El ritmo del éxito
2. Espera al último baile.
3. Chicago.
4. Ritmos de barrio.
5. Baila conmigo
6. Honey
7. Déjate llevar
8. Fama.
9. Grease I y II.
10. Dirty dancing I y II.
11. Step up. Street dance. Step up 3D.
12. Billy Elliot.

### B) DEPORTE:
1. **Ajedrez:** En busca de Bobby Fischer.
2. **Alpinismo:** 6 días un verano.
3. **Atletismo:** Carros de fuego. Marathon man.
4. **Baloncesto:** Camino a la gloria. Entrenador Carter.
5. **Béisbol:** Hard Ball. Campo de sueños. The perfect game.
6. **Boxeo:** Toro salvaje. Million Dollar Baby
7. **Ciclismo:** American Flyers. Parpaillon El prado de las estrellas. Les Triplettes de Belleville
8. **Dopaje:** Meta final.
9. **Fútbol:** Quiero ser como Beckham.
10. **Fútbol americano:** Gigantes hacia la victoria. Titanes hicieron historia. Me llaman Radio. El aguador. The Blind Side.
11. **Gimnasia artística:** Stick it.
12. **Natación:** El nadador.
13. **Patinaje:** Pasión por el triunfo. Medalla olímpica.
14. **Rugby:** Invictus.
15. **Surf:** El gran miércoles.
16. **Vela:** La fuerza del viento.

## LECTURAS RECOMENDADAS PARA PERIODO VACACIONAL:

**Para 1º y 2º de la ESO:**

1. Caioli, L. (2010). *Messi: La historia del chico que se convirtió en leyenda.* Barcelona: Salsa Books.
2. Delibes, M. (1992). *Mi vida al aire libre.* Barcelona: Destino.
3. Díaz, M.A. (2010). Los secretos de la roja. Barcelona: Timun Mas.
4. Dimitrijevic, V. (2010). *La vida es un balón redondo.* Madrid: Sexto Piso.
5. Echenoz, J. (2010). *Correr.* Barcelona: Anagrama.
6. García, C. (2008). *Roger AX: La divertida historia de las olimpiadas.* Madrid: Alfaguara.
7. García, M. (2003). *Bájame una estrella.* Madrid: S.L. Ediciones Desnivel.
8. Harper, J. (1997). *Salida y meta. Historias de ciclismo contadas por fray bicicleta.* Bilbao: Dorleta S.A.
9. Kuper, S y Szymanski, S. (2008). *¡El fútbol es así!.* Barcelona: Medialive Content.
10. Lallana, F. (1993). *Scratch.* Madrid: Ediciones, SM.
11. Marukami, H. (2010). *De qué hablo cuando hablo de correr.* Barcelona: Tusquets Editores.
12. Moro, J. (1999). *El pie de Jaipur: Cuando sólo queda la pasión por vivir.* Barcelona: S.A. Editorial Seix Barral.
13. Ortego, E. (2010). *Raúl, el triunfo de los valores.* León: Everest
14. Paradinas, E. (2010). *La roja en la copa del mundo.* Madrid: T &B Editores.
15. Pérez, A. (2002). *El pastor que jugó con Ronaldo y otras fábulas deportivas.* Madrid: Dirección General de Deportes, Consejería de Educación.
16. Pérez, A. (2007). *El detective agonías y su ayudante Niqué.* Madrid: Comunidad Autónoma de Madrid. Servicio de documentación y publicación.
17. Pérez-Reverte, A. (2007). *La tabla de Flandes.* Madrid: Alfaguara.
18. Pérez-Reverte, A. (2007). *El maestro de esgrima.* Madrid: Alfaguara.
19. RFEA. (2010). *Historia de los campeonatos de Europa de atletismo.* Madrid: Real federación de atletismo.
20. Sacheri, E. (2000). *Los mejores cuentos de futbol de Eduardo Sacheri.* Paraguay: Galerna.
21. Sierra, J. (1996). *El último set.* Madrid: Ediciones SM.
22. Sierra, J. (2010). *El oro de los dioses.* Barcelona: Planeta.
23. Sillitoe, A. (2007). *La soledad del corredor de fondo.* Madrid: El tercer nombre.
24. Tobías, M.J. (2010). *Michael Jordan. El rey del juego.* Madrid: Ediciones JC Clementine.
25. Torbado, J. (1988). *Ensayo de banda.* Barcelona: Don Balón.

26. Torrecilla, M. (1985). *Quinta personal.* Barcelona: Don Balón.
27. Trullás, J. (1989). *El nacimiento del Martínez Balompié.* Barcelona: Don Balón.
28. VV.AA. (2000). *Cuentos de ciclismo.* Madrid: EDAF.
29. VV.AA. (2004). Cuentos olímpicos. Madrid: Páginas de espuma.
30. VV.AA. (2010). *El gran libro de la roja.* Barcelona: S.L. Medialive Content.

**Para 3º y 4º de la ESO:**

1. Albert, J.Mª. (2004). *Libre directo.* Madrid: Alambra.
2. Alcoba, A. (2010). *¿Quo vadis, deporte?.* Madrid: Esteban Sanz Martínez.
3. Amalfi, F. (2005). *Todo lo que sé de la vida me lo enseñó el fútbol: Inspiraciones para que la pelota corra a tu favor en el día a día.* Barcelona: Océano Ambar.
4. Barrero, J. (2008). *Periodistas deportivos: contra la violencia en el fútbol, al pie de la letra.* Madrid: Fragua.
5. Bescós, J.I. (2009). *En tiempos de descuento.* Pozuelo: Autor-Editor.
6. Blanco, L. (1987). *Doméstico de lujo.* Barcelona: Don Balón.
7. Buford, B. (2006). *Entre vándalos.* Barcelona: Anagrama.
8. Cacucci, P. (2000). *San Isidro Fútbol.* Milano: Feltrinelli Editoriale.
9. Calderón, E. (1999). *Deporte y límites.* Madrid: Anaya.
10. Carlin, J. (2009). *El factor humano (Invictus). Nelson Mandela y el partido que salvo a una nación.* Barcelona: Seix Barral.
11. Carrascosa, J. (2003). *Motivación. Claves para dar lo mejor de uno mismo.* Madrid: Gymnos.
12. Carrascosa, J. (2003). *Saber competir. Claves para soportar y superar la presión.* Madrid: Gymnos.
13. Coben, H. (2010). *Muerte en el hoyo 18.* Barcelona: RBA Libros.
14. Conde, M. (2009). *Inteligencia y equilibrio emocional. Caminando al éxito.* Pontevedra: Autor-Editor.
15. Convertini, H. (2009). *El refuerzo.* Alicante: Aguaclara.
16. Decían, H. (2010). *Juego sucio. Fútbol y crimen organizado.* Barcelona: Alba Editorial.
17. Delibes, M. (2010). *La vida sobre ruedas.* Barcelona: Planeta.
18. Díez, G. (2009). *Saque de esquina.* Madrid: Anaya.
19. Espar, X. (2010). *Jugar con el corazón. La excelencia no es suficiente.* Barcelona. Plataforma.
20. Keegan, (2010). N. *Nadar.* Barcelona: El Aleph.
21. Marías, J. (2007). *Salvajes y sentimentales. Letras de fútbol.* Barcelona: Debolsillo.
22. Martín, A. (2008). *Hat Trick.* Barcelona: Edebe.
23. Padilla, I. (2006). *Amphitryon.* Madrid: Espasa-Calpe.
24. Riccarelli, U. (2004). *Un helado para la gloria.* Madrid: Maeva.
25. Rodríguez, M. (2009). *La ignorática y el fútbol.* Madrid: Adal.

26. Rodríguez, M. (2004). *Tez color de aceituna.* Madrid: Alambra.
27. Ruiz, P y Conde, M. (2009). *Deporte y superación personal. ¡No te empequeñezcas!* Pontevedra: Autor-Editor.
28. Uriz,F.J. (2010). *El gol nuestro de cada día. Poemas sobre fútbol.* Barcelona. Vaso roto poesía.
29. Valenciano, M. (2010). *Buen deportista, mejor persona: Ética y deporte.* Barcelona: Proteus editorial.
30. Zweig, S. (2001). *Novela de ajedrez.* Barcelona. El acantilado.

**Para 1º de Bachillerato:**

1. Ferrer, I. (2009). *Goles de color azabache.* Barcelona: Salvaterra.
2. Foer, F. (2004). *El mundo en un balón. Cómo entender la globalización a través del fútbol.* Madrid: Debate.
3. González, S.A. (2007). *El fútbol que no miramos.* Madrid: Vision.
4. Gómez, D. (2007). *La patria del gol. Fútbol y política en el estado español.* Irán: Alberdania.
5. Hornby, N. (2008). *Fiebre en las gradas.* Barcelona: Anagrama.
6. Klass, D. (2004). *Solo para valientes.* Madrid: Ediciones S.M.
7. Krabbé, T. (2010). *El ciclista.* Barcelona: Los libros del lince.
8. Madrid, D. (2005). *Insider: Un policía infiltrado en las gradas ultras.* Madrid: Temas de hoy.
9. Marklund, L. (2010). *Dinamita.* Madrid: Suma.
10. Meneses, C. (2005). *Deltoides.* Barcelona: Ronsel Editorial.
11. Molero, J. (2003). *Una fracción de viento.* Madrid: Vision net editorial.
12. Pérez, J.O. (2006). *Los nobel del fútbol.* Barcelona: Meteora.
13. Pournel, P. (2009). *A solas con los atletas.* México: Editorial Aldus.
14. Quitina, D.V. (2006). *Fútbol sin barreras.* Colombia: Kinesis.
15. Rivera,H. (2007). *El fantasista.* Madrid: Alfaguara.
16. Rosell, S. (2006). *Bienvenido al mundo real.* Barcelona: Destino.
17. Savater, F. (2001). *A caballo entre milenios.* Madrid: Aguilar.
18. Shaw, D. (1987). *Fútbol y franquismo.* Madrid: Alianza editorial.
19. Váquez, M. (2005). *El delantero centro fue asesinado al atardecer.* Barcelona: S.A Editorial Planeta.
20. Gándara, A. (2008). *La media distancia.* Madrid: S.A Grupo Santillana Ediciones Alfaguara.

# PARTE V.
# BIBLIOGRAFÍA

- Arráez, J.M. (1995). Juegos y deportes alternativos con deficientes psíquicos. *Apunts: Educación Física y Deportes, 40,* 69-80.
- Barbero, J.C. (2000). Los juegos y deportes alternativos en educación física. Revista Digital, Año 5, nº 22. Extraído el 10 de octubre de 2010 desde http://www.efdeportes.com/ efd22a/altem. htm.
- Barcala, R. (2006). Fundamentos didácticos de la iniciación a la capoeira en el área de la educación física. *Revista Digital. Año 11, Nº 103.* Extraído el 15 de octubre de 2010 desde http://www.efdeportes.com/efd103/capoeira.htm
- Blázquez, D. (1990). *Evaluar en educación física.* Barcelona: INDE.
- Castro, F.J. (2007). El método Pilates. Control muscular y precisión en el movimiento. *Revista Digital. Año 12, Nº 115.* Extraído el 19 de septiembre de 2010 desde http://www.efdeportes.com/efd115/el-metodo-pilates.htm
- Cerro, F. (2006). Senderismo: deporte, naturaleza y convivencia. *Revista Digital. Año 11, Nº 102.* Extraído el 24 de Julio de 2010 desde http://www.efdeportes.com/efd102/senderis.htm
- Chadwick, C.B y Rivera, N. (1990). *Evaluación formativa para el docente.* Barcelona: Paidós.
- Decreto 23/2007, de 10 mayo, del Consejo de Gobierno, por el que se establece para la Comunidad de Madrid el currículo de la Educación Secundaria Obligatoria.
- Decreto 67/2008, de 19 de junio, del Consejo de Gobierno, por el que se establece para la Comunidad de Madrid el currículo del Bachillerato
- García, I. (2007). El aerobic recreativo: ritmo, creatividad y cohesión de grupo. Propuesta de unidad didáctica. *Revista Digital. Año 12, Nº 111.* Extraído el 20 de septiembre de 2010 desde http://www.efdeportes.com/efd111/el-aerobic-recreativo-ritmo-creatividad-y-cohesion-de-grupo.htm
- Gómez, M y Sanz, E. (2003). Enseñanza del Esquí Alpino en las clases de Educación Física de la Educación Secundaria Obligatoria. Retos: nuevas tendencias en la educación física, deporte y recreación, nº4, p. 11-24.
- Grosser, M., Starischka, S., Zimmermann, E. (1988). *Principios del entrenamiento deportivo.* Barcelona: Martínez Roca.
- Gutiérrez, M. (1995). *Valores sociales y deporte.* Madrid: Gymnos.
- Ley Orgánica 2/2006, de 3 de mayo, de Educación.
- Marqués, P. (2002). Calidad e innovación educativa en los centros. Departamento de pedagogía aplicada. Facultad de educación, UAB.
- Molina, J.P y Antolín, L. (2008). Las competencias básicas en educación física: una valoración crítica. *Cultura, ciencia y deporte: revista de ciencias de la actividad física y del deporte de la Universidad Católica de San Antonio, 8,* 81-86.
- Moreno, C. (1992). Juegos y deportes tradicionales en España. Alianza: Deporte.
- Motos, T y Tejedo, F. (1978). *Prácticas de dramatización.* Barcelona: Humanitas.
- Nicolás, M (2009). Pilates en la escuela. *Revista Digital. Año 14, Nº 132.* Extraído

- el 19 de septiembre de 2010 desde http://www.efdeportes.com/efd132/pilatesen-la-escuela.htm
- Nicolás, A y García, E. (2008). Unidad didáctica: "Me divierto con los deportes alternativos". *Revista Digital, Año 13, nº 127.* Extraído el 10 de octubre de 2010 en http://www.efdeportes.com/efd127/unidad-didactica-deportes alternativos.htm
- Nieto, M. (2007). Modelo de unidad didáctica aplicado al medio natural dentro del ciclo de bachillerato: 'Aprendo mientras practico actividades en el medio natural'. *Revista Digital. Año 12, Nº 115.* Extraído el 24 de Julio de 2010 desde http://www.efdeportes.com/efd115/modelo-de-unidad-didactica-aplicado-almedio-natural.htm
- OCDE (2001). *Schooling for tomorrow. Trenes and scenarios.* Paris: CERI-OECD.
- Pérez, R. y Álvarez, A. (2002). Estudio descriptivo de la situación de penalty córner en ataque durante el campeonato de España juvenil masculino de hockey hierba. *Revista Digital. Año 8, 50.* Extraído el 3 de Febrero de 2004 desde http://www.efdeportes.com/efd50/corner.htm
- Real Decreto 1631/2006, de 29 de diciembre, por el que se establecen las enseñanzas mínimas correspondientes a la Educación Secundaria Obligatoria.
- Rodríguez, M; Quintana, R y Lindell, O. (2009). La esgrima en la escuela. Una propuesta didáctica para la educación secundaria obligatoria. Revista Digital, Año 13, Nº 130. Extraído el 18 de octubre de 2010 desde http://www.efdeportes.com/efd130/la-esgrima-en-la-escuela.htm
- Romero, O. (1999). El medio natural como escuela de formación: el senderismo. *Revista Anaya de didáctica de la educación física. Nº 2,* p. 75-81.
- Rosenberg, C. (1993). *Gimnasia danza.* Barcelona: Paidotribo.
- Ruiz, J.A. (2002). Le evaluación de las capacidades físicas. Técnicas, instrumentos y registro de los datos. Las pruebas de capacidad física: usos y valor formativo. En I, Perelló, F.C. Ruiz, A.J, Ruiz y N. Caus (Eds). *Educación Física volumen IV.* Pp. 257-276.
- Stokoe, P y Harft, R. (1996). *La expresión corporal en el jardín de infantes.* Barcelona: Paidós.
- Winter, R. (1986). La fasi sensibili. *Revista di cultura sportiva. Nº 6,* p. 8-10.
- Zabala, M; Viciana, J; Dalmau, J.Mª y Gargallo, E. (2003). Modelo de unidad didáctica para Educación Física: un ejemplo integrado de juegos y deportes y actividades en el medio natural como vehículo de iniciación deportiva. *Revista Digital. Año 9, Nº 64.* Extraído el 24 de Julio de 2010 desde http://www.efdeportes.com/efd64/ud.htm

# PARTE VI.
# ANEXOS

ANEXO 1: JUEGO DE ADIVINAR PALABRAS MEDIANTE GESTOS. SESIÓN 2. 1º ESO

|  | Palabras | Chicos puntos |  | Palabras | Chicas puntos |
|---|---|---|---|---|---|
| 1 | TENIS |  | 1 | SILLA |  |
| 2 | MESA |  | 2 | CUADRADO |  |
| 3 | ASCENSOR |  | 3 | TELÉFONO |  |
| 4 | ORDENADOR |  | 4 | COCHE |  |
| 5 | GAFAS |  | 5 | ESPEJO |  |
| 6 | HELADO |  | 6 | TRSITE |  |
| 7 | HALTEROFILIA |  | 7 | LIBRO |  |
| 8 | VASO |  | 8 | CUCHILLO |  |
| 9 | CÍRCULO |  | 9 | VESTIRSE |  |
| 10 | ABANICO |  | 10 | FÚTBOL |  |
| 11 | ALEGRE |  | 11 | BUFANDA |  |
| 12 | PEINARSE |  | 12 | BÉISBOL |  |
| 13 | HUEVO |  | 13 | ESCALERA |  |
| 14 | BICICLETA |  | 14 | TELEVISIÓN |  |
| 15 | MARCADOR |  | 15 | IPOD |  |
| 16 | PANTALÓN |  | 16 | TOALLA |  |
| 17 | FLOR |  | 17 | MANZANA |  |
| 18 | RESPIRAR |  | 18 | FALDA |  |
| 19 | CORAZÓN |  | 19 | BAILAR |  |
| 20 | PULSERA |  | 20 | TORCEDURA |  |
| 21 | RELOJ |  | 21 | PARAGUAS |  |
| 22 | CAMISETA |  | 22 | TORO |  |
| 23 | GUITARRISTA |  | 23 | ALBAÑIL |  |
| 24 | BOCADILLO |  | 24 | TRIÁNGULO |  |
| 25 | CUERDA |  | 25 | TRENZA |  |
| 26 | LLUVIA |  | 26 | COCINAR |  |
| 27 | BALONCESTO |  | 27 | TIJERA |  |
| 28 | DINERO |  | 28 | COLLAR |  |
| 29 | AMETRALLADORA |  | 29 | ANILLO |  |
| 30 | ESCRIBIR |  | 30 | ARAÑA |  |
| 31 | PLANCHAR |  | 31 | PIANISTA |  |
| 32 | PISCINA |  | 32 | SALTAR |  |
| 33 | FREGAR |  | 33 | NIEVE |  |
| 34 | SEVILLANAS |  | 34 | ZAPATOS |  |
| 35 | DORMIR |  | 35 | LANZADOR PESO |  |
| 36 | NEVERA |  | 36 | CANTAR |  |
| 37 | MONOPATÍN |  | 37 | COSER |  |
| 38 | MILITAR |  | 38 | PINTALABIOS |  |
| 39 | MICRÓFONO |  | 39 | BARRER |  |
| 40 | LECHE |  | 40 | IGLESIA |  |
| 41 | LLAVE |  | 41 | DENTISTA |  |
| 42 | LIMOSNA |  | 42 | LAVADORA |  |
| 43 | LIMPIAPARABRISAS |  | 43 | DUCHA |  |
| 44 | VOLEIBOL |  | 44 | BEBÉ |  |
| 45 | PEONZA |  | 45 | ESQUIAR |  |
| 46 | HOSPITAL |  | 46 | MOÑO |  |
| 47 | CALCETÍN |  | 47 | AVIÓN |  |
| 48 | ENANO |  | 48 | MENSAJE |  |
| 49 | PENDIENTES |  | 49 | ENVENENADO |  |
| 50 | SALUDAR |  | 50 | TOSTADA PAN |  |
| 51 | COLONIA |  | 51 | LÁMPARA |  |
| 52 | POLICÍA |  | 52 | GORRO |  |
| 53 | ABDOMINALES |  | 53 | NADADOR |  |
| 54 | BASURA |  | 54 | CHAPAS |  |
| 55 | SONARSE |  | 55 | CABALLO |  |
| 56 | CULEBRA |  | 56 | NORIA |  |
| 57 | PIRAGÜISMO |  | 57 | PAPÁ NOEL |  |
| NÚMERO TOTAL DE PUNTOS DE LOS CHICOS: | | | | | |
| NÚMERO TOTAL DE PUNTOS DE LAS CHICAS: | | | | | |

**ANEXO 1: JUEGO DE ADIVINAR PALABRAS MEDIANTE GESTOS. SESIÓN 2. 2º ESO**

| | Palabras | Chicos puntos | | Palabras | Chicas puntos |
|---|---|---|---|---|---|
| 1 | PESAS | | 1 | CAVAR | |
| 2 | VOLTERETA | | 2 | CREMA | |
| 3 | CHINCHETA | | 3 | FANTASMA | |
| 4 | EXTINTOR | | 4 | GATO | |
| 5 | COLETA | | 5 | PIPAS | |
| 6 | HOJA | | 6 | PEGAMENTO | |
| 7 | HIPPY | | 7 | HAMBURGUESA | |
| 8 | CAER | | 8 | ARCO IRIS | |
| 9 | REGAR | | 9 | ASTRONAUTA | |
| 10 | ASCENSOR | | 10 | LOTERÍA | |
| 11 | PERCHA | | 11 | TIJERAS | |
| 12 | PISTA | | 12 | CORTINA | |
| 13 | EXAMEN | | 13 | DEPILAR | |
| 14 | CLIP | | 14 | ABRIR | |
| 15 | FOTOCOPIA | | 15 | DERECHA | |
| 16 | ALCALDE | | 16 | TOSER | |
| 17 | RODAJA | | 17 | MOCHILA | |
| 18 | BOLSA | | 18 | LADRÓN | |
| 19 | CHICLE | | 19 | GASOLINA | |
| 20 | APLAUSO | | 20 | PESTAÑAS | |
| 21 | MURCIÉLAGO | | 21 | YOYÓ | |
| 22 | SURF | | 22 | DJ | |
| 23 | TERREMOTO | | 23 | DESODORANTE | |
| 24 | BARAJA | | 24 | CAMPEÓN | |
| 25 | PISCINA | | 25 | CARTA | |
| 26 | CORREOS | | 26 | ESTRELLA | |
| 27 | PUENTE | | 27 | PATATAS | |
| 28 | CEPILLO | | 28 | RÍO | |
| 29 | CARTERA | | 29 | VENDA | |
| 30 | AHOGARSE | | 30 | CERILLAS | |
| 31 | CALCULADORA | | 31 | GRAFFITI | |
| 32 | COMIDA | | 32 | VAMPIRO | |
| 33 | TIPEX | | 33 | SILENCIO | |
| 34 | GRAPA | | 34 | FIEBRE | |
| 35 | LENTILLA | | 35 | EGIPCIO | |
| 36 | PINGÜINO | | 36 | BARBA | |
| 37 | CORBATA | | 37 | CARACOL | |
| 38 | FUEGO | | 38 | DARDO | |
| 39 | TIRO CON ARCO | | 39 | FIRMA | |
| 40 | BURBUJA | | 40 | SUAVE | |
| 41 | OLOR | | 41 | PIZARRA | |
| 42 | SECADOR | | 42 | REMAR | |
| 43 | CORAZÓN | | 43 | VIEJO | |
| 44 | MOÑO | | 44 | TIZA | |
| 45 | PIZZA | | 45 | MARTILLO | |
| 46 | MALABARES | | 46 | GRITAR | |
| 47 | MISIL | | 47 | SED | |
| 48 | NATA | | 48 | TRAGAR | |
| 49 | PESTAÑEAR | | 49 | BAILAR | |
| 50 | AJEDREZ | | 50 | TENIS DE MESA | |
| 51 | MAQUILLARSE | | 51 | ANDAR | |
| 52 | HABLAR | | 52 | CARTAS | |
| 53 | REIRSE | | 53 | EMBARAZADA | |
| 54 | SEÑALAR | | 54 | TIMBLAR | |
| 55 | JUDO | | 55 | ENCHUFE | |
| 56 | HOCKEY | | 56 | EQUILIBRIO | |
| NÚMERO TOTAL DE PUNTOS DE LOS CHICOS: | | | | | |
| NÚMERO TOTAL DE PUNTOS DE LOS CHICAS: | | | | | |

## ANEXO 2. SOLUCIÓN DE LA BÚSQUEDA DE INFORMACIÓN PARA 1º ESO.

### Primera evaluación: Baloncesto
1. James Naismith. 1891. Estados Unidos.
2. 1895. Estados Unidos.
3. 1906.
4. Se incluyó como deporte oficial en el programa de los Juegos de Berlín 1936.
5. 1948.
6. 1976.
7. 1992.
8. 5 jugadores en cada equipo.
9. El objetivo del baloncesto es conseguir el mayor número de puntos encestando la pelota en la canasta del equipo adversario.
10. Se juega una prórroga de 5 minutos.
11. Se inicia con el lanzamiento del balón hacia arriba por parte de uno de los árbitros, saltando en el círculo central un jugador de cada equipo en lucha por el balón.
12. 8 segundos.
13. Volver a cruzar la línea de medio campo una vez que ya se había pasado.
14. 24 segundos.
15. Se juegan 4 tiempos de 10 minutos cada uno y el reloj se para cuando el juego se detiene por algún motivo.
16. Los tiros libres valen 1 punto. Las canastas valen 2 puntos. Si el lanzamiento se produce más lejos de la línea 6, 25 m vale 3 puntos.
17. Cuando un jugador toca, choca, o empuja a un contrario.
18. 2 tiros libres. Cada tiro vale 1 punto. Cuando la falta se hace en el momento que el jugador estaba lanzando a canasta desde fuera de la línea de 6,25 m.
19. Se castiga con dos tiros libres y balón en posesión del equipo atacante.
20. Cada falta que ese equipo siga cometiendo se penalizará con 2 tiros libres para los adversarios.
21. Cuando comete 5 faltas personales.
22. <u>Dobles</u>: Cuando botamos el balón con dos manos. Cuando botamos el balón, lo cogemos y lo volvemos a botar. Cuando botamos el balón por encima del hombro.
    <u>Pasos</u>: Cuando un jugador recibe el balón y da pasos sin botar. Cuando un jugador en carrera recibe el balón y da más de 2 pasos sin botar. Cuando un jugador en carrera y botando el balón deja de hacerlo y da más de 2 pasos.
    <u>Pivotar</u>: Cuando el jugador está con el balón en las manos y quieto puede mover un pie siempre que tenga el otro pie en contacto con el suelo.

Parada: Es una detención. Puede ser en un tiempo (los dos pies se apoyan a la vez) o en dos tiempos (primero se apoya un pie y después el otro).
23. Dos.
24. Disposición inmediata para poder botar, pasar o tirar.
25. 5 segundos.
26. 3 segundos.
27. El terreno de juego es un rectángulo de 28x15 m. con unas líneas de banda y de fondo de 5 cm. Hay una línea de 6,25 m. La línea de tiro libre se encuentra a 4,60 m. del aro. La altura del aro es de 3,05 m. El tablero mide 1,80x1,20 m. y el cuadrado del centro del tablero 0,59x0,45 m.
El balón es La línea de tiro libre se encuentra a 4,60 m. del aro. La altura del aro es de 3,05 m. El tablero mide 1,80x1,20 m. y el cuadrado del centro del tablero 0,59x0,45 m.
28. Bote de velocidad y bote de protección.
29. Pase de béisbol, pase de entrega, pase por la espalda, pase con una mano y pase con dos manos por encima de la cabeza.
30. Avanzas botando a canasta, se coge el balón a la altura de la cintura, se dan dos pasos (primero con la derecha y después con la izquierda) y por último se impulsa el cuerpo arriba para encestar el balón.
31. Se produce cuando un lanzamiento a canasta no se encesta y el balón vuelve al terreno de juego.

**Primera evaluación: Esquí alpino**
1. Desde hace unos 5.000 años. En el Museo Djugaarden en Estocolmo.
2. En el año 1200 en la batalla de Oslo.
3. En Austria en 1590.
4. Técnica Lilienfelder.
5. El austriaco Mathias Zdarski.
6. Arnold Lunn y Hannes Schneider.
7. Lunn.
8. La Arlberg-Kandahar.
9. Los Juegos de Garmisch-Partenkirchen en 1936.
10. Descenso, slalom supergigante, slalom gigante, slalom especial, y combinada.
11. Si.
12. El esquiador que consigue llegar a la meta en menos tiempo sin saltarse las puertas.
13. Hombres aproximadamente entre 800 y 1100 m. Mujeres aproximadamente entre 500 y 800 m.
14. Se colocan puertas de color rojo en los ángulos derechos del descenso.
15. Si.
16. Hombres aproximadamente entre 500 y 650 m. Mujeres aproximadamente entre 400 y 600 m.
17. Se colocan de forma alternativa puertas azules y rojas.

18. Hombres aproximadamente entre 300 y 450 m. Mujeres aproximadamente entre 300 y 400 m.
19. Hombres aproximadamente entre 180 y 220 m. Mujeres aproximadamente entre 140 y 200 m.
20. Descenso y slalom especial.

**Segunda evaluación: Gimnasia artística**
1. Del término griego "gymnos" que significa desnudo.
2. Era el lugar público donde los jóvenes griegos se ejercitaban al desnudo.
3. Existían tres gimnasios: el Liceo, la Academia, y el Cynosargos.
4. A mediados del siglo XIX.
5. 1881.
6. El alemán Johannes Guts-Muths y al sueco Johann Ling. El modelo alemán se basaba en el trabajo con aparatos y en el desarrollo muscular, mientras que la corriente sueca se centraba en el desarrollo de movimientos rítmicos.
7. 1924.
8. Los hombres compiten en seis aparatos: barra fija, salto, anillas, paralelas, caballo con arcos, y suelo.
9. Las mujeres compiten en cuatro: barras asimétricas, barra de equilibrio, salto, y suelo.
10. Individual y por equipos.
11. Dos grupos.
12. Un grupo de 2 jueces califica la dificultad (máximo de 10). El otro grupo compuesto por 6 jueces, califica la ejecución técnica, quitando puntos (tomando la nota de los jueces de dificultad).
13. Por errores pequeños (-0,1 puntos), medios (-0,2 ó –0,3 puntos), grandes (-0,4 puntos) y caídas (-0,5 puntos).
14. Se suman las puntuaciones obtenidas en cada aparato.
15. Compiten los mejores 36 gimnastas (3 por nación) en la final individual. Compiten los 6 mejores equipos en la final de equipos.
16. Explicación de:
    Suelo: se desarrolla en un tapiz de 12 m de lado, que tiene un borde seguridad de 1 m.
    Salto masculino y femenino: se desarrolla en una pista de carrera de 1 m de ancho por 25 de largo. Al fondo de la pista se encuentra el caballo.
    Barra fija: tiene una altura de 2,55 m y es de acero pulido.
    Paralelas: son 2 barras de madera a 1,75 m del suelo.
    Caballo de arcos: su altura es de 1,05 m y su longitud 1,6 m. Tiene dos arcos en la parte superior.
    Anillas: son dos aros de madera que cuelgan de unos cables. La altura de las anillas al suelo es de 2,75 m.

Barras asimétricas: las barras son de madera dura y de sección redonda colocadas en paralelo, pero a diferente altura, una está a 1,65 m y la otra está a 2,45 m del suelo.
Barra de equilibrio: El ancho de la barra es de 10 cms, el alto de 1,20 y el largo de 5 m.
17. Existe la figura del ayudante, pero si se necesita el gimnasta es penalizado con 0,4 puntos.
18. El entrenador.
19. No, salvo por causas ajenas al gimnasta.
20. Quieto, de pie con las piernas juntas.
21. Voltereta lanzada hacia delante, voltereta hacia delante con piernas agrupadas, voltereta hacia delante con piernas abiertas, voltereta hacia atrás con piernas agrupadas y voltereta hacia tras con piernas abiertas.
22. Equilibrio invertido y pino 3 apoyos (de cabeza).
23. Salto de palillo, salto agrupado, carpa abierta, carpa cerrada, giro 180º, giro 360º y salto del león.
24. Salto interior y salto exterior.
25. Quinta, rueda lateral, rondada, flic-flac, paloma y mortal.

**Segunda evaluación: Pentathlon moderno**
1. Hípica, esgrima, natación, tiro, y carrera de cross country.
2. Barón de Coubertin, 1909.
3. Las técnicas que debe dominar un solado.
4. En hombres en 1912 y en mujeres en 2000.
5. En un solo día.
6. Porque tenía trucada la empuñadura de su espada.
7. Obtienen una puntuación en cada prueba y gana el que consiga mayor número de puntos.
8. Es una pistola de aire de 4,5 mm.
9. Cada diana tiene 10 anillos y un círculo central. La puntuación es de 1 (anillo externo) a 10 (círculo central).
10. 20 dianas.
11. A 10 m de distancia desde la misma posición.
12. 40 segundos.
13. Con una mano.
14. Como máximo 1 min. Gana el primero que consigue el tocado. Ambos pierden.
15. 200 m a estilo libre.
16. Con dos salidas nulas o al no tocar la pared en el giro.
17. 20 minutos.
18. Tiene 12 obstáculos (un doble, un triple y salto de ría) y son unos 350 ó 450 m.
19. 1100 puntos.
20. Por derribar obstáculos, por tocar el agua de la ría, por rehuse, por caída.

21. 3 vueltas a un circuito de 1000 m.
22. El líder.

**Segunda evaluación: Mountain bike**
1. Por la necesidad de andar en bicicleta en pasaje natural.
2. Construyó una bicicleta de 22 kg con un manillar sobreelevado y neumáticos anchos.
3. James Finley Scout.
4. San Francisco por Charles Nelly.
5. National Off Road Bicycle Association. EEUU. 1983.
6. 1990 en Colorado.
7. 1996.
8. Hombres: entre 40 y 50 Km. Mujeres: entre 30 y 40 Km.
9. Hombres: 2 h y 15 min. Mujeres: 2 h.
10. Dependiendo de la climatología se decide la distancia la noche anterior a la prueba.
11. Comienzan todos a la vez después del disparo de salida.
12. 1,8 Km.
13. El primero que cruza la línea de meta después de realizar todo el recorrido.
14. No.
15. Por obstruir o empujar a otros participantes.
16. Tiene un armazón más robusto que la bicicleta de pista y carretera y una suspensión delantera en forma de horquilla.
17. 24.
18. Si.
19. Si.
20. Es eliminado de la competición.

**Segunda evaluación: Expresión corporal**
1. Según Stokoe y Harft (1996, p. 13) *"la expresión corporal es un conducta que existe desde siempre. Es un lenguaje por medio del cual el ser humano expresa sensaciones, emociones, sentimientos y pensamientos con su cuerpo integrándolo de esta manera a sus otros lenguajes expresivos como el habla, el dibujo y la escritura".*
2. Sistemas de expresión=Gestos. Sistemas rítmicos=Bailes. Sistemas de representación=Teatro.
3. Gesto reflejo: aparece como reacción a un estímulo. Gesto emotivo: expresa sentimientos. Gesto simbólico: se utilizan las señas.
4. Postura estática: permanecer inmóvil.
   Postura dinámica: en movimiento.
   Actitud postural: posturas que adopta nuestro cuerpo para mantenerse equilibrado con respecto a la fuerza de la gravedad.
5. Explica lo qué es: espacio íntimo, espacio social y espacio público.
6. Nombra 5 deportes y 5 actitudes deportivas donde influya la expresión corporal.

7. Es el que se transmite a través de gestos y posturas.
8. Enfado, alegría, tristeza, desprecio, interés y miedo.
9. Llevarse las manos a la cabeza, tapar con las manos la nariz, tapar la cara con las manos, tocar con mi mano el hombro del compañero y señalar con los brazos en alguna dirección.
10. Motos y Tejedo (1987), es *"la representación de una acción llevada a cabo por unos personajes en un espacio determinado. Es por tanto el resultado de dar forma y condiciones dramáticas a algo, a través de diálogos, conflicto entre personajes y dinámica de una acción"*.
11. Es la actuación teatral mediante gestos y movimientos corporales realizados para un público.
12. Es la expresión del movimiento del cuerpo de forma estética y utilizando un ritmo con o sin sonido.
13. Ballet clásico, ballet neoclásico, ballet moderno, ballet español, flamenco, danza jazz, danza moderna, danza contemporánea, danza terapia, danzas étnicas, danzas indias, danzas del vientre, danzas chinas….
14. Cha-cha-cha, chotis, mambo, merengue, pasodoble, polka, popurrí, rock ando roll, salsa, samba, sevillana, tango, vals, conga, bachata, bolero….

**Tercera evaluación: Atletismo: Carreras**
1. Velocidad hombres y mujeres: 100 m, 200 m y 400 m. Medio fondo: 800 m, 1500 m y 3000 obstáculos. Fondo: 5000 m, 10000 m. Vallas hombres: 110 m y 400 m. Vallas mujeres: 100 m y 400 m.
2. Según el ranking de la temporada.
3. 100 m, 200 m, 400 m, 4x100 m y vallas 100 m, 110 m, y 400 m.
4. A partir de la 800 m en adelante y en la de 4x400 m.
5. De forma aleatoria. Según las marcas realizadas.
6. A los mejores atletas.
7. Con el disparo de una pistola.
8. Se considera salida nula.
9. Descalificación.
10. Hasta la de 400 m y en las pruebas el relevos para el primer relevista.
11. 800 m.
12. El primer atleta que supere con el torso la línea de meta.
13. Dos atletas que empatan por la misma milésima pasarían a la próxima ronda.
14. 4.
15. En la zona de transferencia.
16. No.
17. Si.
18. No puede superar 2 m por segundo.
19. Es una pista de 400 m la calle más interna y de forma oval. Tiene 8 calles de 1,22 m.
20. En sentido contrario a las agujas del reloj.

21. Maratón y 20 km marcha en hombre y mujeres y además 50 km marcha en hombres.
22. No.
23. Se colocan en la línea de salida de manera aleatoria.
24. En la marcha hay que tener un pie tocando el suelo. No puede curvar la rodilla la pierna que avanza.
25. 9.
26. Cuando 3 jueces amonestatan al marchador.
27. Cada 5 km.
28. Si.
29. No.
30. Más de 5000 m.

**Tercera evaluación: Bádminton**
1. India.
2. Este juego se trasladó a Inglaterra en 1873 y el duque de Beaufort lo practicaba en su finca que se conocía como "Bádminton" y recibió su nombre.
3. Bath (Inglaterra) en 1873.
4. 1934.
5. 1985.
6. 1992.
7. Individuales, dobles y dobles mixtos.
8. Las <u>dimensiones del campo</u> de bádminton son de 13,40 m de largo por 5,18 m de ancho en individuales y de 13,40 m de largo por 6,10 m de ancho en dobles. Los <u>postes</u> tienen una altura de 1.55 metros, medidos desde el suelo de la pista. La <u>red</u> debe tener una cuadrícula de no menos de 15 mm y no más de 20. Su anchura será de 0,76 m y su longitud de 6,10 m. Tendrá una banda blanca en su parte superior de 75 mm de anchura, doblada sobre una cuerda.
9. Tres sets de 21 puntos cada uno (con una diferencia de 2 puntos). Si empatan a 20 puntos se continúa jugando hasta que haya una diferencia de 2 puntos sobre el adversario o quien llegue primero a 30 puntos. Gana el partido el jugador que gana 2 sets.
10. Partes de una raqueta de bádminton:

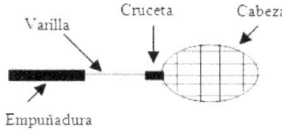

11. Hay dos tipos de volantes el sintético y el de plumas de ganzo. Pesan entre 4,74 y 5,50 gramos. Tienen una base redondeada de corcho y cubierta por piel y la cola forma un cono con 16 plumas (6,4-7 cm).

12. La presa de derecho (universal): se coge la raqueta por la empuñadura (cabeza de la raqueta perpendicular), los dedos agarran la empuñadura por el borde superior de ésta y haciendo una "v".
    La presa de revés: cogemos la raqueta como la presa de derecho y giramos la raqueta un cuarto a la derecha de la parte exterior, para poder colocar el pulgar en la parte ancha y opuesto a los otros dedos.
13. Diagonalmente al campo contrario.
14. Por debajo de la cadera.
15. A = Área de saque de individuales.
    B = Área de saque de dobles.

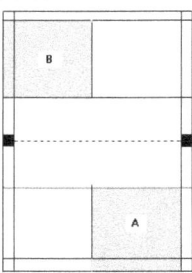

16. Área de saq1ue izquierdo. Área de saque derecho.
17. No.
18. Saque corto: el volante pasa cerca del borde superior de la red y cae próximo a la línea de saque corto.
    Saque largo: el volante llega a una trayectoria aproximadamente de 7 m y llega hasta la línea de saque largo del campo contrario.
19. Individuales: saques largos. Dobles: saques cortos.
20. **Golpes altos:**
    - **El clear**: sirve para responder a los volantes lanzados a mucha altura. Dirigido siempre a la línea de fondo, se le considera un golpe defensivo si su trayectoria es muy alta, y de ataque cuando el volante supera ligeramente la altura de la raqueta del contrario.
    - **El drop**: es una dejada alta ( o rápida) que intenta engañar al adversario. El alumno frena el moviendo del brazo que sostiene la raqueta, y en lugar de golpear el volante, lo empuja con suavidad. El contrario, que espera un mate, recibe el volante que cae verticalmente tras superar la red.
    - **El remate**: es un golpe fuerte con el que se intenta decidir el punto. La raqueta golpea el volante de arriba abajo (frontal o lateralmente), la trayectoria del volante culmina cerca de la red, en el medio de la pista o en una zona próxima al fondo de la pista, según donde se haya lanzado.
    
    **Golpes bajos:**
    - **El lob o globo**: el volante se golpea cerca de la red, alto y al fondo de la pista. Se utiliza para devolver una dejada alta, baja, o un mate. Debe ser un golpe fuerte para que el volante gane altura.

- **La dejada**: la dejada baja, de derecho o de revés, es un golpe que normalmente responde a un mate u otra dejada del rival. La raqueta, paralela al suelo, envía el volante muy ajustado a la red. En su ejecución, la pierna derecha permanece flexionada con el pie adelantado para soportar el peso del cuerpo durante el movimiento.

**Golpes media altura:**
- **El drive**: es un golpe de ataque, que se ejecuta entre la cadera y la cabeza. El volante pasa muy cerca de la red, con una trayectoria paralela al suelo.

21. Diferentes trayectorias de todos los golpeos explicados anteriormente.

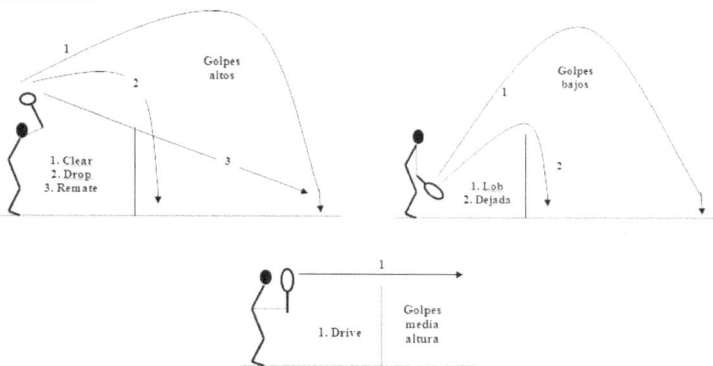

22. Los pies deben de estar paralelos y separados. El peso del cuerpo repartido entre ambas piernas semiflexionadas, el pecho ligeramente inclinado hacia delante y la raqueta delante del cuerpo y alta.
23. Desplazamiento adelante, adelante y a la derecha, lateral a la derecha, atrás a la derecha, desplazamiento atrás, atrás y a la izquierda, lateral a la izquierda y adelante a la izquierda.
24. El jugador situado en el área de saque de la derecha.
25. Sistema en paralelo y sistema adelante-atrás.

## Tercera evaluación: Acrosport

1. El Acrosport es un deporte acrobático realizado con compañero o en grupo, en el que se combinan pirámides humanas, acrobacias y elementos coreográficos.
2. Acrogimnasia.
3. Castells de Cataluña.
4. Parejas femeninas, parejas masculinas, parejas mixtas, tríos femeninos y cuartetos masculinos.
5. 12x12 m.
6. Música instrumental sin canto.
7. Elementos acrobáticos y gimnásticos de flexibilidad, equilibrio, saltos, giros y movimientos en cooperación entre los componentes del grupo,

ejecutando formaciones corporales, formando un conjunto armónico con elementos coreográficos.
8. 2 minutos y 30 segundos.
9. La dificultad, la técnica y la dimensión artística.
10. Presa mano a mano, presa de pinza, presa brazo-brazo, entrelazado de muñeca y manos y presa mano-pie.
11. El portor, que constituye una base estable, estática o dinámica en las figuras, proyecta el cuerpo del ágil hasta las posiciones de equilibrio y ayuda al desmontar. El ágil, más pequeño y ligero, flexible y con gran sentido del equilibrio, culmina las figuras con volteos, posiciones de equilibrio o fuerza. El ayudante, su función es ayudar en las fases que lo requieran y adoptar una posición estética en la postura final.
12. Colocar la espalda recta, sin acentuar las curvaturas naturales de la columna vertebral, teniendo en cuenta especialmente la zona lumbar. Es necesario colocar la pelvis hacia adelante.
13. Equilibrios sencillos, bancos (dorsal y facial), cuadrupedias (dorsal y facial), carretillas (dorsal y facial) y figuras grupales.
14. Las bases y los portadores deberán conseguir una buena estabilidad para poder soportar el peso y ofrecer seguridad a los compañeros. Comunicación con tus compañeros para que sepan en todo momento que vas a hacer y así evitar lesiones. No subas, ni desciendas, saltando bajo ningún concepto, ya que podemos lastimar a las bases.
15. Las formaciones humanas pueden ser:
    - Básicas: cuando las componen dos o tres personas.
    - Grupales: cuando son de cuatro a ocho participantes.
    - Grandes grupos: nueve o más componentes.
16. Creación de las figuras siguiendo tres fases:
    - 1ª fase: Comenzar la construcción del centro a los extremos.
    - 2ª fase: Mantener la figura 3 sg.
    - 3ª fase: Finalizar en sentido inverso a la construcción, comenzando por los ágiles que deberán ir bajando.
17. Deberá haber siempre enlaces de una figura a otra, mediante acrobacias, pasos de baile o movimientos.
18. Zona de los hombros y zona de la cadera.

**Tercera evaluación: Deportes con patines:**

**a) Patinaje artístico**
1. Holanda siglo XIV.
2. Para cruzar los helados canales durante el invierno.
3. Edimburgo en los años 70.
4. En 1.850, E. Bushnell.
5. Jackson Haines.
6. Jackson Haines.
7. Estabilidad y libertad de movimientos.
8. Inglaterra. 1879.

9. 1892.
10. Londres 1908.
11. Hay dos individuales (masculino y femenino) y dos mixtas (parejas y danza).
12. El salto.
13. Dos ejercicios, uno técnico y otro libre.
14. 4 minutos para las mujeres y de 4 minutos y 30 segundos para los hombres.
15. 2 personas patinando al unísono. Si.
16. 3 partes: una obligatoria, una original, y otra libre.
17. Las puntuación van de 0 (no se evalúa) a 6 (perfecto).

**b) Hockey patines:**
1. Su origen fue en el S.XIX en Inglaterra por Edward Crawford.
2. 1924.
3. El hockey en línea, el patinaje de velocidad y el patinaje artístico.
4. 1936.
5. 40x 20 m.
6. Está limitado por un zócalo y una valla.
7. Explicación de:
    - <u>Patines:</u> tienen cuatro ruedas, dos delante y dos detrás. Los ejes del patín están unidos por una plantilla, que tiene un freno en la parte delantera de caucho o goma y está atornillado a esta.
    - <u>Bola:</u> es esférica con un perímetro de 23 cm y pesa 155 gr.
    - <u>El stick:</u> su peso no puede exceder de 500 gr. Es de madera. La pala debe de ser plana a ambos lados. Su extensión va desde 90 a 115 cm. El stick debe de pasar por un aro de cm de diámetro.
    - <u>Las protecciones:</u> Para jugadores: se permiten guantes, espinilleras, coderas, coquilla o "huevera" y rodilleras. Para porteros: casco, guantes y guardas (protecciones para las piernas), protecciones para pecho, muslos y coderas.
8. 2 tiempos de 20 minutos cada uno.
9. La bola se coloca en el centro del círculo que está en la mitad de la pista. Todos los jugadores deben de permanecer en su media pista menos el jugador que inicia el juego y un compañero de su equipo que pueden estar dentro del círculo. Cuando el árbitro pita el jugador que saca lo podrá hacer en cualquier dirección.
10. Cada equipo puede solicitar un tiempo muerto en cada una de las partes de juego con una duración de minuto.
11. Tiros libres indirectos, tiros libres directos o penaltis.
12. Tarjeta azul (expulsión de 2 min.) o tarjeta roja (expulsión definitiva del partido).
13. 4 jugadores y un portero cada uno.
14. Parada de derecho y de revés.
15. El push y el slap.
16. El flick y el scoop.

17. Que sea potente, preciso e inesperado.
18. Conducción frontal y conducción hindú.
19. El frenado básico, el frenado en T y el derrape de hockey.
20. Giro en cuña, giro en paralelo y curva de paso giratorio.

**c) Hockey hielo:**
1. Con un stick y un puck.
2. La liga nacional de hockey de Norteamérica.
3. Para los hombres en Amberes 1920 y para las mujeres en los juegos de Nagano 1998.
4. Meter el puck en la portería de los contrarios.
5. 5 jugadores y un portero en cada equipo.
6. Todas las sustituciones que quieran.
7. Cada equipo tiene una plantilla de 15 jugadores y 2 porteros.
8. 3 árbitros.
9. Línea central, círculo central, círculos (dos en cada campo), semicírculo del área de portería y líneas de fuera de juego.
10. 60 m de largo por 30 m de ancho.
11. 122 cm de alto y 183 cm de ancho.
12. Es un disco de caucho con un peso entre 156 y 170 gr. Tiene de diámetro 7,62 cm y de grosor 2,54 cm.
13. Es de madera, con una pala de 32 cm y de longitud 163 cm.
14. 60 minutos, divididos en 3 periodos de 20 cada uno.
15. 15 minutos.
16. Jugadores llevan protección en los codos, hombros, espinilleras, guantes y casco. Y el portero además de llevar la equitación del jugador lleva una protección en el pecho y una máscara en la cara.
17. Poner la zancadilla a un jugador, cargar con violencia o jugar con el stick elevado.

**d) Patinaje velocidad:**
1. En los países del norte de Europa.
2. Los Países Bajos.
3. En los siglos XVIII y XIX.
4. Para los hombres en Chamonix 1924 y para las mujeres en Squaw Valley 1960.
5. 12 pruebas.
6. 500 m, 1000 m, 1500 m, 5000 m, 10000 m y persecución por equipos.
7. 500 m, 1000 m, 1500 m, 3000 m, 5000 m y persecución por equipos.
8. Los hombres 8 vueltas y las mujeres 6 vueltas.
9. Dos equipos (formados por 3 miembros cada equipo) salen a la vez. La carrera finaliza cuando el tercer participante cruza la meta.
10. Es un doble anillo de hielo artificial de 400 m de longitud con dos lados curvados de 180º cada uno y el radio de la curva interior es de 26 m. Cada calle es de 5 m de ancho.
11. 2.

12. El interno.
13. Se produce en la parte recta de cambio situada en la parte opuesta a la recta principal.
14. El patinador que va por la calle externa.
15. 5 m.
16. Cuando se produce una interferencia.
17. 30 minutos.
18. Se penaliza con 0,2 sg.
19. Cuando se da la salida y el atleta no está preparado. Al hacer dos salidas nulas. Al cruzar la línea que delimita las calles en una curva. Al no cambiar de calle en la zona de cambio. Al interferir al adversario cuando éste se está cambiando de calle.

**e) Pista corta:**
1. Desde los juegos de Albertville en 1992.
2. 8 pruebas.
3. Hombres: 500 m, 1000 m, 1500 m y 5000 m relevos. Mujeres: 500 m, 1000 m, 1500 m y 3000 m relevos.
4. 45 vueltas.
5. 27 vueltas.
6. 4 ó 5 atletas.
7. 8 equipos.
8. 4 patinadores.
9. Si.
10. Dándose impulso uno al otro.
11. En la zona recta.
12. No.
13. Es una pista oval cubierta de 60 m de largo y 30 m de ancho, con una longitud de 111,12 m y con dos curvas cerradas de 180º con una radio de 8 m. Las zonas rectas miden 28,25 m.

## ANEXO 3. SOLUCIÓN DE LA BÚSQUEDA DE INFORMACIÓN PARA 2º ESO.

**Primera evaluación: Voleibol**
1. William G. Morgan, Massachussets, 1895.
2. 1900.
3. Filipinas, 1916.
4. 1918.
5. 1920.
6. París en 1947.
7. Tokyo 1964.
8. De 6 jugadores cada uno.
9. Conseguir puntos haciendo que el balón bote en la pista del equipo contrario.

10. Alineación inicial de los jugadores: Zaguero Derecho (nº 1), Delantero Derecho (nº 2), Delantero Centro (nº 3), Delantero Izquierdo (nº 4), Zaguero Izquierdo (nº 5), Zaguero Centro o Líbero (nº 6).

**Mitad de campo de voleibol.**

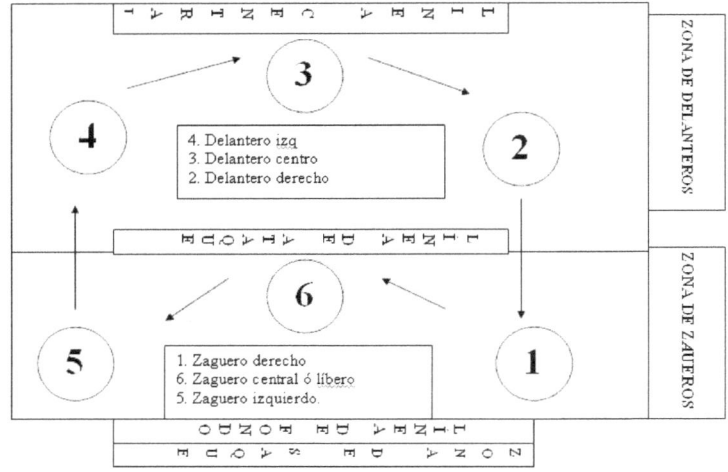

11. 3 veces.
12. No.
13. No.
14. En dirección de las agujas del reloj.
15. El que se encuentra en la posición de zaguero derecho.
16. Saque de mano baja, saque de mano alta y saque en suspensión.
17. Hasta que el equipo pierda una jugada.
18. Se gana un set al conseguir 25 puntos con una diferencia de 2 puntos. Gana el equipo que gane 3 sets. Si los equipos empatan a 2 sets, se jugaría un 5º set a 15 puntos (también con diferencia de 2 puntos).
19. Para anotar un punto:
    - Cuando el balón toca la cancha del equipo contrario
    - Cuando el equipo contrario comete una falta
    - Cuando el equipo contrario recibe un castigo
        ➪ Si el equipo que saca gana una jugada, anota un punto y continúa sacando.
        ➪ Si el equipo receptor gana una jugada, anota un punto y gana el derecho a sacar.
20. El líbero, es un jugador que solo participa en la zona zaguera del campo. Es el mejor receptor del equipo. Se distingue por llevar una camiseta distinta a sus compañeros de equipo, que diferencia su función. Su entrada al campo no suma como un cambio.
21. Se permite un máximo de seis sustituciones por equipo y por set. Uno o más jugadores pueden ser sustituidos a la vez.

Un jugador de la formación inicial puede salir del juego y reingresar, pero sólo una vez por set y solamente a su posición anterior en la formación.

Un jugador sustituto puede entrar en el juego, pero sólo una vez por set, para sustituir a un jugador de una formación inicial, y a su vez puede ser sustituido por el jugador al que había suplido.

22. Balón: mide 65-67 cms de circunferencia y pesa 260-280 gr.
    La pista: es un rectángulo de 18x9 m rodeado por una zona libre de 3 m de ancho.
    La red: mide 1 m de acho y está a una altura de 2,34 m para hombres y 2,24 m para mujeres.
23. Los jugadores de la 1ª línea.
24. Un toque de bloqueo no se cuenta como toque de equipo. Consecuentemente, después de un bloqueo un equipo tiene derecho a tres toques para devolver el balón.
25. Si.
26. No.
27. Faltas de toque:
    - Cuatro toques: Un equipo toca el balón 4 veces antes que pase al otro campo.
    - Toque asistido: Un jugador se apoya en un compañero, estructura, objeto dentro del área de juego para alcanzarlo.
    - Retención: Cuando el balón no es golpeado sino retenido o lanzado.
    - Doble golpe: Jugador golpea el balón 2 veces consecutivas, con misma o diferente parte del cuerpo.
28. Al tocar a un jugador del equipo sacador. Cuando no pasa el plano vertical de la red. Al ser falta de posición. Cuando pisan la línea de saque.
29. Cada equipo tiene derecho a un máximo de dos tiempos para descanso y seis sustituciones por cada set.
30. Toque de dedos, toque de antebrazos, saques, remate y bloqueos.
31. Alta, tensa, corta, semicorta y semitensa.
32. Remate hacia la diagonal corta, hacia la diagonal larga y en línea.
33. Carrera, impulso, vuelo, golpeo y caída.
34. De espaldas, lateral y en plancha.
35. El sistema de recepción en semicírculo y el sistema de recepción en W.

## Primera evaluación: Triatlón
1. Francia.
2. En Estados Unidos.
3. Francia. 1989.
4. Nadar 1500 m, recorrer en bicicleta 40 km y correr 10 km.
5. No.
6. Gana quién llegue antes a la meta después de trealizar las tres pruebas.

7. Natación.
8. Estilo libre.
9. Se permite buscar un punto de asistencia.
10. No.
11. Menos de 30 sg.
12. No.
13. No.
14. En el área designada.
15. Por bloquear el paso a los demás competidores.
16. En natación gorro. En la carrera zapatillas de deporte. En la carrera con bicicleta es obligatorio el casco.
17. 24 h antes de la competición.
18. No.

**Primera evaluación: Tiro con arco**
1. Para la caza y la guerra.
2. Guillermo Tell y Robin Hood.
3. Polonia. 1931.
4. París. 1900.
5. Hay que disparar flechas con un arco hacia una diana circular intentando conseguir el mayor número posible de puntos.
6. 10.
7. La puntuación máxima es de 10 y se consigue cuando clavamos la flecha en el círculo central de la diana.
8. 1 punto.
9. Para deshacer empates.
10. Se tiene en cuenta el valor más alto. Se coge el valor de la primera.
11. No puntúa.
12. Se coge el valor de la marca izquierda que haya dejado la flecha.
13. Al finalizar la serie.
14. Diana: Su diámetro es de 1,22 m. El centro de la diana tiene un diámetro de 12,2 cm y está situado a 1,3 m del suelo. El color de la diana cambia cada dos aros y tiene los siguientes colores desde dentro hacía fuera: amarillo, rojo, azul celeste, negro y blanco. Arco: Para los hombres pesa más de 22 kg y para las mujeres más de 15 kg. Flechas: Miden como máximo 11 milímetros de diámetro.
15. En la competición individual cada arquero dispara 6 series de 3 flechas y en la final 4 series de 3 flechas. En la competición por equipos participan 3 arqueros en un mismo equipo y disparan 9 flechas.
16. Protecciones en los dedos y guantes en las manos.

**Primera evaluación: Fútbol sala**
1. Uruguay. 1930.

2. Con el pie: interior, exterior, empeine frontal, empeine interior, empeine exterior, talón, planta y puntera. Con la cabeza. Con el resto del cuerpo, menos con los brazos y las manos.
3. Define los siguientes conceptos:
   - Anticipación: movimiento que realiza un jugador para adelantarse a su oponente y conseguir el balón antes que él.
   - Apoyo: acción que realiza un jugador con el fin de facilitar la acción del compañero que está en posesión del balón.
   - Carga: acción que realiza un jugador con el hombro sobre su oponente para conseguir el balón.
   - Conducción: control y manejo del balón en desplazamiento.
   - Control: dejar el balón en condiciones de ser jugado seguidamente.
   - Desmarque: escapar de la vigilancia de un contrario sorprendiéndole.
   - Despeje: alejar la pelota de la portería que defendemos.
   - Entrada: acción que realiza un defensor sobre el adversario en posesión del balón, con la intención de quitárselo.
   - Pared: acción técnica realizada entre dos jugadores de un mismo equipo, a un solo toque del balón, con el fin de salvar contrarios.
   - Pase: hacer llegar la pelota al compañero.
   - Regate: conducir el balón manteniendo su control y desbordando a los contrarios.
   - Saque: acción de poner el balón en juego, cuando se inicia el partido, o cuando el balón ha salido por las líneas de fondo o de banda o se ejecuta una falta.
   - Salida: acción que realiza el portero de un equipo para impedir que un contrario haga gol saliendo de su portería.
   - Tiro: lanzar el balón sobre la portería contraria para intentar conseguir un gol.
4. El campo es rectangular 40 m de largo por 20 m de ancho.
5. El punto de penalti se encuentra a 6 m de distancia de la portería y el punto de doble penalti se encuentra a 10 m de distancia de la portería.
6. Está en la banda del campo, donde están los banquillos de los equipos.
7. 4 jugadores de campo y un portero.
8. 12 jugadores.
9. Si.
10. Se interrumpirá el juego se sancionará al sustituto con la tarjeta amarilla y falta acumulativa al equipo.
11. 40 minutos (2 tiempos de 20 minutos).
12. 1 minuto de tiempo muerto en cada uno de los periodos.
13. Es una forma de reanudar el juego después de una interrupción temporal. El árbitro dejará caer el balón en el lugar donde se hallaba cuando se interrumpió el juego, en el punto más cercano al lugar donde se encontraba el balón cuando se detuvo el juego. El balón se considerará en juego, cuando toque el suelo.

14. <u>Saque de banda:</u> Cuando el balón atraviese enteramente las líneas de banda, sea por el suelo o por el aire, su retorno a la cancha se hará mediante un golpeo con el pié desde el lugar exacto donde salió el balón, en cualquier dirección y por un jugador del equipo contrario a aquél que lo tocó por última vez. <u>El saque de esquina:</u> Cuando el balón traspase enteramente la línea de fondo, excluida la portería, por el suelo o por alto después de haber sido tocado o lanzado por última vez por un jugador del equipo defensor, será marcado un lanzamiento de esquina.
15. Faltas técnicas, faltas personales, faltas disciplinarias y faltas acumulativas.
16. Se produce al empujar, sujetar o hacer la zancadilla a un jugador del equipo contrario. Al elevar el pie por encima del pecho. Al quitarle al portero el balón de sus manos. Cuando los jugadores de campo tocan el balón con el brazo separado del cuerpo. Se sanciona con un tiro libre desde el lugar donde el jugador cometió la falta y se anota una falta acumulativa. Si la falta fuese de manera intencionada se le sacaría al jugador una tarjeta amarilla o azul. Si fuera un jugador del equipo defensor quien cometiera una de estas faltas dentro de su área de defensa de seis metros, será castigado con penalti.
17. Tardar más de 4 segundos para poner el balón en juego. Obstruir una jugada sujetando el balón con los pies, o impidiendo con su cuerpo el movimiento del balón. Permanecer el balón más de cuatro segundos dentro del área de meta propia, estando en juego el mismo. Estas infracciones serán sancionadas con el cambio de posesión del balón al equipo contrario, que se pondrá en juego mediante un saque de banda, desde el punto más cercano donde ocurrió la infracción.
18. Estas faltas tienen que ver con el comportamiento de los jugadores dentro del campo. También si se hace una sustitución incorrecta de un jugador por otro. Se sanciona como falta acumulativa y bote neutral.
19. Todas las faltas técnicas y disciplinarias se consideran faltas acumulativas y son anotadas en el acta del partido. Cada uno de los equipos podrá, en cada uno de los períodos de juego, podrá tener hasta 5 faltas acumulables con derecho a formación de barrera de jugadores. A partir de la sexta falta acumulativa del equipo, se lanzarán desde el punto de diez metros sin barrera.

**Segunda evaluación: Remo.**
1. Forma de transporte en las antiguas culturas de Egipto, Grecia, y Roma.
2. Entre finales del siglo XVII y principios del XVIII en Inglaterra.
3. Los hombres desde París 1900 y las mujeres desde Montreal 1976.
4. 1892. Turín.
5. El bote de punta (cada remero lleva un solo remo) y el scull (cada tripulante lleva dos remos, uno a cada lado de la embarcación).
6. El peso.

7. En hombres el peso máximo de 72,5 kg y en mujeres el peso máximo es 59 kg.
8. Botes de punta: dos sin timonel, cuatro sin timonel, cuatro sin timonel peso ligero, y ocho con timonel. Y en el scull: scull, doble scull, doble scull peso ligero, y cuadruple scull.
9. El starter presiona un botón, después de avisar.
10. Cuando la proa de cada bote pasa la línea de meta suena una bocina.
11. 2000 m. Juegos de Estocolmo, en 1912.
12. 9 calles.
13. 6 embarcaciones.
14. Cada calle está separada por boyas de colores y mide 13,5 m.
15. 3,5 m.
16. Son inclinadas y tienen una superficie irregular de grava.
17. Comienzan y finalizan siendo rojas y cambian de color hasta 4 veces.
18. En hombres pesa 55 kg y en mujeres 50 kg.
19. Si la embarcación sufre una avería mecánica en los primeros 100 m.

**Segunda evaluación: Saltos en piscina**
1. En la antigua Grecia.
2. En Europa a finales del siglo XIX.
3. Para los hombres desde San Luis 1904 y las mujeres desde Estocolmo 1912.
4. Tiene 4,80 m de largo y 50 cm de ancho. Está a 3 m de la superficie del agua.
5. Tiene 6m de larga por 2 m de ancho. Está a 10 m de la superficie del agua.
6. Tiene 4,5 m de profundidad.
7. El salto individual, y el salto sincronizado (en plataforma y en trampolín).
8. Los saltadores tienen que realizar figuras acrobáticas desde que se toma el impulso hasta la entrada en el agua.
9. Salto de frente, de espalda, invertido, hacia dentro, carpado y apoyo en los brazos.
10. entre 1,3 y 3,6.
11. 7 jueces. Puntúan de 0 a 10. La carrera de aproximación, el impulso, la elevación, la ejecución y la entrada en el agua.
12. Cada miembro del equipo comienza desde un trampolín o plataforma diferente.
13. 9 jueces. La sincronización y la ejecución.
14. Los saltadores dar a conocer sus saltos de competición.
15. No puntúa ese salto.
16. 4,5 puntos.
17. No balancear el cuerpo.
18. Se le quita puntuación al salto.
19. Cuando todo el cuerpo del saltador están en el agua.

## Tercera evaluación: Gimnasia rítmica
1. Siglo XIX. Al introducir elementos con coreografía.
2. Gimnasia moderna.
3. En Europa del Este.
4. La alemana que estaba preocupada por el aspecto físico y los aparatos y la sueca se basaba en el ritmo y la movilidad.
5. Es una mezcla de la escuela sueca, de la alemana y del ballet clásico.
6. 1962.
7. 1984 en los Ángeles.
8. Obtener la mayor puntuación después de realizar los ejercicios presentados.
9. En el ejercicio la gimnasta está en constante movimiento, utiliza todo el espacio del tapiz y trabaja con las dos manos el uso de los diferentes aparatos.
10. Qué debemos tener el aparato en contacto con cualquier parte de nuestro cuerpo.
11. Si.
12. 1 minuto y 15 segundos ó 1 minuto y 30 segundos.
13. 3 grupos de jueces.
14. Grado de dificultad del ejercicio.
15. Originalidad, movimiento corporal y la música utiliza en el ejercicio.
16. La perfección en la ejecución.
17. 0,05 puntos los fallos de precisión, 0,10 los fallos pequeños, 0,20 fallos importantes y 0,30 fallos muy graves.
18. Si.
19. Es un tapiz cuadrado de 12 m de longitud.
20. Pelota, aro, cinta, mazas y cuerda.

## Tercera evaluación: Natación sincronizada
1. No.
2. Estados Unidos. 1930.
3. La partición de un grupo de nadadores realizando ejercicios sincronizados con música.
4. Natación decorativa.
5. 1940.
6. 1952.
7. En los juegos de 1948 y 1952.
8. En los Juegos de los Ángeles en 1984.
9. Por dúos y por equipos.
10. Obtener la mayor puntuación posible después de la realización de un ejercicio sincronizado en el agua.
11. De un ejercicio libre y otro técnico.
12. 10 jueces. 5 evalúan la parte artística y los otros 5 la parte técnica.
13. La ejecución, sincronización, y dificultad.
14. La creatividad y la coreografía en relación con la música.
15. Aproximadamente 26 grados.

16. -0,5 por no hacer un elemento completo, -1 punto por hacer más tiempo del permitido en la coreografía, -2 puntos por faltas graves.
17. Que se descalifica al equipo o dúo.
18. Si, pero en la entrada, el los ejercicio realizados en la superficie y en los ejercicios en cadena no es necesario.
19. No puede tener más de 90 decibelios a nivel del agua.
20. Si.

**Tercera evaluación: Balonmano**
1. En Alemania en la última década del siglo XIX.
2. En Copenhague en 1946.
3. Los hombres en los Juegos de Munich en 1972 y las mujeres en los Juegos de Montreal 1976.
4. Conseguir goles en la portería contraria.
5. 2 periodos de 30 minutos con 10 minutos de descanso.
6. El jugador que saca tiene que estar pisando la línea central y pasa el balón a un compañero situado tras la línea (al menos a tres metros).
7. 3 sg.
8. 3 pasos.
9. No.
10. Por detrás de la línea de tiro libre situada a nueve metros.
11. Se produce cuando el árbitro pita una falta al defender dentro del área de gol o cuando un defensor hace una falta al evitar un lanzamiento.
12. Hasta la línea de 4 m.
13. Las manos y los brazos.
14. Cuando el balón sale por la línea de fondo y el último jugador en tocarlo es del equipo defensor.
15. Cuando el balón golpea el techo. Cuando los jugadores de ambos equipos cometen una falta simultáneamente. Cuando se interrumpe el juego por una situación no natural y el balón no estaba en posesión de ninguno de los jugadores.
16. La pista mide 40 m de largo por 20 m de ancho. El balón pesa para hombres entre 425 a 475 gr y de 325 a 400 gr para las mujeres. Tiene una circunferencia de 58 a 60 cm para los hombres y de 54 a 56 cm para las mujeres.
17. Puede tocar el balón con cualquier parte del cuerpo. No tiene límite de pasos.
18. Tarjeta amarilla: expulsado 2 min por una falta o conducta indisciplinaría. Tarjeta roja: expulsión del partido por una falta grave. Con tres tarjetas amarillas se expulsa del partido al infractor.
19. 5 jugadores hay en el banquillo. Múltiples sustituciones.
20. Cada equipo tiene un tiempo muerto de un minuto en cada periodo.

**Tercera evaluación: Capoeira**
1. Es una mezcla entre danza y artes marciales, podríamos definirla como una expresión cultural afrobrasileña. Se originó en Brasil. Engloba la faceta tradicional, oral, musical, expresión corporal y lucha.
2. Son luchas entre dos personas sin tener contacto físico. Se crea un círculo por los músicos y en su interior habrá dos capoeiristas realizando diferentes técnicas.
3. Tres metros de diámetro.
4. Berimbau. La velocidad del juego de la roda.
5. Destreza, respeto, responsabilidad, libertad, seguridad, inteligencia….
6. Suavidad y amplitud de movimientos.
7. Movimiento que consiste en el balanceo entre dos posiciones.
8. La posición básica y la posición paralela.
9. Patadas, barridos y golpes de cabeza.
10. En las esquivas.
11. Es un ritual (capoeira Angola). Se realiza mediante gestos con el cuerpo para llamar al oponente.
12. Son las fintas y los quiebros para engañar al oponente.
13. Capoeira Angola, capoeira regional y capoeira contemporánea.
14. Música lenta.
15. Es blanco, negro y amarillo. No usa corda.
16. El Mestre Bimba. Mezcla la capoeira Angola con el Batuque (es una lucha donde se debe derribar al oponente en el suelo con las piernas).
17. Golpes rápidos, desequilibrantes y secos.
18. Blanco con una corda.
19. Un berimbau y dos pandeiros.
20. Es una mezcla de la capoeira Angola y la regional e incluye acrobacias.

## ANEXO 4. SOLUCIÓN DE LA BÚSQUEDA DE INFORMACIÓN PARA 3º ESO.

**Primera evaluación: Combina nórdica**
1. Es la combinación del esquí de fondo con los saltos de trampolín.
2. En los Juegos de Chamonix 1924.
3. No.
4. Dos individuales y una por equipos.
5. No. El primer día tiene lugar el salto de trampolín y al día siguiente la prueba de esquí de fondo.
6. Gunnar Gundersen.
7. El orden de salida en la prueba de cross depende de los resultados obtenidos en la prueba de salto.
8. 3 saltos.
9. Los 2 mejores.
10. 5 jueces.
11. Se puntúa de 0 a 20 puntos dependiendo de la distancia y del estilo.

12. En la prueba individual se realiza el primer día el salto sobre un trampolín de 90 m y el segundo día se hace la prueba de 15 km.
13. En la prueba por equipos (4 componentes en cada equipo) el primer día se realiza el salto sobre un trampolín de 90 m y el segundo día se hace el relevo 4x5 km.
14. En la prueba de sprint el primer día se salta en un trampolín de 120 m y el segundo día se hace una carrera de 7,5 km.

**Primera evaluación: Taekwondo**
1. En Corea hace unos 20 siglos.
2. Tae (pie), kwon (puño), do (vía). Vía de los pies-puños. Choi Hong Hi.
3. Kung Fu coreano.
4. 1962.
5. Sydney 2000.
6. Participan dos contendientes en cada combate uno "Chung" (azul) y "Hong" (rojo).
7. Se consiguen puntos golpeando al adversario con patadas en cabeza y cuerpo o con puñetazos en el cuerpo.
8. 3 asaltos de 3 minutos de duración cada uno.
9. Por un K.O, al tener más puntos que el adversario, por tres penalizaciones o por la descalificación del contrario.
10. Kyong-go: es un aviso, con dos de ellos te quitan un punto de penalización. Gam-jeom: penalización directa por empujar al contrario, derribarle al sujetarle la pierna en el aire, golpear voluntariamente en la espalda, o atacar a la cara con mala intención.
11. El juez comienza la cuenta hasta 10 sg.
12. Cuando cualquier zona corporal de un luchador (excepto la planta de los pies), toca el suelo como consecuencia de un golpe del adversario.
13. El juez dice "kal-yeo" para que el otro participante se aparte y empieza a contar los 10 sg.
14. Se cuentan los puntos obtenidos eliminando las penalizaciones.
15. Hombres: Hasta 58 kg, hasta 68 kg, hasta 80 kg, más de 80 kg. Mujeres: Hasta 49 kg, hasta 57 kg, hasta 67 kg., más de 67 kg.
16. La zona de combate es un cuadrado de 12 m de largo, elevado del suelo a un metro. Dentro del cuadrado hay otro de 8 m de largo de color azul (área de contienda) y fuera de éste hay una zona roja (área e alerta).
17. Es la línea límite.
18. Protector en la cabeza, cuerpo, brazos e ingle.
19. Gana el que tuviera más puntos en ese momento.
20. Si. Cuando el participante comete inmediatamente una ofensa.
21. Debe descansar 30 días para volver a competir.

**Primera evaluación: Ciclismo en pista**
1. Velocípedo.
2. En el s.XIX en Inglaterra y Francia.

3. En 1816 cuando se creó un aparato de madera con una rueda delantera de acero, no tenía pedales, se impulsaba con los pies.
4. Añadirle los pedales y la cadena con la rueda trasera.
5. Desde los Juegos de Atenas 1896, tanto en carretera como en pista.
6. 250 m.
7. Las ruedas son de 66.68 cm de diámetro con una longitud de 2 m. El cambio es fijo, no tienen frenos.
8. La salida es desde parados y van saliendo los ciclistas de uno en uno cada 90 sg. Gan el que tarda en recorrer la distancia marcada (hombres 1000 m y mujeres 500 m) en el menor tiempo posible.
9. Dos ciclistas se enfrentan y tienen que dar 3 vueltas a la pista, pero sólo se cronometran los últimos 200m ganando el primero en cruzar la meta.
10. Participan dos equipos de tres corredores y tienen que dar 3 vueltas a la pista. Cada equipo se coloca en el lado opuesto del velódromo. Van participando los ciclistas de uno en uno contra su adversario.
11. Dos ciclistas intentan alcanzarse saliendo desde los lados opuestos de la pista. Gana el que lo consigue o el que tarda menos tiempo en recorrer 4 km en hombres y 3 km en mujeres.
12. Son las mismas reglas que la prueba individual pero cada equipo está formado por 4 corredores.
13. Todos los ciclistas salen a la vez. Los hombres recorren 40 km y las mujeres 25 km. Deben acumular el mayor número de puntos posible. Cada 10 vueltas hay un sprint en el que puntúan los 4 primeros corredores que lo cruzan. Al primero se le otorgan 5 puntos, al segundo 3, al tercero 2, y al cuarto 1. En el último sprint la puntuación es doble.
14. Conseguir el mayor número de puntos en los sprints.
15. La americana.
16. Participan por parejas, mientras uno corre activamente el otro va pedaleando despacio por la parte alta de la pista. Para hacer el relevo los corredores juntan una mano para impulsarse el uno al otro.
17. Los ciclistas van detrás de una motocicleta durante 5 vueltas y media sin poder sobrepasarla, a una velocidad de 25 km/h que aumentará a 45 km/h. A falta de 2 vueltas y media la motocicleta abandona la pista y los ciclistas se lanzan hacia la meta, ganando el primero que la cruce.
18. Hay que dar 240 vueltas hasta completar 60 km., con sprint cada 20 vueltas.
19. 8 vueltas.

**Primera evaluación: Boxeo**
1. En el año 688 a.C.
2. 1946. Londres.
3. 1904. Juegos Olímpicos de San Luis.
4. Anotar puntos golpeando al contrario en determinadas partes del cuerpo, o hacer que se rinda al ser incapaz de continuar.

5. Se puede golpear con los puños cerrados en la parte delantera y lateral de la cabeza, el costado, o en el tronco por encima del cinturón.
6. Cuatro asaltos de 2 minutos de duración.
7. Los dos contrincantes se encuentran en cada esquina. Cuando suena la campana los boxeadores comienzan el combate.
8. 5 jueces. Mediante un sistema electrónico que tienen dos botones (uno por cada boxeador). Si existe un empate gana el mostrará más agresividad, estilo y se haya defendido mejor.
9. 10 sg.
10. K.O es cuando al llegar a diez el boxeador aún permanece caído en el suelo y el oponente gana.
11. La lanza el entrenador para que su boxeador se rinda.
12. Se puede sancionar con una amonestación, un aviso, o la descalificación. Dos amonestaciones por una ofensa significan un aviso y tres avisos por cualquier causa la descalificación.
13. Son once en hombres: Minimosca - hasta 48 kg., Mosca - hasta 51 kg., Gallo - hasta 54 kg., Pluma - hasta 57 kg., Ligero - hasta 60 kg., Superligero - hasta 64 kg., Welter - hasta 69 kg., Medio - hasta 75 kg., Semipesado - hasta 81 kg., Pesado - hasta 91 kg., Superpesado - más de 91 kg.
14. Lleva un casco para los golpes de la parte lateral y frontal de la cabeza, un protector de dientes, guantes, camiseta, pantalón y cinturón. El ring es un cuadrilátero que mide 6,1 m de lado, con cuatro postes en cada esquina y rodeado de cuerdas.
15. Antes del primer asalto y tras el veredicto.

**Segunda evaluación: Hockey hierba**
1. En la antigua Grecia clásica se encontraron unos dibujos que datan del año 2500 a.C.
2. Griegos y romanos.
3. A través de Gran Bretaña.
4. Los hombres en Londres 1908 y en mujeres en Moscú en 1980.
5. 1982.
6. Juegos Olímpicos, campeonato del mundo, champions trophy y campeonato de Europa.
7. 10 jugadores de campo y un portero.
8. Si.
9. Es un palo de madera o metálico con una forma de gancho en un extremo. Es liso en el lado izquierdo (parte por donde golpeamos la bola) y redondeado en el derecho.
10. Pesa entre 156 y 163 gr y tiene una circunferencia de 224 a 235 milímetros.
11. El terreno de juego o campo en hockey hierba es de una superficie rectangular, sintética, con una longitud de 91,40 m y una anchura de 55 m; siendo los lados del rectángulo más largos las líneas de banda, y los lados menores las líneas de fondo. Partes del terreno de juego:

12. Explicación de:
    - **Líneas de banda y de fondo:** la bola no puede sobrepasar estas líneas, si lo hace sacará el equipo contrario.
    - **Línea central:** se utiliza al comienzo del partido, del segundo tiempo, de los tiempos de las prórrogas y después de cada gol.
    - **Línea de portería o de gol:** parte de la línea de fondo comprendida entre los dos postes. El portero defensor en el penalti stroke ha de permanecer de pie con los dos pies en la línea de portería y sin separase de dicha línea ni mover ninguno de sus pies hasta que la bola sea lanzada.
    - **Línea de área:** zona en la que el portero puede usar su stick, defensas y protecciones para impulsar la bola, (si sale de esta zona lo debe hacer con el stick). En el penalti córner a favor los atacantes no pueden entran en el área hasta que la bola no se ponga en juego.
    - **Línea de córner:** se utiliza para poner en juego los atacantes la bola después de que el defensor la tocara y ésta se fuera por la línea de fondo.
    - **Línea de 22,90 m:** a partir de esta zona cuando un defensor comete una falta intencionada se puede castigar con penalti córner.
    - **Líneas de cambio:** limita la entrada y la salida de jugadores en el terreno de juego durante el desarrollo del mismo.
    - **Línea de saque de penalti córner:** donde se coloca el sacador atacante del penalti córner.
    - **Punto de penalti stroke:** zona donde se coloca la bola para la ejecución de su lanzamiento.
    - **Punto de medio campo:** zona donde se coloca la bola para iniciar el encuentro al comienzo del partido, o después del descanso y después de un gol.
13. Se realiza al iniciarse cada periodo, incluidas prórrogas, y para reanudar el partido tras marcar un gol.
14. Se hace cuando la bola sale por la línea lateral. Saca desde encima de la línea el otro equipo.
15. Se realiza cuando hay que reanudar el juego tras una falta de ambos equipos, o por detener el juego por motivos externos.
16. Se produce cuando un jugador defensor envía de forma involuntaria la bola por la línea de fondo.
17. *Penalti córner:* se produce cuando un defensor dentro del área infringe el reglamento involuntariamente, o voluntariamente a partir de la línea 22,90 m de la zona del campo que defiende. Según Pérez y Álvarez (2002, p. 1), *"se caracteriza por la superioridad numérica que obtiene el equipo que la ejecuta, ya que, reglamentariamente sólo 5 jugadores incluyendo al portero pueden situarse en defensa, permaneciendo el resto del equipo en el centro del campo; por otro lado en ataque pueden colocarse los 11 jugadores, aunque esto sólo se da*

*cuando su ejecución coincide con el final de alguna de las dos partes que dura el partido".* Los autores siguen diciendo que: *"en el desarrollo de su ejecución intervienen tres fases, el saque (en la línea de fondo, a 9,10 m de cualquiera de los postes de la portería), la parada (obligatorio desde fuera del área), y el tiro a portería (desde dentro del área). Las dos primeras fases por lo general son las más estables, aunque su ejecución es igual o más importante que la última, pero es la fase de tiro a portería la que más variaciones sufre ya que se puede realizar mediante lanzamiento directo o jugada".*

18. *Penalti stroke:* se produce cuando un defensor dentro del área hace una falta voluntaria. Se para el tiempo en esta acción para su ejecución. A 6,4 m de la portería.
19. Representación gráfica del penalty corner (a) y penalty stroke (b):

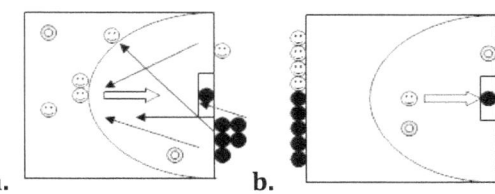

a.  b.

20. Tarjeta verde: 2 minutos de expulsión. Tarjeta amarilla: 5 minutos de expulsión. Tarjeta roja: expulsión del partido y sanción en otros encuentros.

## Segunda evaluación: Judo
1. Modo suave.
2. El jiu-jitsu.
3. Desarrolló el Kodokan Judo, una disciplina en la educación física.
4. Se extendió por Estados Unidos, Inglaterra y Francia.
5. 1951.
6. Los hombres participan por primera vez en 1964 y las mujeres en 1988.
7. Supone un punto y por lo tanto la victoria.
8. Se consigue con un lanzamiento que cumple cuatro criterios: control, fuerza, velocidad, y ser realizado por la espalda, o con una inmovilización por una presa válida durante 25 segundos o forzando al oponente a rendirse tras una presa con estrangulación o luxación.
9. Supone medio punto.
10. Para indicar el judoka vencedor.
11. Se penaliza la actitud defensiva, empujar al oponente fuera de la zona de combate, o acciones peligrosas.
12. Superligero, semiligero, ligero, semimedio, medio, semipesado y pesado.
13. Tatami.

14. Es un cuadrado de 14 m de lado. Hay una zona externa o de seguridad de 3 m de ancha, donde no se realiza el combate. Dentro está la zona de peligro o roja de 1 m de ancha y la zona más interna o de combate es azul y mide 10 m.
15. En el centro hay una zona blanca y una azul que se utilizan en el inicio del combate.
16. Judogi.
17. Chaqueta, pantalón de color blanco, y un cinturón atado a la cintura.
18. Uno va de blanco y otro de azul.
19. El grado de conocimiento técnico.
20. Saludar al oponente.
21. Si.

**Segunda evaluación: Lucha grecorromana**
1. Un grabado de piedra que se llama el "Friso de Medinet Habu", se encuentra en Egipto y es del año 1200 a.C. En él aparece representado 10 parejas de hombres que se encuentran luchando y las alta corte está observando el combate.
2. Luchaban hombres que no iban vestidos y llevaban en su piel aceite de oliva y polvo. Se realizaban las peleas en u foso de tierra al aire libre y habían un árbitro que controlaba la pelea.
3. Había dos modalidades. Una era la "orthopali" que consistía en que el luchador que derribaba al contrario ganaba y la otra era la "pankration" que se trababa de una mezcla de boxeo con lucha y el luchador que se rendía perdía.
4. La francesa, denominada grecorromana y la angloamericana, conocida como libre.
5. Se diferencia en que en el uso de las piernas que en la libre se utilizan y en la grecorromana no.
6. Derribar al oponente colocando sus hombros sobre el tapiz.
7. Dependiendo del tipo se agarre, lanzamiento, o penalización del contrario.
8. Cada asalto tiene en 2 rondas de 3 minutos con 3 sg de descanso entre ellas.
9. 1 punto: por derribar al contrario colocándose sobre él. 2 puntos: por colocar al adversario en la lona con sus hombros en ángulo recto respecto a la superficie y se añade un punto más si se el mantiene a la defensiva durante 5 sg. 3 puntos: por colocar al oponente en posición de peligro en una sola acción. 5 puntos: por lanzar al contrario al aire.
10. El tapiz es un cuadrilátero de 12 m de lado. Hay un círculo de 9 m de diámetro que es donde se compite. En el centro de él hay un círculo amarillo de 1 m de diámetro que es donde se inicia la lucha. El combate se produce en un círculo amarillo de 7 m. Fuera de éste hay la zona de pasividad (1m) y más externamente el área de protección (1,5 m).

11. Hay 7 categoría en hombres: hasta 55 kg, hasta 60 kg, hasta 66 kg, hasta 74 kg, hasta 84 kg, hasta 96 kg, hasta 120 kg.
12. Si los hombros del contrario están en la zona de pasividad.
13. Se para el combate y reinicia de nuevo.
14. Al cometer una ofensa importante.
15. Si no se agarra de forma correcta o se obstruye.
16. Se le da un punto al contrario.

**Tercera evaluación: Voley playa**
1. En California.
2. Juegos de Atlanta en 1996. Por el gran número de espectadores que tenía el deporte.
3. 2 jugadores hay en cada equipo.
4. Qué el balón pase por encima de la red y caiga en el campo contrario.
5. 3 veces
6. No.
7. No.
8. Si.
9. Si no se pasa el balón tras el tercer toque, si se envía fuera de los límites del terreno, o si se toca la red con el cuerpo.
10. El equipo que gana la jugada saca e la siguiente y para hacerlo se debe colocar detrás de la línea de fondo. Cada vez saca un miembro de cada equipo, pero si está sacando un jugador y gana la jugada sigue sacando.
11. El partido lo gana el equipo que logre 2 sets (21 puntos con una ventaja mínima de dos puntos). En caso de empate 1-1 se juega un tercer sets a 15 puntos (con 2 puntos de diferencia).
12. El balón es esférico de cuero con colores brillantes y con una circunferencia de 66 a 68 cm y con un peso de 260 a 280 gr.
13. El terreno de juego es un rectángulo de 16 m de largo por 8 m de ancho. Tiene una zona libre a su alrededor de 3 m de ancho. El terreno es de arena nivelada.
14. Si.
15. Cada 5 puntos.
16. 2 tiempos muertos de 30 sg en el partido.
17. No.
18. 12 sg.

**Tercera evaluación: Esgrima**
1. En India, antiguo Egipto y en Grecia. 2000 años a.C.
2. El pueblo de Arcadia.
3. De los combates de espada de la Edad Media.
4. 1474.
5. 1780.
6. Aristócratas y militares.
7. Franceses, italianos y húngaros.

8. Florete, espada y sable.
9. Dos combatientes que intentan tocar al contrario en las zonas de tocado con su arma para ganar el asalto.
10. Existe una competición individual y una por equipos en cada una de las tres clases de armas. Las categorías masculinas son la espada, el florete, y el sable y en la categoría femenina son la espada y el florete.
11. Los esgrimistas se colocan en la línea de en guardia que está a 2 m de la línea central. Se colocan de pie con un pie adelantado sobre el otro, el brazo con arma hacia el oponente y el otro que libre hacía atrás.
12. 15 tocados. 45 tocados.
13. Tienen un minuto extra después de los 9 minutos de combate.
14. Cada tocado se registra con un sistema electrónico, así cuando se produce el tocado, el aparato electrónico lo señaliza luminosa y sonoramente deteniéndose el tiempo. Un esgrimista tiene una luz roja y su adversario la tiene verde. En la espada el tocado se produce de estocada, es decir, solo con la punta del arma, donde se encuentra situado un sensor electrónico y el blanco válido es todo el cuerpo, incluido la careta. En el florete el tocado se produce de estocada es decir solo con la punta del arma y el blanco válido es únicamente el tronco. En el sable el tocado puede producirse de punta, de filo y de contrafilo, lo que l conlleva enormes posibilidades que se traducen en una gran dinamismo y complejidad de asalto y el blanco válido es de cintura hacia arriba incluyendo brazos y careta.
15. Se castiga con un tocado cuando el esgrimista pone ambos pies tras la línea de de la pista. Se puede enseñar tarjeta amarilla como aviso, tarjeta roja cuando se produce el tocado de castigo o tarjeta negra como expulsión.
16. Florete: 110 cm de longitud y 500 gr de peso máximo. La hoja es de acero templado flexible, de sección cuadrangular y sin bordes cortantes. Espada: 110 cm de longitud y 770 gr de peso máximo. La hoja es de acero templado flexible, de sección triangular y sin bordes cortantes. Sable: 105 cm de longitud y 500 gr de peso. Su hoja es de acero templado, de sección rectangular y sin bordes cortantes.
17. La pista es metálica, plana y rectangular de 14 m de longitud y 2 m de anchura. La indumentaria de esgrimista consiste en unas zapatillas de tacón bajo con refuerzos internos y suela adherente, unas medias blancas y ceñidas, un traje de fibras kevlar que tiene un pantalón ajustado, una chaquetilla de tronco y brazos, un peto, un protector de busto (en mujeres), un guante en la mano armada y una careta de enrejado metálica con alambre de acero.
18. Los esgrimistas se saludan, también al árbitro y a los asistentes, poniendo la guarda del arma en la barbilla.
19. No.

## Tercera evaluación: Atletismo: Saltos
1. Salto de altura, salto de longitud, triple salto y salto con pértiga.
2. Si.
3. El salto de altura y el de pértiga son verticales y el de longitud y triple salto son horizontales.
4. Pértiga.
5. 2 cm
6. 5 cm.
7. Si.
8. 3 intentos para sobrepasar esa altura.
9. 20 m.
10. 40 m.
11. En un cajón de un metro de longitud situado al final de la pista.
12. Se mira quien utilizó menos intentos para esa altura, y si persiste la igualdad se cuenta quien hizo menos saltos nulos en el conjunto de la prueba.
13. Los ocho atletas con mejor marca realizan otros tres saltos adicionales.
14. Se tiene en cuenta la segunda marca, y así sucesivamente.
15. Se mide desde el final de la tabla de batida hasta la marca más cercana que deja el saltador en la arena.
16. Cuando el saltador pisa por detrás de la tabla en el momento de dar el salto, o si cae o toca fuera de la zona de aterrizaje.
17. No puede superar los 2 metros por segundo.
18. 20 cm de anchura.
19. Para determinar los saltos nulos.
20. Se considera salto nulo.

## Tercera evaluación: Waterpolo
1. Inglaterra. Siglo XIX.
2. Comenzó a jugarse en ríos y lagos.
3. 1884.
4. Los hombres en los Juegos de París de 1900 y las mujeres en Sydney 2000.
5. Introducir el balón en la portería contraria.
6. 7. 6 jugadores de campo más el portero.
7. Los jugadores se colocan a lo largo de su línea de gol separados. El balón se coloca en el medio del campo en una boya especial. El árbitro pita el inicio del partido, se retira la boya y el balón queda flotando en el agua. Los equipos se disputan en balón.
8. 35 sg.
9. Si.
10. No.
11. Poner el balón debajo del agua. Golpear la pelota con el puño cerrado. Qué los jugadores jueguen la pelota con dos manos. Tocar las paredes y el suelo de la piscina. Mantener la posesión del balón más de 35 sg.

Golpear, sujetar o agarrar al contrario. Balancear la portería para evitar un gol. Detener un gol dentro del área.
12. Cuando un defensor comete una falta para evitar un gol estando dentro de su línea de cuatro metros.
13. El jugador irá castigado al área de exclusión durante 20 segundos, o hasta que se consiga un gol, o cambie la posesión del balón.
14. El equipo defensor pasa a tener el balón.
15. Dentro de la línea de 2 m.
16. El equipo atacante lanza un corner.
17. Juegan 2 periodos extras de 3´ tras descansar 5´. Si sigue el empate se juega otro periodo extra, sin límite de tiempo, hasta que marque un equipo.
18. El campo de hombres es de 30 m de largo por 20 m de ancho y el de mujeres es de 25 m por 17 m.
19. No puede ser menor de 2 m.
20. Solo los porteros pueden hacer pie en el suelo.
21. Las líneas imaginarias del campo. Las blancas marcan las líneas de gol y de centro. Las rojas indican las líneas de 2 m a la de gol. Las amarillas marcan las líneas de 4 m y las verdes las de 7 m.
22. Están detrás del campo en la esquina opuesta a mesa de los jueces.
23. 4 tiempos de 7 minutos cada uno, parándose el reloj en cada interrupción del juego.
24. No.
25. En cualquier momento.
26. La portería es de 3 m de ancho o por 90 cm de alto y está flotando sobre el agua.

## ANEXO 5. SOLUCIÓN DE LA BÚSQUEDA DE INFORMACIÓN PARA 4º ESO.

### Primera evaluación: Pilates
1. El Pilates se creó a principios del siglo XX por Joseph Hubertus Pilates. Es un sistema de entrenamiento físico y mental. Su inventor se basó en el yoga, la respiración, la relajación, la fuerza muscular con control mental, la gimnasia y la traumatología para desarrollar este nuevo método de entrenamiento.
2. Porque se usa la mente para controlar el cuerpo.
3. En el desarrollo de los músculos internos para mantener el equilibrio corporal y dar estabilidad y firmeza a la columna vertebral.
4. Para prevenir y curar el dolor de espalda.
5. Alineamiento, Centralización, Concentración, Control, Precisión, Fluidez, Respiración.
6. Está compuesto por movimientos controlados, muy conscientes, y coordinados con la respiración.

7. La mente va tomando conciencia de las capacidades, limitaciones, fortalezas y debilidades del cuerpo para mejorar el estado físico y mental.
8. Las ejecuciones.
9. Zona lumbar y zona abdominal.
10. Mayor capacidad pulmonar y mejor circulación sanguínea.
11. Respiración intercostal.
12. Las que utilizan máquinas diseñadas y las que se practican en colchoneta.
13. El <u>reformer</u> es una especie de cama sobre la que se desliza una plataforma mediante unos raíles. El <u>trapecio</u> es una especie de cama con una estructura de acero sobre ella. La <u>silla</u> tiene unos pedales sujetos mediante varios muelles, que pueden quitarse o ponerse para disminuir o aumentar la resistencia. El <u>barril</u> que tiene forma de medio cilindro.
14. Aro, banda elástica, bosu, pelota, cajón, pesas, tabla de salto y tabla de extensión.
15. Si.
16. 40 cm de diámetro.
17. Dos agarres enfrentados.
18. Se agarra con las manos mientras se sujeta con los pies.
19. 1 m de diámetro.
20. Para apoyar las piernas encima de ella.
21. Es una semiesfera rellena de aire y montada sobre una superficie rígida de plástico.

**Primera evaluación: Snowboard**
1. A partir de 1970 en Estados Unidos.
2. Surf, skateboard, y esquí.
3. Slalom gigante, slalom paralelo, slalom gigante paralelo, half pipe, y cross.
4. Los Juegos de Nagano en 1998.
5. Slalom gigante paralelo, half pipe, y cross.
6. Entre 120 y 250 m.
7. Descienden sorteando puertas de forma triangular colocadas a una distancia entre 7 y 15 metros.
8. 2 mangas.
9. Se realiza en una estructura de nieve con forma de medio cilindro, de 100 a 120 metros de largo, de 3 a 4,5 metros de profundidad, y una pendiente de 15 a 17 grados.
10. 16,5 metros.
11. Deslizarse por las paredes para impulsarse y hacer saltos y acrobacias en el aire.
12. Entre 30 y 45 sg.
13. 4 saltos.

14. Los seis mejores de la primera ronda, y los seis mejores de una segunda ronda de repesca.
15. La ejecución, habilidad, variedad de maniobras, la altura de los saltos, el ritmo, la intensidad y el control.
16. La caída o parada completa -2,0 a -2,5 puntos. Una caída menor -1,0 a -2,0 puntos. Usar las manos para estabilizarse -0,5 a -1,0 puntos. Fallos en acrobacias o desequilibrios -0,1 a -0,5.
17. Tiene diferentes zonas con baches, olas, bancos, saltos y giros con ángulos de 90º. El recorrido y la entrada a los obstáculos están marcados por puertas rojas y azules y banderas triangulares.

**Primera evaluación: Vela**
1. Para el transporte de mercancías, para la pesca, y para la guerra.
2. Holanda.
3. En 1900.
4. La carrera de flotas y la carrera por eliminación.
5. Las embarcaciones se enfrentan todas contra todas en una carrera tratando de llegar cuanto antes a la línea de meta.
6. Que son descalificados.
7. Dos barcos que se encuentran en rumbos opuestos, deja pasar al de estribor el que se encuentra en la amura de babor. Si los dos barcos tienen el mismo rumbo y van juntos tiene prioridad el amurado a babor. Cuando no están juntos tiene que dejar paso el barco sobrepasado.
8. Según la dirección del viento.
9. Varía según la carrera entre 1 ó 2 h.
10. El retorno a barlovento y el recorrido de forma trapezoidal.
11. Primero avisa cuando quedan 6 minutos, después cuando quedan 5 minutos y por últimos cuando queda 1 minuto.
12. Tendrá que rodear la boya de salida completamente antes de comenzar de nuevo.
13. Tienen que hacer un "360".
14. Cuando cruza la línea de meta.
15. 8 kg.

**Primera evaluación: Saltos con esquís**
1. Noruega a mediados del s.XIX.
2. La familia real de Noruega.
3. Por los inmigrantes noruegos.
4. Cascos, botas, traje especial y esquís.
5. Dos saltos.
6. Cinco jueces.
7. En función del estilo y de la distancia saltada.
8. El atleta que acumula mayor número de puntos tras los dos saltos.
9. En 4 grupos.
10. Tras el salto de los competidores.

11. Individual 90 y 120 m de trampolín y por equipos 120 m de trampolín.
12. 15 sg.
13. No.
14. Supone una puntuación de 0 en el total del salto.
15. Usa la fuerza de sus piernas y extiende el cuerpo hacia adelante, con la punta de los esquíes hacia arriba.
16. 5 sg.
17. Se valora la seguridad con que se toma tierra y como se colocan los esquíes.
18. La posición telemark.
19. La distancia y el estilo.

**Segunda evaluación: Rugby**
1. Inglaterra.
2. 15 jugadores.
3. 100 m de largo y 70 m de ancho.
4. Los postes miden 3,4 m de alto y están separados a 5,6 m.
5. A 3 m de altura.
6. Pesa menos de medio kilo. Es ovalada con 4 gajos de cuero.
7. Ensayo (5 puntos): consiste en apoyar el balón con las manos en la zona de marca del adversario. Ensayo de castigo (5 puntos): cuando el equipo defensor comete una falta intentando impedir el ensayo. El equipo que consigue el ensayo tiene derecho a intentar la transformación. Puntapié de botepronto (3 puntos): de patada que se realiza dejando caer la pelota al suelo y pateándola inmediatamente. Transformación de un puntapié de castigo (3 puntos): se produce por infracciones graves y se realiza una patada hacia los postes desde el lugar en que se cometió. Transformación (2 puntos): conseguido el ensayo patear el balón hacia los postes de gol.
8. Mediante pases hacia atrás, corriendo con el balón en las manos hacia la zona de marca del equipo adversario, avanzar mediante patadas o realizar una maul.
9. Cuando un jugador atacante con balón es sujetado por uno o más adversarios y es derribado al suelo.
10. Es un saque de banda que se produce al cuando el balón sale del campo por un lateral. El jugador que va poner la pelota en juego se sitúa sobre la línea de banda y va a tirar el balón recto entre dos hileras de jugadores, que deben de saltar para conseguir el balón.
11. En esta jugada se produce un enfrentamiento entre los dos equipos que se encuentran frente a frente, agachados y entrelazados unos con otros para obtener el balón que ha sido lanzado en medio de ellos. No se puede tocar con la manos el balón sólo lo puede tocar con el pie el talonador y lo golpeará para que lo coja un jugador de su equipo y así, obtener la posesión del balón.

12. En el maul la pelota la tiene en su poder uno de los jugadores y en el ruck la pelota está en el suelo.
13. En 1975. Para que los jugadores no sufrieran lesiones.
14. 6 jugadores.
15. Sólo se permite un toque con la mano.
16. 6 toques.

**Segunda evaluación: Gimnasia trampolín**
1. Aproximadamente en 1948.
2. Kurt Bachler.
3. Se realizan unos ejercicios obligatorios y la suma de esos ejercicios da la clasificación para la fase final.
4. 10 técnicas.
5. Salto mortal de 540º, doble salto mortal con o sin giro y un aterrizaje por la parte delantera del cuerpo o por la espalda.
6. El doble y el triple salto mortal con giro, el salto mortal hacia delante con medio giro, con un giro y medio o con dos medios giros.
7. Siete jueces. Cinco jueces valoran la ejecución técnica y los otros dos valoran el grado de dificultad técnica.
8. Con una puntuación de 10.
9. Se quitan 0,4 puntos al tocar el trampolín con las manos, se quitan 0,5 puntos al tocar el trampolín con las manos y las rodillas y se quitan 0,8 puntos al caer en la plataforma de seguridad.
10. Entre 11 y 15 puntos.
11. Depende del número de giros y saltos mortales.
12. Se elimina la nota más alta y la más baja de las cinco puntuaciones y esas tres puntuaciones se suman. De esa nota se añade la puntuación de la dificultad.
13. El trampolín tiene 5,05 m de longitud, 2,91 m de ancho y 1,155 m de alto. Es una cama elástica que tiene una plataforma de seguridad a cada lado.
14. Si.
15. No.
16. El gimnasta finalizará el ejercicio con los dos pies apoyados en el trampolín y su cuerpos estará rígido. Debe mantener 3 segundos esa posición.

**Segunda evaluación: Atletismo: Lanzamientos**
1. El "discóbolo".
2. Londres en 1908.
3. Lanzar los implementos lo más lejos posible.
4. En la prueba de jabalina.
5. Se mira la segunda marca y así sucesivamente.
6. Un minuto.
7. De la cabeza, del alambre, y del agarradero.

8. Es una bola de metal. En los hombres tiene entre 110-130 mm de diámetro y en las mujeres entre 95 y 110 mm.
9. En hombres pesa de 2,005 a 2,025 kg y en mujeres de 1,005 a 1,025 Kg.
10. De un mástil, de la cabeza y del agarradero.
11. El peso de la jabalina de hombres es de 800 gr y el de mujer es de 600 gr.
12. En una sección circular rodeado por una banda de hierro de 6 mm de espesor.
13. Es un pasillo de 30 a 35 m de longitud y al final de él hay una línea que el atleta no puede sobrepasar.
14. Suele ser de hierba. Está limitado por unas líneas blancas de 5 cm de ancho. El área de peso, disco y martillo es de 40º y en la jabalina es de 29º.
15. Por la parte trasera.

**Segunda evaluación: Unihockey o Floorball**
**Reglamento 4x4**
1. 20 m de largo y 10 m de ancho.
2. Rink.
3. 90 cm de ancho y 60 cm de alto.
4. 2,85 m.
5. Es un rectángulo de 3x1,5 metros.
6. El stick es de plástico. Tiene una pala con las dos caras planas (de 30 mm), el mango es redondeado y su longitud no superará los 950 mm. La bola tiene un diámetro de 72 mm y tiene 26 agujeros. El peso de la bola no será superior a 23 gr.
7. Cuatro.
8. 2 tiempos de 8 minutos.
9. Si.
10. Es un saque neutral. Cuando el rink se separa. Cuando se aplasta la bola. Cuando se desplaza la portería. Al inicio del encuentro y después de cada gol. Cuando el árbitro no puede decidir quién es el equipo que cometió una falta. Cuando se produce una lesión de un jugador.
11. La bola se coloca en el punto central del campo. Todos los jugadores menos los implicados se encuentran a 3 m de la bola. Los dos jugadores que van a realizar el saque inicial se encuentran uno enfrente del otro mirando cada uno a la línea de fondo del equipo contrario. Los pies y los sticks de ambos jugadores están perpendicular a la línea central. Las palas del stick se colocan a cada lado de la bola.
12. El juego se reanuda desde el lugar por donde salió y a una distancia de la banda de 1,5m.
13. Tres metros.
14. Si.
15. Para cubrir con sus cuerpos la portería.

16. Cuatro acciones permitidas: Hacer uso del rink en el juego. Utilizar las dos partes de pala para jugar la bola. Se puede para la bola con cualquier parte de la cabeza menos la cabeza y las extremidades superiores. Cuatro acciones no permitidas: Levantar la pala del palo por encima de la cintura. Entrar en el área de portería. Pasar a un compañero con el pie. Lanzar el palo por el suelo.
17. Cuando se produce un infracción grave ante una situación clara de gol o cuando un defensor entra en el área de su portero. En el lanzamiento del penalti se coloca la bola en el punto central del campo y el jugador que lanza el penalti avanza hacia portería (siempre hacía delante) y tira.
18. Al agarrar o al empujar al contrario contra el rink. Al obstruir al contrario. Al jugar con la mano, brazo o cabeza la bola. Al realizar una sustitución incorrecta. Al perder tiempo en el juego. Al protestar una decisión arbitral.
19. Al enganchar con su palo al oponente. Al tener varias expulsiones de 2 minutos.
20. Lleva casco. Pantalón y camiseta con protecciones. Rodilleras. Guantes.
21. No.
22. Tres segundos. Que le sancionarán con un golpe franco al borde del área de portería.
23. En su campo.

**Reglamento 6x6**
24. 3 tiempos de 20 minutos.
25. 10 minutos.
26. 20 jugadores como máximo.
27. 5 jugadores y un portero.
28. 5 jugadores.
29. Pierdo 5-0.
30. Si.
31. El campo de floorball en el reglamento 6x6 tiene una longitud de 40 m por 20 m de ancho. Está delimitado por un rink que tiene de altura 50 cm. Las porterías miden 160 x 115 cm y están bordeadas por dos áreas, una es el área del portero que mide 2,5 m de ancho y 1 m de largo y se encuentra a 3,5 m del rink del fondo de la pista y la otra es el área de portería que mide 5 m de ancho y 4 m de largo y se encuentra a 2,85 del rink del fondo de la pista. Hay seis líneas de de face off colocadas a 1,5 m del rink lateral (dos en la línea central, dos en un campo y otras dos en otro campo. Estas cuatro últimas líneas están a la altura de una línea gol.

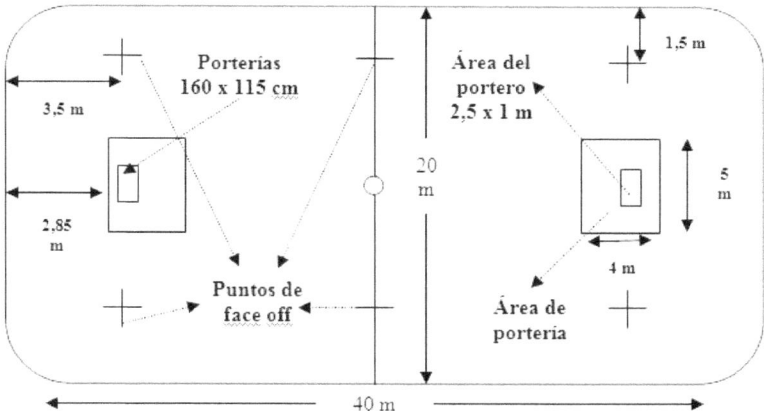

### Tercera evaluación: Piragüismo
1. Para la pesca y el transporte.
2. John McGregor.
3. A orillas del río Eufrates.
4. 1924.
5. 1936.
6. La canoa es una embarcación abierta y el kayak es una embarcación cerrada.
7. Las de velocidad en aguas tranquilas y las de slalom en aguas bravas.
8. Los botes se colocan en suposición y el juez da la señal con una pistola.
9. Cuando la proa cruza la línea de meta el bote finaliza la carrera.
10. Los botes tienen que permanecer a 5 m de distancia.
11. Los hombres: en K1, K2, C1 y C2 sobre 500 y 1000 m y en K4 sobre 1000 m. Las mujeres: en K1, K2, y K4 sobre 500 m.
12. En la canoa los competidores llevan una rodilla apoyada en la embarcación, y la otra flexionada. El remo tiene una única pala en uno de sus extremos, y no está fija al bote. En el kayak los competidores van sentados con las piernas estiradas por debajo de la cubierta. El remo tiene una pala en cada extremo por lo que se palea en ambos lados del bote.
13. Tres días antes de la competición.
14. De fibra de vidrio.
15. Hay 9 calles. Nueve metros de ancho. Por boyas.
16. Si el competidor vuelve al bote sin ayuda.

### Tercera evaluación: Ciclismo en carretera
1. El dopaje.
2. Hombres la distancia es de 240 km y en mujeres es de 120 km.
3. Si.
4. Si.

5. No.
6. Debe abandonar la competición.
7. Los ciclistas salen de uno en uno con intervalos de 2 minutos. Los hombres recorren 40 km y las mujeres 30 km.
8. En que llega antes a la meta en menos tiempo.
9. A 10 m de distancia de la bicicleta por detrás de ésta.
10. De acero, aluminio, titanio, o fibra de carbono.
11. Frenos, cambios, sillines estrechos, manillares curvos y ruedas de presión alta.
12. No debe ser más grande 2 m y su peso oscila entre 8 ó 10 kg.
13. Si.
14. No.

**Tercera evaluación: Curling**
1. En Escocia.
2. Los soldados ingleses.
3. A finales del s. XVIII.
4. No.
5. En 1998.
6. Cuatro.
7. El que gana el sorteo.
8. De diez mangas.
9. Hack.
10. Hog.
11. Con la escoba se cepilla el hielo para controlar la velocidad y dirección de la piedra.
12. Son 4 círculos concéntricos pintado en el hielo de rojo, blanco, azul y blanco.
13. Hay que dejar las piedras lo más cercanas posible al círculo central.
14. El lanzamiento de rotación interna y el de rotación externa.
15. Puntúa el equipo que tenga la piedra más cerca del círculo central.
16. Rojo o amarillo.


### ANEXO 6. SOLUCIÓN DE LA BÚSQUEDA DE INFORMACIÓN PARA 1º DE BACHILLERATO.

**Primera evaluación: Esquí acrobático**
1. Sobre 50 maniobras.
2. La "helicóptero".
3. En Estados Unidos.
4. Stein Eriksen.
5. Baches, saltos, y ballet. Las dos primeras forman parte del calendario olímpico.
6. 1979.
7. Si.

8. El que más acumula puntos en las pruebas.
9. Dos mangas.
10. Los 16 mejores.
11. Su longitud oscila entre 230 y 270 m, con una inclinación de 28º a 32º.
12. Dos saltos diferentes.
13. Siete jueces.
14. Depende de la velocidad, de la técnica en los giros y del control de los saltos.
15. Los 12 mejores.
16. Los saltadores se impulsan en una rampa de 25º de pendiente, realizan una acrobacia y caen en la zona de reopción.
17. 20% el despegue, 50% la técnica y 30% el aterrizaje.

**Primera evaluación: Tiro**
1. Desde s XIV, para uso militar y para la caza.
2. En el s. XVI.
3. En Austria en 1892.
4. En 1880. McCaskey.
5. La primera referencia es de 1896.
6. No. No.
7. Trap, doble trap, y skeet.
8. Disparar a unos objetivos lanzados a gran velocidad y derribarlos.
9. Cuando un trozo visible de objeto está roto.
10. El tirador que le da a más platos.
11. En el trap el lanzador tiene que disparar a tres dispositivos lanzadores que lanzan indiferentemente y que están dispuestos a diferentes alturas. Puede realizar dos disparos. En el doble trap se lanzan dos objetivos de forma simultánea a diferentes alturas. Hay que realizar un disparo a cada objetivo. En el skeet se lanzan los platos desde dos casetas y se dispara un tiro a cada plato.
12. Con una escopeta de dos cañones que no exceda del calibre 12, o con una automática de dos cartuchos.
13. A una diana de diez anillos concéntricos.
14. De pie, de rodillas y tendido.
15. De pequeño calibre.
16. El tirador dispara de pie sosteniendo el arma con una sola mano y sin apoyar la muñeca.
17. Es de calibre 22.
18. Se dispara a un objetivo situado a 10 m. Los tiradores están de pie, con el rifle a nivel de la cadera y tienen 5 sg para cargar, apuntar, y disparar en la prueba lenta y de 2,5 sg en la prueba rápida.
19. Se utiliza un rifle de aire calibre 17,7 con mira telescópica.

**Primera evaluación: Halterofilia**
1. Hasta finales del s. XIX.
2. Fue la primera institución relacionada con la halterofilia. 1905.

3. Impulsor de la halterofilia en el s.XX, creando estilos de levantamiento y categorías.
4. La Arrancada, dos tiempos y el desarrollado. Este último estilo fue abandonado en 1973.
5. En Atenas. En 1896.
6. En 1900, 1908, y 1912.
7. 2000. En Sydney.
8. El dopaje.
9. Se levanta el máximo peso posible en la arrancada y en dos tiempos.
10. En la arrancada el levantador que se encuentra con las piernas separadas debe alzar la barra desde la plataforma deslizando ésta a lo largo de los muslos con un solo moviendo hasta la extensión total de ambos brazos sobre la cabeza En el dos tiempos, primero se realiza un moviendo donde se lleva la barra desde la plataforma hasta los hombros, deslizándola por los muslos, sin tocar el pecho y las piernas deben de permanecer juntas al terminar el primer movimiento. Después se flexiona y extiende las piernas a la vez que se elevan los brazos hasta extenderlos por encima de la cabeza.
11. De 20 a 30 minutos.
12. Un minuto.
13. Se suman los levantamientos de mayor peso en cada uno de los dos estilos. Se dispone de 3 intentos en la arrancada y 3 intentos en el dos tiempos.
14. Tres jueces. Son los encargados de dar validez o no al levantamiento. Cuando el levantamiento es válido encienden una luz blanca y cuando no es válido encienden una luz roja.
15. La barra es de acero. En los hombres pesa 20 kg, mide 2,2 m y tiene un diámetro de 2,5 cm y en las mujeres pesa 15 kg, mide 2,01 m y tiene un diámetro de 2,5 cm. Los discos pesan de diferente según el color que tengan (el rojo pesa 25 kg, el azul 20 kg, el amarillo 15 kg, el verde 10 kg, el blanco 5 kg, el negro 2,5 kg, y el cromo 1,25 kg). Los discos más pesados se colocan en la parte más interna de la barra y se coloca un collarín a cada lado de 2,5 kg cada uno. La plataforma está colocada a 1,5 m del suelo, es de madera y tiene forma cuadrada (4 m de longitud y 10 cm de altura).
16. Hombres: hasta 56 kg., hasta 62 kg., hasta 69 kg., hasta 77 kg., hasta 85 kg., hasta 94 kg., hasta 105 kg., más de 105 kg. Mujeres: hasta 48 kg., hasta 53 kg., hasta 58 kg., hasta 63 kg., hasta 69 kg., hasta 75 kg., más de 75 kg.

**Segunda evaluación: Deportes paralímpicos**
1. Se juega con las mismas normas de la federación internacional de baloncesto.
2. Jugadores con discapacidades físicas como los parapléjicos.
3. En Roma en 1960.

4. Lo practican deportistas ciegos. El balón es de cuero y sonoro. Se juega en un campo de 40 m de largo por 20 m de ancho, que está delimitado por unas vallas laterales de 1 m de alto. Es área de penalti es semicircular y mide 6 m y dentro de ésta se encuentra el área del portero que es rectangular y mide 5x2 m. El punto desde donde se tira el doble penalti está a 8 m de la línea de fondo. Las porterías miden 2x3 m. Cada equipo está formado por 4 jugadores de campo y un portero. Se juegan dos tiempos de 25 minutos a tiempo corrido con 10 minutos de descanso. Se detiene el tiempo en las sustituciones y en los tiempos muertos. Los jugadores usan antifaz.
5. El fútbol 5 en Atenas 2004 y el fútbol 7 en Nueva York en 1984.
6. Es practicado por jugadores paralíticos cerebrales. Juegan 6 jugadores de campo y un portero en cada equipo. El máximo número de jugadores será de 12. Se permite como máximo 3 sustituciones. Se juega en un campo de 75 m de largo por 55 m de ancho. Las porterías miden 5x2 m. No hay fuera de juego. Se juegan dos tiempos de 30 minutos con 15 minutos de descanso.
7. Lo practican deficientes visuales que llevan antifaces para que no vean nada. Juegan dos equipos de tres jugadores. Se juega en una pista de 18 m de largo por 9 m de ancho. Se juegan dos tiempos de diez minutos cada uno. El balón tiene cascabeles en su interior. Cada equipo se coloca en su campo junto a la portería (9 m de ancho) y deben de tratar impedir que marquen gol los del equipo contrario que lanzarán el balón rodando por el suelo y los que defienden se tirarán en el suelo ocupando el mayor espacio posible con sus cuerpos. Para los hombres se convirtió en deporte paralímpico en Toronto en 1976 y para las mujeres en Nueva York en 1984.
8. Lo practican tetrapléjicos. Se juega en una pista de baloncesto. Los equipos están formados como máximo por 8 jugadores y 4 jugadores juegan en el campo. Todos ven en silla de ruedas. Se juega con un balón de voleibol que se pasa a los compañeros con las manos en cualquier dirección. Lo jugadores deben de botar o pasar cada 10 sg. Se consigue un punto cuando un jugador cruza con el balón la línea de fondo del equipo contrario. Se juegan 4 periodos de 8 minutos cada uno. En Sydney 2000.
9. Dos modalidades: de pie y sentado. El voleibol sentado es para personas con discapacidades físicas severas y el voleibol de pie para personas con discapacidades físicas leves.
10. El voleibol de pie en Toronto en 1976 y el voleibol sentado en Amhem en 1980.
11. Existen las mismas pruebas que en el atletismo exceptuando el lanzamiento de martillo, el salto de pértiga, las pruebas de vallas y de obstáculos. Hay atletas que participan en silla de ruedas, otros con prótesis y otros como los ciegos totales compiten con un guía y van unidos a una cuerda.
12. Deben ir al lado del atleta.

13. La silla de ruedas se queda anclada al suelo.
14. Los participantes están conectados electrónicamente a una caja de señales que registra los toques del arma.
15. El que consigue 5 toques.
16. Tiene su origen en la Grecia clásica aunque fueron los países nórdicos los que adaptaron este deporte para las personas minusválidas a partir de 1970.
17. Lo practican personas que van en silla de ruedas con parálisis cerebral severa. Es un deporte parecido a la petanca. Un competidor tiene 6 bolas rojas y el otro tiene 6 bolas azueles. El juego consiste en que cada participante debe acercar sus bolas a una bola blanca. Gana el que saque más puntuación (por cercanía a bola "diana") al contrincante.
18. Lo practican lesionados medulares. Se realiza la modalidad de press de banca.
19. La practican discapacitados intelectuales, minusválidos físicos, ciegos y paralíticos cerebrales.
20. Lo practican deportistas ciegos y deficientes visuales. Los dos luchadores comienzan el combate en contacto físico. El tatami tiene diferentes texturas para delimitar las diferentes zonas.
21. Participan ciegos, deficientes visuales, discapacitados intelectuales, minusválidos físicos y paralíticos cerebrales.
22. Pueden comenzar dentro del agua, no tienen que lanzarse desde el poyete, o mediante una señalización auditiva o táctil para los ciegos.
23. Hay tres categorías: la de ciegos, la de discapacitados intelectuales y la de minusválidos físicos y paralíticos cerebrales.
24. LTA4+ (remeros con discapacidad pero con función en las piernas tronco y brazos, y con fuerza para deslizar el asiento, mixto), TA2x (deportistas que tienen movimiento en el tronco pero no tienen la fuerza necesaria en las extremidades inferiores para deslizar el asiento y propulsar la embarcación, mixto), AW1x (deportistas sin función o con función mínima del tronco, femenino) y AM1x (deportistas sin función o con función mínima del tronco, masculino).
25. 1000 m.
26. Se permite que la pelota de dos botes, siempre que el primer bote haya sido dentro de los límites de la pista.
27. Por discapacitados físicos.
28. De pie y en silla de ruedas.
29. Deportistas con discapacidad física, paralíticos cerebrales y discapacitados intelectuales.
30. Los participantes puedan sujetarse a la mesa para mantener el equilibrio, siempre que ésta no se mueva.
31. Hay dos modalidades: en silla de ruedas y de pie, tanto en categoría masculina como femenina y en pruebas individuales y de equipo.

32. Lo practican los discapacitados físicos dividiéndose en pruebas de rifle y pistola. Hay dos modalidades: en silla de ruedas y de pie. Existen pruebas individuales y por equipos.
33. Paralíticos cerebrales, discapacitados visuales y discapacitados en silla de ruedas.
34. La clase Sónar en la que compiten tripulaciones de tres deportistas a bordo de una embarcación de 7m y la clase 2.4 mR que es una embarcación individual para pruebas masculinas y femeninas.
35. Hay tres categorías: deficientes visuales, de pie y en silla, subdivididas a su vez en clases, dependiendo del grado de discapacidad de los esquiadores.
36. Ciegos, deficientes visuales, amputados, paralíticos cerebrales y parapléjicos.
37. En tándem.
38. Es un vehículo de tres ruedas en posición vertical o semireclinada. Se propulsa a través de un pedalier y una cadena de funcionamiento convencional, de bielas de brazos, platos y marchas, con empuñaduras sustituyendo a los pedales.

**Segunda evaluación: Bobsleigh**
1. No. Porque hay pocas instalaciones debido a que son caras.
2. De acero.
3. En 1925.
4. 1952.
5. Trineos hechos de acero y fibra de vidrio y pistas artificiales.
6. En 2002.
7. Los hombres participan en bobs a 2, y bobs a 4, y las mujeres en bobs a 2.
8. Los hombres disputan cuatro mangas y las mujeres dos.
9. Es aleatorio.
10. Mediante una señal acústica o visual.
11. A partir de la señal de salida el equipo tiene 60 sg para comenzar la carrera y los competidores comienzan a empujar el trineo y se montan en él.
12. Si.
13. Al cruzar la línea de meta.
14. El que dirige y el frenador.
15. 135 Km/h.
16. 1200 y 1350 m.
17. Son cuesta arriba.

**Tercera evaluación: Tenis de mesa y Tenis**
1. En 1870.
2. En 1926.
3. En 1988.
4. Si.

5. Se juega al mejor de 5 sets. Para ganar el partido tienes que hanar 3 sets. Cada set es a 21 puntos con diferencia de 2 puntos. En caso de empate a 20 puntos el set continúa hasta que se produzca la diferencia de dos puntos.
6. En el saque la raqueta y la pelota deben estar por detrás de la línea de fondo y encima de la mesa. El jugador lanza la pelota hacia arriba y la golpea cuando desciende. La pelota debe de botar en su campo antes de tocar la red.
7. En individuales el saque puede ir dirigido a cualquier lugar de la mesa, pero en dobles tiene que ir desde el lado derecho del servidor hacia el lado derecho opuesto.
8. Tiene 2,74 m de longitud, 1,525 m de anchura y 0,76 m de altura desde el suelo.
9. Tiene 1,83 m de longitud y mide 15,25 cm de altura desde la mesa.
10. Es una raqueta rígida, lisa y de madera, que tiene una superficie de goma y tienen 4 mm de espesor en cada cara. La pelota tiene un diámetro de 38 mm y pesa 2,5 gr.
11. De un juego medieval que se practicaba en Francia en el s.XIV llamado "Jeu de paume". Se jugaba en una pista cerrada con la mano.
12. Desde 1896.
13. En 1913.
14. El objetivo del tenis es golpear la pelota con la raqueta y que ésta pase sobre la red y bote en el campo contrario de tal manera que el adversario no pueda devolver la pelota o bote en su campo dos veces.
15. El jugador se coloca detrás de la línea de fondo a un lado de la marca central y golpea la pelota para que ésta pase por encima de la red y bote en la zona de servicio del campo contrario.
16. Si se falla el saque dos veces consecutivas.
17. Si el jugador antes de realizar el saque toca con su pie la línea de fondo o pista dentro del campo.
18. El primer punto es 15, el segundo punto es 30, el tercer punto es 40 y con el siguiente se gana el juego siempre que hay dos puntos de ventaja.
19. Gana el set el primer jugador que vence en 6 juegos si lleva al menos 2 de ventaja.
20. Se juega con los tenistas empatan a 6 juegos. Es una muerte súbita para saber quién será el vencedor del set.
21. De tierra batida, hierba artificial o de cemento.
22. Si.
23. Si, pero no el servicio.
24. Un bote.
25. Cada seis puntos.

**Segunda evaluación: Luge**
1. En 1957.
2. En 1964.

3. Si.
4. Uno o dos tripulantes.
5. No.
6. Con unas bridas unidas a la parte delantera y el movimiento de su propio cuerpo.
7. Va tumbado boca arriba con la cabeza en la parte trasera.
8. Los hombres tienen la prueba individual y la de dobles y las mujeres sólo la de dobles.
9. En milésimas de segundo.
10. El que tenga menor tiempo acumulado en todas las carreras.
11. Se inicia desde sentado en el trineo y se da impulso.
12. Los hombres realizan cuatro carreras y las mujeres dos.
13. 45 sg.
14. Con plástico o fibra de vidrio.
15. El individual no debe de pesar más de 23 kg y el de dobles no debe de pesar más de 27 kg.
16. 130 m de desnivel.

**Tercera evaluación: Béisbol**
1. Del "rounders" que es un juego practicado en Inglaterra.
2. Los creadores del béisbol.
3. Principalmente en Estados Unidos.
4. Nueve jugadores.
5. Conseguir el mayor número de carreras durante las 9 entradas de que consta el partido.
6. Se juega otra entrada hasta que gane uno de los equipos.
7. Después de que bateador golpea la bola sale corriendo en sentido contrario a las agujas del reloj y debe de pasar por las otras tres bases e ir al punto de bateo.
8. Golpear la bola lo más lejos posibles y recorrer todas las bases.
9. Que el bateador es eliminado.
10. Es una carrera completa.
11. Al ser golpeado el bateador por la bola en el cuerpo tras un lanzamiento o cuando se producen 4 lanzamientos fuera de la zona de "strike".
12. Si.
13. Tres.
14. Cuando se eliminan a tres bateadores o corredores.
15. Diamante.
16. La distancia es de 27,43 m.
17. 18,34 m.

**Tercera evaluación: Piragüismo slalom**
1. Apareció en los Juegos de 1972, desapareció del calendario 20 años y volvió en los juegos de Barcelona 1992.
2. A intervalos de 2 minutos y medio.

3. Completar el recorrido sorteando las puertas y sin golpear ninguna.
4. La prueba dura aproximadamente 120 sg.
5. Se inicia cuando el bote cruza un rayo de luz situado en el agua en el punto de salida y finaliza cuando cruza otro que está en la meta.
6. Si el bote se salta una puerta te penalizan con 50 sg y si el bote, la pala o el cuerpo tocan una puerta con 2 sg.
7. Cuando los palos son verdes y blancos debemos ir aguas abajo y cuando son rojos y blancos debemos ir aguas arriba.
8. El día previo a la competición.
9. No.
10. Las mujeres disputan el K1 y los hombres disputan K1, C1 y C2.
11. Son ligeros, corto y anchos. Están cerrados alrededor de la cintura.
12. En el kayak el palista va sentado y en la canoa va arrodillado. La pala del kayak tiene dos superficies curvas y en la canoa una superficie.
13. De carbón-kevlar.
14. De 5,5 m.
15. Un juez en cada puerta.
16. no.
17. Casco y chaleco salvavidas.

**Tercera evaluación: Biatlón**
1. Esquí de fondo con estilo libre y tiro.
2. Tiene un origen militar.
3. En 1924.
4. Debido a la 2º guerra mundial.
5. En 1960.
6. En 1993.
7. Existen 5 tipos de competición: sprint, persecución, individual, relevos y salida conjunta.
8. Si.
9. La prueba masculina individual de 20 km.
10. Hay 30 calles.
11. A 50 m.
12. De plomo.
13. No.
14. Hay 5 dianas.
15. Si.
16. Tumbado se tarda 30 sg y de pie 20 sg.

**Tercera evaluación: Skeleton**
1. Se da la señal y el deportista tiene 30 sg para iniciar la carrera empujando el trineo.
2. Botas que tienen como máximo 8 clavos.
3. El competidor se coloca boca abajo en el trineo.
4. No.

5. Es propio resbalador el que carga su peso hacia un lado u otro según la dirección que deba tomar el trineo.
6. No.
7. Se celebran en dos mangas, sumándose los tiempos conseguidos en ambas y ganando el resbalador que tenga un menor tiempo.
8. En 1928.
9. Sí.
10. Nadie.
11. 120 cm de longitud y 40 cm de alto.
12. Si.
13. De acero.
14. Recubre el rostro.
15. Tienen fibras sintéticas.

## ANEXO 7. EJERCICIOS CON ESCALERA.

a) Un pie en cada cuadro.

b) Dos pies en cada cuadro.

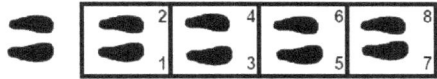

c) Lateral: dos pies en cada cuadro.

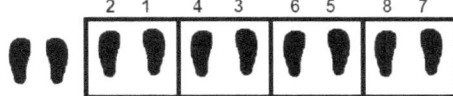

d) Salto a pies juntos.

e) Salto a pies juntos dejando un cuadro libre.

f) Salto exterior e interior en diferentes cuadrados.

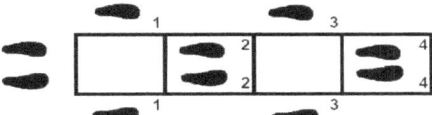

g) Salto exterior e interior en el mismo cuadrado.

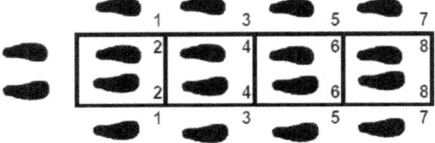

h) Salto hacia delante con un pie dentro y otro fuera según el gráfico.

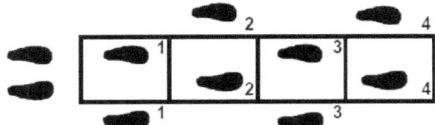

## ANEXO 8.
## TEST FÍSICOS DE EVALUACIÓN PARA SECUNDARIA Y BACHILLERATO.

Según Ruiz (2002, p. 262) los test se pueden definir como *"un instrumento, procedimiento o técnica usada para obtener una información".*

Grosser y Starischka (1988) caracterizan la rigurosidad de los test mediante estos tres aspectos:

- La validez de la prueba: señala en qué medida un test registra lo que se ha de registrar, si es acorde con la cuestión específica planteada.
- La confiabilidad de una prueba: indica el grado de exactitud con que mide (precisión de medición).
- La objetividad de una prueba expresa el grado de independencia del rendimiento probado de la persona, del evaluador y del calificador.

Blázquez (1990) nos dice que la evaluación de los test se realiza mediante una comparación estadística del comportamiento de un individuo con el de otros individuos colocados en la misma situación de modo que es posible clasificar al sujeto examinado desde el punto de vista cuantitativo o bien tipológico.

Las finalidades con las que se realiza la valoración en el ámbito de la educación física pueden ser diversas, así, Blázquez (1990) nos propone:

- Conocer el rendimiento del alumno.
- Diagnosticar.
- Valorar la eficacia del sistema de enseñanza.
- Pronosticar las posibilidades del alumno y orientar.
- Motivar e incentivar al alumno.
- Agrupar o clasificar.
- Asignar calificaciones a los alumnos.
- Obtener datos para la investigación.

A continuación se explican los test de condición física para 1º, 2º, 3º, 4º ESO y 1º bachillerato.

## 1) Test de la Course Navette:

*Objetivo:* Valorar la potencia aeróbica máxima. Determina el $VO_2$ máx.
*Desarrollo:* Los alumnos se colocarán detrás de la línea, con un metro de distancia entre ellos. Se pondrá en marcha el magnetófono. Al oír la señal de salida tendrán que desplazarse hasta la línea contraria (20 m) y pisarla esperando volver a oír la siguiente señal. Se ha de intentar seguir el ritmo del magnetófono. La línea debe ser pisada en el mismo momento en que suene la señal. No podrá ir a pisar la línea siguiente hasta que no hay oído la señal. Repetirá constantemente este ciclo hasta que no señale el magnetófono. En ese momento se retirará de la prueba recordando el último periodo que haya escuchado por el magnetófono. El $VO_2$ máximo se calcula a partir de la velocidad de carrera que alcanzó el ejecutante en el último periodo que pudo aguantar, según la siguiente ecuación: $VO_2$ máximo = 5,857 x Velocidad (Km/h) – 19,458
*Material e instalaciones:* espacio plano con dos líneas paralelas de 20 m de distancia y con un margen mínimo de un metro por los exteriores. Cinta magnetofónica con el registro del protocolo. Magnetófono con suficiente potencia para que se pueda oír bien.

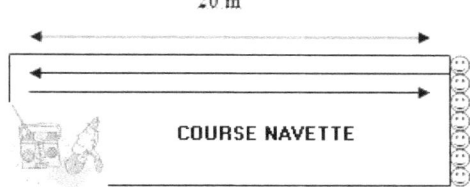

## 2) Test de 55 y 150 m:

*Objetivo:* velocidad de desplazamiento y velocidad de reacción.
*Desarrollo:* de uno en uno, cada alumno se coloca detrás de una línea en posición de pie. Cuando oye el silbato del profesor el alumno debe recorrer 55 o 150 m. lo más rápido posible. El profesor cronometra y va anotando las marcas de cada alumno. Se repite la prueba 2 veces, y los alumnos deben de estar descansados cada vez que realicen la prueba.
*Material e instalaciones:* pista de 50 y 150 m, cronómetro y silbato.

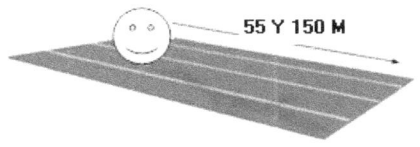

## 3) Abdominales en 1 minuto:

*Objetivo:* Medir la fuerza resistencia de los músculos abdominales
*Desarrollo:* El alumno se coloca en decúbito supino sobre la colchoneta, con las manos cruzadas sobre el pecho, para evitar la hiperlordosis lumbar y con las piernas sujetas por un compañero. Se realizarán flexo-extensiones de tronco y se registran las que se realizan durante 1 minuto.
*Material:* colchoneta y cronómetro.

## 4) Salto horizontal:

*Objetivo:* Determinar la potencia de las piernas
*Desarrollo:* De pie, detrás de una línea marcada, realizar un salto de longitud con pies juntos, sin carrera previa. Flexión profunda de piernas y salto hacia delante a caer lo más lejos posible. Se mide la distancia horizontal en centímetros entre la línea y la huella más retrasada del ejecutante en su salto.
*Material:* cinta métrica.

## 5) Lanzamiento de balón medicinal:

*Objetivo:* Medir la potencia muscular general.
*Desarrollo:* De pie, situado detrás de la línea de lanzamiento con ambos pies en el suelo. El lanzamiento del balón se realiza por encima de la cabeza mediante una flexión y extensión de tronco y miembros superiores. Se registra la mayor distancia alcanzada desde la línea de lanzamiento hasta el lugar donde cae el balón.
*Material:* cinta métrica, cinta adhesiva y balones medicinales de 3 kg para alumnos/as.

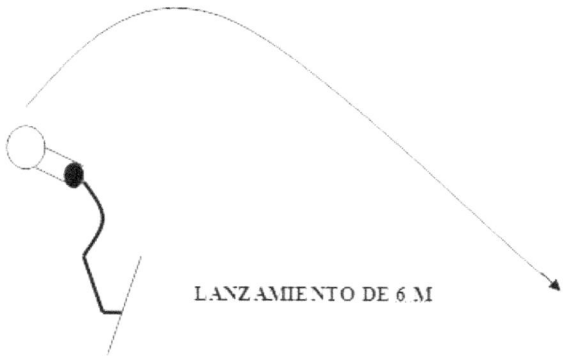

LANZAMIENTO DE 6 M

### 6) Flexión de tronco hacia delante:

*Objetivo:* Medir la elasticidad de musculatura isquiotibial.
*Desarrollo:* El alumno se coloca de pie y descalzo sobre un banco sueco graduado. Las puntas de sus pies deben estar detrás del borde del banco. Con las piernas extendidas debe flexionar el tronco al máximo, intentando tocar con las puntas de los dedos de las manos lo más abajo posible. No se deben flexionar las piernas. Debe mantener esa posición unos segundos. El profesor registrará el valor alcanzado por el alumno, para ello medirá en centímetros desde el punto de apoyo de los pies (punto cero) y se podrán obtener valores positivos o negativos.
*Material:* Banco sueco graduado.

### 7) Circuito de obstáculos.

*Objetivo:* Medir la agilidad de movimientos del alumno.
*Desarrollo:* El alumno se coloca de pie detrás de la línea de salida. A la señal del profesor, el alumno debe de correr lo más rápido posible y realizar el recorrido que se indica en el gráfico. El profesor cronometra y va anotando las marcas de cada alumno. Se repite la prueba 2 veces, y los alumnos deben de estar descansados cada vez que realicen la prueba. Se considera intento nulo cuaqndo no realizamos el recorrido correctamente o cuando derribemos el material del circuito.
*Material:* Dos conos. Dos vallas de atletismo tipo standard, a una altura de 0'72 m. y una de ellas prolongada verticalmente por dos palos adosados a sus extremos laterales, que tienen las mismas características de los anteriormente citados.

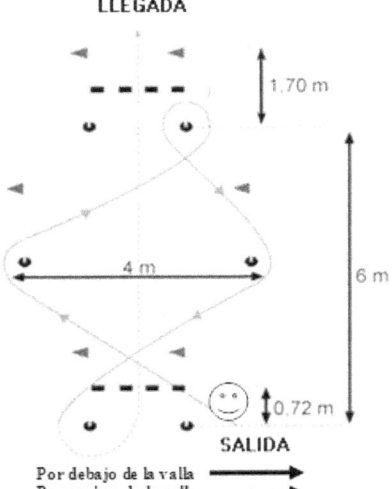

La puntuación de todos los test se compara con los baremos de condición física según cada curso. Se hace media entre los resultados de cada test.

A continuación se presentan los baremos de los test de condición física para 1º, 2º, 3º, 4º ESO y 1º bachillerato.

| NOTA 1º ESO | FLEXIBILIDAD | | AGILIDAD | | SALTO | | 55 m. | | ABDOMINALES | | COURSE NAVETTE | | NOTA 1º ESO |
|---|---|---|---|---|---|---|---|---|---|---|---|---|---|
| | -AS | -OS | -AS | -OS | -AS | -OS | -AS | -OS | -AS | -OS | -AS | -OS | |
| 10 | >13 | >9 | <12"40 | <10"60 | >1,90 | >1,95 | <8"60 | <8"10 | >44 | >48 | 8,5 | 10 | 10 |
| 9 | 11 | 7 | 12"90 | 11"30 | 1,76 | 1,82 | 9"10 | 8"50 | 42 | 46 | 7,5 | 9 | 9 |
| 8 | 9 | 5 | 13"90 | 12"00 | 1,65 | 1,72 | 9"50 | 9"30 | 40 | 44 | 6,5 | 8 | 8 |
| 7 | 7 | 3 | 13"40 | 12"70 | 1,55 | 1,64 | 10"40 | 10"10 | 36 | 42 | 5,5 | 7 | 7 |
| 6 | 5 | 1 | 13"90 | 13"40 | 1,45 | 1,58 | 11"20 | 10"50 | 32 | 38 | 4,5 | 6 | 6 |
| 5 | 3 | -1 | 14"40 | 14"10 | 1,38 | 1,55 | 11"50 | 11"30 | 28 | 34 | 3,5 | 5 | 5 |
| 4 | 1 | -3 | 14"90 | 14"80 | 1,32 | 1,49 | 12"25 | 12"10 | 24 | 30 | 2,5 | 4 | 4 |
| 3 | -1 | -5 | 15"40 | 15"50 | 1,26 | 1,43 | 12"60 | 12"60 | 20 | 26 | 1,5 | 3 | 3 |
| 2 | -3 | -7 | 15"90 | 16"20 | 1,20 | 1,37 | 13"30 | 13"10 | 16 | 22 | 1 | 2 | 2 |
| 1 | >-5 | >-9 | >16"90 | >16"90 | <1,14 | <1,31 | >14"20 | >13"80 | <12 | <18 | 0,5 | 1 | 1 |

| NOTA 2º ESO | FLEXIBILIDAD | | AGILIDAD | | LANZAMIENTO | | 55 m. | | ABDOMINALES | | COURSE NAVETTE | | NOTA 2º ESO |
|---|---|---|---|---|---|---|---|---|---|---|---|---|---|
| | -AS | -OS | -AS | -OS | -AS | -OS | -AS | -OS | -AS | -OS | -AS | -OS | |
| 10 | >15 | >10 | <11"20 | <10"60 | >6,50 | >7,00 | <8"60 | <7"90 | >46 | >51 | >9 | >10,5 | 10 |
| 9 | 13 | 8 | 11"80 | 11"20 | 6,00 | 6,50 | 9"00 | 8"40 | 44 | 49 | 8 | 9,5 | 9 |
| 8 | 11 | 6 | 12"40 | 11"80 | 5,55 | 6,00 | 9"40 | 8"90 | 42 | 47 | 7 | 8,5 | 8 |
| 7 | 9 | 4 | 13"00 | 12"40 | 5,15 | 5,50 | 9"90 | 9"40 | 38 | 45 | 6 | 7,5 | 7 |
| 6 | 7 | 2 | 13"60 | 13"00 | 4,75 | 5,00 | 10"40 | 9"80 | 34 | 41 | 5 | 6,5 | 6 |
| 5 | 5 | 0 | 14"20 | 13"60 | 4,35 | 4,50 | 10"80 | 10"30 | 30 | 37 | 4 | 5,5 | 5 |
| 4 | 3 | -2 | 14"80 | 14"20 | 3,95 | 4,00 | 11"20 | 10"60 | 29 | 33 | 3 | 4,5 | 4 |
| 3 | 1 | -4 | 15"40 | 14"80 | 3,55 | 3,50 | 11"40 | 11"00 | 22 | 29 | 2 | 3,5 | 3 |
| 2 | -1 | -6 | 16"00 | 15"40 | 3,15 | 3,00 | 12"00 | 11"50 | 18 | 25 | 1,5 | 2,5 | 2 |
| 1 | >-3 | >-8 | >16"60 | >16"00 | <2,75 | <2,50 | >13"00 | >12"50 | <14 | <21 | 1 | 1,5 | 1 |

| NOTA 3º ESO | LANZAMIENTO | | 55 m. | | ABDOMINALES | | COURSE NAVETTE | | NOTA 3º ESO |
|---|---|---|---|---|---|---|---|---|---|
| | -AS | -OS | -AS | -OS | -AS | -OS | -AS | -OS | |
| 10 | >7,00 | >8,00 | <8"50 | <7"20 | >47 | >54 | 9,5 | 11 | 10 |
| 9 | 6,60 | 7,40 | 9"00 | 7"70 | 45 | 52 | 8,5 | 10 | 9 |
| 8 | 6,20 | 6,90 | 9"70 | 8"20 | 43 | 50 | 7,5 | 9 | 8 |
| 7 | 5,80 | 6,40 | 10"30 | 8"70 | 39 | 48 | 6,5 | 8 | 7 |
| 6 | 5,40 | 5,90 | 10"90 | 9"20 | 35 | 44 | 5,5 | 7 | 6 |
| 5 | 5,00 | 5,40 | 11"50 | 9"70 | 31 | 40 | 4,5 | 6 | 5 |
| 4 | 4,60 | 4,90 | 12"00 | 10"30 | 27 | 36 | 3,5 | 5 | 4 |
| 3 | 4,20 | 4,40 | 12"50 | 10"55 | 23 | 34 | 2,5 | 4 | 3 |
| 2 | 3,80 | 3,90 | 13"00 | 11'00 | 19 | 30 | 2 | 3 | 2 |
| 1 | <3,40 | <3,40 | >14"00 | >12"00 | <15 | <26 | 1,5 | 2 | 1 |

| NOTA 4º ESO | LANZAMIENTO | | 150 m. | | ABDOMINALES | | COURSE NAVETTE | | NOTA 4º ESO |
|---|---|---|---|---|---|---|---|---|---|
| | -AS | -OS | -AS | -OS | -AS | -OS | -AS | -OS | |
| 10 | >7,50 | >8,90 | <18"58 | <16"52 | >49 | >56 | 10 | 11,5 | 10 |
| 9 | 7,00 | 8,40 | 19"90 | 17"58 | 47 | 54 | 9 | 10,5 | 9 |
| 8 | 6,50 | 7,90 | 21"20 | 18"64 | 45 | 52 | 8 | 9,5 | 8 |
| 7 | 6,00 | 7,30 | 22"50 | 19"70 | 41 | 50 | 7 | 8,5 | 7 |
| 6 | 5,50 | 6,70 | 23"80 | 20"76 | 37 | 46 | 6 | 7,5 | 6 |
| 5 | 5,10 | 6,10 | 25"10 | 21"82 | 33 | 42 | 5 | 6,5 | 5 |
| 4 | 4,70 | 5,50 | 26"40 | 22"88 | 29 | 38 | 4 | 5,5 | 4 |
| 3 | 4,30 | 4,90 | 27"70 | 23"94 | 25 | 36 | 3,5 | 4,5 | 3 |
| 2 | 3,90 | 4,30 | 28"00 | 25"00 | 21 | 32 | 3 | 3,5 | 2 |
| 1 | <3,50 | <3,70 | >29"00 | >26"00 | <17 | <28 | 2 | 2,5 | 1 |

| NOTA BACHILLERATO | LANZAMIENTO | | 150 m. | | ABDOMINALES | | COURSE NAVETTE | | NOTA BACHILLERATO |
|---|---|---|---|---|---|---|---|---|---|
| | -AS | -OS | -AS | -OS | -AS | -OS | -AS | -OS | |
| 10 | >8,00 | >9,50 | <20"97 | <15"53 | >50 | >59 | 10 | 11,5 | 10 |
| 9 | 7,50 | 8,80 | 21"42 | 16"41 | 48 | 57 | 9 | 10,5 | 9 |
| 8 | 6,90 | 8,20 | 22"12 | 17"31 | 46 | 55 | 8 | 9,5 | 8 |
| 7 | 6,30 | 7,60 | 22"82 | 18"21 | 42 | 53 | 7 | 8,5 | 7 |
| 6 | 5,70 | 7,00 | 23"52 | 19"11 | 38 | 49 | 6 | 7,5 | 6 |
| 5 | 5,20 | 6,40 | 24"22 | 20"01 | 34 | 45 | 5 | 6,5 | 5 |
| 4 | 6,80 | 5,80 | 24"92 | 20"91 | 30 | 41 | 4 | 5,5 | 4 |
| 3 | 4,40 | 5,20 | 25"62 | 21"81 | 26 | 37 | 3,5 | 4,5 | 3 |
| 2 | 4,00 | 4,60 | 26"32 | 22"71 | 22 | 33 | 3 | 3,5 | 2 |
| 1 | <3,60 | <4,00 | <27"50 | <23"30 | <18 | <29 | 2 | 2,5 | 1 |

# ANEXO 9. PLANILLAS DE EVALUACIÓN PRÁCTICA.

## PLANILLA DE EVALUACIÓN PRÁCTICA PARA 1º ESO:

| UD 1 Condición física I CURSO 1º ESO | Course Navette | | | Abdominales | | | 55 m | | | Salto | | | Carrera obstáculos | | | Flexibilidad | | | TOTAL | 50% |
|---|---|---|---|---|---|---|---|---|---|---|---|---|---|---|---|---|---|---|---|---|
| | 1º | 2º | Nota | 1º | 2º | Nota | 1º | 2º | Nota | 1º | 2º | Nota | 1º | 2º | Nota | 1º | 2º | Nota | | C.F I |

| UD 2 Baloncesto I CURSO 1º ESO | Bote velocidad | Bote protección | Cambios de dirección | Bote entre las piernas | Entradas ambos lados | 1x1 | Pases | TOTAL | 50% Baloncesto I |
|---|---|---|---|---|---|---|---|---|---|

| UD 3 Deportes alternativos I CURSO 1º ESO | Malabares | Diábolo | Disco Volador | Mazas | TOTAL | 50% Dep Alter I |
|---|---|---|---|---|---|---|

| UD 4 Habilidades gimnásticas I CURSO 1º ESO | Voltereta adelante | Voltereta atrás | Equilibrio invertido | Salto del león | Total | 50% Hab Gim I |
|---|---|---|---|---|---|---|

| UD 5 Expresión corporal I CURSO 1º ESO | Participación | Originalidad | Expresividad | Conjunto | Utilización del espacio | Total | 50% Exp corp I |
|---|---|---|---|---|---|---|---|

| UD 6 Act naturaleza I CURSO 1º ESO | Cabuyería | De pino a pino | BTT | Senderismo | Esquí | Total | 50% Act naturaleza I |
|---|---|---|---|---|---|---|---|

| UD 7 Bádminton I CURSO 1º ESO | Saque | Golpeo de derecha | Golpeo de revés | Remate | Juego real | Total | 50% Bádminton I |
|---|---|---|---|---|---|---|---|

| UD 8 Atletismo I CURSO 1º ESO | Técnica de carrera | | | Relevos | | | Marcha | Total | 50% Atletismo I |
|---|---|---|---|---|---|---|---|---|---|
| | Salida de tacos | Piernas | Coord Br | Entrega testigo | Recepción testigo | Ejecución | | | |

| UD 9 Acrosport I CURSO 1º ESO | Parejas | | | | | Tríos | | | | | Total | 50% Acrosport I |
|---|---|---|---|---|---|---|---|---|---|---|---|---|
| | Figura 1 | Figura 2 | Figura 3 | Figura 4 | Figura 5 | Figura 1 | Figura 2 | Figura 3 | Figura 4 | Figura 5 | | |

| CURSO 1º ESO | UD 10 Act con patines | Habilidad en el circuito | Coreografía | Hockey | Total |
|---|---|---|---|---|---|
| | | Desplazamientos | Frenadas | Atletismo 1 | patines | 50% Act patines |

| NOTA 1ª EVALUACIÓN CURSO 1º ESO | 10% Actitud | 50% C.F 1 | 50% Baloncesto 1 | 50% Dep Alt 1 | 20% Total 1º trabajo | 5% Ficha 1 | 5% Ficha 2 | 5% Ficha 3 | 5% Ficha 4 | Nota 1ª eval |

| NOTA 2ª EVALUACIÓN CURSO 1º ESO | 10% Actitud | 50% Hab Gimnásticas 1 | 50% Exp Corporal 1 | 50% Act natuleza 1 | 50% Bádminton 1 | 20% Total 2º trabajo | 5% Ficha 1 | 5% Ficha 2 | 5% Ficha 3 | 5% Ficha 4 | Nota 2ª eval |

| NOTA 3ª EVALUACIÓN CURSO 1º ESO | 10% Actitud | 50% Atletismo 1 | 50% Acrosport 1 | 50% Act patines | 20% Total Examen | 5% Ficha 1 | 5% Ficha 2 | 5% Ficha 3 | 5% Ficha 4 | Nota 3ª eval |

| TRABAJO: BÚSQUEDA DE INFORMACIÓN PARA 1º ESO. | | | |
|---|---|---|---|
| | Primera evaluación | Segunda evaluación | Tercera evaluación |
| Ficha 1 | Baloncesto | Gimnasia artística | Atletismo: Carreras |
| Ficha 2 | Esquí alpino | Pentathlon moderno | Bádminton |
| Ficha 3 | Deportes alternativos | Mountain bike | Acrosport |
| Ficha 4 | Crear material reciclado 1 | Expresión corporal | Deportes con patines |

| TRABAJO O EXAMEN 20% 1º ESO | | |
|---|---|---|
| Primera evaluación | Segunda evaluación | Tercera evaluación |
| Trabajo de Actividades en el medio natural | Trabajo de Tres sesiones de EF | Examen global |

# PLANILLA DE EVALUACIÓN PRÁCTICA PARA 2º ESO:

| UD 1 Condición física II CURSO 2º ESO | Course Navette | | | Abdominales | | | 55 m | | | Lanzamiento | | | Carrera obstáculos | | | Flexibilidad | | | TOTAL | 50% |
|---|---|---|---|---|---|---|---|---|---|---|---|---|---|---|---|---|---|---|---|---|
| | 1º | 2º | Nota | 1º | 2º | Nota | 1º | 2º | Nota | 1º | 2º | Nota | 1º | 2º | Nota | 1º | 2º | Nota | | C.F II |

| UD 2 Voleibol I CURSO 2º ESO | Toque de dedos | Toque de antebrazos | Toques por parejas | Saques | Recepción | Juego real | TOTAL | 50% Voleibol I |
|---|---|---|---|---|---|---|---|---|

| UD 3 Expresión corporal II CURSO 2º ESO | Conjunto | Expresividad | Ritmo | Originalidad | Planos | TOTAL | 50% Exp Corp II |
|---|---|---|---|---|---|---|---|

| UD 4 Fútbol I CURSO 2º ESO | Toques balón | Pases | Conducción | Tiro | Juego real | Total | 50% Fútbol I |
|---|---|---|---|---|---|---|---|

| UD 5 Bádminton II CURSO 2º ESO | Saque corto | Saque largo | Jugadas | Juego libre | Total | 50% Bádminton II |
|---|---|---|---|---|---|---|

| UD 6 J y dep tradicionales CURSO 2º ESO | Nivel de ejecución | Participación | Esfuerzo | Total | 50% J y dep trad |
|---|---|---|---|---|---|

| UD 7 Act naturaleza II CURSO 2º ESO | Acampada | Escalada | Total | 50% Act Naturaleza II |
|---|---|---|---|---|

| UD 8 Atletismo II CURSO 2º ESO | Salida de tacos | Técnica de carrera | Paso de vallas | Total | 50% Atletismo II |
|---|---|---|---|---|---|

| UD 9 Balonmano I CURSO 2º ESO | Pase | Bote | Recepción | Tiro | Juego real | Total | 50% Balonmano I |
|---|---|---|---|---|---|---|---|

| UD 10 Capoeira CURSO 2º ESO | Técnicas básicas | Practica video | Total | 50% Capoeira |
|---|---|---|---|---|

| NOTA 1ª EVALUACIÓN CURSO 2º ESO | 10% | 50% | | | 50% | 20% | 5% | 5% | 5% | 5% | Nota |
|---|---|---|---|---|---|---|---|---|---|---|---|
| | Actitud | C.F I | Voleibol I | Exp Corp II | Total | 1º trabajo | Ficha 1 | Ficha 2 | Ficha 3 | Ficha 4 | 1ª eval |

| NOTA 2ª EVALUACIÓN CURSO 2º ESO | 10% | 50% | | | 50% | 50% | 20% | 5% | 5% | 5% | 5% | Nota |
|---|---|---|---|---|---|---|---|---|---|---|---|---|
| | Actitud | Fútbol I | Bádminton II | J y dep trad | Act naturaleza II | Total | 2º trabajo | Ficha 1 | Ficha 2 | Ficha 3 | Ficha 4 | 2ª eval |

| NOTA 3ª EVALUACIÓN CURSO 2º ESO | 10% | 50% | | | 50% | 50% | 20% | 5% | 5% | 5% | 5% | Nota |
|---|---|---|---|---|---|---|---|---|---|---|---|---|
| | Actitud | Atletismo II | Balonmano I | Capoeira | Total | Examen | Ficha 1 | Ficha 2 | Ficha 3 | Ficha 4 | 3ª eval |

| TRABAJO: BÚSQUEDA DE INFORMACIÓN PARA 2º ESO | | | |
|---|---|---|---|
| | Primera evaluación | Segunda evaluación | Tercera evaluación |
| Ficha 1 | Voleibol | Remo | Gimnasia rítmica |
| Ficha 2 | Triatlón | Saltos en piscina | Natación sincronizada |
| Ficha 3 | Tiro con arco | Juegos tradicionales | Balonmano |
| Ficha 4 | Fútbol sala | Crear material reciclado II | Capoeira |

| TRABAJO O EXAMEN 20% 2º ESO | | |
|---|---|---|
| Primera evaluación | Segunda evaluación | Tercera evaluación |
| Trabajo de Actitud en la higiene postural | Trabajo de Historia del deporte | Examen global |

# PLANILLA DE EVALUACIÓN PRÁCTICA PARA 3º ESO:

| UD 1 Condición física III CURSO 3º ESO | Course Navette | | Abdominales | | 55 m | | Lanzamiento | | TOTAL | 50% |
|---|---|---|---|---|---|---|---|---|---|---|
| | 1º | 2º Nota | 1º | 2º Nota | 1º | 2º Nota | 1º | 2º Nota | | C.F III |

| UD 2 Baloncesto II CURSO 3º ESO | Bote velocidad y zig-zag | Carrera con bote y pase | Entrada a canasta derecha e izquierda | 1x1 | 2x2 | TOTAL | 50% Baloncesto II |
|---|---|---|---|---|---|---|---|

| UD 3 Hab coordinativas CURSO 3º ESO | Test de desplazamiento en zig-zag | TOTAL | 50% Hab coord |
|---|---|---|---|

| UD 4 Hockey sala I CURSO 3º ESO | Conducción zig-zag | Dominar de derecho y revés | Pases | Parada de derecho y revés | 1x1 | Juego real | Total | 50% Hockey sala I |
|---|---|---|---|---|---|---|---|---|

| UD 5 Judo CURSO 3º ESO | Caídas | Suelo inmovilización | Salida inmovilización | Golpeo de derecha | Golpeo de revés | Bolea | Saque y remate | De pie desequilibrio | De pie colocación del cuerpo | De pie proyección | Total | 50% Judo |
|---|---|---|---|---|---|---|---|---|---|---|---|---|

| UD 6 Palas CURSO 3º ESO | Golpeo de derecha | Golpeo de revés | Bolea | Saque y remate | Juego real | Total | 50% Palas |
|---|---|---|---|---|---|---|---|

| UD 7 Esgrima CURSO 3º ESO | Ataque | Parada | Respuesta | Contra rrespuesta | Total | 50% Esgrima |
|---|---|---|---|---|---|---|

| UD 8 Atletismo III CURSO 3º ESO | Salto de altura | Salto de longitud | Triple salto | Total | 50% Atletismo III |
|---|---|---|---|---|---|

| UD 9 Vamos a bailar CURSO 3º ESO | Ritmo | Pasos ejecutados | Espacio utilizado | Total | 50% Bailes |
|---|---|---|---|---|---|

| UD 10 Orientación CURSO 3º ESO | Práctica I fuera | Práctica II dentro | Resumen DVD | Total | 50% Orientación |
|---|---|---|---|---|---|

| NOTA 1ª EVALUACIÓN CURSO 3º ESO | 10% Actitud | 50% C.F III | 50% Baloncesto II | 50% Hab coord | 50% Total | 20% 1º trabajo | 5% Ficha 1 | 5% Ficha 2 | 5% Ficha 3 | 5% Ficha 4 | Nota 1ª eval |
|---|---|---|---|---|---|---|---|---|---|---|---|

| NOTA 2ª EVALUACIÓN CURSO 3º ESO | 10% Actitud | 50% Hockey sala I | 50% Judo | 50% Palas | 50% Esgrima | 50% Total | 20% 2º trabajo | 5% Ficha 1 | 5% Ficha 2 | 5% Ficha 3 | 5% Ficha 4 | Nota 2ª eval |
|---|---|---|---|---|---|---|---|---|---|---|---|---|

| NOTA 3ª EVALUACIÓN CURSO 3º ESO | 10% Actitud | 50% Atletismo III | 50% Bailes | 50% Orientación | 50% Total | 20% Examen | 5% Ficha 1 | 5% Ficha 2 | 5% Ficha 3 | 5% Ficha 4 | Nota 3ª eval |
|---|---|---|---|---|---|---|---|---|---|---|---|

| TRABAJO: BÚSQUEDA DE INFORMACIÓN PARA 3º ESO | | | |
|---|---|---|---|
| | Primera evaluación | Segunda evaluación | Tercera evaluación |
| Ficha 1 | Combinada nórdica | Hockey hierba | Voley playa |
| Ficha 2 | Taekwondo | Judo | Esgrima |
| Ficha 3 | Ciclismo en pista | Lucha grecorromana | Atletismo: Saltos |
| Ficha 4 | Boxeo | Artes marciales | Waterpolo |

| TRABAJO O EXAMEN 20% 3º ESO | | |
|---|---|---|
| Primera evaluación | Segunda evaluación | Tercera evaluación |
| Trabajo de Alimentación equilibrada | Trabajo de Dopaje en el deporte | Examen global |

# PLANILLA DE EVALUACIÓN PRÁCTICA PARA 4º ESO:

| UD 1 Condición física IV | Course Navette | | Abdominales | | | 150 m | | | Lanzamiento | | TOTAL | 50% |
|---|---|---|---|---|---|---|---|---|---|---|---|---|
| CURSO 4º ESO | 1º | 2º | Nota | 1º | 2º | Nota | 1º | 2º | Nota | | | C.F IV |

| UD 2 Balonmano II | Pase | Bote | Recepción | Tiro | Juego real | TOTAL | 50% |
|---|---|---|---|---|---|---|---|
| CURSO 4º ESO | | | pasos | | | | Balonmano II |

| UD 3 Vamos al gimnasio | Pilates tendido supino | Pilates tendido prono | Video pilates suelo | Video pilates con balón y bandas elásticas | Video aerobic | TOTAL | 50% Gimnasio |
|---|---|---|---|---|---|---|---|
| CURSO 4º ESO | | | | | | | |

| UD 4 Rugby | Desplazamiento | Pase | Placaje | Meleé | Touch | Juego real | Total | 50% Rugby |
|---|---|---|---|---|---|---|---|---|
| CURSO 4º ESO | | | | | | | | |

| UD 5 Hab gimnásticas II | Voltereta | Pino | Rueda lateral | Rondada | Quinta | Saltos | Total | 50% Hab Gimnásticas II |
|---|---|---|---|---|---|---|---|---|
| CURSO 4º ESO | | | | | | | | |

| UD 6 Atletismo IV | Lanzamiento peso | Lanzamiento disco | Lanzamiento martillo | Lanzamiento jabalina | Total | 50% Atletismo IV |
|---|---|---|---|---|---|---|
| CURSO 4º ESO | | | | | | |

| UD 7 Unihockey | Conducción zig-zag | Pases y recepción | Tiro | 1x1 | 2x2 | Total | 50% Unihockey |
|---|---|---|---|---|---|---|---|
| CURSO 4º ESO | | | | | | | |

| UD 8 Acropost II | Eficacia en la función portor, agil, ayuda | Coord compañeros | Interés participación | Estética puesta escena | Total | 50% Acrosport II |
|---|---|---|---|---|---|---|
| CURSO 4º ESO | | | | | | |

| UD 9 Dep mundo | Rounders | Netball | Fútbol gaélico | Tchukball | Total | 50% Dep mundo |
|---|---|---|---|---|---|---|
| CURSO 4º ESO | | | | | | |

| UD 10 Danzas urbanas | Body Jam | Hip Hop Street dance | Breakdance | Coreografía | Total | 50% Danzas urbanas |
|---|---|---|---|---|---|---|
| CURSO 4º ESO | | | | | | |

| NOTA 1ª EVALUACIÓN CURSO 4º ESO | 10% Actitud | 50% C.F IV | 50% Rugby | 50% Balonmano II | 50% Gimnasio | 50% Total 1º trabajo | 20% Ficha 1 | 5% Ficha 2 | 5% Ficha 3 | 5% Ficha 4 | 5% Nota 1ª eval |
|---|---|---|---|---|---|---|---|---|---|---|---|
| NOTA 2ª EVALUACIÓN CURSO 4º ESO | 10% Actitud | 50% Hab Gim II | 50% Atletismo IV | 50% Unihockey | | 50% Total 2º trabajo | 20% Ficha 1 | 5% Ficha 2 | 5% Ficha 3 | 5% Ficha 4 | 5% Nota 2ª eval |
| NOTA 3ª EVALUACIÓN CURSO 4º ESO | 10% Actitud | 50% Acrosport II | 50% Dep mundo | 50% Danzas urbanas | | 50% Total Examen | 20% Ficha 1 | 5% Ficha 2 | 5% Ficha 3 | 5% Ficha 4 | 5% Nota 3ª eval |

| TRABAJO: BÚSQUEDA DE INFORMACIÓN PARA 4º ESO | | | |
|---|---|---|---|
| | Primera evaluación | Segunda evaluación | Tercera evaluación |
| Ficha 1 | Pilates | Rugby | Piragüismo |
| Ficha 2 | Snowboard | Gimnasia trampolín | Deportes del mundo |
| Ficha 3 | Vela | Atletismo: Lanzamientos | Ciclismo en carretera |
| Ficha 4 | Saltos con esquís | Unihockey o Floorball | Curling |

| TRABAJO O EXAMEN 20% 4º ESO | | |
|---|---|---|
| Primera evaluación | Segunda evaluación | Tercera evaluación |
| Trabajo de Tabaquismo y alcoholismo | Trabajo de Salvamento acuático | Examen global |

# PLANILLA DE EVALUACIÓN PRÁCTICA PARA 1º DE BACHILLERATO:

| UD 1 Condición física V | Course Navette | | Abdominales | | | 150 m | | Lanzamiento | | TOTAL | 50% |
|---|---|---|---|---|---|---|---|---|---|---|---|
| CURSO 1º Bachillerato | 1º | 2º | Nota | 1º | 2º | Nota | 1º | 2º | Nota | | C.F V |

| UD 2 Fútbol II | 10 toques | Conducción | Pases | Regate | Tiro a | Portero | Partido | TOTAL | 50% |
|---|---|---|---|---|---|---|---|---|---|
| CURSO 1º Bachillerato | con balón | | | | portería | | | | Fútbol II |

| UD 3 Dep Alternativos II | Lacrosse | Suavicesto | Indiaca | Tetrapalas | TOTAL | 50% |
|---|---|---|---|---|---|---|
| CURSO 1º Bachillerato | | | | | | Dep alt II |

| UD 4 Dep de raqueta | Palas | Bádminton | Tenis de mesa | Shuttleball | Total | 50% |
|---|---|---|---|---|---|---|
| CURSO 1º Bachillerato | | | | | | Dep raqueta |

| UD 5 Ajedrez | Movimientos en el tablero | Táctica y estrategia | Total | 50% |
|---|---|---|---|---|
| CURSO 1º Bachillerato | | | | Ajedrez |

| UD 6 Dep adaptado | Goalball | Boccia | Judo paralímpico | Voleibol sentado | Total | 50% |
|---|---|---|---|---|---|---|
| CURSO 1º Bachillerato | | | | | | Dep adaptado |

| UD 7 Voleibol II | Sist defensa | Sist ataque | Saque Mano baja | Saque Mano alta | Toque de dedos | Toque de antebrazos | Remate | Finta | Bloqueo | Secuencia | Total | 50% |
|---|---|---|---|---|---|---|---|---|---|---|---|---|
| CURSO 1º Bachillerato | 1 2 3 | 3 1 2 | | | | | | | | | | Voleibol II |

| UD 8 Béisbol | Bateo | Lanzamiento | Recepción | Carrera | Total | 50% |
|---|---|---|---|---|---|---|
| CURSO 1º Bachillerato | | | | | | Béisbol |

| UD 9 Hockey sala II | Parada | Toques a la bola en el aire | Desplazamiento bola | Lanzamiento portería | Penalti corner | Penalti stroke | 1x1 | Total | 50% |
|---|---|---|---|---|---|---|---|---|---|
| CURSO 1º Bachillerato | recepción | | | | | | | | Hockey sala II |

| | UD 10 Act acuáticas | Waterpolo | Kayak polo | Pruebas de socorrismo | Total | 50% Act acuáticas |
|---|---|---|---|---|---|---|

| NOTA 1ª EVALUACION CURSO 1º Bachillerato | 10% Actitud | 50% C.F V | 50% Fútbol II | 50% Dep alt II | 20% Total 1º trabajo | 5% Ficha 1 | 5% Ficha 2 | 5% Ficha 3 | 5% Ficha 4 | Nota 1ª eval |
|---|---|---|---|---|---|---|---|---|---|---|

| NOTA 2ª EVALUACION CURSO 1º Bachillerato | 10% Actitud | 50% Dep raqueta | 50% Ajedrez | 50% Dep adaptado | 50% Voleibol II | 20% Total 2º trabajo | 5% Ficha 1 | 5% Ficha 2 | 5% Ficha 3 | 5% Ficha 4 | Nota 2ª eval |
|---|---|---|---|---|---|---|---|---|---|---|---|

| NOTA 3ª EVALUACION CURSO 1º Bachillerato | 10% Actitud | 50% Béisbol | 50% Hockey sala | 50% Act acuáticas | 20% Total Examen | 5% Ficha 1 | 5% Ficha 2 | 5% Ficha 3 | 5% Ficha 4 | Nota 3ª eval |
|---|---|---|---|---|---|---|---|---|---|---|

### TRABAJO: BÚSQUEDA DE INFORMACIÓN PARA 1º BACH

| | Primera evaluación | Segunda evaluación | Tercera evaluación |
|---|---|---|---|
| Ficha 1 | Esquí acrobático | Deportes paralímpicos | Béisbol |
| Ficha 2 | Tiro | Bobsleigh | Piragüismo slalom |
| Ficha 3 | Halterofilia | Tenis de mesa, Tenis | Biatlón |
| Ficha 4 | Crear material reciclado III | Luge | Skeleton |

### TRABAJO O EXAMEN 20% 1º BACH

| Primera evaluación | Segunda evaluación | Tercera evaluación |
|---|---|---|
| Trabajo de Primeros auxilios | Trabajo de Deporte de la orientación | Examen global |

www.ingramcontent.com/pod-product-compliance
Lightning Source LLC
Chambersburg PA
CBHW080538230426
43663CB00015B/2632